Patricia & Ronald Potter-Efron

SCHAMGEFÜHLE VERSTEHEN UND ÜBERWINDEN

Wege zu einem neuen Selbstbewußtsein

**WILHELM HEYNE VERLAG
MÜNCHEN**

Patricia und Ronald Potter-Efron
Schamgefühle verstehen und überwinden
Wege zu einem neuen Selbstbewußtsein

Titel der amerikanischen Originalausgabe
Letting Go of Shame.
Understanding How Shame Affects Your Life

Ins Deutsche übertragen von Henning Thies

HAZELDEN ist das heute weltweit anerkannteste Diagnose- und
Therapiezentrum für Sucht- und Abhängigkeitsprobleme aller Art
und wurde vor über vierzig Jahren in Center City/Minnesota (USA)
gegründet.

Die Originalausgabe erschien im Verlag Hazelden Foundation,
Minnesota, USA
Copyright © 1989 by Ronald T. Potter-Efron
and Patricia S. Potter-Efron
Copyright © 1992 der deutschen Ausgabe by Wilhelm Heyne
Verlag GmbH & Co. KG, München
Umschlaggestaltung: Christian Diener, München
Satz: Fotosatz B. Hopfengärtner, München
Druck und Bindung: RMO-Druck, München
Printed in Germany

ISBN 3-453-05196-3

Dieses Buch ist dem Andenken an C. Stanley Potter und Miles J. Efron gewidmet.

Danksagung

Wir möchten uns bei all jenen bedanken, die die Entstehung dieses Buches durch kritische Lektüre und Verbesserungsvorschläge begleitet haben: Denise Balduc, Paul Heck, Mark Morse, Jan und Richard Smith sowie Lee Webster. Ihre hilfreichen Kommentare brachten uns auf neue Gedanken und zeigten an, was wir übersehen hatten. Jennifer Potter-Efron gilt unser Dank für die äußerst sorgfältig erstellte Endfassung des Manuskripts. Judy Delaney, unsere Lektorin bei Hazelden, hat uns von Anfang an durch enthusiastische Unterstützung motiviert und so die Arbeit erleichtert. Abschließend möchten wir unseren zahlreichen Freunden und Kollegen danken, die ihre Ideen und Erfahrungen im Umgang mit Schamgefühlen ebenso mit uns geteilt haben wie ihr freundschaftliches Interesse.

INHALT

Einleitung: Eine Definition von Scham 11

Erster Teil: Grundlegendes zur Scham 19
Einführung 20

1. Scham: Die ganze Persönlichkeit ist betroffen . . . 21
2. Positive Schamgefühle 39
3. Übermäßige Schamgefühle:
   Die von Scham geprägte Persönlichkeit 53
4. Mangel an Scham 85

Zweiter Teil: Ursachen der Scham 99
Einführung 100

5. Die Wurzeln der Scham 101
6. Scham und die Herkunftsfamilie. 117
7. Scham in den gegenwärtigen Beziehungen 137
8. Scham in unserer Kultur 157
9. Wie wir uns selbst beschämen 175

Dritter Teil: Heilung für die Wunden der Scham . . . 189
Einführung 190

10. Die erste Stufe des Heilungsprozesses:
    Verstehen, was in uns vorgeht 191

11. Die zweite Stufe des Heilungsprozesses:
    Aktiv vorgehen 209
12. Heilung der Verletzungen aus der
    Herkunftsfamilie 231
13. Heilung der Verletzungen aus den
    gegenwärtigen Beziehungen 259
14. Heilung der Verletzungen, die man sich
    selbst zufügt 289
15. Hilfen für Menschen, die an Schamlosigkeit
    leiden 311

Epilog 327

Auswahlbibliographie 331

Register 333

Einleitung

Eine Definition von Scham

Der Begriff *Scham* entzieht sich der eindeutigen Festlegung. Obwohl er seit den fünfziger Jahren immer wieder untersucht wurde, ist unser Wissen über die Scham immer noch weit weniger fundiert als das über den Nachbarbegriff *Schuld*. Erst in den letzten Jahren hat man sich in zahlreichen Büchern mit Schamgefühlen auseinandergesetzt.

Einige Gründe für diese Vernachlässigung sind, historisch gesehen, eher zufälliger Natur. So konzentrierte beispielsweise Sigmund Freud, der Begründer der Psychoanalyse, seine Aufmerksamkeit eher auf Schuld- als auf Schamgefühle. Und später vertraten Anthropologen die Ansicht, Schuldgefühle seien gegenüber Schamgefühlen ein höherstehendes, stärker differenziertes Phänomen. Sie nahmen daher an, daß die entwickelten westlichen Gesellschaften so etwas wie Scham nicht mehr kennen würden oder nötig hätten.

Wichtiger ist allerdings wohl die Tatsache, daß sich Scham einer genaueren Untersuchung vor allem deshalb entzieht, weil die natürliche Reaktion der Betroffenen darin besteht, sich zu verstecken und zurückzuziehen. Das letzte, was sich tief beschämte Menschen wünschen, ist ein Gespräch über ihre Schamgefühle. Selbst in der Therapie verbergen sie ihre Scham oft genug und ziehen es vor, über ihre Wut, Trauer oder Angst zu sprechen. Schamgefühle zuzugeben fällt niemandem leicht. Genauso schwer ist es, anderen mit diesem Gefühl gegenüberzutreten. Folglich isolieren sich die Betroffenen gerade dann, wenn sie am meisten auf den Kontakt zu anderen Menschen angewiesen wären: wenn sie das Gefühl haben, am Boden zerstört und tief beschämt zu sein.

Was ist Scham? Ein komplexes Phänomen, und auf jeden Fall mehr als nur ein Gefühl. Dazu gehören bestimmte körperliche Reaktionen (wie das Senken des Blickes oder Erröten), vorhersagbare Handlungsweisen (Versteckspiel und Rückzug von anderen Menschen), quälende Gedanken (etwa: »Ich bin im Leben ein völliger Versager«) und geistige Depressionen. So lautet unsere Definition also: *Scham ist die mit Schmerzen verbundene Überzeugung von der eigenen schwerwiegenden Unzulänglichkeit als menschliches Wesen.*

Dieses Buch gliedert sich in drei Teile. Im ersten geht es um eine möglichst genaue Beschreibung von Erfahrungen mit der Scham, wobei wir ganz normale, konstruktive Schamgefühle (solche, die eine Hilfe bei der Besserung des eigenen Lebens sein können) den Problemen gegenüberstellen, die sich aus einem Übermaß an Scham ergeben. Wir sind grundsätzlich davon überzeugt, daß Scham ein gesundes und (trotz Schmerzen) nützliches Gefühl sein kann. Allerdings können Schamgefühle auch ungesunde Ausmaße annehmen. Tief beschämte Menschen sind schlimmen Leiden ausgesetzt. Sie können mit Schamgefühlen nicht mehr konstruktiv umgehen.

Im zweiten Teil befassen wir uns mit fünf verschiedenen Ursachen von Schamgefühlen:
– den genetischen und biochemischen,
– den kulturellen,
– den mit der Herkunftsfamilie zusammenhängenden,
– den in gegenwärtigen Beziehungen zu suchenden und
– solchen, die mit der Scham in den eigenen Gedanken und Verhaltensweisen zu tun haben.

Bei jedem Menschen können einer oder mehrere solcher Einflüsse wirksam sein. Entscheidend ist, daß es nicht nur eine einzige Ursache für Schamgefühle gibt, die auf alle Menschen gleichermaßen zuträfe. Viele, die unter übermäßigen Schamgefühlen leiden, hatten Eltern, die ständig nur kritisierten und keine Stütze waren. Andere wurden stärker durch beschämende Ereignisse in ihrem Erwachsenenleben beeinflußt, weil sie zum Beispiel mit einem ständig nörgelnden und schimpfenden Partner verheiratet waren. Bei andern wiederum scheint die Scham genetisch bedingt zu sein – oder aber ein Reflex auf kulturelle Vorurteile und Diskriminierungen zu sein, denen sie ausgesetzt waren. Und nicht zuletzt setzen manche Menschen sich selbst am schlimmsten herab. Unablässig greifen sie sich selbst an, sogar dann noch, wenn andere versuchen, sie aufzurichten.

Im dritten Teil schließlich geht es um Anleitungen zur Heilung schambedingter Verletzungen. Jede Heilung beginnt mit einem Verständnis der Krankheit; darauf folgt

die aktive Regenerationsphase. Um von übermäßiger Scham geheilt zu werden, müssen wir folgendes tun:
- uns die eigene Scham voll bewußt machen,
- unsere Abwehrhaltungen gegen die Scham identifizieren,
- ein gewisses Maß an Scham als Bestandteil des menschlichen Wesens akzeptieren,
- gegen die Scham angehen und
- uns positive Ziele setzen, um ungesunde Scham- durch gesunde Selbstwertgefühle zu ersetzen.

Wenn wir uns daran machen, die Scham zu überwinden, bewegen wir uns auf vier Grundwerte zu: Menschlichkeit, Demut, Eigenverantwortung und Kompetenz. Dann können wir sagen, wir seien menschlich: nicht besser, aber auch nicht schlechter als andere, einzigartig und – so wie wir sind – gut genug.

Am Ende eines jeden Kapitels finden sich Übungen, die auf die Entwicklung der eigenen Person abzielen. Wir sind der Ansicht, daß diese Übungen unseren Lesern nützen können, natürlich besonders jenen, die mit Schamproblemen zu kämpfen haben. Nehmen Sie sich in diesem Fall Zeit für die Übungen. Vielleicht hilft es Ihnen, ein Notizbuch anzulegen, in das Sie Ihre Antworten eintragen. Dann sehen Sie besser, wo die Ursachen der Scham in Ihrem Leben zu suchen sind und wie Sie negative in positive Schamgefühle umwandeln können. Vielleicht ist es auch hilfreich, wenn Sie Ihre Notizen und Gedanken mit einer Person Ihres Vertrauens besprechen können.

Wir sind fest davon überzeugt, daß Schamprobleme und die damit zusammenhängenden Verletzungen heilbar sind. Alles, was Sie brauchen, ist: Energie, Geduld und Durchhaltevermögen. Auch Verständnisbereitschaft und Mut werden Sie benötigen, vor allem aber Hoffnung: die tiefe Überzeugung, daß niemand dazu verurteilt ist, auf immer und ewig in der Verzweiflung zu verharren. Menschen, die ihre Scham überwinden, machen die Entdeckung, daß sie mehr Freiheit in ihrem Leben gewonnen haben – daß ihr Leben nun auf Selbstachtung, Würde, Ehre und gesundem Stolz basiert.

Scham- und Schuldgefühle

Sowohl Scham- als auch Schuldgefühle kann man als *zwischenmenschliche Emotionen* bezeichnen, denn beide signalisieren, daß etwas zwischen uns und dem Rest der Welt nicht in Ordnung ist. Beide sind eine Aufforderung, uns selbst genau zu betrachten und unser Leben zu verändern. Eine weitere Ähnlichkeit besteht darin, daß Scham- und Schuldgefühle in gemäßigter Form wertvoll sein können, im Übermaß hingegen schädliche Auswirkungen haben. Ein Zuviel kann bei beiden Gefühlen erdrückend sein.

Dennoch gibt es entscheidende Unterschiede zwischen Scham- und Schuldgefühlen. So ist als erstes festzuhalten, daß Scham mit Unzulänglichkeiten der Person als Person zu tun hat, wohingegen sich Schuldgefühle auf falsche oder schlechte Handlungen beziehen. Menschen, die unter Schamgefühlen leiden, glauben, daß mit ihnen grundlegend etwas nicht in Ordnung sei, während jene, die sich schuldig fühlen, der Ansicht sind, daß sie etwas Falsches getan haben, das nach Wiedergutmachung verlangt. Natürlich kann man auch gleichzeitig Schuld- und Schamgefühle haben. Ein untreuer Ehepartner etwa, der von heftigen Gewissensbissen geplagt wird, kann sich sagen, daß er etwas sehr Schlimmes getan habe – dabei geht es um ein Eingeständnis von Schuld. Er kann aber ebenso glauben, daß er schwach, unvollkommen oder gar ekelhaft sei und daß irgend etwas mit ihm grundsätzlich nicht stimme – dann haben wir es mit Schamsignalen zu tun.

Ein zweiter Hauptunterschied besteht darin, daß Beschämte sich meistens um ihre *Unzulänglichkeiten* Sorgen machen, während Schuldgeplagte sich um ihre *Verfehlungen* kümmern. Wer Scham empfindet, sieht sich oft als nicht gut genug an, als unfähig, seine oder ihre Lebensziele zu erreichen. Dann herrscht das Gefühl vor, man sei nicht so clever wie die Kollegen, nicht so attraktiv wie die eigene Mutter, nicht so liebenswürdig wie der Lebenspartner, nicht so interessant wie die Freunde oder Freundinnen. Wer dagegen Schuldgefühle hat, ist irgendwo zu weit gegangen, schreiben Gerhart Piers und Milton Singer in ihrem Buch *Shame and Guilt*. Dann sagt man sich: »Ich wünschte, ich hätte das nicht getan. Ich habe anderen Schaden zugefügt, und jetzt fühle ich mich schlecht.«

Der dritte Unterschied zwischen Scham- und Schuldgefühlen liegt darin, daß Beschämte fürchten, *verlassen zu werden*, während Schuldige Angst vor *Strafe* haben. Von Scham Geplagte haben Verlustängste, weil sie glauben, sie seien mit zu vielen Fehlern behaftet, um von anderen begehrt oder geschätzt zu werden. Wer sich selbst nicht genügend liebt oder respektiert, erwartet oft, daß die anderen sich abwenden werden, sobald sie gemerkt haben, daß man durchaus nicht perfekt ist. Die sich schuldig fühlende Person hingegen erwartet und fürchtet Bestrafung, weil sie etwas Unrechtes getan hat und nun dafür büßen muß. Dabei kann die Strafe so geringfügig sein wie ein Klaps oder so schwerwiegend wie ein Gefängnisaufenthalt.

Die Heilung von Scham kann weit schwieriger sein als die Beseitigung von Schuldgefühlen, geht es dabei doch um die eigene Persönlichkeit und nicht um spezifische Vergehen und Wiedergutmachungen. Die Heilung von schamgeplagten Menschen kann nur über Korrekturen des Selbstbildes erfolgen; sie müssen neue Selbstachtung und neuen Stolz gewinnen. Das ist normalerweise ein langsamer und manchmal schmerzlicher Prozeß, zu dessen Voraussetzungen auch eine Überprüfung weltanschaulicher Grundannahmen gehört.

Manchmal sind Scham- und Schuldprobleme so eng miteinander verknüpft, daß es beinahe unmöglich ist, zwischen ihnen noch zu unterscheiden. Wer sich die Frage stellt: »Wie konnte ich nur so etwas tun?«, kann dabei entweder das *ich* oder das *so etwas* betonen. »Wie konnte ich *so etwas* tun?« – diese Frage zielt auf bestimmte Verhaltensweisen, Übertretungen und Schuldgefühle. »Wie konnte *ich* so etwas tun?« – diese Frage zielt auf Identitätsprobleme, Unzulänglichkeiten und Schamgefühle. Doch kann man beide Teile der Frage auch gleichzeitig oder nacheinander betonen; Schuld führt zu Scham und umgekehrt.

Während der Lektüre dieses Buches müssen Sie sich vielleicht in Geduld üben. Natürlich möchten Sie so schnell wie irgend möglich von quälenden Schamgefühlen befreit werden. Doch beim Lesen und im Nachdenken über Ihre Gefühle können die Probleme zunächst durchaus noch drängender werden. Halten Sie durch! Wir zeigen Ihnen, wie man mit quälenden Schamgefühlen umgehen kann und inwiefern positive, vorübergehende Schamgefühle eine wichtige Funktion für ein gesundes Leben haben.

Die Entscheidung, daß wir uns in diesem Buch ganz auf Schamgefühle konzentrieren, hat wesentlich damit zu tun, daß diese bisher in der Fachliteratur weit weniger Beachtung gefunden haben als Schuldgefühle und daß wir gemeinhin über Scham so wenig wissen. Unser Hauptaugenmerk gilt dabei der Frage des Selbstbildes: Wir wollen Ihnen helfen zu lernen, sich selbst als wertvolle Menschen zu sehen, die für das Zusammenleben in der Gemeinschaft einen wichtigen Beitrag leisten können.

ERSTER TEIL

Grundlegendes zur Scham

Einführung

Wie äußert sich Scham? Und worin liegt der Unterschied zwischen ganz normalen, konstruktiven und übertriebenen, destruktiven Schamgefühlen? In diesem Teil des Buches werden wir sorgfältig untersuchen, warum tief beschämte Menschen ihr Leben nicht in den Griff bekommen können, solange sie nicht verstanden haben, was Scham eigentlich ist und wie sie sich auswirkt.

1. KAPITEL

Scham:
Die ganze Persönlichkeit ist betroffen

Ein zweijähriges Kind erkundet die Welt. Im Garten entdeckt es ein schönes Plätzchen, wo es glücklich im weichen Sand spielt. Es ist stolz auf seine Leistung. »Schau her«, scheint es sagen zu wollen, »seht mal, was ich schon alles kann! Ich bin gut.« – Da schreit die Mutter: »Schau dich bloß mal an! Wie siehst du nur aus! Alles dreckig und deine Kleider sind hin! Du hast mich sehr enttäuscht, du solltest dich schämen!«

Sofort fühlt sich das Kind klein und häßlich. Es läßt den Kopf sinken und starrt zu Boden. Es sieht die schmutzigen Hände und Kleider und beginnt sich auch innerlich unrein zu fühlen. »Irgend etwas an mir muß sehr schlecht sein«, denkt es, »so schlecht, daß ich nie wirklich sauber sein werde.« Das Kind bekommt die Verachtung der Mutter zu spüren und fühlt sich unzulänglich.

* * *

Ein sechzehnjähriges Mädchen hat seit kurzem einen Freund. Er scheint sehr rücksichtsvoll zu sein; niemals versucht er, sie zu etwas zu nötigen, das sie nicht mag. So wächst von Tag zu Tag ihr Vertrauen zu ihm. In der Schule schicken sie sich kleine romantische Botschaften zu. Darin nennt er sie liebevoll »Sexy Girl«.

Eines Tages, als sie in der Schule an einem Kameraden

ihres Freundes vorübergeht, ruft dieser ihr zu: »Hey, Sexy Girl, wie geht's denn?« Schlagartig geht ihr auf, daß ihr Freund die Briefchen offenbar auch anderen gezeigt hat, und sofort fühlt sie sich gedemütigt. Ihr Gesicht glüht vor Verlegenheit, und sie würde am liebsten fortrennen. Sie hat das Gefühl, jeder könne in sie hinein- und durch sie hindurchsehen.

Als ihr Freund später anruft, um sich zu entschuldigen, ist sie bereits wütend. »Verschwinde!« schreit sie ihn an. »Das kann ich dir nie verzeihen. Ich werde nie mehr mit dir sprechen!«

* * *

Ein Mann in mittlerem Alter hat in einer kleinen Firma einen sicheren Arbeitsplatz. Die Aussichten für sein berufliches Fortkommen scheinen sehr gut zu sein, und seine Vorgesetzten schreiben ständig hervorragende Beurteilungen. Er weiß, daß er auch unter seinen Kollegen einen guten Ruf hat.

Eines Tages hat dieser Mann einen kleinen Fehler gemacht, worauf sein Chef ihn kritisiert. Vielleicht ist er zu einer Sitzung zu spät erschienen, vielleicht hat er vergessen, einer Sendung die Rechnung beizulegen. Jedenfalls ist kein nennenswerter Schaden entstanden. Der Vorgesetzte weist den Mann lediglich auf das Problem hin, ohne aggressiv zu werden.

Trotzdem fühlt sich der Mann völlig am Boden zerstört. Er »weiß«, daß etwas Grundlegendes bei ihm nicht in Ordnung ist. Er glaubt, nunmehr sei er als Betrüger bloßgestellt, und ist sich sicher, die anderen würden denken, er sollte hier nicht länger arbeiten. Er ist nicht perfekt – also muß er wertlos sein. Er verbringt Stunden damit, sich an jeden einzelnen Fehler zu erinnern, den er je an seinen verschiedenen Arbeitsplätzen gemacht hat, und fühlt sich dabei nur noch schlechter. Er zieht sich in sein Büro zurück, schließt die Tür und versteckt sich dort für den Rest des Tages. Er weiß, daß er nie gut genug sein wird.

* * *

Ein älterer Mann verbringt die meiste Zeit damit, alle anderen zu kritisieren: Seine Frau ist dumm, sein Sohn faul, seine Tochter albern; seine Freunde sind ungehobelt, die Welt ist schlecht. Er zögert nicht, die anderen wissen zu lassen, daß er selbst tüchtiger, vernünftiger und überhaupt besser sei als sie. Deutlich gibt er seine Überlegenheit kund und erwartet, daß man ihn respektiert.

Vielleicht nehmen ihm einige Menschen dieses Image ab; andere hingegen merken, daß dieser Mann nur eine Maske trägt. Sie können seine großtuerische und arrogante Haltung durchschauen und erkennen, daß er innerlich unsicher und alles andere als vollkommen ist. Ihnen entgeht nicht, daß der Mann zwar versucht, die Welt davon zu überzeugen, daß er besser sei als die anderen, daß er sich in Wirklichkeit aber unterlegen fühlt. Mit einem solchen Menschen zusammenzuleben ist allerdings recht schwierig, empfindet er doch für seine Mitmenschen nichts als Verachtung. Und diese ziehen sich deshalb, anstatt den Mann zu achten oder gar zu verehren, von ihm zurück, gehen ihm aus dem Weg und hüten sich, ihm irgend etwas über sich selbst mitzuteilen.

* * *

Alle vier Menschen in diesen Beispielen haben etwas gemeinsam: ihr Schamgefühl. Scham ist ein schmerzliches, im ganzen Körper spürbares Gefühl. Es kommt in vielen Varianten vor und äußert sich jeweils immer ganz unterschiedlich. Die Schamgefühle des kleinen Mädchens etwa sind stärker körperlich und weniger vom Verstand her geprägt als die des älteren Mannes. Das unmittelbare Gefühl des Teenagers, bloßgestellt und gedemütigt worden zu sein, unterscheidet sich von den weitreichenden Zukunftsängsten des Firmenangestellten. Der ältere Mann verbirgt seine Scham mehr vor sich selbst als vor den anderen, wohingegen der Angestellte sie wie ein großes Geheimnis für sich behält. Nur der Teenager hat in diesen Beispielfällen die Scham in Wut umgesetzt.

Gleichwohl weisen alle Schamerfahrungen folgende gemeinsame Züge auf: eindeutige und starke Körperreaktionen, unbequeme Gedanken, gestörtes Verhalten und geistige Agonie.

Die körperliche Komponente des Schamgefühls

Plötzlich starken Schamgefühlen ausgesetzt zu sein ist eine niederschmetternde Erfahrung. Noch im Augenblick zuvor erschien es so, als fühlten wir uns wohl und voller Energie, Selbstvertrauen und Freude. Dann geschieht plötzlich etwas Schlimmes, vielleicht etwas so Belangloses wie die Wahrnehmung eines Fleckes auf unserer Bluse oder unserem Hemd, vielleicht etwas so Eindeutiges wie die lautstarke Zurechtweisung durch unseren Chef wegen eines Fehlers. Das sind Augenblicke, in denen wir am liebsten gelassen und gefaßt bleiben würden. Auf solche Situationen würden wir am liebsten mit Würde, Anstand und Ausgeglichenheit reagieren.

Wenn nur unser Körper dabei mitspielen würde! Statt dessen fühlen wir, wie uns heiß wird im Gesicht. Aus irgendeinem Grund können wir uns nicht dazu zwingen, geradeaus zu blicken, weil unsere Augen darauf bestehen, mit dem Kopf vornüber zu sinken und nach unten zu starren. Vielleicht legt sich auch eine Zentnerlast auf unsere Brust. Oder unser Herz pocht bei dem Gedanken, daß wir gerade jetzt unseren Körper nicht unter Kontrolle haben. Manche von uns spüren auch ein flaues Gefühl im Magen. Die Zeit scheint dahinzuschleichen, während wir vor lauter Unsicherheit am liebsten im Boden versinken möchten. Wir können kaum sprechen, so beschämt sind wir.

Sind diese unmittelbaren Schamsignale schon schlimm genug, so geht es uns anschließend vielleicht sogar noch schlechter. Wir schämen uns nämlich wegen unserer Scham. Vielleicht versuchen wir verzweifelt uns einzureden, daß wir ruhiger werden müssen, aber unser Körper weigert sich weiterhin zuzuhören. Die Wärme steigert sich zur Hitze, und wir erröten vor Verlegenheit. Jetzt senken wir abrupt den Blick und müssen gegen die übermächtige Versuchung ankämpfen, uns zu verkriechen und der ganzen peinlichen Situation den Rücken zuzukehren. Vielleicht empfinden wir jetzt sogar einen Brechreiz. Unsere Scham macht uns krank.

Nicht alle Anfälle von Scham sind so schmerzlich. Aber fast immer macht sich die Scham körperlich bemerkbar.

Zu den subtileren Ausdrucksformen gehören: kurzes Zögern oder Wegsehen beim Sprechen, eleganter Themenwechsel im Gespräch und kaum spürbare Hitzewallungen im Gesicht, die mit Beeinträchtigungen des Wohlbefindens einhergehen. Zuallererst ist die Scham ein Gefühl.

Zwei weitere körperliche Reaktionen kommen bei Schamanfällen recht häufig vor: Wir fühlen, wie wir immer kleiner werden, während die Menschen um uns herum anscheinend immer größer, lauter und gefährlicher werden. Es ist, als würden wir zusammenschrumpfen. Tatsächlich haben wir unseren Körper vielleicht sogar zusammengezogen, instinktiv Arme und Beine eingezogen. Indem wir uns kleiner machen, versuchen wir, uns zu schützen. Menschen, die solche Situationen erlebt haben, berichten, daß sie sich im Bann der Scham wieder wie kleine Kinder fühlten.

Obwohl sie den totalen Rückzug versuchen, fühlen sich beschämte Menschen offen, verwundbar und vor anderen bloßgestellt. Dabei handelt es sich um etwas Schwerwiegenderes als einen Gedanken – nämlich um eine physische Reaktion, die sehr unbequem werden kann. Der Blick eines anderen Menschen berührt einen dann beinahe körperlich. Die eigene Haut scheint durchsichtig zu werden, so daß andere scheinbar direkt durch uns hindurchsehen können. Wer Scham empfindet, würde am liebsten völlig unsichtbar werden, aber statt dessen fühlt er oder sie sich den Blicken anderer ganz und gar ausgesetzt.

Hinzu kommt dann noch, daß verwirrte Gefühle schmerzliche Gedanken nach sich ziehen – Gedanken, die meistens nur allzu vertraut sind und die alles nur noch schlimmer machen. Sie bestärken die Betroffenen darin, daß sie nicht ohne guten Grund Scham empfinden.

Nachdenken über die Scham

Scham äußert sich in so übermächtigen Gefühlen, daß man leicht die wichtige Rolle unterschätzt, die unsere Gedanken bei der Erfassung, Benennung und gar Verstärkung dieser Empfindung spielen. In wissenschaftlichen Veröffentlichungen ist oft davon die Rede, daß im Vergleich zum Schuldgefühl Scham sich viel eher körperlich ausdrücke. Ersteres sitze in unseren Köpfen, die Scham hingegen in unseren Körpern. An dieser Unterscheidung ist sicher etwas Wahres, denn beschämte Menschen fühlen sich meistens so elend, daß sie sich mit der Erfahrung der Scham nicht weiter auseinandersetzen wollen. Sie möchten diese Gefühle nur so schnell wie möglich loswerden. Wer denkt schon gern über seine Scham nach?

Gleichwohl ist die Scham zu großen Teilen auch ein mentaler Prozeß. Wir denken über sie nach, und manchmal können wir überhaupt nicht mehr damit aufhören, unseren Verlegenheiten, Niederlagen und Demütigungen nachzusinnen. Das endet dann damit, daß wir uns selbst fürchterlich beschimpfen (»Dummkopf«, »Idiot«, »dämliches Weibsstück« etc.) und so unsere Scham noch vergrößern. Langfristig entsteht dabei – Schritt für Schritt, Vorwurf für Vorwurf – ein tiefer Selbsthaß.

Im folgenden sind einige Gedanken aufgelistet, mit denen sich schamgeplagte Menschen häufig quälen:

- Mir fehlt etwas Wesentliches (ich bin innerlich defekt, gebrochen, unvollkommen; es ist ein Fehler, daß es mich überhaupt gibt).
- Ich bin schmutzig (befleckt, häßlich, unrein, dreckig, ekelerregend).
- Ich bin unfähig (nicht gut genug, untüchtig, ineffizient, überflüssig).
- Man will (liebt, schätzt, achtet) mich nicht.
- Ich verdiene nichts Besseres, als verlassen (vergessen, verstoßen, nicht beachtet) zu werden.
- Ich bin schwach (klein, machtlos, schwächlich, unwichtig).
- Ich bin schlecht (schrecklich, fürchterlich, übel, verachtenswert).
- Ich bin zu bemitleiden (verachtenswert, ein Häufchen Elend, unbedeutend).
- Ich bin ein Nichts (wertlos, unsichtbar, unbeachtet, leer).
- Ich verdiene Kritik (Verdammung, Mißbilligung, Zerstörung).
- Ich fühle mich beschämt (verlegen, erniedrigt, total am Boden, entehrt).

Tief beschämte Menschen hegen solche Gedanken ziemlich regelmäßig. Ja, sie nehmen sogar oft an, fast alle anderen Leute würden genauso über sich selbst denken – daß sich die meisten Menschen als von Grund auf schlecht, fehlerhaft und beschämt empfinden. Ebenso gehen sie ziemlich selbstverständlich davon aus, daß die anderen ihre eigene Selbstbewertung teilen. Sie glauben, daß auch ihre Familien und Kollegen sie für unzulänglich halten. Tief beschämte Menschen rechnen damit, von allen verlacht und verachtet zu werden, weil sie der Überzeugung sind, nichts als Mißbilligung zu verdienen. Erhalten sie zufällig einmal Lob statt Tadel, werden sie wahrscheinlich sowohl das Lob (»Wenn die wüßten, wie schlecht ich diese Aufgabe im Grunde erledigt habe ...«) als auch den Lobenden zurückweisen (»Der erlaubt sich nur einen Scherz mit mir ...«).

Solch negative Gedanken erschweren und vertiefen die Schamgefühle zusätzlich, suggerieren sie dem beschämten Menschen doch, daß seine Gefühle zu Recht bestehen, unausweichlich sind und daß sich daran nie etwas ändern wird. Die Quintessenz dieser Botschaft lautet, daß jene, die Scham empfinden, sich von anderen grundlegend unterscheiden.

Negative Reaktionen auf Schamgefühle

Was unternehmen schamerfüllte Menschen, um sich von ihren Schamgefühlen zu befreien? Wie kann man tiefen Schmerz lindern? An dieser Stelle geht es freilich nur um negative Reaktionen auf Schamgefühle; die positiven Möglichkeiten, mit Scham umzugehen (wie man aus ihr Kraft schöpfen kann), sind erst im dritten Teil dieses Buches an der Reihe. Zu den möglichen negativen Reaktionen gehören also: Lähmung, nachlassende Energie, Fluchtverhalten, innerer Rückzug, Perfektionismus, Kritiksucht und Wut. All diese Reaktionsmöglichkeiten sollen hier kurz beleuchtet werden.

Lähmung: Der oder die von Scham Geplagte kann wie gelähmt sein, unfähig, überhaupt etwas zu tun. Er will sich vielleicht gegen Anschuldigungen verteidigen, aber die passenden Worte fallen ihm partout nicht ein. Sie will vielleicht davonrennen, aber die Energie reicht dafür einfach nicht aus. Er kommt einfach nicht vom Fleck. Diese Lähmung intensiviert dann ihrerseits die Schamgefühle, denn jetzt kann sich der oder die Betroffene ja vorwerfen, zur Selbstverteidigung einfach nicht stark genug zu sein.

Nachlassende Energie: Wie die Scham das Selbstwertgefühl verringert, stiehlt sie auch unsere Energie. Angesichts übermächtiger Schamgefühle fallen die meisten Menschen langsam in sich zusammen. Sie fühlen sich kleiner, schwächer und machtloser. Sie sind weniger, als sie sein könnten.

Fluchtverhalten: Beschämte Menschen wollen nichts lieber als fliehen, wenn sie sich einer bestimmten sozialen Situation nicht gewachsen fühlen. Wie der Firmenangestellte und der Teenager in unseren vorangestellten Beispielen versuchen wohl die meisten Menschen sich zurückzuziehen, sobald sie Scham empfinden. Sie suchen sich einen privaten, sicheren Ort, wo niemand sie in ihrer Scham sehen kann, und neigen oft dazu, sich ganz abzusondern und die meiste Zeit allein zu verbringen.

Innerer Rückzug: Dieses Verhalten ist oft schwerer auszumachen als das einfache Davonrennen. Manchmal entwickeln Menschen kunstvolle Masken, um ihr wahres Selbst zu verbergen. Sie lächeln viel, sind immer darauf bedacht, anderen alles recht zu machen, wirken selbstbewußt und mit sich im reinen. Weil sie davon überzeugt sind, daß die anderen, könnten diese hinter die Fassade blicken und das wahre Selbst erkennen, nur mit Verachtung reagieren würden, versuchen sie ihre Scham geheimzuhalten. Sie ziehen sich emotional vollkommen zurück.

Perfektionismus: Von Scham erfüllte Menschen denken manchmal, daß sie sich für nichts zu schämen hätten, wenn sie nur niemals einen Fehler machten. Dann werden sie zu Perfektionisten. Die menschliche Unvollkommenheit wird dann allerdings zur Falle. Menschen machen nun einmal Fehler, aber für den Perfektionisten sind Fehler gleichbedeutend mit Scham. Menschlichkeit kann sich der perfekte Mensch nicht leisten: nur absolute Fehlerlosigkeit in allen Dingen zählt.

Kritiksucht: Beschämte Menschen sind allen anderen gegenüber oft übermäßig kritisch. Ständig weisen sie ihre Mitmenschen auf deren Schwächen hin, genauso wie der alte Mann in unserem anfänglichen Beispiel. Dieses Verhalten ähnelt dem eines Zauberers, der hinter dem Ohr eines Zuschauers plötzlich eine Münze hervorholt: »Abrakadabra!« sagt er. »Erst war sie mein, jetzt ist sie dein.« Entsprechend sagt sich der ewige Kritiker: »Abrakadabra! Ich übertrage meine Scham auf dich.« Solche Menschen befreien sich dabei nicht nur von den eigenen Unzulänglichkeiten, sondern glauben schließlich sogar, tatsächlich besser als alle anderen zu sein. Sie brauchen dieses Gefühl der Überlegenheit, um nicht in Minderwertigkeitsgefühlen unterzugehen.

Wut: Zorn ist eine andere Möglichkeit, mit Scham fertig zu werden. Eine der Möglichkeiten, sich gegen Erniedrigungen zu wehren, besteht darin, den vermeintlichen Angreifer selbst zu attackieren. Schon der kleinste Affront gegen die eigene Würde reicht manchmal aus, daß Menschen, die zur Wut neigen, zu Furien werden. Wer wütend ist, regt sich schon über einen Gastgeber auf, weil der den Namen nicht behalten hat, oder darüber, daß der Ehepartner einen alten Schulfreund herzlich begrüßt; daß Behörden überhaupt so viel Macht haben; daß die eigenen Kinder beachtet werden wollen. Wenn Scham und Wut zusammenkommen, werden solche Menschen oft mit Worten und Taten sehr ausfällig. Indem sie die Persönlichkeit anderer angreifen, verteidigen sie ihre eigene brüchige Identität.

Die Scham: eine geistige Krise

Wenn Schamgefühle überhand nehmen, wird die gesamte Persönlichkeit stark in Mitleidenschaft gezogen. Wer unter Scham leidet, glaubt, daß es ihn oder sie besser gar nicht geben sollte. Dabei hat dieser Mensch gar nichts Schlimmes getan (dann ginge es ja auch um Schuldgefühle). Vielmehr glaubt der oder die Betroffene, daß er oder sie selbst ein Fehler sei. Man selbst ist die Ursache des Übels; man schämt sich der eigenen Existenz, nicht wegen Kleinigkeiten oder Äußerlichkeiten.

Wer unter Scham leidet, ist im tiefsten Innern mit einer spirituellen Krise konfrontiert. Hat er oder sie überhaupt noch ein Recht zu existieren? Ist er oder sie letztlich nicht ein schrecklicher Fehler, für den niemand verantwortlich ist? Würde einen nicht sogar Gott im Stich lassen? Ist man nicht so unwürdig, daß man gar keine Liebe beanspruchen kann? Wenn die Schamgefühle am stärksten sind, würden viele Betroffene all diese Fragen mit Ja beantworten.

Die Scham beraubt uns vorübergehend unserer Menschlichkeit. Wir beginnen, uns für Untermenschen zu halten, die kein vollständiges Leben mehr führen können. Wir verlieren das Gefühl für die Gemeinschaft mit anderen. Wir verlieren die Verbindung zu einer Höheren Macht und isolieren uns so von allen Möglichkeiten, außerhalb unserer selbst Trost zu finden. Im Kern unseres Wesens empfinden wir eine entsetzliche Einsamkeit.

Beschämte Menschen fühlen sich wertlos, weniger wert als alle anderen um sie herum, nichtswürdig. Sie sehen sich in der Schuld der anderen, als Ballast in deren Leben. Das höchste der Gefühle wäre es, von den anderen toleriert zu werden, aber die Möglichkeit, daß jemand das Bedürfnis verspüren könnte, sie in den Arm zu nehmen, kommt überhaupt nicht in Betracht. Wenn die Schamgefühle wieder einmal bedrängend werden, fällt den Betroffenen überhaupt nichts Positives mehr zur eigenen Person ein. Dann liegen Selbstmordgedanken nahe.

Das Gefühl innerer Leere geht einher mit der Überzeugung, nichts wert zu sein. Beschämte Menschen empfinden sich oft als ausgehöhlt. Sie sehen sich als ein »Nichts« ohne eigene Identität. Sie tragen Masken, um die Schamgefühle zu kaschieren und die eigene Leere zu verbergen. Sie haben ihre Seele an die Scham verloren.

Von Scham Geplagte wirken manchmal recht arrogant. Sie geben sich wie übermäßig aufgeblasene Ballons: so mit Stolz geschwellt, daß sie über der Erde dahinzuschweben scheinen. Aber kein noch so aufgeblasenes Ego kann die durch Scham verursachten Schäden beseitigen: diese Menschen sind trotzdem innerlich leer. Sie können versuchen, das aus tiefer Scham herrührende Gefühl der eigenen Nichtigkeit zu verbergen – aber es vergeht nicht eher, als bis es offen und ehrlich verarbeitet wurde.

Zusammenfassung

Die Scham hat viele Komponenten. Zuallererst ist sie ein schmerzhaftes Gefühl, das sich im Gesicht abzeichnet und den ganzen Körper ergreift. Quälende Gedanken gehen diesen körperlichen Phänomenen voraus, begleiten sie und folgen ihnen. Wer Scham empfindet, ist oft regelrecht gelähmt und kann nicht mehr agieren. Oder aber die Reaktion besteht darin, daß sich die Betroffenen physisch oder emotional zurückziehen. Ferner durchleiden sie eine spirituelle Krise, die ihnen das Gefühl vermittelt, keine vollständigen Menschen zu sein und von den anderen genauso abgeschnitten zu sein wie von Gott.

ÜBUNGEN

Erste Übung: Vergleichen Sie Ihre eigenen Schamerfahrungen mit denen der vier Beispielpersonen am Kapitelanfang. Notieren Sie Ihre Antworten auf einem getrennten Blatt Papier.

1) Hat eine plötzliche, überkritische, vielleicht sogar barsche Reaktion eines anderen Ihnen das Gefühl vermittelt, ein schlechter Mensch zu sein, selbst wenn das, was Sie getan haben, vielleicht ganz harmlos war? Schildern Sie die näheren Umstände.
2) Haben Sie das Gefühl (gehabt), daß jemand Sie verraten oder in eine peinliche Situation gebracht hat? Wie haben Sie darauf reagiert? Mit Rückzug, Wut oder beidem? Schildern Sie die näheren Umstände. Wie fühlten Sie sich dabei?
3) Sehen Sie sich selbst sehr kritisch, sogar wenn Sie nur einen kleineren Fehler gemacht haben? Nennen Sie ein Beispiel. In welcher Form haben Sie sich bei dieser Gelegenheit beschimpft? Welche Schlüsse haben Sie bezüglich Ihres Selbstwertes gezogen?
4) Haben Sie sich selbst je dabei ertappt, wie Sie einen anderen Menschen kritisierten und dabei sich selbst (und vielleicht sogar dem anderen) klarmachten, daß es viel besser wäre, wenn er so wäre wie Sie, anstatt so wie er nun einmal ist? Kritisieren Sie andere vor allem dann, wenn Sie mit sich selbst unzufrieden sind? Ist Ihnen aufgefallen, daß einige der Fehler, die Sie bei anderen kritisieren, Sie an Ihr eigenes Verhalten oder an Ihre eigenen Gedanken erinnern?

Zweite Übung: Nehmen Sie sich eine Minute Zeit, Ihre mit Schamgefühlen verbundenen Körperempfindungen zu analysieren. Erinnern Sie sich an einen Augenblick, in dem Sie sich kleiner fühlten, als Sie wirklich sind, oder in dem Sie das Gefühl hatten, angestarrt, mit Blicken durchbohrt oder bloßgestellt zu werden. Gestatten Sie sich die Erinnerung an einige der Gefühle, die Sie damals bewegten. Wohin sahen Ihre Augen? Was taten Ihre Hände? Wie fühlte sich Ihr Gesicht an? Ihr Magen? War Ihnen heiß oder kalt? Jetzt atmen Sie dreimal tief durch – ein und aus – und lassen bei jedem Ausatmen diese Gefühle aus sich herauskommen; pusten Sie sie sozusagen in den Boden. Beschreiben Sie, was Sie dabei empfinden.

Dritte Übung: Wenn Sie Scham empfinden, wie beeinträchtigt dieses Gefühl dann Ihre Selbstachtung? Markieren Sie alle folgenden Aussagen, die Ihren Gedanken oder Ideen ähneln, wenn Sie von Scham erfüllt sind:

– Ich habe kein Recht zu existieren.
– Ich bin unzulänglich.
– Mit mir stimmt etwas nicht.
– Ich verdiene es nicht, geliebt zu werden.
– Ich bin ein lebender Fehler.
– Ich gehöre nicht dazu.
– Ich verdiene es, verlassen zu werden.
– Ich bin häßlich.
– Ich bin schmutzig.
– Ich bin den anderen eine Last.
– Auf mich kommt es nicht an.
– Ich bin nichts.
– Ich verdiene Kritik.
– Ich bin unerwünscht.
– Ich bin wertlos.
– Ich habe keine Ehre.

– Ich bin nicht gut genug.
– Ich bin gedemütigt.
– Mich sollte es gar nicht geben.

Jede einzelne dieser Feststellungen macht es einem schwerer, das Gefühl zu haben, daß man in diese Welt paßt und ein nützliches Leben führen kann.

Und jetzt notieren Sie drei Eigenschaften, die an Ihnen gut sind. Führen Sie dabei sowohl jene auf, die Sie aus eigener Überzeugung gut finden, als auch solche, die nach der Auffassung anderer Menschen, die Sie objektiver sehen können, einen Wert besitzen. Denken Sie daran: Schamgefühle führen oft zu schmerzlichen Gedanken und Einstellungen sich selbst gegenüber, *die im Lichte der Wahrheit einfach nicht zutreffen.*

2. KAPITEL

Positive Schamgefühle

»Diesen Tag werde ich nie vergessen. Damals, als ich die Regionalausscheidungen gewonnen und mich für die Landesmeisterschaften qualifiziert hatte, glaubte ich, ich sei der beste Leichtathlet der ganzen Welt. Aber als ich dann nicht einmal das Finale erreichte, war ich am Boden zerstört. Im Rückblick jedoch bin ich heute beinahe froh, daß ich damals verloren habe. Denn an jenem Tag ging mir auf, daß ich hart arbeiten müßte, um etwas aus mir und meinem Leben zu machen. Bis dahin war mir alles in den Schoß gefallen.«

* * *

Er konnte die Scham nicht länger ertragen. Jeden Tag hielt ihm seine Frau vor, daß er beruflich und als Vater versagt habe. So hatte er schon Angst, überhaupt noch nach Hause zu kommen. Er hatte immer mehr das Gefühl, ein totaler Versager zu sein. Doch schließlich kam er darauf, daß ihm seine Schamgefühle etwas zu sagen hatten, daß er auf sie hören müsse. Er fand heraus, daß er sich mit seinen Eheproblemen auseinanderzusetzen hatte, sonst würde er dieses schreckliche und flaue Gefühl in der Magengegend nie wieder loswerden.

* * *

Sie hatte einen tollen Job als Abteilungsleiterin in einer Fabrik. Ihre Zukunft schien gesichert. Allerdings setzten ihr die ständigen Schamgefühle ziemlich zu: »Du weißt genau, daß dies nicht alles ist, was du im Leben vorhast«, schienen sie ihr zu sagen. »Du verkaufst dich unter Wert, wenn du dich nicht weiterbildest.«

* * *

»Immerzu, wenn ich mich schlecht fühlte, habe ich zu essen angefangen. Ich bin vor meinen Gefühlen davongelaufen, besonders vor meiner Scham. Jetzt aber weiß ich, daß auch meine Schamgefühle zu mir gehören. Statt vor ihnen wegzurennen, nehme ich mir die Zeit zuzuhören, was mein Körper sagen will. Jetzt habe ich vor der Scham weniger Angst als früher.«

* * *

Der Begriff *positive Schamgefühle* klingt vielleicht widersprüchlich. »Was kann von diesem unangenehmen Gefühl schon Gutes ausgehen?« fragt man sich. Aber wir müssen uns vergegenwärtigen, daß Schamgefühle durchaus ihren Wert haben, solange wir uns von ihnen nicht überwältigen lassen. Wer Scham empfindet, wird sich der eigenen Identität sowie der Grenzen zwischen sich und den anderen bewußt. In seinem 1977 erschienenen Buch *Shame, Exposure and Privacy* (Scham, Bloßstellung und Intimität) legt Carl Schneider dar, daß es ohne Scham kein Gefühl für Intimität und Privatheit geben kann. Scham fördert auch Werte wie Menschlichkeit, Demut, Eigenverantwortlichkeit und Kompetenz. Gewisse Schamgefühle sind – genauso wie andere schmerzliche Emotionen: Wut, Trauer und Angst – dann von Vorteil, wenn sie uns vermitteln können, daß in unserem Leben etwas völlig schiefläuft, und wenn sie uns motivieren, etwas dagegen zu tun.

Übermäßige Scham hingegen ist negativ zu sehen. Ein Übermaß an Scham kann Menschen in einen Käfig aus Selbsthaß, Verzweiflung und Unwürdigkeit sperren. Dann trennt dieses Gefühl die Menschen voneinander, treibt sie in die Isolation, so daß die zwischenmenschlichen Beziehungen Schaden nehmen oder sogar völlig aufgegeben werden. Zuviel Scham führt zur inneren Lähmung; man redet sich selbst ein: »Ich bin ein solch hoffnungsloser Fall, daß schon alles zu spät ist. Es wird sowieso nicht mehr besser. Da kann ich auch gleich aufgeben.«

Aber auch ein Mangel an Scham ist negativ. Schamlose Menschen wissen nur sehr ungenau, wer sie eigentlich sind. Sie haben wenig Verständnis für das Bedürfnis der anderen nach Einhaltung gewisser Grenzen. Dann ist es schwierig, Intimität zu respektieren; denn diese setzt ein Gefühl für das Private, setzt Takt und Bescheidenheit voraus – alles Eigenschaften, über die Menschen mit unterentwickeltem Schamgefühl kaum oder gar nicht verfügen.

Positive Schamgefühle dagegen sind ein vorübergehender Zustand. Sie signalisieren uns, daß in unserer Beziehung zur Welt etwas ernsthaft in Unordnung geraten ist; daß die Verbindung zwischen uns und anderen einer Korrektur bedarf. Die positive Scham ist wie ein guter Freund, der den Mut hat, uns zu sagen, daß wir dabei sind, unser Leben zu verpfuschen. Ein guter Freund muß einem manchmal die Wahrheit sagen, selbst wenn sie für beide Seiten schmerzlich ist. Aber er erweist sich auch als liebe- und respektvoller Partner: selbst in schweren Zeiten läßt er einen nicht im Stich und zeigt Mut, indem er Probleme anspricht, ehe sie unlösbar geworden sind.

Wir können unsere Schamgefühle konstruktiv nützen, wenn wir die Fähigkeit entwickeln, auf die wichtigen Botschaften zu hören, die uns zusammen mit diesen Gefühlen signalisiert werden. Etwa:
- »Dein derzeitiges Leben entspricht nicht deinen grundsätzlichen Zielen. Läßt sich hier etwas ändern? Dann würdest du dich wieder besser fühlen.«
- »Du fühlst dich jetzt bloßgestellt und verwundbar. Vergewissere dich, ob du diesen Leuten trauen kannst.«
- »Du hast das Gefühl, du bist nicht gut genug. Was ist zur Zeit bloß mit dir los?«

Solche Botschaften haben ihren Wert, und man sollte sie nicht ignorieren. Aber sie sind vorübergehender Natur. Positive Schamgefühle sagen uns, daß *zur Zeit* irgend etwas nicht stimmt; sie fordern uns auf, unser Leben zu überprüfen und unsere Gedanken oder Taten womöglich zu ändern. Wer auf seine Schamgefühle hören und entsprechend handeln kann, anstatt vor ihnen davonzulaufen, wird sich am Ende besser fühlen und mehr in Einklang mit sich selbst sein. Der Vorteil liegt darin, daß Menschen, die in ihrer Scham einen Freund sehen, an Selbstachtung gewinnen.

Positive Schamgefühle und Selbstbewußtheit

Scham ist ein großer Lehrer. Wer einen Augenblick lang Scham empfindet, kann viel über sich und andere lernen. So erkannte zum Beispiel jener Angestellte aus dem ersten Kapitel, der schon wegen einer unbedeutenden Kritik seines Vorgesetzten Qualen durchlitt, daß er sein eigenes *Recht* in Frage stellte, ein erfolgreicher Geschäftsmann zu sein.

Beschämte sind befangen. Sie achten zum Beispiel ständig auf ihr Äußeres, ihre Eigenheiten, Gewohnheiten und Ausdrucksformen. Sie beobachten und beurteilen sich selbst; sie fragen sich, was die anderen wohl von ihnen halten. Wie Jugendliche, die stundenlang vor dem Spiegel stehen, suchen auch Menschen, die unter Schamgefühlen leiden, ständig nach einem Makel bei sich selbst. Dabei fallen ihnen meistens nicht nur Äußerlichkeiten auf, sondern, wichtiger noch, falsche Verhaltensweisen und Probleme in ihren Beziehungen zu anderen. Dieses Wissen kann solchen Menschen dabei helfen, sich in Wort und Tat zu ändern.

Scham ist ein unbequemes Gefühl. Aus diesem Grund nützen es all jene, die sich durch Schamgefühle nicht lähmen lassen, zur Änderung ihres Verhaltens. Manche dieser Änderungen sind vielleicht relativ geringfügig: Man achtet zum Beispiel auf angemessenere Kleidung bei gesellschaftlichen Anlässen, um diesbezüglichen Verlegenheiten in Zukunft aus dem Wege zu gehen. Aber Scham lenkt unsere Aufmerksamkeit auch auf weit ernstere Dinge:

– Wem aufgrund von Schamgefühlen bewußt wird, daß er den falschen Beruf gewählt hat, der muß sich dieser bitteren Tatsache stellen, damit es mit seinem Leben wieder aufwärts geht.

– Das Gefühl geistiger Leere kann in eine Suche nach neuen, tieferen religiösen Erfahrungen münden.

Eine weitere wichtige Beobachtung konnten wir bei unserer therapeutischen Arbeit machen: *Damit sie zu etwas gut ist, muß man sich mit der Scham mutig auseinandersetzen.* Wer vor seiner Scham Angst hat und nur darauf aus ist, dieses Gefühl zu vermeiden, handelt sich nur noch mehr Angst und Schmerzen ein. Wer sich hingegen mit seiner Scham aktiv auseinandersetzt, dem erwächst jenseits aller Anfechtungen ein reicheres und sinnerfüllteres Bewußtsein der eigenen Identität und der eigenen Rolle in dieser Welt.

Weil Schamgefühle uns zum totalen Versager stempeln, weil es also nicht nur um einzelne Handlungen und momentane Mißerfolge geht, ist es sehr leicht, entmutigt und pessimistisch zu werden. Weil Schamgefühle die Existenz bis ins Mark erschüttern, ist es so schwer, etwas zu ändern. Schamgefühle können sehr zäh sein, aber es ist nicht nötig, daß sie unsere ständigen Begleiter sind. Wer seiner Scham genügend Aufmerksamkeit zuteil werden läßt, ohne sich von ihr völlig einschüchtern zu lassen, der wird vorübergehenden Schamgefühlen sogar erheblichen Wert zubilligen. Hoffnung kann mit Scham genausogut gekoppelt sein wie Verzweiflung.

Positive Schamgefühle und zwischenmenschliche Beziehungen

Von übermäßiger Scham geplagte Menschen glauben oft, daß etwas grundlegend falsch sei in der Art und Weise, wie sie ihre Beziehungen zu anderen gestalten. Sie meinen, Tadel verdient zu haben und kommen sich in Gesellschaft unzulänglich vor. Wenn sie sich mit anderen vergleichen, neigen sie dazu, nur ihre eigenen Schwächen zu sehen. Sie erfahren sich wahrscheinlich als weniger intelligent, weniger ansehnlich, weniger attraktiv, als sie in Wirklichkeit sind. Extrem verschämte Menschen sind sich ständig solcher möglichen Mängel bewußt.

Konstruktive Schamgefühle hingegen sind moderat und vorübergehender Natur. Die meisten Menschen empfinden diese Art Scham, wenn ein Problem zwischen ihnen und einem anderen Menschen auftaucht. Ein solches Signal ist wahrscheinlich sogar notwendig, damit der oder die Betreffende überhaupt merkt, daß etwas nicht in Ordnung ist. Auch hier führt Scham auf konstruktive Weise zu mehr Selbstbewußtheit, was eine wichtige Voraussetzung für die zielgerichtete Arbeit an Beziehungsproblemen ist.

Scham kann Änderungen der Persönlichkeit motivieren

Der Gegenstand der Scham kann umfassend oder begrenzt, wichtig oder unwichtig sein. Vielleicht ist es nur eine Lappalie, wenn jemand plötzlich merkt, daß er sich durch sein Herumkaspern lächerlich gemacht hat. Vielleicht ist diese Entdeckung aber auch ein schwerer Schlag. Vielleicht merkt der Betreffende, daß er sein Leben lang durch selbsterniedrigende Handlungen die Aufmerksamkeit anderer auf sich gezogen hat. Daß er sich wegen dieses Verhaltens plötzlich schämt, ist ein Zeichen dafür, daß etwas anders werden soll. Die vorübergehende Scham hilft ihm, der Welt und den Mitmenschen mit mehr Würde und Selbstachtung gegenüberzutreten.

In unseren Beziehungen zu anderen Menschen können jederzeit Schamgefühle auftauchen. Diese Gefühle können einem nahelegen, eine Beziehung so lange zu unterbrechen, bis man herausgefunden hat, was nicht stimmt. Ja, sie können einen sogar zwingen, sich ernsthaft zu fragen, ob es Wert hat, eine brüchige Beziehung aufrechtzuerhalten. Wenn etwa eine Frau aus jeder Begegnung mit einem anderen Menschen Schamgefühle mitbringt, muß sie vielleicht erkennen, daß diese Beziehung fundamentale Schwächen aufweist. Beziehungen, in deren Mittelpunkt Schamgefühle stehen, sind ungesund. Können sie nicht dahingehend umgewandelt werden, daß gegenseitiger Respekt und Würde ins Zentrum treten, dann mag es für beide Seiten am besten sein, man trennt sich.

Von Scham besetzte Verhaltensmuster

Gelegentlich bilden sich in den meisten zwischenmenschlichen Beziehungen Verhaltensmuster aus, die auf gegenseitige Beschämung ausgerichtet sind. Ein Partner beschimpft den anderen; der wiederum reagiert durch ausdrückliche Nichtbeachtung der Bemerkung. Die Scham, die einer oder beide Partner dabei empfinden, fungiert als klares Signal, daß die Beziehung Schaden genommen hat. In ihrer einfachsten Form lautet die Botschaft: »Was da gerade geschehen ist, hat bei mir Schamgefühle ausgelöst. Laß uns damit aufhören, ehe wir uns noch weiter weh tun.«

Mit Scham geht ein drängendes Gefühl einher. Der Beschämte ist stark motiviert, etwas dafür zu tun, daß es ihm emotional wieder bessergeht. Beziehungen, in denen beide Partner offen sind für Schamgefühle, lassen sich langfristig verbessern, wenn beide ein Gespür für die Schmerzen des Partners entwickeln.

Scham kann paradoxe Wirkungen haben. Zunächst will der/die Beschämte vor den anderen davonlaufen. Letztlich aber sucht er/sie den Kontakt zu den anderen. Er/sie fühlt sich isoliert und hofft doch irgendwie auf die Rückkehr in die Wärme und Geborgenheit von Familie und Freunden. Positive Schamgefühle führen den sich ausgestoßen Fühlenden in die Gemeinschaft zurück.

Positive Schamgefühle als Wegweiser im Leben

Für die meisten Menschen ist Scham ein mächtiges Gefühl, aber eines, mit dem man leben kann. Freilich hängt wesentlich mehr daran als die Fähigkeit, Schamgefühle nur irgendwie zu überleben. Ein gemäßigtes Schamempfinden kann Menschen dazu verhelfen, wichtige Wahrheiten im Leben zu entdecken oder wiederzuentdecken. Vier solche Grundwahrheiten sind die Prinzipien der Menschlichkeit und Demut, der Eigenverantwortlichkeit und Kompetenz.

- *Menschlichkeit:* Alle Menschen gehören zur menschlichen Rasse – niemand ist nur ein schamgeplagter Untermensch oder ein über allen anderen stehender Gott.
- *Demut:* Niemand ist von vornherein besser oder schlechter als irgend jemand anders.
- *Eigenverantwortlichkeit:* Jeder Mensch kann seine eigenen Handlungen irgendwie kontrollieren, dagegen kaum das Verhalten anderer.
- *Kompetenz:* Jeder Mensch kann danach streben, »gut genug« zu sein, ohne daß er deshalb entweder perfekt oder ein beschämter Versager sein müßte.

Auf diese Gedanken werden wir an späterer Stelle detaillierter eingehen. Im Augenblick soll nur unterstrichen werden, daß *Scham von großem Wert sein kann.* Wer könnte je entdecken, daß er auch nur ein Mensch ist, wenn ihm immer alles gelänge? Wer könnte die Grenzen des Menschen akzeptieren, ohne je Verlegenheit empfunden zu haben? Scham stutzt das menschliche Ego immer wieder zurecht, ehe man vor Stolz und Arroganz gleichsam abhebt und den Kontakt zu den Mitmenschen verliert.

Positive Schamgefühle und Humor
gehören eng zusammen

Wenn wir über uns selbst lachen können, dann können wir auch von unserer Scham profitieren. Wird uns zum Beispiel die Ironie bewußt, wenn ein menschliches Wesen sich selbst entweder als Gottes größtes Geschenk an die ganze Menschheit betrachtet oder aber als den niedrigsten Wurm, der je im Schlamm herumgekrochen ist?

Das folgende Beispiel aus unserem eigenen Erleben kann den Wert der Scham gut illustrieren: Vor ein paar Jahren wurde Ron zu einer »wichtigen« Sitzung in der Universität eingeladen, an der er damals lehrte. Am Morgen zog er seinen besten Anzug an und fuhr zum Campus. Als er die Treppenstufen zum Sitzungssaal erreicht hatte, fühlte er sich ungeheuer wichtig. Mit stolzgeschwellter Brust sprang er die Stufen empor und hoffte dabei, möglichst vielen Leuten aufzufallen. Sein Kopf war aufwärts gerichtet, ganz im Einklang mit seinem Überlegenheitsgefühl. Wohl aus diesem Grund kam er ins Stolpern und fiel zu Boden.

In dem Augenblick, als er zu Boden stürzte, dachte Ron noch: »Hoffentlich sieht mich jetzt keiner!« Welch ein Kontrast! Nur einen Augenblick zuvor hatte er sich nichts sehnlicher gewünscht, als von allen Leuten bewundert zu werden, und jetzt wünschte er sich inbrünstig, unsichtbar zu sein. Plötzlich schämte er sich und hielt sich – vorübergehend – für den größten Dummkopf auf Erden.

Für einen humorlosen Menschen hätte dieser »Fall aus dem siebten Himmel« schlimme Konsequenzen haben können. Eine von Scham erfüllte Person hätte diesen Zwischenfall sicher als Beweis für ihre absolute Minderwertigkeit angesehen – als Zeichen, daß sie eine öffentliche Demütigung verdient habe. Ron ist allerdings der Ansicht, daß dieser Sturz ihm die Botschaft vermitteln wollte, daß er weder so großartig ist, wie er gern wäre, noch so schrecklich, wie er sich angesichts seiner Ungeschicklichkeit fühlte. Er ist einfach ein Mensch.

Zusammenfassung

Wir alle haben in der einen oder anderen Form mit Schamgefühlen zu tun, die – für sich genommen – weder immer gut noch immer schlecht sind. Entscheidend ist, wie wir mit diesen Gefühlen umgehen. Werden sie erkannt, akzeptiert und genutzt, um unsere Beziehungen zu uns selbst und zu den Mitmenschen zu erforschen, dann sind Schamgefühle als etwas Positives anzusehen. Wer ein gesundes Schamempfinden besitzt, wird sich seiner selbst bewußt und kann seine zwischenmenschlichen Kontakte pflegen. So gesehen kann Scham sogar der Wegweiser zu einem sinnvollen, erfüllten Leben sein.

Ein gewisses Maß an Scham ist erforderlich, damit wir uns zu wertvollen Mitgliedern der Gesellschaft entwikkeln. In kleinen Dosen, die uns nicht in die Verzweiflung treiben, ist Scham am hilfreichsten. Konstruktive Schamgefühle muß man eher hegen als vermeiden; man sollte sich über sie freuen, statt Angst vor ihnen zu haben. Wir müssen lernen, uns mit ihnen wirklich anzufreunden.

Leider kann aber beim Umgang mit Schamgefühlen auch vieles schiefgehen. Überwältigende Schamgefühle können einem Menschen beinahe irreparable Schäden zufügen. Schamlosigkeit dagegen führt zu einem Mangel an menschlicher Wärme. Doch auf diese Punkte kommen wir in den folgenden Kapiteln noch zurück.

ÜBUNGEN

Erste Übung: Als Ron auf der Treppe stürzte, wurde er schlagartig daran erinnert, daß auch er nur ein Mensch ist und nicht die wichtigste Person auf der Welt. Außerdem lernte er bei diesem Vorfall, welch wichtige Rolle der Humor bei der richtigen Einordnung seiner Handlungen spielt. Haben Sie je etwas Ähnliches erlebt – eine Begebenheit, die Ihnen zu dem Bewußtsein verhalf, daß Sie nicht besser oder schlechter als andere Menschen sind? Schreiben Sie dieses Erlebnis auf.

Zweite Übung: Susanne hatte Streit mit Gerd. Statt fair zu argumentieren, versuchte sie, Gerd so zu beschämen, daß er tat, was sie wollte: Sie nannte ihn »dumm« und »egoistisch«, weil er zum betreffenden Thema seine eigenen Gedanken und Ansichten hatte. Später dann schämte sich Susanne, weil sie Gerd beschimpft und versucht hatte, ihn zu manipulieren. Diese gesunde Scham verhalf ihr zu der Erkenntnis, daß sie ihr eigenes Verhalten ändern müsse. Haben auch Sie schon einmal zu diesem Mittel Zuflucht genommen, haben Sie jemanden beschimpft oder herabgesetzt, um ihn oder sie zu beschämen? Wie haben Sie sich danach gefühlt? Wie hätten Ihnen konstruktive Schamgefühle zu einer Verhaltensänderung verhelfen können? Beschreiben Sie Ihre Erfahrungen.

Dritte Übung: Robert strich seinen Schuppen an. Er wollte so schnell wie möglich damit fertig werden. Aber als er seine Arbeit später betrachtete, konnte er sehen, wie ungleichmäßig die Farbe aufgetragen war. Außerdem fiel ihm auf, daß er an vielen Stellen weiße Farbe auf die roten Ränder gespritzt hatte und daß Fensterscheiben und Türknauf mit roter Farbe beschmiert waren. Anstatt erleichtert zu sein, daß die Arbeit endlich erledigt war, beschämte ihn, wie das Ganze aussah. Eine solche Pfuscherei war einfach nicht gut genug und entsprach nicht Roberts Anforderungen an sich selbst.

Seine Schamgefühle motivierten ihn, die Farbe gleichmäßiger zu verstreichen, die Farbspritzer am Rand zu beseitigen sowie Fenster und Türknauf zu putzen. Als er damit fertig war, erfreute er sich an der geleisteten Arbeit. Ist es Ihnen auch schon passiert, daß Sie so von Ihren Schamgefühlen profitiert haben? Beschreiben Sie diese Erfahrung.

3. Kapitel

Übermäßige Schamgefühle: Die von Scham geprägte Persönlichkeit

In den letzten fünf Jahren hat eine dreißigjährige Frau bei drei verschiedenen Therapeuten Rat und Hilfe gesucht. Ihre Klagen waren jedesmal die gleichen: »Egal was ich tue, lese oder mit wem ich rede, ich fühle mich immer völlig wertlos. Ich bin sicher, daß mich niemand je lieben könnte, weil ich einfach keine guten Eigenschaften habe. Ich habe das Gefühl, im Leben ein völliger Versager zu sein. Ich hasse mich selbst.«

* * *

Ein Mann in mittleren Jahren besitzt fast keine eigene Identität. Freundlich versucht er, es allen recht zu machen und all das zu werden, was sie von ihm erwarten. Er trägt seine Maske der Freundlichkeit so geschickt, daß selbst er keine Ahnung hat, was geschehen würde, wenn er sie einmal abnähme. Er glaubt, daß die anderen Menschen, könnten sie ihn durchschauen, entdecken würden, daß er wertlos oder gar ekelerregend ist. Dann würden sie vielleicht nie wieder mit ihm reden wollen.

* * *

Chronische, unablässige Schamgefühle haben eine verheerende Wirkung. Diese Art von Scham hat mit der im letzten Kapitel beschriebenen normalen, gesunden Scham nichts zu tun. Von Scham geprägte Menschen wissen aus ihrer Scham keinen Ausweg mehr. Sie versacken in Gefühlen der Wertlosigkeit, Unzulänglichkeit und Verzweiflung; sie sind voller Selbstzweifel bezüglich ihres Wertes als Mensch. Sie verurteilen sich selbst gnadenlos und versuchen oft verzweifelt, ihre Scham durch das Streben nach Perfektion zu bekämpfen.

Wie kommt es, daß manche Menschen so von ihrer Scham drangsaliert werden? Ehrlicherweise muß man eingestehen, daß niemand ganz genau weiß, was diese Menschen in ihrer Scham gefangenhält. Gewiß, manche Leute wachsen in Familien auf, in denen Herabwürdigungen, persönliche Angriffe und die Drohung, im Stich gelassen zu werden, zum Alltag gehören. Ebenso gewiß ist, daß sich manche Menschen als Erwachsene in Beziehungsfallen wiederfinden, in beschämenden Beziehungen zu Ehepartnern oder Vorgesetzten, und dabei langsam, aber sicher ihre Selbstachtung verlieren. Egal, aus welchen früheren oder gegenwärtigen Quellen sich ihre Scham speist: manche Menschen haben gelernt, sich immer wieder selbst zu beschämen. Gewöhnlich glauben sie, die anderen würden sie verachten. Dabei liegt das Problem im Grunde darin, daß sie sich selbst viel mehr verachten, als irgend jemand sonst dazu imstande wäre.

Die vielfältigen Ursachen der Scham sollen im zweiten Teil dieses Buches untersucht werden. Im vorliegenden Kapitel geht es allein darum, Verhalten und Gedanken von Menschen zu beschreiben, deren Leben auf Scham basiert. Darüber hinaus soll unser Augenmerk jenen unterschiedlichen Mechanismen gelten, derer sie sich bedienen, um zu überleben.

Wie schamerfüllte Menschen die Welt sehen

Tief beschämte Menschen halten sich selbst für äußerst unzulänglich und sehen keinen Ausweg aus diesem Zustand. Sie »wissen«, daß sie von Natur aus anders sind. Sie »wissen«, daß ihre Schlechtigkeit bodenlos ist. Sie »wissen«, daß sie keine vollwertigen Menschen sind. Sie »wissen«, daß es ihnen nie gestattet sein wird, mit den anderen in einer Welt zusammenzuleben, in der es Liebe, Respekt und Stolz gibt.

Solche Menschen sind in ihrer Scham gefangen. Für sie ist diese Empfindung nichts Vorübergehendes und Konstruktives, nichts, das Lernprozesse und inneres Wachstum fördert, sondern eine unumkehrbare und dauerhafte Tatsache. Ihr eigenes Schicksal besteht darin, beschämt darunter zu leiden, daß sie unvollkommen sind.

Solche Menschen haben sich ein gleichsam mythisches Weltbild aufgebaut. In ihrer Welt gibt es nur Gute und Schlechte, nur Schwarz oder Weiß, nur absolute Gewißheiten. Und weil in diesem Rahmen auch ihr eigenes Schicksal schon besiegelt ist, besteht diese Welt vor allem aus Schmerzen. Beschämte Menschen glauben, daß sie mit Scham leben und sterben müssen. Von Zeit zu Zeit lehnen sie sich auf und versuchen, der Scham zu entfliehen. Sie sehnen sich nach dem Gefühl, würdig und etwas wert zu sein. Doch immer wieder müssen sie entdecken, daß es aus der Welt der Scham auf Dauer kein Entkommen gibt. Gnadenlos ruft die Scham sie zurück und fordert ihren Tribut.

Der Mythos, daß man ständig mit der Scham zu leben habe, muß aus dem Weg geräumt werden

Wir haben diese Weltsicht deshalb als »Mythos« bezeichnet, weil niemand auf ewig an die Scham gebunden ist. In unserer Welt ist für jeden Platz; dort gibt es keine Menschen zweiter Klasse oder Untermenschen. Das Schöne an der Scham, selbst in ihrer übermäßigen Ausprägung, besteht darin, daß man lernen kann, mit ihr zu leben, und daß man im Verlauf dieses Lernprozesses geistig wächst. Aber zunächst muß der tief beschämte Mensch lernen, wie er gegen die Überzeugung ankämpft, er sei durch und durch wertlos. Von Scham geprägte Menschen haben sich daran gewöhnt, alle Ereignisse von der Schande her zu interpretieren. Sie müssen als erstes lernen, daß man die Welt auch aus einer weniger bedrohlichen Perspektive betrachten kann. Sie müssen ihren eigenen Mythos kritisch hinterfragen, der sie zu einem Leben in Scham und Schande verurteilt. So muß etwa die Frau aus dem anfänglichen Beispiel ihre positiven Charaktereigenschaften akzeptieren lernen, während der weitgehend identitätslose Mann den Mut finden müßte, seine freundliche Maske abzunehmen, um herauszufinden, wer er in Wirklichkeit ist.

Wie wir uns meistens selber sehen

Beschämte Menschen sehen sich meistens sehr kritisch. Sie finden immer etwas zu kritisieren, sei es an ihrem Aussehen, an ihrem Verhalten oder an ihrem Charakter. Sie legen an sich selbst so hohe Maßstäbe an, daß sie nie auch nur in die Nähe ihrer Ziele kommen können. Wenn sie dann unweigerlich scheitern (»Drei Einsen und eine Zwei mögen für andere gut genug sein; für mich aber bedeutet die Zwei eine Niederlage«), dann machen sie sich selbst schlimmste Vorwürfe.

Beschämte Menschen sind zudem sehr befangen. Weil sie auf Kritik übersensibel reagieren, sind sie stets auf der Hut gegenüber möglichen Demütigungen. Sie erwarten ständig, von den anderen verurteilt zu werden, weil sie selbst soviel Energie auf die Selbstbezichtigung verwenden. Weil ihre ganze Aufmerksamkeit den Defiziten gilt, die andere an ihnen entdecken könnten, haben sie oft so große Angst vor formalisierten Routinebeurteilungen, beispielsweise am Arbeitsplatz. Sie betrachten eine Mischung aus Lob und Kritik einfach nicht als ausgewogenes Urteil: Die Kritik nehmen sie als berechtigt hin, während jegliches Lob ihnen als heuchlerisch oder unberechtigt erscheint. Fortwährend vergleichen sie sich mit ihren Freunden, Partnern und Kollegen; dabei liegt das Problem freilich darin, daß sie ihre Aufmerksamkeit meistens auf die Punkte richten, in denen sie ihrer Meinung nach unterlegen sind, anstatt sich auf die Tatsache zu konzentrieren, daß sie insgesamt durchaus mit den anderen mithalten können.

Beschämte Menschen suchen vielleicht unbewußt nach Beziehungen, die ihre Schamgefühle verstärken. Individuen, die sich als völlig nichtswürdig erachten, fallen leicht jenen zum Opfer, die ihr Selbstwertgefühl aus Angriffen auf ihre Mitmenschen herleiten. »Ich weiß, daß mich mein Liebhaber schäbig behandelt, aber wer sonst würde sich denn mit mir abgeben?« fragen solche Menschen sich vielleicht selbst. Ihre übermäßige Scham bewirkt, daß sie gerade in ihren wichtigsten Beziehungen gedemütigt werden.

Zum Glück erleiden nur die wenigsten Menschen *alle* hier aufgezählten Qualen. Den meisten – selbst den unter einem Übermaß an Schamgefühlen Leidenden – ist es vergönnt, zeitweilig in Ehre und Würde zu leben. Nur wenige Menschen sind so tief in ihre Scham verstrickt, daß sie sich niemals gut fühlen. Umgekehrt durchleben viele Menschen, die normalerweise gut mit ihren Schamgefühlen umgehen können, auch Zeiten, in denen sie von ihrer Scham überwältigt werden. Dann erleben auch diese Menschen die von uns beschriebene Pein, ehe sich ihr Zustand schließlich wieder grundlegend bessert.

Gleichwohl ist das Weltbild vieler Menschen von Schamerfahrungen geprägt. Sie können die Welt nur aus dieser Perspektive sehen; das heißt, sie erwarten nichts anderes, als beschämt zu werden, sie suchen geradezu nach Erlebnissen und Situationen, in denen diese Erwartung bestätigt wird, und sie beschämen sich regelmäßig selbst mit übermäßiger Kritik. Kurz, sie leben in einer von Scham geprägten Welt.

Schamspiralen

Schamgefühle kommen normalerweise in Wellen. Diese Wellen können mächtig sein, aber ihre Dauer ist begrenzt.

Unter dem Eindruck der Scham verliert man seine Energie, zieht sich vielleicht sogar vorübergehend von den anderen zurück. Gewöhnlich erholt man sich aber recht schnell, und möglicherweise haben diese Schmerzen auch ihre gute Seite: Man erkennt neue Wege, wie man die Beziehung zwischen sich und den anderen wieder aufbauen kann.

Schamgefühle erfordern sofortige Aufmerksamkeit, sonst können sich Scham*wellen* leicht in Scham*spiralen* verwandeln. Wie Strudel drehen sich solche Spiralen immer schneller um die eigene Achse. Das kann viele Monate andauern, in deren Verlauf sich der oder die Betroffene unter Schmerzen mit den eigenen Schamgefühlen auseinandersetzt und sich dabei immer schlechter fühlt.

Eine typische Schamspirale beginnt damit, daß jemand auf eine eigene kleine Unzulänglichkeit aufmerksam wird. Dabei kann es sich um eine Bagatelle wie einen vergessenen Telefonanruf handeln. Im Zuge einer plötzlich aufkommenden Verlegenheit macht sich der Betroffene beschämende Gedanken und Gefühle. Dann setzt die unmittelbare Scham ein und führt vielleicht dazu, daß er sich zurückzieht, um seine Fassung wiederzugewinnen. Soweit verläuft noch alles in normalen Bahnen. Das Wohlbefinden wird zurückkehren, wenn sich der Betroffene Zeit zur konstruktiven Auseinandersetzung mit den Schamgefühlen nimmt.

An diesem kritischen Punkt kann es jedoch – besonders bei von Scham geprägten Menschen – auch zu problematischen Entwicklungen kommen. Dann rufen gegenwärtige Schamgefühle die Erinnerung an vergangene wach. Dies ist auch der Grund, weshalb es so schwierig ist, sich »nur ein klein wenig« zu schämen. Wenn die Schamgefühle erst einmal eingesetzt haben, können sie schnell zur Tortur werden. Die Spirale dreht sich dann immer schneller, während sich der Betroffene an andere beschämende Situationen erinnert. Unbequeme und erschreckende Gedanken nehmen überhand.

Inzwischen zweifelt der Betroffene vielleicht schon an seinem Wert als menschliches Wesen. Es scheint im Leben nur noch Scham und Schande zu geben. Die Fähigkeit, sich dankbar an Zeiten zu erinnern, in denen es gesunden Stolz und Selbstachtung gab, wird immer schwächer.

Da scheint es den Betroffenen angebracht, sich überhaupt von heiklen Situationen fernzuhalten. Ist man beispielsweise anfänglich einem Menschen aus dem Wege gegangen, der einem etwas Beunruhigendes gesagt hatte, so wird man nun schon vermeiden, das Gebäude zu betreten, in dem dieser andere arbeitet. Die beschämte Person wird in der Folge immer wachsamer und mißtrauischer, weil sie sich ja gegen eine Bloßstellung absichern muß.

Die nächste Windung der Schamspirale wird dadurch erreicht, daß sich ein Mensch wegen seiner Scham schämt. »Wenn ich auch nur ein halber Mann wäre, bräuchte ich mich mit solchen Gefühlen nicht auseinanderzusetzen«, mag der sich Schämende dann denken. Inzwischen bereitet ihm allein der Gedanke, jemandem gegenüberzutreten, schon Kopfschmerzen. Er ist in die Isolation geraten und isoliert sich weiter – körperlich, gefühlsmäßig und geistig.

Überlebensstrategien tief beschämter Menschen

Die meisten Menschen sind in der Lage, normalen, vorübergehenden Schamgefühlen standzuhalten. Solche Gefühle tun zwar weh, aber sie vergehen auch wieder. Konstruktive Schamgefühle vermitteln wesentliche Botschaften. Bei Menschen hingegen, die unter übermäßiger Scham leiden, verschwindet dieses Gefühl anscheinend nie, ganz gleich, was sie tun. Würden sie dauernd auf ihre Gefühle hören, würden sie sich wohl zu Verzweiflungstaten hinreißen lassen oder in verzweifelte Apathie verfallen. Solche extrem schmerzhaften Schamgefühle scheinen unerträglich zu sein.

Deshalb gibt es verschiedene Wege, Schamgefühle so zu verzerren, daß sie irgendwie erträglicher erscheinen. Wer seine Scham unterdrückt, ist sich vielleicht nicht einmal bewußt, daß er sich gegen Schamgefühle zur Wehr setzt; vielleicht wird die Scham nicht einmal als Problem erkannt.

Verteidigungsstrategien gegen Scham können den Betroffenen vielleicht dabei helfen, mit Selbsthaß und Schmerzen fertig zu werden; langfristig heilen können sie die Scham jedoch nicht. Wer seine Scham ignoriert, kann auch nichts dazulernen. Verteidigungsstrategien dienen nur dem Überleben; tief beschämte Individuen, die sich allein darauf verlassen, finden keinen Zugang zu der Wahrheit, daß auch sie wertvolle Menschen sind, die Liebe und Respekt verdienen.

Verdrängung

Die erste Verteidigungsstrategie ist die Verdrängung, das Nicht-wahr-haben-Wollen. Wer seine Scham verdrängt, muß sie nicht ständig zur Kenntnis nehmen. Solche Menschen erliegen dem Irrglauben, sie litten nicht unter Schamgefühlen, während sie sich in Wirklichkeit heftig schämen würden, wenn sie sich die Vorgänge in ihrem Innern wirklich bewußt machten. Sie steigern sich in die Vorstellung hinein, sie seien für sich selbst wie für andere akzeptabel, so wie sie sind, und werden dabei blind für alles, was ihnen Schamgefühle bereiten könnte.

Beschämte Menschen leben in einer Welt von Illusionen. Sie unternehmen alles, um ihr Image als gute Menschen aufrechtzuerhalten, selbst wenn dies gleichbedeutend damit ist, daß sie die Realität ignorieren. So verdrängen beispielsweise viele Alkoholiker ihr Alkoholproblem. Würden sie sich eingestehen, daß sie ihren Alkoholkonsum nicht mehr kontrollieren können, würden sie starke Scham empfinden. Sie sind der Ansicht, daß etwas nicht stimmen kann mit einem Menschen, der nicht einmal Macht über eine einzige Flasche hat. Es will nicht in ihren Kopf hinein, daß jemand sowohl ein Alkoholiker als auch ein guter Mensch sein kann. Sic denken im Kreis, etwa so: »Alkoholiker sind Asoziale. Aber ich bin keiner von diesen Typen. Wenn ich Alkoholiker wäre, müßte ich mich selbst hassen. Folglich kann ich kein Alkoholiker sein.« Ihre Angst vor übermächtigen Schamgefühlen ist so stark, daß sie allen Anzeichen von Suchtabhängigkeit gegenüber blind sind. Weil solche Menschen ihre Schamgefühle nicht aushalten könnten, reden sie sich ein, es gäbe da überhaupt kein Problem.

Verdrängung der Scham ist aber kein »Vorrecht« der Alkoholiker, bedrohen Schamgefühle doch das innerste Wesen eines jeden Menschen. So »vergessen« zum Beispiel manche Leute ihr spezifisches Sexualverhalten oder geheime sexuelle Wünsche, deren sie sich schämen müßten. Jemand anders hält es für beschämend, daß die eigene Mutter stottert oder der Sohn geistig behindert ist, denn diese Mängel werden als schwere Defekte empfunden. Wieder ein anderer verdrängt die anscheinend triviale Tatsache, daß er eine Glatze bekommt oder daß er nicht mehr so schnell laufen kann, weil ihm das Älterwerden als ein beschämender Prozeß erscheint. Alles, was möglicherweise Schamgefühle hervorruft, kann durch Verdrängung auf Distanz gehalten werden. Wenn wir einer Tatsache nicht ins Auge sehen können, verdrängen wir sie.

Aber ein Leben voller Verdrängungen fordert auch seinen Preis. Wir können die Realität ignorieren, aber sie verändert sich dadurch nicht. Der Alkoholiker, der darauf besteht, daß er alles unter Kontrolle habe, kann an seiner Krankheit sterben. Wer sich durch das Stottern seiner Mutter gedemütigt fühlt, beraubt sich vielleicht für immer ihrer Liebe. Wer das Älterwerden beschämend findet, kann sich nicht so respektieren, wie es dem eigenen Charakter entspräche. Alle diese Menschen würden viel gewinnen, wenn sie sich der Realität stellten; das ist aber letztlich nur möglich, wenn sie lernen, daß man Scham überleben und überwinden kann.

Rückzug

Eine weitere Überlebensstrategie gegenüber Schamgefühlen ist der Rückzug. Unter dem Eindruck der Scham ziehen sich viele dann zurück, wenn der persönliche Kontakt zu den Mitmenschen zu viele Schmerzen mit sich bringen würde. In Situationen, wo Menschen sich bloßgestellt und verwundbar vorkommen, ist die Flucht eine ganz normale Reaktion.

Ein Gymnasiast muß zum Beispiel in seiner Klasse ein mündliches Kurzreferat halten. Unglücklicherweise hat er schon am Anfang Probleme, kommt ins Stottern und verliert den Faden. Die Klassenkameraden lachen ihn aus. Jetzt kann er nur noch daran denken, wie er aus dieser Situation so schnell wie möglich herauskommt. Er möchte aus dem Klassenzimmer laufen, ehe er sich völlig gedemütigt vorkommt. Er fühlt sich am Boden zerstört. Vielleicht sagt er sich nun, daß er nie wieder etwas vor anderen tun werde. Noch viele Jahre später, als Erwachsener, schreckt er vielleicht vor Situationen zurück, die ihm die Gelegenheit öffentlicher Selbstdarstellung bieten, aber auch den Zwang beinhalten würden, vor anderen zu sprechen. Läßt sich eine Ansprache nicht umgehen, versagt er vielleicht wieder, weil er ja schon vorher davon überzeugt ist, daß er sich lächerlich machen wird. In seinen Gedanken gehören Scham und öffentliche Auftritte untrennbar zusammen.

Der Rückzug ist eine ganz normale Reaktion auf Schamgefühle. Bekanntlich besteht ja die erste physische Reaktion auf Scham in der Unterbrechung des Blickkontaktes: im Senken der Augen oder im Wegsehen. Beschämte Menschen signalisieren anderen etwa folgendes: »Im Augenblick fühle ich mich so schlecht, daß ich dir nicht in die Augen sehen kann. Ich kann nicht in deiner Nähe bleiben, weil dadurch meine Scham nur noch größer würde.« Da sie sowieso schon das Gefühl haben, vor der ganzen Welt entblößt dazustehen, möchten sie auf keinen Fall auch noch von anderen angestarrt werden. Wenigstens vorübergehend haben sie das Gefühl, daß jeder in ihre Seele sehen und dabei entdecken könne, wie unzulänglich und schlecht sie sind.

Solche Menschen kennen noch andere Formen des Rückzugs. Vielleicht vermeiden sie im Gespräch heikle Themen, vielleicht verbergen sie vor anderen ihre Gefühle. Manche beherrschen die Kunst, sich bedeckt zu halten. Sie sind zwar immer anwesend – doch nie wirklich da. Hierher gehören auch die Talentierten hinter den Kulissen, die öffentliche Auftritte so fürchten, daß sie lieber andere die Früchte ihrer Arbeit ernten lassen.

Dieses Rückzugsverhalten kann allerdings auch zur Falle werden. Vielleicht setzen solche Menschen alles daran, andere auf Distanz zu halten, so als hätten diese sie bereits beschämt. Direkte, substantielle und intime Kontakte zu den Mitmenschen erscheinen all jenen als eine Bedrohung, die mit sich selbst nicht im reinen sind. Die Betroffenen versuchen, sich vor der Demütigung zu schützen, die darin besteht, von anderen be- oder verurteilt zu werden.

Wut

Was geschieht aber, wenn sich jemand, der tiefe Scham empfindet, aus einer bedrohlichen Situation nicht zurückziehen kann? Dann wird er möglicherweise wütend, denn Wut ist eine weitere Überlebensstrategie gegen Scham. Der Wütende scheint die Warnung hinauszuschreien: »Keinen Schritt näher! Du bist meiner Scham zu nahe getreten, und niemand darf diesen Teil meiner selbst sehen. Das lasse ich nicht zu. Bleib weg, oder ich greife dich an!« Wütende Menschen sind verzweifelt darauf bedacht, sich andere weit genug vom Leibe zu halten, damit diese sie nicht kaputtmachen können.

Ein plötzlicher, überraschender Angriff auf ihre Persönlichkeit ist die wahrscheinlichste Ursache dafür, daß Leute wütend werden. So kann beispielsweise ein Mann seinem Freund ganz nebenbei gesagt haben, dessen Kleidung sei zu billig und zu geschmacklos für ein Rendezvous mit einer bestimmten Frau. Er kann das durchaus im Scherz und ohne die Absicht gesagt haben, den Freund zu verletzen. Aber der Freund ist bereits verletzt: »Was soll das heißen? Nicht gut genug für ein Rendezvous? Da kannst du Gift drauf nehmen, daß ich viel besser aussehe als du – wenigstens humple ich nicht so wie du.« Zu seiner Verteidigung ist diesem beschämten Mann also nichts anderes eingefallen, als seinen Freund unfair anzugreifen.

Wut ist ein wirksames Mittel. Sie vertreibt die Leute und schützt so den Beschämten vor der Offenbarung seiner Scham. Aber manchmal funktioniert die Wut auch zu gut. Dann fangen die Menschen an, solche Leute zu meiden, die auf vermeintliche Angriffe und Beleidigungen äußerst sensibel reagieren und dann wütend werden. »Ich hätte ja durchaus Interesse an einer Freundschaft mit Mary«, heißt es dann vielleicht, »aber jedesmal, wenn wir uns näherkommen, findet sie irgendeinen Vorwand, um wütend zu werden. Dann greift sie mich grundlos an.«

Die Strategie wütender Menschen, sich gegen überwältigende Schamgefühle zu verteidigen, setzt letztlich auch deren eigenem Selbstwertgefühl stark zu. Wahrscheinlich fühlen sie sich nur um so unvollkommener, wenn ihnen klar wird, daß die anderen Angst davor haben, ihnen näherzukommen. Wut läßt die zwischenmenschlichen Kontakte abbrechen und vergrößert dadurch die Scham der Beschämten. Chronisch zornige Menschen sind in einer einsamen Welt gefangen, die sie sich selbst geschaffen haben.

Gelegentliche Wutausbrüche, besonders als Reaktion auf plötzliche, unvorhergesehene peinliche Situationen, sind eigentlich nicht weiter verwunderlich. Menschen, die unter übermäßiger Scham leiden, neigen jedoch dazu, ihrem Ärger häufiger Ausdruck zu verleihen. Ihre regelmäßigen Wutanfälle kaschieren tiefsitzende Schamgefühle. Ihre Attacken gegen andere lenken von ihren eigenen Minderwertigkeitsgefühlen ab.

Perfektionismus

Auch der Perfektionismus gehört zu den Abwehrhaltungen gegen Scham, denn der Perfektionist fürchtet nichts mehr, als Fehler zu machen, weil diese ihm anzeigen, daß irgend etwas Grundlegendes mit ihm nicht stimmen kann. Wenn er auch nur den kleinsten Fehler macht, kommt er sich gleich als totaler Versager vor.

Für Perfektionisten gibt es offenbar nur eine Alternative: Schande oder Perfektion. Sie kämpfen verzweifelt gegen die menschliche Unvollkommenheit an, denn Menschlichkeit ist für sie gleichbedeutend mit Scheitern. Aber wir alle sind nur Menschen – Menschen, die gehalten sind, im Rahmen ihrer Möglichkeiten, ihrer Geistesgaben, ihrer Kreativität und Weisheit ihr Bestes zu geben. Wenn alle Menschen in diesem Punkt keine Wahl haben, dann kann auch Unvollkommenheit keine Schande sein.

Der Perfektionist ist wahrscheinlich nicht einmal besonders arrogant. Bei seinem Bestreben, fehlerlos zu sein, versucht er nicht wirklich, Gott zu spielen. Es handelt sich nämlich vor allem um den Versuch, die eigene Scham etwas länger unter Kontrolle zu halten. Der Perfektionist (oder die Perfektionistin) fühlt den enormen Drang zur Demonstration; man will der Welt und sich selbst beweisen, daß man den Anforderungen genügt. Die Möglichkeit, sich zu blamieren, ist im Bewußtsein ständig gegenwärtig, denn Perfektionisten sind davon überzeugt, daß ihre Mitmenschen nur darauf warten, irgendwelche Fehler zu entdecken. Haben diese dann einen entdeckt, so steht es für die Perfektionisten fest, daß man sie als völlig inkompetent einstuft.

Aus alldem folgt natürlich, daß sich der Perfektionist in einer aussichtslosen Lage befindet. Egal wie kompetent er ist, egal wie gut er seine Aufgaben löst, trotz aller Erfolge hat er immer das Gefühl, der Schande höchstens einen Schritt voraus zu sein. Durch erhöhten Arbeitseinsatz läßt sich so die Demütigung vielleicht eine Zeitlang hinauszögern. Aber ein Perfektionist kann nie sehr lange entspannt und locker sein, weil er nicht weiß, wie er sich selbst als guten, wenn auch begrenzten Menschen akzeptieren kann.

Normalerweise glauben beschämte Menschen, daß sie kleiner oder unbedeutender als andere sind. »Nicht einmal der Verachtung wert« – dieser Ausdruck beschreibt das Schamgefühl treffend. Doch was wäre, wenn die Betroffenen zu der Überzeugung kämen, daß das Gegenteil zutrifft, daß sie in der Tat allen anderen haushoch überlegen seien? Dann hätten sie die Arroganz entdeckt, eine weitere Überlebensstrategie gegen die Scham.

Arroganz

Arroganz kann zweierlei bedeuten: Überheblichkeit und Verachtung. Um *Überheblichkeit* handelt es sich dann, wenn jemand sein Selbstwertgefühl so übersteigert, daß er glaubt, besser als die anderen zu sein. *Verachtung* ist dann im Spiel, wenn jemand andere herabsetzt, um sie kleiner und unbedeutender erscheinen zu lassen als sich selbst.

Um den Unterschied zwischen Überheblichkeit und Verachtung zu verdeutlichen, stelle man sich zwei Menschen als gleich stark aufgeblasene Luftballons vor. Wenn man jetzt den einen der beiden weiter aufbläst, bis er beinahe platzt, dann versinnbildlicht dies die Überheblichkeit. Der Überhebliche verbirgt seine Scham dadurch vor sich und den anderen, daß er sich durch Angeberei und falschen Stolz größer macht, als er ist. Das Überlegenheitsgefühl ist erforderlich, um das tieferliegende Gefühl der Unzulänglichkeit zu verdecken. Der Überhebliche steigert sich in den Gedanken hinein, daß natürlich er der Größte und Beste unter allen Lebenden sei.

Läßt man hingegen aus dem anderen Ballon Luft ab, ist dies ein Sinnbild für verächtliche Herabsetzung. Wer es darauf abgesehen hat, andere verächtlich zu machen, wird immer einen Weg finden, sie herabzusetzen, ihnen das Gefühl zu vermitteln, daß sie schwach und inkompetent seien, und sich deshalb schämen müßten. Ein solcher Mensch verteidigt sich, indem er die eigenen Schamgefühle an andere weitergibt. Er ist eher mit sich im reinen, wenn er andere »zur Schnecke machen« kann.

Manche Menschen, die unter Schamgefühlen leiden, nehmen Zuflucht zur Überheblichkeit, andere zur Herabsetzung. Viele benutzen auch beide Formen der Arroganz, um sich gegen Schamgefühle in ihrem Inneren zu wehren. Arrogante Menschen stellen sich selbst auf den Sockel, damit niemand ihre Scham erkennen kann, nicht einmal sie selbst. Der Preis besteht jedoch darin, daß sie isoliert sind. Wer sich so exponiert, muß auf die beglückende Wärme im freundschaftlichen Umgang mit anderen verzichten. Er hat sich selbst von allen abgesondert, die ihn lieben würden oder könnten. Zwar entgeht er den Unterlegenheitsgefühlen, weil er sie gegen Überlegenheitsgefühle austauschen konnte – aber vom Zentrum seiner

Probleme und Schmerzen – seiner Scham – ist er weit entfernt.

Exhibitionismus

Die letzte der hier zu behandelnden Überlebensstrategien, der Exhibitionismus, erscheint paradox, verkriechen sich doch beschämte Menschen normalerweise, anstatt die Aufmerksamkeit auf sich zu lenken. »Schaut mich doch an, wenn ihr wollt«, scheint der Exhibitionist zu sagen, »ich habe nichts zu verbergen.« Und dabei verhält er sich womöglich anstößig, protzt mit seiner Sexualität oder kommt in unmöglicher Aufmachung daher.

Der Exhibitionist stellt zur Schau, was er eigentlich lieber verbergen würde. So entdecken beispielsweise einige tief beschämte Menschen, die als Kinder sexuellem Mißbrauch ausgesetzt waren, daß sie ihre Schmerzen lindern und ihr Leben besser kontrollieren können, wenn sie sich äußerst verführerisch anziehen oder zahlreiche sexuelle Affären haben. Ihr frühes Trauma haben sie dadurch »bewältigt«, daß sie Verlegenheit und Erniedrigung in eine grelle öffentliche Zurschaustellung umgewandelt haben.

Um Schamgefühle abzuwehren, ist Exhibitionismus besonders ungeeignet und schädlich. Denn jedesmal, wenn sich ein Exhibitionist zur Schau stellt, entfernt er sich weiter von seinen Mitmenschen, indem er sie durch sein Verhalten beleidigt oder schockiert. Dadurch vergrößert sich die eigene Scham, und dies erfordert dann eine noch drastischere Zurschaustellung. Am Ende ist der Exhibitionist total isoliert und vereinsamt; er erfährt nur noch Verachtung oder Mitleid und sieht sich letztlich mit seiner Scham allein gelassen.

Ernste Probleme, die oft mit übermäßiger Scham einhergehen

An dieser Stelle sollen kurz einige wichtige Probleme angesprochen werden, unter denen viele tief beschämte Menschen leiden. Einfache Lösungen gibt es für all diese komplizierten Probleme nicht. Es ist jedoch vielleicht ganz hilfreich zu sehen, in welchem Ausmaß übermäßige Scham an diesen Problemkomplexen beteiligt ist. Allein diese Erkenntnis hilft Ihnen möglicherweise schon ein wenig weiter.

Scham und die Angst, verlassen zu werden

Verlustängste spielen bei Menschen, die unter übermäßiger Scham leiden, eine zentrale Rolle. Wer davon überzeugt ist, daß er im Grunde wertlos und nicht liebenswert ist, dem erscheint es naheliegend, verlassen zu werden. Warum sollte auch jemand bei ihm bleiben, wenn es auf der Welt so viele bessere Menschen gibt? Exzessive Schamgefühle beeinträchtigen den Glauben an sich selbst – die Überzeugung, Zuneigung verdient zu haben.

»Ich will alles tun und sein, was du von mir erwartest«

Von Scham geplagte Menschen mit Verlustängsten versuchen oft, anderen dadurch zu gefallen, daß sie sich deren Wünschen und Vorstellungen total anpassen. Der dahinterstehende Gedanke ist klar: »Ich bin sicher, daß sie empört wären, wenn sie sehen könnten, wie ich wirklich bin. Deshalb muß ich versuchen, ihnen dadurch zu gefallen, daß ich jemand werde, auf den sie stolz sein können. Das ist meine einzige Chance, nicht von ihnen verlassen zu werden.« Solche Menschen verbringen die meiste Zeit damit, auf andere zu reagieren. Ihr Selbstwertgefühl ist ganz vom Lob oder Tadel der anderen abhängig, also von äußeren Instanzen.

Selbstvernachlässigung, Selbstbeschädigung und Selbstsabotage

Über die Notwendigkeit, mit seinem Selbst im reinen zu sein, und über die Zusammenhänge zwischen Scham und Selbstvernachlässigung hat Ed Ramsey geschrieben. Nach Ramsey liegt *Selbstvernachlässigung* immer dann vor, wenn ein schamerfüllter Mensch seine eigenen Bedürfnisse ignoriert, indem er zum Beispiel nicht zum Arzt geht, wenn er ernsthaft krank ist; indem er sich weigert, eine ausgewogene Ernährung einzuhalten, oder auch sein Äußeres vernachlässigt. Jede dieser Aktionen ist gleichbedeutend mit passivem Selbsthaß.

Selbstbeschädigungen stellen eine aktivere Form

schaminduzierten Selbsthasses dar. Hier bemüht sich der oder die tief Beschämte, sich selber Schaden zuzufügen. Suchtverhalten etwa ist oft nichts anderes als Selbstmord auf Raten: Magersüchtige hungern sich zu Tode, Alkoholiker können trotz ihres Leberschadens nicht mit dem Trinken aufhören. Andere, mildere Versionen dieses Verhaltens schließen Selbstbezichtigungen und das bewußte Sich-Einlassen auf Beziehungen ein, die die Betroffenen nur noch mehr beschämen.

Auch die *Selbstsabotage* hat die Verletzung der eigenen Person zum Ziel. Dann »vergißt« man zum Beispiel, sich rechtzeitig für ein Fortbildungsseminar anzumelden, das die Karriereaussichten verbessern würde, oder man nimmt absichtlich die verordneten Medikamente nicht ein, die eine schwere Depression lindern könnten. Solche Menschen unterminieren ihre Erfolgs- und Glückschancen, weil sie der Ansicht sind, sie hätten einfach nichts Gutes verdient. Verinnerlichte Schamgefühle fordern kategorisch das Versagen. Die Ursache für dieses Verhalten liegt zum Teil darin, daß Selbstaggression keinen Raum läßt für Kompetenz und Leistung.

Das Bedürfnis, andere zu erniedrigen

Scham beeinträchtigt das Lebensgefühl auf fundamentale Weise. Beschämte Menschen fühlen sich klein, schwach, verwundbar und bloßgestellt. Sie wüten oft gegen sich selbst, weil sie sich nicht akzeptieren können, finden aber möglicherweise auch diesen Selbsthaß auf Dauer unerträglich. Um überleben zu können, übertragen sie manchmal ihren Haß auf andere, die sie dann mit besonderer Verachtung behandeln. Diese Zusammenhänge beschreibt John Bradshaw in seinem Buch *Healing the Shame That Binds You* (Wie man sich aus den Fesseln der Scham befreien kann).

Wer sind diese potentiellen Angriffsopfer? Leider oft diejenigen, über die beschämte Menschen am meisten Macht haben – die Familienangehörigen. Diese werden dann ständig kritisiert, aber nie gelobt, oder mit Worten, manchmal sogar körperlich, mißhandelt. Erfolg oder Glück wird niemandem in der Familie zugestanden. Je stärker der Beschämte seine Familie liebt, desto stärker ist auch sein Drang, die anderen zu unterdrücken, damit diese ihm nicht in gleicher Münze heimzahlen können. Er beschämt andere, um nicht von ihnen beschämt zu werden.

Zwanghaftes oder süchtiges Verhalten

Scham und Sucht gehören eng zusammen. Je chronischer die Scham ist, unter der jemand leidet, desto größer ist die Wahrscheinlichkeit, daß er sich zu allem hingezogen fühlt, was Erleichterung von der schmerzhaften inneren Leere verspricht. Solche Menschen suchen die Lösung ihrer Probleme außerhalb ihrer selbst: in der »magischen« Wirkung von Alkohol oder anderen Drogen, mystischen Sekten, Konsum, Sex, übermäßigem Essen, Arbeit, der neuesten Therapie, Mode etc. Auf diese Weise versuchen sie Abhilfe zu schaffen, weil sie die zumindest teilweise auf ihre Scham zurückzuführende schmerzhafte innere Leere einfach nicht aushalten können.

In diesem Zusammenhang ist allerdings Vorsicht angebracht. Zweifellos trägt exzessive Scham zur Entstehung und Aufrechterhaltung von Suchtabhängigkeiten bei. Jedoch ist dies unserer Ansicht nach nur *ein* Aspekt eines sehr komplexen Prozesses, zu dem auch körperliches Verlangen, genetische Veranlagungen, soziale Erwartungshaltungen und persönliche Charakterprägungen beitragen. So verlockend es sein mag, sich auf nur eine Komponente des Problems zu konzentrieren: nämlich die Schamgefühle, so müssen wir uns doch vor unzulässigen Vereinfachungen hüten. Scham allein ist genausowenig in der Lage, Sucht hervorzurufen, wie umgekehrt nicht allein die Sucht Scham erzeugt. Gleichwohl bestärken sie sich gegenseitig. Tief Beschämte sind im höchsten Maße suchtgefährdet, während Süchtige sich meistens mit Fortschreiten ihrer Abhängigkeit immer stärker schämen.

Sexuelle Scham

Auch die Sexualität ist eng mit Schamgefühlen verbunden. Wo immer Scham im Spiel ist, verringern sich Interesse und Erregung; das gilt oft auch für den Sexualtrieb. Wer Scham empfindet, wird es gerade deswegen oft nicht zu sexuellen Beziehungen kommen lassen. Manchmal kann jedoch auch das Gegenteil der Fall sein; dann werden beschämte Menschen geradezu sex-süchtig, um ihr niedriges Selbstwertgefühl zu betäuben. Demgegenüber legen Menschen mit gesunder sexueller Identität auch in ihrem Sexualleben Wert auf Stolz, Selbstachtung, Würde und Ehre.

Wer als Kind oder Erwachsener sexuell mißbraucht wurde, ist für Schamgefühle besonders anfällig. Solchen Menschen können wir nur dringend raten, in Selbsthilfegruppen oder bei einem Psychotherapeuten Abhilfe für ihre Probleme zu suchen. Denn jeder Mensch hat das Recht, sich auch in bezug auf seine Sexualität wohl zu fühlen.

Zusammenfassung

In diesem Kapitel haben wir vier verschiedene Themen zur Sprache gebracht: 1) das Wesen exzessiver Schamgefühle, 2) die Wirkungsweise von Schamspiralen, 3) Abwehrstrategien gegen unablässig drängende negative Gefühle, die mit chronischer Scham einhergehen, und 4) verschiedene Problemfelder, die mit einem Übermaß an Scham eng zusammenhängen.

Als *tief beschämt* haben wir Menschen bezeichnet, deren Leben um chronische Schamgefühle kreist. Sind sie sich ihrer Scham bewußt, glauben sie, wesentlich schlechter als andere Menschen zu sein. Sie sehen sich selbst als von Grund auf unzulänglich an, als absolut fehlerhaft und praktisch wertlos: als Untermenschen. Sie sind Gefangene einer Scham, die krank macht. In ihrer Isolation sind sie besonders anfällig für verhängnisvolle Schamspiralen;

dadurch entfremden sie sich ihren Mitmenschen immer weiter.

Tief beschämte Menschen entwickeln oft Verteidigungsstrategien, um ihren Schamgefühlen aus dem Wege zu gehen. Beschrieben wurden sechs solcher Strategien: Verdrängung, Rückzug, Wut, Perfektionismus, Arroganz und Exhibitionismus. Funktionieren diese Strategien, dann können sich Beschämte selbst vormachen, es gebe überhaupt nichts, dessen man sich schämen müßte. Der Preis dafür ist allerdings, daß sich diese Menschen sowohl von der Wirklichkeit als auch von mitmenschlicher Wärme isolieren. Scham, die man lediglich umgeht, bleibt im Inneren bestehen; und so nagt sie weiter am Selbstwertgefühl. Zur Heilung braucht man den Mut, sich jenseits aller Verteidigungsstrategien direkt mit der Scham auseinanderzusetzen.

Mit exzessiver Scham hängen mehrere andere Probleme eng zusammen: Verlustängste ebenso wie das Gefühl, ein Nichts zu sein; das Streben nach totaler Anpassung ebenso wie die verschiedenen Formen der Selbstvernachlässigung, Selbstbeschädigung und Selbstsabotage; Verhaltensmuster, die auf die Erniedrigung anderer abzielen, und zwanghaftes oder süchtiges Verhalten; und schließlich die Probleme aufgrund sexueller Scham.

ÜBUNGEN

Erste Übung: Tief beschämte Personen erfahren das Leben oft nur unter negativen Vorzeichen. Sie werden befangen, angespannt und fürchten um ihren Platz in der Welt. Im folgenden haben wir einige Aussagen aufgelistet, die diese Menschen oft machen. Markieren Sie, welche dieser Erfahrungen auch Ihnen vertraut sind.

- Ich mache mir oft Gedanken über mein Aussehen.
- Es macht mir große Sorgen, was andere Menschen über mich denken.
- Wenn ich über meine wahren Gedanken spreche, ist mir das hinterher meistens peinlich.
- In Gegenwart anderer fühle ich mich befangen.
- Ich kann schlecht Kritik vertragen.
- Ich habe Angst, vor anderen gedemütigt zu werden.
- Ich rechne damit, daß die anderen meine Charakterfehler bemerken.
- Meine eigenen Fehler und Unvollkommenheiten sind mir jeden Tag bewußt.
- Wenn andere Leute mich loben, fällt es mir schwer, ihren Worten Glauben zu schenken.
- Ich glaube, daß ich nicht so gut bin wie andere Menschen, die ich kenne.
- Ich schäme mich wegen des Verhaltens anderer Familienmitglieder.
- Manchmal schäme ich mich und weiß nicht einmal, warum.
- Ich habe Angst, etwas falsch zu machen.

- Ich habe Angst vor Beurteilungen, obwohl ich genau weiß, daß ich gute Arbeit leiste.
- Wenn jemand den Blöden spielt, schäme ich mich, wenn ich nur in seiner Nähe bin.

Zweite Übung: Ein Chamäleon ist eine Eidechse, deren Haut sich ständig der Umwelt farblich anpaßt. Sitzt es im Sand, wird die Haut sandfarben; auf dunkelgrauen Felsen färbt sich die Haut dunkelgrau. Viele von uns sind wie ein Chamäleon: Ständig passen sie sich ihrer wechselnden Umwelt an, um nicht aufzufallen. Sie haben Angst davor, anders zu sein, werden deshalb genauso wie die Menschen, mit denen sie gerade zusammen sind, und verlieren dabei das Gefühl dafür, wer sie wirklich sind. Können Sie sich an solche Zeiten erinnern, in denen Sie Ihr Verhalten Ihrer Umgebung völlig anpaßten, damit die anderen Sie nicht als andersartig empfinden konnten? Beschreiben Sie diese Erfahrungen. Was haben Sie dabei gewonnen? Was mußten Sie aufgeben?

Dritte Übung: Viele von uns sehen sich selbst so kritisch, daß sie Komplimente kaum ertragen können. Wenn wir gelobt werden, halten wir den Lobenden für einen Heuchler oder Ignoranten, denn tief im Innern »wissen« wir ja, daß mit uns etwas nicht stimmt.

- Haben Sie auch Schwierigkeiten damit, Lob von anderen zu akzeptieren?
- Was sagen Sie im stillen zu sich selbst, wenn jemand Ihnen ein Kompliment macht?

– Was sagen Sie dem anderen? Nehmen Sie ihn und sein Kompliment an, oder weisen Sie es zurück, halten es für unberechtigt?

Vierte Übung: Wenn wir mit extremer Scham zu kämpfen haben, entwickeln wir oft Verteidigungsstrategien, um dieses Empfinden zu umgehen. Notieren Sie, ob auch Sie eine oder mehrere der folgenden Strategien befolgen.

– *Verdrängung:* Hans verdrängt alle körperlichen Probleme, etwa seine Rückenschmerzen, weil er sich schämen würde, wenn er ein »Schwächling« wäre. Maria verdrängt, daß sie so stark unter Ängsten leidet, daß sie eigentlich zum Psychotherapeuten müßte. Denn sie würde sich als »Verrückte« schämen müssen. Nehmen auch Sie Zuflucht zu derartigen Verdrängungen? Welchen?
– *Rückzug:* Sabine hilft anderen gerne, weigert sich aber, sich von ihnen helfen zu lassen. Kommt jemand auch nur in ihre Nähe, um ihr zu helfen, dann ist sie schon sicher, daß der oder die andere ihre Unzulänglichkeit wahrnimmt. Wenn Karl sich irgendwo nicht wohl fühlt, zieht er sich zurück, ohne irgend jemanden wissen zu lassen, warum. Verwenden auch Sie ähnliche Strategien? In welcher Weise?
– *Wut:* Judith legt sich dauernd mit Leuten an, die sie angeblich »runtermachen« wollen, ohne sich je die Mühe zu machen, einmal herauszufinden, was diese Leute ihr eigentlich sagen wollten. Peter explodiert sofort, wenn seine Kinder ihn dadurch »beschämen«, daß sie nicht

sofort tun, was er ihnen sagt. Für ihn ist es leichter, seine Kinder anzuschreien, als sich mit seinen Unzulänglichkeitsgefühlen als Vater auseinanderzusetzen. Benutzen auch Sie Wutanfälle als Verteidigungsstrategie? In welchen Situationen?

– *Perfektionismus:* Rudolf ist immer perfekt angezogen, bis ins letzte Detail. Als ihn ein Arbeitskollege auf einen Fussel auf seinem Blazer hinwies, wurde er äußerst verlegen. Kathrin besteht darauf, daß in ihrer Wohnung immer alles »tipptopp« sein muß, und sie sorgt dafür, daß sich alle Familienmitglieder nach ihren Perfektionsmaßstäben richten. Neigen auch Sie zum Perfektionismus? In welchem Punkt?

– *Arroganz:* Klaus kritisiert seine Frau, weil deren Interessen sozial gesehen nicht so »relevant« seien wie die seinen. Und wenn er einmal nichts an ihr auszusetzen hat, dann ignoriert er seine Frau, erwartet aber – weil er ja ein so bedeutender Zeitgenosse ist – ständige Aufmerksamkeit. Sibylle macht alle Kolleginnen herunter, um sich selbst überlegen zu fühlen. Gehört Arroganz auch zu Ihrem Verteidigungsarsenal? Wie äußert sie sich?

– *Exhibitionismus:* Karin trägt bei der Arbeit nur tief ausgeschnittene Blusen und »macht« im Büro jeden Tag alle verheirateten Männer »an«. Frank gibt permanent mit seinen sexuellen Eroberungen an. Gehört Exhibitionismus auch zu Ihren Strategien? Wie äußert er sich?

Fünfte Übung: Außer in Wellen und Spiralen zeigt sich Scham auch in einer Art Teufelskreis. Dann tun die Betroffenen immer wieder etwas, worüber sie dann Scham empfinden: beispielsweise Eßorgien veranstalten oder alte Streitigkeiten mit dem Partner ausfechten, ohne daß sich das Verhaltensmuster je ändern würde. Solche beschämenden Mechanismen scheinen kein Ende zu nehmen. Können Sie sich in Ihrem eigenen Leben an derartige Teufelskreise erinnern, in die Sie aktiv oder passiv einbezogen waren bzw. sind? Falls ja, beschreiben Sie bitte auf einem getrennten Blatt Papier genau, was in welcher Reihenfolge immer wieder geschehen ist oder noch geschieht:

– Notieren Sie zwei Möglichkeiten, diese Kreisläufe von sich aus zu durchbrechen, ohne den Partner zu beschämen.
– Probieren Sie diese Möglichkeiten bei der nächsten Interaktion mit dem Partner aus, und notieren Sie sich, ob sie geholfen haben oder nicht.
– ACHTUNG: Manche dieser Zyklen sind so hartnäckig, daß Sie unter Umständen die Hilfe eines Psychotherapeuten benötigen, um Ihr Verhalten zu ändern. Wenn dies der Fall sein sollte und sich Ihr Partner weigert, mit zur Therapie zu kommen, dann gehen wenigstens Sie.

Sechste Übung: Wenn Sie in einer Schamspirale gefangen sind, dann ist es für Sie enorm wichtig, daß sie lernen, immer HALT zu rufen, wenn in Ihren Gedanken eine Schamvorstellung nahtlos in die nächste übergeht. Sie müssen lernen, sich in solchen Situationen abzulenken, indem Sie etwas Neutrales oder Positives tun. Und zwar ist diese Abwehr *jedesmal* nötig, wenn Bilder der Scham in Ihrem Kopf zu kreisen beginnen. Wenn Sie sich dabei ertappen, wie Sie im Geiste Situationen aufzählen, in denen Sie sich geschämt haben, dann ist es wichtig, daß Sie einen Freund anrufen, einen Spaziergang machen oder irgend etwas anderes unternehmen, das mit Bewegung oder zwischenmenschlichen Kontakten zu tun hat.

Notieren Sie sich auf einem Blatt Papier zehn solcher »Überlebensstrategien«, und beginnen Sie mit derjenigen, die sich bei Ihnen am besten bewährt hat. Wenn sich Ihre Schamspirale dann wieder einmal bemerkbar macht, beginnen Sie mit der ersten Gegenstrategie, nehmen dann die zweite hinzu und so weiter, bis Sie sich wieder besser fühlen.

4. Kapitel

Mangel an Scham

Ein vierzigjähriger Mann beherrscht eine kleine Party total. Laut, ohne Unterbrechung und endlos erzählt er aus seinem Leben und beansprucht dabei die Aufmerksamkeit aller Zuhörer. Als ein anderer Gast versucht, das Thema zu wechseln, wird dieser einfach ignoriert. Der Redner besteht darauf, weiterhin im Mittelpunkt zu stehen, so als sei der Rest der Welt nur dazu da, ihm zu bestätigen, was er doch für ein toller Kerl ist. Er ist völlig von sich eingenommen; für andere ist in seinem Leben und Reden kein Platz.

* * *

In einem überfüllten Bus können zwei junge Verliebte nicht voneinander lassen. Zunächst sagen die in der Nähe Sitzenden nichts dazu. Einige lächeln sogar ein wenig und erinnern sich an die Zeiten, als sie selbst so jung und verliebt waren. Bald jedoch halten die beiden nicht mehr nur Händchen und beginnen mit eindeutig sexuellen Aktivitäten. Schließlich wird es einem der Mitfahrenden zuviel. Er beugt sich zu seinem Nachbarn und fragt: »Was ist nur mit den beiden da los? Haben die denn gar kein Schamgefühl?«

* * *

Ein Theaterdirektor hat einen Mimen engagiert, um das Publikum vor der Hauptvorstellung ein wenig in Schwung zu bringen. Der Schauspieler bemalt sich das Gesicht und zieht ein Phantasiekostüm an. Dann beleidigt er das Publikum mit übertriebenen, eindeutigen Gesten, die seine Verachtung anzeigen. Am Ende seiner Vorführung hat er beinahe alle Körperfunktionen mit Hilfe obszöner Gesten einbezogen und dabei fast alle Zuschauer in Verlegenheit gestürzt. Später gibt er dann im kleinen Kreis zu, daß er ohne den Schutz der Maske all diese Dinge niemals wagen würde: »Wenn ich mein Kostüm anlege, habe ich das Gefühl, mich schamlos aufführen zu können. Ich würde es niemals aushalten, wenn die Menschen mein wahres Ich hinter der Maske sehen könnten.«

* * *

Zuviel Scham kann genauso schädlich sein wie zuwenig. Menschen, die unter einem Mangel an Scham leiden, sind im wahrsten Sinne des Wortes »schamlos« – ihr Defizit an Scham ist zu groß, als daß sie reibungslos in der Welt zurechtkommen könnten. Solche Menschen scheinen auf den ersten Blick frei zu sein von Hemmnissen wie Bescheidenheit, Privatsphäre, Vernunft und Anstand. Aber diese scheinbare Freiheit ist weitgehend eine Illusion. Leute mit zuwenig Scham sind in Wirklichkeit überhaupt nicht frei, denn sie sind außerstande, die Grenzen im Umgang mit anderen zu respektieren und dementsprechend das richtige Verhalten bewußt zu wählen. Entweder kennen sie die allgemein gültigen gesellschaftlichen Umgangsformen nicht, oder sie verspüren den inneren Drang, diese Regeln zu verletzen.

Das schlimmste Problem jener Menschen, die unter einem Mangel an Scham leiden, besteht jedoch darin, daß sie oft so mit sich selbst beschäftigt sind, daß sie keine tiefergehende Verbindung zu anderen Menschen herstellen können. Sie haben Mühe, sich in die Rolle der anderen zu versetzen, weil sie die Welt nur aus ihrer eigenen Perspektive betrachten können. Beschämte Menschen fühlen sich vielleicht isoliert und allein, aber sie können ihre Schamgefühle wenigstens konstruktiv nutzen, um durch Verhaltensänderungen den Zugang zu den Mitmenschen wiederzufinden. Wer hingegen unter Schamdefiziten leidet, hat keine Antenne für die Signale, die die Mitmenschen aussenden, wenn sie sich in seiner Gegenwart nicht wohl fühlen. Möglicherweise nimmt er oder sie diese Signale sogar wahr, tut sie aber als unwichtig ab. In jedem Fall aber kann ein Mangel an Schamempfinden solche Menschen zu einem Leben ohne echten Kontakt zu anderen verurteilen.

Das egozentrische Weltbild der Schamlosen

Wer von uns hat sich in seinen geheimen Phantasien noch nicht als Mittelpunkt der Welt gesehen? Wer würde sich nicht gern bewundern lassen? Und wer würde dabei nicht gern als perfekter Mensch gelten, als Verkörperung von Schönheit, Intelligenz, anmutiger Eleganz und Stärke? Warum eigentlich sollten wir nicht ständig einen Schwarm von Bewunderern um uns haben, deren einzige Aufgabe darin besteht, uns daran zu erinnern, wie großartig wir sind?

Die meisten Menschen lernen im Laufe ihrer Kindheit,

daß sie nicht ständig der Mittelpunkt der Welt sein können. Diese Lektion macht nicht unbedingt Spaß. Der Zweijährige, dem man immer und immer wieder sagen muß, daß dies nicht seine, sondern die Geburtstagsfeier seiner Schwester ist, bei der es nicht nur um ihn geht, wird erst nach mehreren Wutanfällen bereit sein, seine Rolle als einfacher Gast der Party zu akzeptieren. Denn schließlich beginnt das kindliche Leben ohne ein Gefühl für Grenzen. Ganz am Anfang gibt es wahrscheinlich nicht einmal ein eigenes Körperbewußtsein, ein Gefühl dafür, nicht mit der Mutter oder der Bezugsperson identisch zu sein. Ungefähr im zweiten Lebensjahr entwickelt sich jedoch das Bewußtsein, daß es noch andere Menschen gibt. Dann entdecken die Kinder auch, daß die anderen ihr eigenes Leben führen und nicht immer und überall bereit sind, sie gebührend zu beachten. Egal wie wütend sie werden, egal wie lange sie schreien oder jammern: sie finden heraus, daß sogar ihre Eltern auch noch andere Interessen haben, als sich um sie zu kümmern. Die meisten Kinder gehen aus dieser Krise mit dem Bewußtsein hervor, daß sie zwar eine wichtige Rolle in der Welt spielen, die aber auch ihre Grenzen hat. Der Zweijährige akzeptiert schließlich, daß er nur einmal im Jahr seinen eigenen Geburtstag feiern kann.

Auch wenn es sicher ein herrliches Gefühl ist, eine Zeitlang im Mittelpunkt des Interesses zu stehen, so entdecken die meisten von uns doch, daß es gleichfalls schön ist, für andere dazusein. Denn wir erkennen allmählich, daß geteilte Aufmerksamkeit auch bedeutet: Wärme und Trost im menschlichen Miteinander. Wir tauschen unser Bedürfnis, im Mittelpunkt der Welt zu stehen, ein für unseren Beitrag zum Wohlergehen der Gemeinschaft, zur Sicherheit und Schönheit des menschlichen Zusammenlebens.

Einigen Menschen freilich behagt dieser Gedanke überhaupt nicht. Vielleicht haben sie als Kinder nie gelernt, den Platz im Zentrum der Aufmerksamkeit mit Anstand anderen zu überlassen. Später sind sie vielleicht nur mit Leuten ausgegangen, die schweigend ihren Monologen lauschten, welche immer nur darauf hinausliefen, wie wichtig sie selbst doch seien. Noch später haben sich vielleicht ihre Arbeitskollegen darüber beschwert, daß die Betreffenden auch nicht mehr arbeiteten als alle anderen, gleichwohl aber alles Lob beanspruchten. Die Botschaft, die solche Leute der Welt vermitteln, ist immer die gleiche: »Ich bin der wichtigste Mensch, der je geboren wurde. Deshalb mußt du mir all deine Liebe, Zeit und Aufmerksamkeit schenken.«

Leute mit Schamdefizit glauben oft, daß sie allein aufgrund ihrer Gegenwart eine Sonderbehandlung verdienten. Sie wollen auf den Sockel gehoben, verehrt und angebetet werden. Sie gehen einfach davon aus, daß ihre Vorzüge gegenüber allen anderen selbstverständlich seien. Sie sind so egoistisch, daß kein Raum mehr für Gedanken an die anderen bleibt.

Dieser Bewußtseinszustand hat viele und wenig schmeichelhafte Namen: falscher Stolz, Narzißmus, Hochmut, Überheblichkeit, Hybris. All diese Begriffe können in verschiedenen Situationen dazu dienen, Menschen zu beschreiben, deren Schamgefühl unterentwikkelt ist. Man sollte dabei jedoch im Auge behalten, daß – wenigstens von Zeit zu Zeit – beinahe jeder Mensch einmal völlig mit sich selbst beschäftigt ist. Ein gewisser Mangel an Scham ist Teil des menschlichen Wesens, das braucht man nicht von vornherein zu verdammen. Wer sich hingegen oft schamlos verhält, kann und muß neue Methoden im Umgang mit anderen erlernen, die mehr Wert auf Respekt und gegenseitiges Interesse legen.

Worin liegt nun aber der Unterschied zwischen einem Schamdefizit und der im letzten Kapitel beschriebenen Arroganz? Nach unserer Definition ist *Arroganz* eine Verteidigungsstrategie gegen ein Übermaß an Scham. Der Arrogante wirkt vielleicht völlig egozentrisch und schamlos. In Wirklichkeit jedoch steckt er voller Schamgefühle. Ständig macht er sich ernste Sorgen darüber, was die anderen wohl von ihm halten, und auf Kritik oder Geringschätzung reagiert er höchst sensibel. Arrogante kaschieren ihre Scham mit Überlegenheitsgefühlen. Doch unter diese dünnen Decke zittern sie vor Angst, als unnütze und unzulängliche Scharlatane bloßgestellt zu werden. Wenn andere an diese Schamgefühle rühren, hat das oft einen Wutanfall zur Folge.

Schamloser Stolz hingegen ist ein Zeichen von Indifferenz gegenüber den Mitmenschen. Kritik wird von solchen Leuten mit ziemlicher Sicherheit eher ignoriert, als daß sie wütend darauf reagierten; denn wer sie nicht hofiert, ist nur der Nichtachtung wert. Alles außer Lob ist ihnen anscheinend gleichgültig; hinter ihrem Stolz versteckt sich kein überwältigendes Schamgefühl.

Unbescheidenheit und Mangel an Diskretion

Bestimmte sehr persönliche Verhaltensweisen, beispielsweise sexuelle Beziehungen, elementare Körperfunktionen und das Gespräch darüber sowie manche Formen religiöser Andacht sind, für sich genommen, nicht im mindesten anstößig, gehören aber eindeutig in die Privatsphäre. Bescheidene Menschen lenken nicht ständig die Aufmerksamkeit auf sich und ihr Privatleben. Sie leben gemäß ihrer inneren Würde. Weder haben sie es nötig anzugeben, noch beanspruchen oder benötigen sie mehr Aufmerksamkeit, als ihnen zukommt.

Leute mit unterentwickeltem Schamgefühl ziehen hingegen die Aufmerksamkeit dadurch auf sich, daß sie in Situationen, in denen normalerweise Diskretion und Bescheidenheit angebracht wären, die Grenzen der Scham nicht respektieren. Wer will denn wirklich *alle* Einzelheiten aus einem Scheidungsfall wissen, wer über Reizwäsche diskutieren, wer erfahren, was auf der Couch des Psychoanalytikers alles zur Sprache gekommen ist? Normalerweise würden einem Schamgefühle signalisieren, daß man ein kritisches Thema angesprochen hat, das andere in Verlegenheit stürzt und besser diskret behandelt würde. Wer jedoch selbst keine Schamgefühle kennt, der versteht oft auch die entsprechenden Signale der anderen nicht – sehr zu deren Leidwesen.

Allein die Tatsache, daß jemand bei Zusammenkünften zu laut redet, provoziert manchmal schon die Schamgefühle der Anwesenden, ganz unabhängig vom Redeinhalt. Wer die Dinge hinausschreit, mißachtet offenbar die

Gefühle und Vorlieben der anderen; er verletzt Grenzen, die dem Schutz der anderen dienen, während gesunde Schamgefühle uns dabei helfen, die persönlichen Grenzen der anderen zu respektieren und zu wahren. Ein Grund, warum konstruktive, positive Schamgefühle so wichtig sind, ist ganz einfach der, daß wir ohne sie nicht genau bestimmen könnten, wer wir selber sind. Scham bewahrt und definiert unsere Identität, indem sie uns auf uns selbst aufmerksam macht. In seinen einfühlsamen Schriften über Schamgefühle kommt auch Carl Schneider zu dem Schluß, daß »sich in Schamgefühlen das Selbst dem Selbst öffnet«. Menschen mit unterentwickeltem Schamgefühl sind deshalb oft Menschen mit wenig Selbstbewußtheit. Hier liegt der tiefere Grund, warum sie so oft emotional hohl wirken.

Warum fühlen sich die Menschen in Gegenwart eines Schamlosen so unwohl? Unter anderem deshalb, weil unsere sozialen Beziehungen zum großen Teil auf einer stillschweigenden Übereinkunft beruhen, die man *Diskretion* oder *Takt* nennt. So würde man zum Beispiel normalerweise nicht darauf hinweisen, daß jemand ungekämmt ist, daß seine Hose nicht zum Jackett paßt oder daß ihm der Schweiß im Gesicht steht. Entsprechende Hinweise würden, wenn überhaupt, wahrscheinlich diskret vom Ehepartner kommen, von einem engen Freund oder guten Kollegen. Solche heiklen Themen gehören genau in den Grenzbereich zwischen öffentlichen und privaten Angelegenheiten.

In diesen Grenzbereich fallen auch ernstere Themen, etwa die Frage, ob es sich schickt, die kürzlich diagnostizierte Krebserkrankung eines Mitmenschen zur Sprache zu bringen. Sollte man dem Gesprächspartner sein Beileid bekunden, wenn ein Angehöriger gestorben ist, oder diesen Punkt lieber taktvoll verschweigen? Oder wie verhält man sich, wenn diejenige, die da vor einem steht, gerade arbeitslos geworden ist? Wäre es eine Hilfe, oder würde es verletzend wirken, wenn man einer Mutter, deren Sohn gerade eine Drogenentziehungskur hinter sich hat, erzählte, daß die eigene Tochter ebenfalls drogenabhängig war? Diese heiklen Themen können durchaus öffentlich vorgebracht werden, aber ein Zursprachebringen erfordert immer viel Fingerspitzengefühl, damit der andere weder in Verlegenheit gebracht noch beschämt oder gedemütigt wird.

Jedem von uns wäre es ein leichtes, andere zu beschämen: Je intimer das Zusammenleben zweier Menschen, desto größer die Anfälligkeit für Indiskretionen. Denn jeder weiß ziemlich genau, was der andere lieber für sich behalten würde. Weil dieses Wissen zur Waffe werden kann, ist große Vorsicht geboten. Aber normalerweise weiß man aufgrund seines eigenen Schamgefühls, daß bestimmte Dinge zu gewisser Zeit Diskretion erfordern und nicht öffentlich angesprochen werden sollten.

Ein Mangel an Scham verringert auch die Leistungsmotivation

In den Übungen am Ende des zweiten Kapitels findet sich ein Beispiel für den in der Überschrift genannten Zusammenhang: Ein Mann strich seinen Schuppen in aller Eile an, besah sich das Ergebnis genauer, stellte fest, daß er mit seiner Arbeit innerlich unzufrieden war, und verbesserte sie im zweiten Anlauf erheblich. Er schämte sich, weil er nach seinen eigenen Leistungsmaßstäben Pfuscharbeit produziert hatte. Hier zeigen die Schamgefühle eine optimale Wirkung: Man hat ein inneres Gespür für Unvollkommenheiten, die sich beseitigen lassen, und dann tritt berechtigter Stolz an die Stelle der Scham. Doch solche Erfahrungen bleiben Menschen mit unterentwickeltem Schamgefühl meistens vorenthalten.

Die meisten Leute haben wenigstens einige Gebiete, die ihnen wichtig genug sind, daß sie alles Nötige dazulernen wollen, um Überdurchschnittliches zu leisten. Der eine studiert stundenlang Handbücher über die Rosenzucht, der andere ein neues Computer-Handbuch. Wieder ein anderer hat einen anspruchslosen Beruf und sitzt täglich seine Bürostunden ab, um abends in seiner Freizeit voller Energie Möbel zu schreinern. Die Kollegin im Büro ist dagegen vielleicht von einem neuen Verantwortungsbereich, der ihr kürzlich übertragen wurde, so angetan, daß sie begeistert Überstunden macht, um alles zu reorganisieren.

Solche Interessen sind bei Menschen ohne ausgeprägtes Schamgefühl selten anzutreffen, und zwar nicht etwa, weil sie von vornherein davon ausgingen, daß sie scheitern würden (denn das wäre ein Kennzeichen exzessiver Scham), sondern weil sie einfach nicht genügend innere Motivation aufbringen können, um sich einen gesunden Stolz zu verdienen. Das Problem liegt teilweise darin, daß diese Menschen keine klar umrissene Identität haben, kein Zentrum, von dem ihre immer weiter reichenden Aktivitäten ausgehen könnten. Manche kommen vielleicht aus Familien, in denen persönlicher Stolz für unwichtig oder irrelevant gehalten wird. Man hat ihnen nie gezeigt, wie man sich selbst herausfordern und anspornen kann. Doch auch der chronische Konsum bewußtseinsverändernder Drogen – vor allem Marihuana – fördert diese Art mangelnder Scham: Der tägliche Mißbrauch führt dazu, daß der Betreffende zu überhaupt nichts mehr zu motivieren ist. Zum sogenannten »Null-Bock-Syndrom« gehört auch, daß einem Leistung und Kompetenz nichts mehr bedeuten. Zum Glück ist dieser Zustand umkehrbar – der Drogenkonsument wird normalerweise nach einer gewissen Zeit seine alten Werte, Leistungsmotivationen und Reaktionen auf die Umwelt wiederentdecken, wenn er die Drogen absetzt.

Schamlosigkeit raubt den Betroffenen die Möglichkeit zu erkennen, wann sie sich selbst unterfordern und hinter ihren Möglichkeiten zurückbleiben. Wer sich nicht schämen kann, bleibt leicht in Mittelmäßigkeit und Desinteresse stecken. Jede Situation, in der man konstruktive Scham empfindet, ist gleichbedeutend mit der Gelegenheit, sich persönlich zu revitalisieren. Aber diese Chance bleibt den Menschen ohne Scham versagt.

Zusammenfassung

Leuten mit unterentwickeltem Schamgefühl fehlt auch jenes Maß an Scham, das sie benötigen, um mit ihren Mitmenschen reibungslos zusammenzuleben. Sie können ihre Scham nicht nutzen, um Grenzen zu erkennen und sich zur Umwelt in Beziehung zu setzen. Solche Menschen weisen eine oder mehrere der folgenden Charaktereigenschaften auf:

– Sie verlangen ständig, im Mittelpunkt des Interesses zu stehen.
– Im Umgang verhalten sich oft unbescheiden.
– Sie haben weder Würde noch Ehrgefühl.
– Sie können ihre Schamgefühle nicht einsetzen, um tüchtiger zu werden und darüber dann gesunden Stolz zu empfinden.

Menschen mit einem Mangel an Scham sind emotional unreif. Irgend etwas in ihrer Persönlichkeitsentwicklung ist schiefgelaufen. Sie können den ihnen zustehenden Platz in der Welt einfach nicht finden, weil sie nur den Mittelpunkt kennen und anerkennen. Sie sind beziehungslos, ohne es überhaupt zu wissen. Kurz und gut: Was ihnen im Leben fehlt, ist mehr Scham.

ÜBUNGEN

Erste Übung: Schamlosen Leuten fehlt es oft an Demut, am Bewußtsein, daß sie weder besser noch schlechter als andere Menschen sind. Weil sie nur mit sich selbst beschäftigt sind, verlieren sie ihre Neugier, ihr Interesse an anderen, ihre Kontaktfreudigkeit. Wenn auch Sie sich oft so verhalten, als verdienten allein Sie alle Aufmerksamkeit, dann geben Sie sich diese Woche einmal die Mühe, weniger zu reden und mehr zuzuhören. Fragen Sie die anderen häufiger nach deren Wohlergehen (anstatt danach, was sie von Ihnen halten). Notieren Sie, was Sie auf diese Weise von Ihren Mitmenschen erfahren haben.

Wenn Sie selbst nicht zur Schamlosigkeit neigen, aber jemand anderen kennen, der dazu neigt, dann achten Sie diese Woche einmal besonders darauf, welche Stichworte und Botschaften diese Person geflissentlich ignoriert. Halten Sie Ihre Beobachtungen schriftlich fest.

Zweite Übung: Leute mit unterentwickeltem Schamgefühl brechen manchmal absichtlich die Regeln des höflichen Umgangs. Beispielsweise verletzt ein Mann, der sich für ein Geschenk des Himmels an die Frauen hält, die Grenzen der Höflichkeit, wenn er in deren Gegenwart schmutzige Witze erzählt oder ihnen gegenüber am Arbeitsplatz eindeutige Gesten macht. Möglicherweise glaubt er, daß die Höflichkeitsregeln für ihn nicht gelten und daß ihn seine Unverschämtheit nur noch unwiderstehlicher mache. Haben Sie sich jemals selbst bei bewußt inszenierten Schamlosigkeiten ertappt? Führte dieses Verhalten zum erstrebten Ziel? Wie fühlten sich Ihrer Meinung nach die anderen dabei?

Dritte Übung: Schamlose Menschen kennen weder Diskretion noch Taktgefühl. So stürzte Martina beispielsweise ihre Kollegin Claudia bei einem Arbeitsessen in gemischter Runde dadurch in tiefe Verlegenheit, daß sie offen über eine Pilzinfektion in ihrer Scheide sprach. Auch Martinas Vorgesetzter war natürlich unangenehm berührt. In der Folge waren dann weder Claudia noch der Chef besonders daran interessiert, mit Martina essen zu gehen. Diese fand sich immer häufiger allein, ohne zu wissen, warum. Haben Sie je eine Schamgrenze verletzt, ohne es zu merken? Wie haben Sie davon erfahren? Wenn Sie jemanden kennen, der indiskret ist, wie verhalten Sie sich dieser Person gegenüber? Weisen Sie sie ausdrücklich auf die Grenzen hin?

ZWEITER TEIL

Ursachen der Scham

Einführung

Wo liegen die Wurzeln der Scham? Die Antwort auf diese Frage ist insofern wichtig, als das Wissen um die Ursachen eine wichtige Voraussetzung für die innere Heilung jener Menschen darstellt, die unter zuviel oder zuwenig Scham leiden.

Im zweiten Teil unseres Buches ist deshalb je ein Kapitel den fünf Ursachen der Scham gewidmet. Keine von ihnen ist bedeutungslos, keine darf außer acht gelassen weden, wenn wir das Wesen der Scham wirklich verstehen wollen. Es handelt sich um: 1) die biologischen Wurzeln in der Kindheit, 2) die Wurzeln in der Herkunftsfamilie, 3) die Wurzeln in gegenwärtigen problematischen Beziehungen, 4) soziokulturelle Wurzeln und Zwänge sowie 5) die Wurzeln in der eigenen Psyche (Selbstbeschämung).

5. Kapitel

Die Wurzeln der Scham

Wo liegen die frühesten Anfänge der Scham? Trägt ein neugeborenes Kind bereits die genetischen Anlagen zur Scham in sich, oder beginnt der Prozeß der Schamentwicklung erst mit den ersten Interaktionen zwischen Eltern und Kind? Hier liegen zwei unterschiedliche Theorien im Widerstreit, die es im folgenden kurz vorzustellen gilt.

1) Bereits Kinder sind biologisch zur Scham prädisponiert

Dies zeigt sich bereits in den ersten Lebenstagen, wenn der Säugling auf unangenehme Reize durch Wegsehen oder Energieverlust reagiert, um die Reizung so gering wie möglich zu halten. Anhänger dieser Theorie sehen Scham als allgemeinmenschliche Emotion an, deren Wurzeln in der Natur des Menschen liegen und eben nicht in besonderen Ereignissen, an denen Eltern und Kind beteiligt sind. Auch die Depressionsforschung kann mit weiteren Belegen für die genetischen und biologischen Ursachen der Scham aufwarten. Wie wir noch sehen werden, hängen einige Formen der Depression besonders eng mit Scham zusammen.

2) Scham entsteht durch verbale und nicht-verbale Kommunikation während der beiden ersten Lebensjahre

Viele Theoretiker und Kliniker führen die Entwicklung von Scham auf die verbale und nicht-verbale Kommunikation während der beiden ersten Lebensjahre zurück. Der Hauptakzent dieser Theorie liegt auf den zu Schamgefühlen führenden Frustrationen des Kindes, wenn es versucht, unabhängig zu werden und positive Zuwendung von den Eltern zu erlangen.

Beide Theorien haben ihren Wert. Unserer Ansicht nach werden Kinder schon mit unterschiedlichen Prädispositionen zur Scham geboren; einige Kinder sind für solche Gefühle ganz offensichtlich empfänglicher als andere. Aber auch Eltern und Bezugspersonen beeinflussen die Entwicklung, indem sie ihr Kind entweder beschämen oder ihm das Gefühl vermitteln, geliebt zu werden.

Für unsere Ausführungen im nächsten Abschnitt gibt es allerdings keinen stichhaltigen Beweis. Niemand kann bislang genau sagen, wie sich bei Säuglingen Scham entwickelt, nicht zuletzt deshalb, weil diese uns ja noch keine sprachliche Auskunft erteilen können.

Scham – ein allgemeinmenschliches Gefühl

Seit etwa zehn Jahren hat die Forschung im Bereich der nicht-verbalen Kommunikation rapide zugenommen. Als besonders hilfreich hat sich dabei für das Studium der Körpersprache (der Signale, die Menschen durch Gesten,

Gebärden und Körperhaltungen übermitteln) der Einsatz von Videokameras erwiesen. Einen besonders wichtigen Forschungsbeitrag haben Paul Ekman und seine Mitarbeiter in dem 1980 erschienenen Buch *The Face of Man* (Das menschliche Gesicht) geliefert. Ekman untersucht darin die Frage, ob bestimmte Emotionen allgemeinmenschlich seien, d. h., ob sie von allen Menschen gleichermaßen verstanden würden. Kann beispielsweise ein Eingeborener auf Neuguinea allein durch das Studium eines Fotos erkennen, ob ein Franzose ärgerlich ist oder nicht? Ekman kam zu dem Ergebnis, daß viele Gefühle in der Tat anthropologisch konstant sind, daß sie überall auf der Welt ähnlich ausgedrückt werden. Die Bewohner »zivilisierter« wie auch »primitiver« Länder erkannten auf Fotos die Emotionen der Menschen aus anderen Teilen der Welt jeweils sehr genau.

Sechs Gefühlslagen widmete Ekman seine besondere Aufmerksamkeit: Glück, Überraschung, Trauer, Abscheu, Ärger und Angst. Außerdem spekuliert er, daß auch Scham und Verlegenheit zu den allgemeinmenschlichen Gefühlen gehören könnten: »Den entsprechenden Gesichtsausdrücken sind wir oft genug begegnet..., um mit einiger Sicherheit sagen zu können, daß sich auch diese Ausdrucksformen in vielen Kulturen ähneln. Ein universales Anzeichen für Verlegenheit ist zum Beispiel, daß man sich abwendet und die Hände vor das Gesicht schlägt.«

Ein anderer Forscher, C. E. Izard, widmete seine Untersuchungen den Gefühlen von Scham und Erniedrigung. In seinem 1971 erschienenen Buch *Face of Emotion*

(Emotionen im Gesicht) kommt Izard zu dem Schluß, daß in den meisten Kulturen die Menschen aus zahlreichen Fotos mit verschiedenen Gesichtsausdrücken die zur Emotion Scham/Erniedrigung gehörigen korrekt identifizieren konnten.

Das stärkste Argument für die Scham als universale Erfahrung kommt jedoch von Silvan Tomkins. Seit den sechziger Jahren befaßt er sich in seinen Schriften vor allem mit der Frage, wie Gefühle im Gesicht zum Ausdruck kommen; seine wichtigste Äußerung dazu findet sich in dem Kapitel, das er 1987 zu dem Sammelband *The Many Faces of Shame* (Die vielen Gesichter der Scham) beisteuerte. Demnach führen Schamgefühle generell zur Verringerung des aktiven Interesses und der Erregung. Wer seinen Kopf hängen läßt und den Blick zu Boden senkt, verspürt weniger innere Erregung. Dieses Bedürfnis, die eigene Begeisterung zu dämpfen, macht sich vor allem in Situationen bemerkbar, in denen ein zu starker Ausdruck der Freude gesellschaftlich nicht akzeptabel wäre oder den Betreffenden verwundbar machen würde.

Scham koppelt Menschen vorübergehend von ihren Mitmenschen ab. Frauen in Amerika und in vielen anderen Kulturen schauen beispielsweise oft verlegen zur Seite, wenn sie merken, daß ein Mann sexuelles Interesse an ihnen zeigt – sogar dann, wenn sie selbst an diesem Kontakt interessiert sind. Die sich hinter dieser Geste verbergende Botschaft könnte – natürlich nur unter bestimmten Voraussetzungen – lauten, daß die eigenen sexuellen Empfindungen außer Kontrolle zu geraten drohen und deshalb nicht offen gezeigt werden können. Auf ähnliche

Weise vermeiden Menschen normalerweise den Blickkontakt, wenn eine Situation übermächtig zu werden droht.

Von welchem Alter an reagiert ein Kleinkind auf Übererregung und mangelndes Wohlbefinden, indem es die Augen senkt oder zur Seite schaut? In seinem Beitrag zum schon genannten Sammelband *The Many Faces of Shame* zitiert Donald Nathanson aus Studien, die diesen Zeitpunkt auf den achten Lebensmonat festlegen. Seiner Meinung nach kommen Kinder mit angeborenen körperlichen Prädispositionen für jene Gefühle zur Welt, die dann später als Scham bezeichnet werden. Nach Nathanson wird einem bei der intensiven Beobachtung von Kleinkindern immer deutlicher klar, daß die Interaktion dieser Kinder mit anderen Menschen schon bei der Geburt beginnt. Wenn aber ein Säugling von Geburt an mit seiner Mutter oder seinem Vater Kontakt aufnehmen kann, dann kann er diesen Kontakt wahrscheinlich auch unterbrechen.

Viele Eltern erinnern sich an den Zeitpunkt, da sie zum ersten Mal in die Augen ihres neugeborenen Kindes blickten. Die Erwiderung dieses Blickes wirkt geradezu elektrisierend – mit ihrem gesamten Körper reagieren die Eltern auf diese Erfahrung körperlicher Verbundenheit mit dem Kind. Ein solcher Blick signalisiert ihnen, daß dieses Kind ihnen zur Liebe und zum Schutz anvertraut ist; dem Kind aber sagt dieser Blickkontakt, daß es auf dieser Welt seinen Platz hat. Von Geburt an kann Blickkontakt zwei Menschen vereinigen.

Aber das Kind, das seinen Eltern direkt in die Augen sieht, blickt von Zeit zu Zeit auch weg. Solche Augenblikke bereiten den Eltern vielleicht Kummer: »Ich würde mir wünschen, daß unser Kleines mich genauso oft anstrahlt wie seine Mutter«, könnte ein frustrierter Vater sagen. Und später im Leben sagen beide Elternteile dem Kind vielleicht: »Sieh mich an, wenn ich mit dir rede. Ich kann es nicht leiden, wenn du zu Boden starrst.« Unserer Ansicht nach kann schon ein Neugeborenes instinktiv erfassen, daß es in stark erregenden Situationen zur »Abkühlung« der Emotionen beitragen kann, indem es den Blickkontakt unterbricht.

Scham und biochemisch verursachte Depressionen

Wenn schon Babys in der Lage sind, Scham zu empfinden, stellt sich eine weitere wichtige Frage: Werden bestimmte Menschen vielleicht schon mit einer überdurchschnittlichen Anfälligkeit für Schamgefühle geboren (oder entwickeln im späteren Leben eine solche Disposition)? Mit anderen Worten: Sind manche Menschen aufgrund körperlicher Veranlagungen schon von Geburt an tief beschämt, ohne daß dies mit der Eigenart ihrer späteren Erziehung zu tun hätte? Kommt man schon beschämt zur Welt? Entstehen bei diesen Menschen tiefe, unablässig bohrende Schamgefühle allein deshalb, weil ihnen ihr Gehirn bestimmte Botschaften übermittelt, die zu Selbsthaß und Verzweiflung führen?

Noch kann die Forschung auf diese Fragen keine klare Antwort geben. Doch haben Wissenschaftler, die sich mit biochemisch induzierten Depressionen beschäftigen, herausgefunden, daß solche Depressionen oft mit tiefen Schamgefühlen einhergehen. So sieht auch die Psychotherapeutin Helen Block Lewis wie andere ihrer Kollegen einen engen Zusammenhang zwischen Scham und Depression. Und Donald Nathanson schreibt, daß bestimmte Psychopharmaka auch bei der Behandlung von Schamgefühlen gute Erfolge zeigen, die mit Depressionen verbunden sind.

Schuldgefühle bringt man schon lange mit Depressionen in Verbindung. Depressive Menschen geben sich offenbar für alles, was schiefgeht, die Schuld, selbst wenn sie für die betreffenden Probleme überhaupt nicht verantwortlich sind. Auch wer zu Schamgefühlen neigt, stellt in Depressionszuständen die eigene Persönlichkeit und den eigenen Charakter vehement in Frage. Auch beschämte Menschen machen sich selbst Vorwürfe, wenn etwas nicht klappt, aber sie verrennen sich dabei in dem Gedanken, daß die Wurzel allen Übels in ihrer unzulänglichen Persönlichkeit liege. Sie bestehen darauf, inkompetent, unvollkommen und nutzlos zu sein. Sie glauben vielleicht sogar, daß sie keine Daseinsberechtigung hätten, weil sie ja zu gar nichts taugten. Bohrende Schamgefühle mögen sie gar zu Selbstmordgedanken treiben – der äußersten Reaktion auf extreme Minderwertigkeitskomplexe.

Die mit klinischen (biochemisch induzierten) Depressionen verbundenen schamvollen Gedanken und Gefühle lassen sich nicht einfach wegdiskutieren, ganz gleich wie liebevoll und besorgt andere sich um diese Menschen kümmern. Denn das Problem ist medizinischer Natur: Diese Art Scham hängt nicht mit den gegenwärtigen Beziehungen der Betroffenen zusammen, mit ihrer Ursprungsfamilie oder gar mit ihrem Charakter. In solchen Fällen kann man nur immer wieder raten: *Konsultieren Sie unbedingt einen geeigneten Arzt oder Psychotherapeuten, wenn Sie unter der Last schlimmer Schamgefühle leiden, die einfach nicht weggehen wollen, selbst wenn Sie in den letzten Jahren im Leben Fortschritte gemacht haben.* Dann könnte es nämlich gut sein, daß Sie an einer biochemisch bedingten Depression leiden, die nur medizinisch behandelt werden kann. Beachten Sie bitte die zweite Übung am Kapitelende, die eine Liste der häufig vorkommenden Depressionssymptome enthält.

Scham in der frühen Kindheit

Bis vor kurzem sind die meisten Forscher und Psychotherapeuten noch von der Annahme ausgegangen, daß es keine Scham geben könne, ehe ein Kind eigenes Selbstbewußtsein entwickelt habe. Jemand könne sich nur dann von anderen be- und verurteilt fühlen, wenn er die anderen als von der eigenen Person getrennte Wesen anzusehen gelernt habe. Kinder würden keine Verlustängste entwickeln, solange sie nicht wüßten, daß man auch im Stich gelassen werden kann.

Erik Erikson etwa ist der Ansicht, daß sich Scham ungefähr im zweiten Lebensjahr entwickelt, wenn das Kind um seine Unabhängigkeit zu kämpfen beginnt. Gewöhnlich pochen Kinder in diesem Alter verzweifelt darauf, ihren Willen zu bekommen, ganz gleich, was die Eltern wollen. (Diese Entwicklungsphase hat man daher auch das »schreckliche zweite Lebensjahr« genannt, denn in dieser Zeit gibt es fast nichts, was zwischen Eltern und Kindern unumstritten bliebe.) Erikson glaubt, daß ein Kind durch diese Kämpfe lernt, daß es eine eigene Identität hat, einen eigenen Kopf und eine eigene Persönlichkeit.

Auf dieser Stufe kann sich Scham ziemlich schnell entwickeln, beispielsweise wenn die Eltern es als ihre Aufgabe ansehen, das Kind fortwährend zu kontrollieren. Dann hindern sie es vielleicht daran, überhaupt etwas von sich aus zu tun. Dieses Verhalten, so sehr sie auch als Hilfestellung gemeint sein mag, unterminiert das Gefühl des Kindes, ein eigenständiges Wesen zu sein. Am Ende wird das Kind dann daraus folgern, es sei nicht gut genug, um die eigenen Angelegenheiten zu regeln; es sei schwächer und weniger kompetent als andere. Und das führt zu Selbstzweifeln, die vielleicht noch nicht jene starken Unwertgefühle hervorbringen, die beschämte Erwachsene empfinden, deren Wirkungen aber gleichwohl beträchtlich sein können. Wer als Kind seine Fähigkeiten bezweifelt, ist als Erwachsener gegenüber fast allem, was er tut, so skeptisch, daß er sich selbst für wertlos hält.

Nach Eriksons Begriffen geht es in dieser Entwicklungskrise um den Konflikt zwischen »Autonomie« und »Scham und Selbstzweifeln«. Nach Eriksons Meinung können Eltern ihrem Kind dabei helfen, ein Gefühl für Autonomie (Unabhängigkeit) zu entwickeln, indem sie ihm zunehmend mehr Eigenverantwortlichkeit in eigenen Angelegenheiten zugestehen. Scham und Selbstzweifel entwickeln sich entweder, wenn Eltern sich den Autonomiebestrebungen ihrer Kinder auf unvernünftige Weise widersetzen, oder wenn diese für sich mehr Selbständigkeit fordern, als die Eltern ohne allzu großes Risiko einräumen können. Machtkämpfe zwischen Kind und Eltern können auch Schamgefühle hervorrufen; im Extremfall wird sich das Kind deshalb sehr stark schämen.

Wie Erikson geht auch Heinz Kohut davon aus, daß Scham sich ungefähr im zweiten Lebensjahr entwickelt. In seinem 1978 erschienenen Buch *The Search for Self* (Die Suche nach dem Selbst) schreibt Kohut, Kinder hätten das natürliche Verlangen anzugeben; er nennt das »grenzenlosen Exhibitionismus«. Kinder erwarten, daß ihnen die Eltern sehr viel Aufmerksamkeit schenken, ohne daß es dafür einen anderen Grund geben müßte als ihre Existenz. Kinder brauchen diese Zuwendung für ihr emotionales Wachstum.

Sie beginnen ihr Leben im Gefühl, der Mittelpunkt der Welt zu sein. Sie haben noch kein Verständnis dafür, daß es zwischen ihnen und den anderen Grenzen gibt. Erst ganz allmählich merken sie, daß andere Menschen, besonders ihre Eltern, ihr eigenes Leben führen. Ein Kind, das zu dieser Erkenntnis gekommen ist, weiß allerdings irgendwie auch, daß es von den anderen verlassen werden könnte. Verlustängste werden von vielen Forschern als Ausgangspunkt der Scham angesehen; beschämte Menschen haben das Gefühl, man werde sie verlassen, weil sie für eine dauerhafte Beziehung nicht gut genug seien.

Kinder kämpfen um die Bestätigung, nicht verlassen zu werden, indem sie ständige Aufmerksamkeit verlangen. Aber welche Eltern können schon bei ihren Tätigkeiten ständig innehalten, um den Kindern zuzusehen oder sie zu loben? Deshalb werden auch alle Kinder von Zeit zu Zeit frustriert sein, wenn sie nicht im Mittelpunkt des Interesses stehen. Das ist ganz normal, ja es hilft den Kindern sogar zu verstehen, daß auch sie nur Menschen sind. So lernen sie langsam, daß sie wichtig genug sind, um von anderen oft, aber eben nicht immer beachtet und bewundert zu werden.

Doch dieser Prozeß kann auch zu negativen Ergebnissen führen. Kinder, die zuwenig Zuwendung erhalten und deshalb zu der Ansicht gelangen, daß den Eltern die Zeit wohl zu schade sei, um sie mit ihnen zu verbringen, kommen leicht zu dem Schluß, daß sich überhaupt niemand für sie interessiere; folglich sind sie fest davon überzeugt, ein »Nichts« zu sein.

Erfährt ein Kind von seinen Eltern zuviel Mißbilligung, dann kann das verheerende Folgen haben; schamerfüllt wird es sich von den Mitmenschen zurückziehen. Ein zu oft getadeltes Kind kommt sicher zu dem Schluß, daß mit ihm grundlegend etwas nicht stimmt.

Kohut beschreibt noch eine weitere Fehlentwicklung in dieser Lebensphase, da die Suche nach Aufmerksamkeit dominiert: Schon Kinder können starke narzißtische Tendenzen entwickeln. Solche Kinder erwarten und verlangen auch später mehr Aufmerksamkeit, als sie verdienen. Man hält sie für verwöhnte Kinder und egoistische Erwachsene. Manche bleiben emotional unreif und werden dann zu jenen bereits beschriebenen schamlosen Erwachsenen. Sie haben nie die Lektion der Demut gelernt – daß sie weder besser noch schlechter sind als andere.

Zusammenfassung

Scham scheint eine allgemeinmenschliche Erfahrung zu sein. Überall reagiert der menschliche Körper dadurch auf Scham, daß die Augen gesenkt werden, um den Blickkontakt zu unterbrechen. Ein Wert von solchen Schamgefühlen liegt darin, daß sie Interesse und Erregung verringern: So kühlt sich der Kontakt zwischen zwei Menschen ab, ehe einer der beiden zu zornig oder zu glücklich wird bzw. sich zu sehr engagiert.

Es besteht auch ein Zusammenhang zwischen Scham und biochemisch bedingten Depressionen. Dieser ist ein weiterer Anhaltspunkt dafür, daß Scham wenigstens teilweise auch genetisch bedingt ist. Manche Menschen werden vielleicht mit der Anlage geboren, sich in übermäßige Schamgefühle hineinzusteigern.

Jene Form der Scham, die Erwachsenen geläufig ist, bildet sich ungefähr im Alter von zwei Jahren heraus, d. h. in jener Entwicklungsphase, in der Kinder anfangen, eine eigene Identität zu entwickeln. Exzessive Scham verzögert oder verzerrt diesen Prozeß. Beschämte Kinder glauben nicht, daß sie ein Anrecht auf ein eigenes Leben haben, oder sie kommen zu dem Schluß, daß sie schwach und unzulänglich seien. Wer das beruhigende Gefühl der Autonomie nicht erlangen kann, neigt – als Kind wie als Erwachsener – zu übertriebener Scham und zu Selbstzweifeln. Wer sein Bedürfnis nach Aufmerksamkeit nicht befriedigen kann, fürchtet und erwartet, im Stich gelassen zu werden, oder er fordert von den anderen unaufhörlich Aufmerksamkeit, um sich so seines Wertes zu versichern.

Gleichwohl sind die Ursprünge der Scham immer noch recht mysteriös: Genetische und biologische Faktoren scheinen dabei eine wesentliche Rolle zu spielen, ohne daß man schon klar erkennen könnte, wie entscheidend diese tatsächlich ist.

ÜBUNGEN

Erste Übung: Eine der Funktionen von Scham besteht darin, potentiell überwältigende Kontakte zwischen Menschen zu entschärfen. Versuchen Sie einmal, länger als normal mit verschiedenen anderen Menschen den Blickkontakt aufrechtzuerhalten. Achten Sie darauf, daß Sie dabei nicht den Atem anhalten, sondern tief und locker durchatmen.

- Wie fühlen Sie sich während solcher extra langen Blickkontakte?
- Wer hat bei Ihren Experimenten den Augenkontakt zuerst unterbrochen?

Zweite Übung: Wenn Sie von Ihrer Scham nicht loskommen, leiden Sie vielleicht unter einer biochemisch bedingten Depression. Die Beantwortung des folgenden Fragenkatalogs kann Ihnen vielleicht eine Entscheidungshilfe geben, ob Sie ärztliche Hilfe in Anspruch nehmen sollten.

- Haben Sie Probleme beim Einschlafen, oder können Sie nachts nicht durchschlafen?

- Haben Sie im Lauf der letzten beiden Monate mehr als zehn Pfund zugelegt oder abgenommen (ohne irgendeine Form von Diät)?
- Weinen Sie häufig, oder möchten Sie dauernd weinen, ohne daß Ihnen Tränen kommen?
- Haben sich Ihre körperlichen Reaktionen und Aktivitäten so sehr »verlangsamt«, daß Sie überhaupt keine Lust mehr verspüren, sich noch zu bewegen?
- Haben Sie sich noch mehr als sonst von Freunden, von der Familie und von gemeinsamen Aktivitäten zurückgezogen?
- Haben Sie das Interesse am Sex und an der Sexualität verloren?
- Fühlen Sie sich zu einer bestimmten Tageszeit (morgens, nachmittags oder abends) regelmäßig deutlich schlechter als zu anderen Tageszeiten?
- Haben Sie regelmäßig Selbstmordgefühle, -träume oder -impulse?
- Fühlen Sie sich verkatert, traurig und einsam, und empfinden Sie gleichzeitig ein Gefühl von Wertlosigkeit, Unzulänglichkeit oder Scham?
- Bereitet es Ihnen Schwierigkeiten, sich zu konzentrieren oder klar zu denken?

Wenn Sie mehr als zwei dieser Fragen mit Ja beantwortet haben, dann sollten Sie auf jeden Fall einen Arzt oder Therapeuten konsultieren und sich auf Depressionen untersuchen lassen. Wenn es Ihnen schwerfällt, sich zu konzentrieren oder sich zu erinnern, dann nehmen Sie diesen Fragenkatalog mit in die Sprechstunde.

Dritte Übung: Als Kinder müssen wir zwei wichtige Dinge lernen: daß wir die Aufmerksamkeit anderer schon allein deshalb verdienen, weil wir einzigartige menschliche Wesen sind, und daß wir nicht ständig Zuwendung erhalten können, weil wir sie mit anderen teilen müssen. Wie wurden Sie Ihrer Ansicht nach von Ihren Eltern behandelt? Kreisen Sie im folgenden alle zutreffenden Begriffe ein:

Mittelpunkt des Interesses/angemessen beachtet/ignoriert

Sie haben mich angebetet/sie waren mit mir zufrieden/sie hatten einiges an mir auszusetzen

Angemessen frei/unter ständiger Kontrolle/unkontrolliert

Übermäßig behütet/ in vernünftigem Maße beschützt/ schutzlos.

Sind Sie der Meinung, daß diese Erfahrungen Einfluß darauf hatten, wie Sie heute glauben, Aufmerksamkeit erregen zu können? Wenn ja, welchen?

6. Kapitel

Scham und die Herkunftsfamilie

Mutter ist wieder einmal voll in Fahrt. Auf alle ist sie wütend, aber wie üblich bekommt ihr sechsjähriger Sohn am meisten ab: »Ich wünschte, du wärest nie zur Welt gekommen«, schreit sie. »Immer mußt du uns Schwierigkeiten machen. Aus dir wird nie etwas werden. Mit dir stimmt einfach etwas nicht.«

* * *

Ein dreizehnjähriger Junge besucht in der Schule die siebte Klasse. Sein Schulzeugnis ist hervorragend: vier Einsen und eine Zwei. Der Vater wirft einen Blick auf das Zeugnis und ringt sich ein paar kurze Lobesworte über die guten Leistungen seines Sohnes ab. Dann hält er einen Vortrag: »Als ich noch zur Schule ging, war ich so lange nicht zufrieden, bis ich überall glatt auf Eins stand«, bekommt der Sohn zu hören. Und nach einer halben Stunde endet die Predigt in folgendem Ausspruch: »Mein lieber Sohn, wenn du willst, daß ich stolz auf dich bin, dann mußt du dich schon noch ein bißchen mehr anstrengen.«

* * *

Irgend etwas ist mit Vater nicht in Ordnung. Seit Tagen schon liegt er auf dem Sofa, weint ab und zu und ist einfach zu traurig, um zur Arbeit zu gehen. Das hat es zuvor schon öfter gegeben, aber die Kinder können sich nicht erinnern, daß es jemals so schlimm war. Schließlich bittet die Älteste, die sechzehnjährige Susanne, ihre Mutter, sie möge doch bitte einen Arzt rufen. Aber die Mutter weigert sich: »Weißt du, unser Städtchen ist so klein. Wenn ich jetzt einen Arzt rufe, dann weiß schon bald die ganze Stadt Bescheid. Was sollen denn die Leute von uns denken?«

* * *

»Sie ist ein solch häßliches kleines Ding. Ich glaube, ich bin einfach nicht dazu geboren, Mutter zu sein. Jedesmal, wenn sie schreit, läuft's mir kalt den Rücken runter. Ich kann das Stillen einfach nicht aushalten, und immer, wenn die Windeln gewechselt werden müssen, würde ich mich am liebsten übergeben. Ich weiß, ich sollte viel Zeit mit ihr verbringen. Aber schon nach ein paar Minuten steigt in mir ein Widerwillen auf. Einige Male habe ich schon die Selbstbeherrschung verloren und zugeschlagen, obwohl sie eigentlich überhaupt nichts Schlimmes getan hatte.«

* * *

Manche Familien sind sozusagen »Beschämungsspezialisten«. Dutzende oder gar Hunderte von Malen kommt es da täglich vor, daß Familienmitglieder etwas sagen oder tun, das Schamgefühle hervorruft oder verfestigt. Solche Familien gründen demnach *auf Beschämungsstrukturen.*

In einigen Familien werden ein oder zwei Mitglieder sozusagen als *Sündenböcke* ausgesondert, die an allem schuld sein sollen. Solchen Sündenböcken lädt man die gesamte Scham und Schande der Familie auf. Andere Familienmitglieder hingegen scheinen in der Lage zu sein, alles nach Belieben zu tun oder zu lassen, und dabei nie in Schwierigkeiten zu geraten. Sündenböcke glauben oft, daß sie auf immer und ewig gebrandmarkt seien: als schlecht, dumm oder wertlos. Sie tragen ihre Scham bis ins Erwachsenenalter mit sich herum und rechnen immer damit, daß man sie verurteilen wird.

Andere Familien sind insgesamt so von Scham durchdrungen, daß alle Mitglieder gleichermaßen in Mitleidenschaft gezogen werden: Die Eltern halten sich für Versager, weil sie nicht in der Lage sind, genug Geld zu verdienen oder genug Liebe zu schenken. Und die Kinder lernen, daß es in diesen Familien so gut wie nichts gibt, auf das man stolz sein könnte. Ganz allmählich verlieren sie im Laufe ihres Lebens den Mut. In solchen Familien gibt es nur gegenseitige Kritik; im Alltag wimmelt es von Beleidigungen und persönlichen Angriffen.

Durch diese Art des Umgangs der Familienmitglieder miteinander werden Schamgefühle verstärkt. Wer als Kind in solchen Familien aufgewachsen ist, leidet oft auch als Erwachsener unter tiefer Scham; das Leben dieser Menschen kreist um Selbstvorwürfe und Unzulänglichkeit; es ist von niedrigem Selbstwertgefühl geprägt.

In diesem Kapitel soll es darum gehen, wie sich in von Scham geprägten Familien übersteigerte Schamgefühle entwickeln. Weil letztlich die Eltern für die Vorgänge in der Familie verantwortlich sind, soll unser Akzent auf der Analyse elterlichen Verhaltens liegen, das bei den Kindern Scham hervorruft.

Voranstellen wollen wir aber ein paar zur Vorsicht mahnende Bemerkungen. So sollte man als erstes immer im Auge behalten, daß Eltern so gut wie niemals das Leben ihrer Kinder bewußt ruinieren wollen. Eltern, die ihren

Kindern übermäßige Schamgefühle einimpfen, kommen oft selbst aus Familien voller Scham. Vielleicht kennen sie gar keinen anderen oder besseren Weg elterlichen Verhaltens; oder der Schaden, den sie mit ihrer auf Beschämung ausgerichteten Erziehung anrichten, ist ihnen überhaupt nicht bewußt. Und zweitens ist daran zu denken, daß keine Familie völlig gegen beschämende Episoden gefeit ist. Für die normale Entwicklung und für das normale Funktionieren einer Familie ist ein gewisses Maß an Scham unvermeidlich und vielleicht sogar nötig. In von Scham geprägten Familien ist dieses Verhalten jedoch nicht mehr unter Kontrolle; hier scheinen sich alle Familienmitglieder laufend gegenseitig anzugreifen.

Und noch ein letztes Wort der Vorsicht gilt unseren Lesern, die in solchen Familien aufgewachsen sind: Die bei der Lektüre unweigerlich entstehenden Ressentiments sind, für sich genommen, nicht konstruktiv genug. Man kann leicht der Versuchung erliegen, die Eltern für alle eigenen Probleme mit der Scham verantwortlich zu machen, selbst wenn man schon jahrelang nicht mehr bei ihnen lebt. Einige der Übungen am Kapitelende könnten bei der Bewältigung dieser Ressentiments ganz hilfreich sein. Denken Sie daran, daß Sie als Erwachsene die Verantwortung für Ihre eigenen Schamgefühle tragen müssen. So ist es zwar wichtig, daß Sie herausfinden, welche Rolle die elterliche Erziehung bei Ihren Schamproblemen spielt – nur so kann dieser Schmerz nachlassen; und gewiß sind die durch Beschämung in der Herkunftsfamilie entstandenen Schäden schmerzhaft; aber das heißt nicht, daß man zeitlebens ein Opfer der Scham ist.

**Die Botschaft abwertender Bemerkungen:
Du bist nicht so, wie du sein solltest**

Kinder, die sich unzulänglich fühlen, haben diese Botschaft immer und immer wieder zu hören bekommen: Mit dir stimmt etwas nicht. Am Ende glauben sie es selbst; und dann hämmern sie es sich immer wieder ein, bis sie absolut sicher sind, daß ihnen etwas fehlt und sie sich deshalb schämen müssen.

Für ein Kind sind die folgenden fünf Botschaften besonders schädlich:

– Du bist nicht gut.
– Du bist nicht gut genug.
– Du gehörst nicht zu uns.
– Du bist nicht liebenswert.
– Dich sollte es gar nicht geben.

1) Du bist nicht gut

Eine solche Aussage trifft Kinder im Zentrum ihrer Existenz, suggeriert sie ihnen doch, daß sie schon mit einem Defekt geboren worden und durch und durch schlecht seien, daß sie ein schreckliches Ärgernis darstellten und sich daran auch in Zukunft nichts ändern würde. Einige Beispiele für solche Botschaften:

– »So dick (häßlich, dumm, verrückt usw.) bist du schon immer gewesen.«

– »Das sieht dir mal wieder ähnlich ... Du kannst einfach nicht anders.«
– »Schon seit deiner Geburt ist mir klar, daß etwas mit dir nicht stimmen kann.«

Sind Eltern von solchen Aussagen wirklich überzeugt, dann hat das Kind keine Möglichkeit, sie von den entsprechenden Gedanken oder Taten abzubringen. Glauben Eltern beispielsweise, ihr Kind sei verrückt, dann können sie immer irgendetwas finden, das diese Ansicht stützt: »Hast du gesehen, wie komisch Hänschen dreingeschaut hat, als du ihm sagtest, daß wir in den Zoo gehen wollen? Wirklich komisch, dieser Blick. Ich dachte mir, mit dem kann doch etwas nicht stimmen. Normale Kinder gucken doch nicht so, oder?«

Wer als Kind sinngemäß die Botschaft erhält: »Du bist nicht gut«, kommt vielleicht zu der Gewißheit, von Grund auf unzulänglich zu sein. Die Betroffenen glauben dann vielleicht, daß schon ihre Geburt ein schwerer Fehler war und daß man der Welt eine Entschuldigung für die eigene Existenz schulde. Ein Kind, das an seiner Daseinsberechtigung zweifeln muß, erleidet schwere geistige Schäden.

2) Du bist nicht gut genug

Diese Art Botschaft richtet auf subtilere Weise genauso schwere Schäden an. Dem Kind wird vermittelt, sein Verhalten oder sein Charakter sei fast, aber eben nicht völlig, akzeptabel. Es müsse sich eben noch ein bißchen mehr anstrengen. Das Kind, das freiwillig drei Zimmer saubergemacht hat, hätte eben auch vier schaffen können. Wer bei einem Rennen als erster ins Ziel kam, hätte eben auch noch einen neuen Rekord aufstellen sollen. Das Kind, das die gesamte Wäsche erledigt hat, hätte nicht vergessen dürfen, die Wäschestücke auch noch richtig zu falten. Andere Kinder bekommen zu verstehen, sie seien nicht gescheit oder nicht schön genug – oder eben nicht ganz so liebenswert wie ihr Bruder oder ihre Schwester.

Egal, was diese Kinder tun, sie können es ihren Eltern nie recht machen. Die Eltern scheinen von ihnen laufend enttäuscht zu sein, zögern aber nicht, immer wieder zu betonen, daß die Kinder es eigentlich besser könnten, daß sie das Zeug zu Höherem hätten. Wenn sie sich nur mehr Mühe gäben, dann könnten sie sicherlich mehr.

Kinder, die man auf diese Weise beschämt hat, glauben häufig, daß es ihnen nie mehr gelingen wird, Liebe oder Respekt ihrer Eltern zu gewinnen. Das heißt aber nicht, daß sie es nicht weiter versuchen würden. Tatsächlich arbeiten sie manchmal bis zur Erschöpfung, um nur ein einziges Mal zu hören zu bekommen, daß sie gut genug sind. Diese innere Verzweiflung schleppen sie oft bis ins Erwachsenenalter mit und machen dann den Fehler, jemanden zu heiraten, der genau dieselben Verhaltensmuster der verweigerten Anerkennung und der Enttäuschung wiederholt.

3) Du gehörst nicht zu uns

Empfänger dieser Botschaft haben oft das Gefühl, anders zu sein als der Rest der Familie. Irgend etwas an ihnen ist nicht akzeptabel und weist ihnen eine Außenseiterrolle zu. Vielleicht haben sie als einzige in der Familie rote Haare, vielleicht sind sie »zu frech«. Wahrscheinlich liegt die Ursache aber darin, daß die Eltern schon von Geburt an kein rechtes Verhältnis zu diesem Kind entwickeln konnten. Aus welchem Grund auch immer, die anderen Familienmitglieder haben untereinander ein engeres Verhältnis als zu diesem Kind.

Kinder, denen diese Botschaft wiederholt übermittelt wurde, reagieren vielleicht sehr sensibel auf nicht-verbale Zurückweisungen. Sie bemerken es, wenn jemand desinteressiert die Schultern zuckt oder heimlich gähnt. Sie können ihre Gefühle möglicherweise nicht in Worte fassen, aber sie spüren, daß sie in der eigenen Familie immer Außenseiter bleiben werden. Verzweifelt sehnen sie sich danach, akzeptiert zu werden, aber sie haben keine Ahnung, wie sie das schaffen könnten.

4) Du bist nicht liebenswert

Weil Kinder völlig abhängig davon sind, als liebenswerte Wesen akzeptiert zu werden, trägt auch diese Botschaft zum Gefühl inneren Ungenügens bei. Denn nichts anderes kann Kindern Schutz, Unterkunft und Nahrung sichern; sie müssen liebenswert sein. Und doch kann sich niemand von uns die Liebe eines anderen Menschen »erarbeiten«. Kein Kind kann seine Eltern zwingen, es zu lieben. Das Kind, das entdecken muß, daß es keine elterliche Liebe bekommt, fühlt sich notgedrungen verwundbar. Wahrscheinlich kommt es sogar zu dem Schluß, daß mit ihm etwas nicht in Ordnung ist. Schließlich werden andere Kinder ja von ihren Eltern geliebt.

Ungeliebte Kinder werden nicht notwendigerweise auch körperlich mißhandelt oder vernachlässigt. Es reicht bereits, daß sie in ihrer Familie nur toleriert werden. Man sagt ihnen selten oder nie, daß man sie lieb hat. Die Eltern tun ihre Pflicht, lassen aber nie den Gedanken aufkommen, daß ihre Kinder ihnen sehr viel bedeuten. Kinder, die auf diese Weise vernachlässigt wurden, wachsen vielleicht im Glauben auf, sie könnten niemals von einem anderen menschlichen Wesen wirklich geliebt werden.

Manche Eltern gehen sogar so weit, daß sie mit Liebesentzug drohen. Dann sagen sie etwa: »Wenn du nicht tust, was ich sage, dann habe ich dich nie mehr lieb.« Dieser Zurückweisungsprozeß kann auch nicht-verbal verlaufen: dann wenden sich die Eltern plötzlich ab oder sprechen nicht mehr mit dem Kind. Solche Drohungen und Handlungen machen Angst, besonders bei Kleinkindern, die noch kein Zeitgefühl haben. Für solche Kinder können ein paar Minuten Schweigen wie eine Ewigkeit wirken.

Eltern, die mit Liebesentzug drohen, benutzen Verlustängste, um ihre Kinder unter Kontrolle zu halten. Vielleicht ist ihnen dabei gar nicht klar, daß sie dem Selbstwertgefühl ihres Kindes einen schweren Schaden zufügen. Sie tragen zur Entstehung übermäßiger Schamgefühle bei, wenn sie ihrem Kind zu verstehen geben, es verdiene ihre Liebe nur dann, wenn es sich ordentlich benimmt.

5) Dich sollte es gar nicht geben

Vielen Kindern sagt man so etwas vielleicht direkt ins Gesicht, etwa: »Ich wünschte, du wärest nie geboren worden.« Vielleicht führte die Schwangerschaft damals zu einer unglücklichen Ehe oder zu wirtschaftlichen Schwierigkeiten. Möglicherweise haben Eltern deshalb einen starken Widerwillen gegen dieses Kind.

Derartige Bemühungen lösen möglicherweise beim Kind ein starkes Gefühl innerer Leere aus. Der Gedanke: »Mich sollte es gar nicht geben« raubt ihm alle Kraft. Wenn es solchen Aussagen Glauben schenkt, kann es eigentlich nur noch verzweifeln. Das führt auch noch später beim Erwachsenen womöglich zu Selbstmordgedanken. Selbstzerstörung spiegelt Hoffnungslosigkeit wider. Gleichzeitig zeigt sich darin aber auch gegenüber den beschämten Eltern ein Akt der Loyalität: »Ihr sagt mir, mich sollte es gar nicht geben. Nun gut, dann mache ich eben Schluß mit mir.«

Zurückweisung durch die Eltern:
Im-Stich-Lassen, Verrat, Vernachlässigung und
Desinteresse

Die Angst vor Zurückweisung ist in von Scham geprägten Familien an der Tagesordnung. Kinder werden – als Opfer elterlichen Desinteresses – wiederholt allein gelassen, vielleicht sogar ignoriert und vergessen, selbst wenn die Eltern zu Hause sind. Manchmal sind die Eltern so mit sich selbst beschäftigt, daß sie keine Zeit oder Liebe mehr übrig haben. Werden die Eltern durch Alkoholismus, Geisteskrankheiten oder ähnliche, äußerst stressige Beanspruchungen abgelenkt, nimmt die Vernachlässigung oft extreme Formen an. Manchmal ist sie sogar gewollt: Bei uns waren zum Beispiel schon verschiedene Erwachsene in der Therapie, die als Kinder dadurch gestraft wurden, daß die Eltern wochen- oder gar monatelang nicht mit ihnen sprachen.

Verraten fühlt sich ein Kind, wenn Versprechungen wiederholt gebrochen werden. Haben sich die Eltern getrennt und kündigt der Elternteil, der das Sorgerecht nicht hat, wiederholt Besuche bei seinen Kindern an und kommt dann nicht, so übt er Verrat an seinen Kindern. Ebenso ein Elternteil, der seinen Kindern immer wieder verspricht, sich Zeit zum gemeinsamen Spiel zu nehmen, dann aber doch nie dazu kommt.

Derart zurückgewiesene Kinder werden oft zu dem Schluß kommen, daß ihnen irgend etwas fehlen müsse, wodurch solche Verhaltensweisen provoziert werden. Doch jede der genannten Zurückweisungen führt wohl bei verschiedenen Betroffenen zu etwas anderen Gefühlen und Gedanken.

– Das vernachlässigte Kind kann sich für »ein Nichts« halten, für jemanden, der so wenig wert ist, daß sogar die eigenen Eltern sich nicht um ihn kümmern.
– Es kann sich sehr einsam fühlen, weil es zu niemandem wirklich gehört.
– Im Vergleich zu anderen Kindern kann ein solches Kind abstumpfen und schnell verwelken wie eine Blume.
– Es kann mißtrauisch werden und es einfach nicht mehr für möglich halten, daß andere es schließlich nicht doch im Stich lassen werden.

Der gemeinsame Nenner bei all diesen Reaktionen ist Scham, jenes Gefühl des inneren Ungenügens, das Zurückweisungen unausweichlich erscheinen läßt.

Kein Elternteil kann sich unablässig um seine Kinder kümmern. Aber die hier geschilderten Beschämungsmuster kommen nicht deshalb vor, weil Eltern vielleicht zuwenig Zeit haben und deshalb ihre Kinder gelegentlich vergessen oder ignorieren. Vielmehr sind die Zurückweisungen, die zu einem Übermaß an Schamgefühlen im späteren Leben führen, genau jene, die wichtige Ereignisse betreffen, traumatische Formen annehmen oder durch fortgesetzte Wiederholung Schaden anrichten.

Körperliche und sexuelle Mißhandlungen

Körperliche Züchtigungen und sexueller Mißbrauch von Kindern durch Familienangehörige können zu schweren Beschämungen führen. Den Opfern solcher Angriffe bleibt das Gefühl, nicht Herr über den eigenen Körper zu sein. Vielleicht können sie nie eine starke Identität entwickeln, weil sie keine allseits respektierten Grenzen zwischen sich und anderen ziehen können.

Körperlich gezüchtigte Menschen werden durch ihre Strafe verächtlich gemacht. Zudem sagt man ihnen vielleicht noch, daß sie schlecht oder schrecklich seien. Für ein Kind ist es in einer solchen Situation sehr schwer, solche Botschaften nicht zu verinnerlichen, während es körperlich überwältigt wird. Selbst wenn die physischen Wunden schon lange verheilt sind, wird es immer noch Scham empfinden. Hinzu kommt vielleicht noch das Gefühl der Demütigung, zu schwach gewesen zu sein, um die Schläge abzuwehren.

Die Opfer sexuellen Mißbrauchs fühlen sich häufig beschmutzt und ekelerregend. Sexualität und Scham sind eng miteinander verbunden; Menschen mit einem gesunden Schamgefühl haben normalerweise auch ein Gespür für Takt und Diskretion im sexuellen Bereich. Mißbraucht nun ein Elternteil sein Kind sexuell, so beschmutzt er die Sexualität des Kindes. Die mit solchem Mißbrauch einhergehende Scham kann die sexuelle Identität des Opfers schwer schädigen.

Nicht darüber sprechen:
Die Aufrechterhaltung des »Familienimages«

Beschämte Menschen fürchten die Bloßstellung. Sie wollen nicht, daß andere sie zu sehr aus der Nähe sehen, weil sie Angst haben, daß dann ihre innere »Schlechtigkeit« offenbar würde. Sie scheinen oft eine Maske zu tragen – Rollen zu spielen, die kein anderer durchschauen kann –, um ihre zerbrechliche Identität zu schützen. Sie empfinden zuviel Scham, um ihr Inneres offenbaren zu können.

Von Scham geprägte Familien funktionieren nach genau demselben Muster. Ihr Ruf ist ihre wichtigste Sorge. Entscheidend ist die Antwort auf die Frage: »Was sollen denn die Nachbarn (meine Mutter, ihr Chef usw.) denken?«, die manchmal sogar noch wichtiger ist als die Notwendigkeit einer Auseinandersetzung mit der Realität. Es ist, als sei die Billigung durch die Gemeinschaft von alles entscheidender Bedeutung, die Mißbilligung anderer hingegen überhaupt nicht auszuhalten, geradezu undenkbar. Das Image der Wohlanständigkeit muß um jeden Preis aufrechterhalten werden.

Die Eltern, die in diesen Familien das alleinige Sagen haben, setzen ihre Kinder unter Druck, sich an den Erwartungen der Allgemeinheit auszurichten. Manchmal hat dieses Beharren auf Anstand ja durchaus etwas Positives, lernt ein Kind doch so die allgemeinen Maßstäbe kennen und schätzen. Ein andermal jedoch, wenn der Konformitätsdruck zu stark und rigide wird, ist ein Kind gezwungen, große Teile seiner Individualität zu opfern, nur um sich anzupassen. Dann lernt es, daß man Schande nur dadurch vermeiden kann, daß man das wahre Selbst preisgibt.

Familien, in denen die Scham regiert, haben oft Geheimnisse. Viele Tatsachen bieten sich zur Verheimlichung an: die Senilität eines Verwandten, Mutters Tablettensucht, Vaters Probleme in der Firma, Schwierigkeiten von Sohn oder Tochter in der Schule oder deren Konflikt mit dem Gesetz, eine ungewollte Schwangerschaft, Depressionen oder Krankheiten. Kindern in solchen Familien wird (direkt oder indirekt) eingeschärft, sie sollten über all diese Dinge nicht sprechen. Tun sie es dennoch, werden sie möglicherweise dafür bestraft, daß sie der Familie Schande gebracht haben.

In solchen Familien kontrollieren die Eltern den Informationsfluß; die Kinder erfahren nur so viel, daß sie nichts Peinliches ausplaudern können. Einzelne Familienmitglieder wissen vielleicht mehr als andere, und die Kinder fangen an, ihre eigenen Geheimnisse zu sammeln, denn daß dieses Verhalten zum Überleben notwendig ist, haben sie inzwischen gelernt.

Wenn es in einer Familie zu viele Geheimnisse gibt, kann die Scham leicht überhandnehmen. Wer in einer solchen Familie aufwächst, muß zu dem Schluß kommen, daß mit der Familie etwas nicht stimmen kann. Wer kann denn auch auf eine Familie stolz sein, die sich ständig versteckt?

Zusammenfassung

Nur sehr wenige Menschen, die in Familien voller Scham aufwachsen, erreichen das Erwachsenenalter ohne tiefe seelische Wunden. Die meisten tragen übermäßige Schamgefühle in sich. Wenn sie dann heiraten und selbst eigene Familien haben, ist das Risiko groß, daß auch sie zu Eltern werden, die durch Beschämung erziehen und so das Erbe der Unzulänglichkeitsbotschaften, der Zurückweisung und Geheimniskrämerei fortsetzen. Man sollte immer daran denken, daß viele Eltern in von Scham geprägten Familien selbst tief beschämt sind.

Gibt es Heilungsmöglichkeiten? Wir meinen, ja. Wir haben schon Familien erlebt, in denen der Stolz aufeinander an die Stelle der gegenseitigen Beschämung getreten ist. Der Weg dorthin führte über den Austausch von Lob und Anerkennung anstelle von ständiger Kritik und gegenseitigen Angriffen. Erwachsene können ihre durch Scham bewirkten Wunden heilen, ganz gleich, ob sie immer noch mit ihren Familien zu tun haben oder nicht. Wie man solche Wunden heilen kann, soll Gegenstand des dritten Teils unseres Buches sein. Zunächst gilt es jedoch, auch den restlichen Wurzeln der Scham noch nachzugehen.

ÜBUNGEN

Erste Übung: Glauben Sie, kein guter Mensch oder nicht gut genug zu sein, nicht dazuzugehören, nicht liebenswert zu sein oder keine Daseinsberechtigung zu besitzen? Wenn das der Fall ist, wurden Sie möglicherweise in Ihrer Kindheit beschämt. Versuchen Sie, sich zu erinnern, was man Ihnen gesagt hat und wer Ihnen das unter welchen Umständen gesagt hat. Vielleicht können Ihnen die folgenden Beispiele dabei behilflich sein.

Botschaft	*Von wem?*	*Wie übermittelt?*
Du bist nicht gut.	Vater	Schläge, Beschimpfung
Du bist nicht gut genug.	Mutter	ungeduldige Blicke, häufige Kritik
Du gehörst nicht dazu.	Bruder	Beschimpfung, Ausgrenzung
Du bist nicht liebenswert.	Vater	Hat mich nie in den Arm genommen
Dich sollte es gar nicht geben.	Schwester	Sagte, sie wünschte, ich wäre nie geboren worden.

Zweite Übung: Beschimpfungen und Mißhandlungen können viele Formen annehmen, einschließlich jener, die wir vielleicht für normal halten. Denn beschämte Menschen denken oft, sie hätten diese Mißhandlungen verdient. Nehmen Sie sich bitte die Zeit, noch einmal Revue passieren zu lassen, was in Ihrer Herkunftsfamilie geschehen ist.

– Wie hat man Sie und Ihre Taten bezeichnet? Waren diese Bemerkungen freundlich oder abwertend (»Liebling« oder »Schlappschwanz«)? Wie haben Sie sie aufgefaßt?

- Hat man Sie oft für Probleme in der Familie verantwortlich gemacht oder gar wegen der Gefühle und Taten anderer bestraft? (»Wenn du nicht wärst, ...«; »Du machst mich noch verrückt«; »Wenn du ihn nicht dazu gebracht hättest, hätte er das nicht getan«.)
- Wie oft wurden Sie bestraft? War Ihnen immer klar, weshalb Sie bestraft wurden?
- Hat man von Ihnen erwartet, daß Sie alles auf Anhieb fehlerlos konnten – vielleicht sogar Dinge, die für ein Kind Ihres Alters wirklich schwer waren?
- Haben andere Familienmitglieder Sie oft ignoriert oder allein gelassen, nicht mit Ihnen gesprochen oder Ihre Gegenwart gemieden?
- Hat man Sie körperlich mißhandelt? (Wenn ja, sollten Sie vielleicht einen Therapeuten in diese Erkundung mit einbeziehen.) Haben Eltern, ältere Geschwister oder andere Verwandte Sie geschlagen, geboxt, getreten oder durchgeschüttelt? Geschah dies oft?
- Wurden Sie sexuell mißbraucht? (Wenn ja, sollten Sie zusammen mit einem Therapeuten hier weiterforschen.) Haben andere Familienmitglieder Ihre Geschlechtsteile berührt, mußten Sie sich vor anderen an- oder ausziehen, hat man sich über Ihre Sexualität oft lustig gemacht?
- Haben Ihre Eltern erwartet, daß Sie sich immer nach ihren Wünschen richteten (wenn sie etwa sagten: »Sei still!«; »Hol mir das her!«; »Koch uns mal was!«; »Hör mal, wie schlecht es mir geht!«)? Haben sich die Eltern gleichzeitig oft geweigert, auf Ihre Wünsche einzugehen (weil sie »keine Zeit« hatten, indem sie Versprechen

nicht gehalten haben, Sie bei Verletzungen nicht getröstet haben, Ihnen nichts zu essen gegeben oder ärztliche Behandlung verweigert haben)?
– Wie haben Sie sich in den hier angesprochenen Situationen gefühlt? Was dachten Sie dabei über die anderen Familienmitglieder?

Dritte Übung: Hatte Ihre Familie »eine Leiche im Keller«? Hatten die Familienmitglieder viele Geheimnisse voreinander? Oder gab es eine stillschweigende Regel, daß Familienangelegenheiten nicht mit Außenstehenden und Freunden besprochen werden durften?

– Was denken Sie heute über diese Geheimniskrämerei?
– Hüten Sie immer noch Geheimnisse, weil Sie Angst davor haben, was die Leute sagen könnten?
– Welcher Art sind Ihre Geheimnisse jetzt? Was würde Ihrer Meinung nach geschehen, wenn diese Geheimnisse offenbar würden?

Vierte Übung: Geben Sie sich alle Mühe, immer alles richtig zu machen, und haben Sie trotzdem immer das Gefühl, Ihre Arbeit sei voller Fehler und Unvollkommenheiten?

– Gibt es in Ihrer Familie ein anderes (älteres) Mitglied, das ähnlich perfektionistisch veranlagt ist?

Fünfte Übung: Haben Sie die Hoffnung aufgegeben, es Ihrer Familie je recht machen zu können? Beschämt Ihre Familie Sie immer noch durch Kritik?

Sechste Übung: Beschämen Mitglieder Ihrer Herkunftsfamilie Sie immer noch? Welche Botschaften vermittelt man Ihnen dabei? Was tun diese Familienangehörigen? Wie reagieren Sie darauf?

7. Kapitel

Scham in den gegenwärtigen Beziehungen

Fast alle Beschäftigten einer großen Firma arbeiten besonders gern für eine bestimmte Abteilungsleiterin. Denn deren Untergebene wissen, daß sie immer mit Respekt und Würde behandelt werden, selbst wenn die Vorgesetzte anderer Ansicht ist. Dafür respektieren auch sie ihre Chefin. Sie ist die einzige Vorgesetzte im Betrieb, die man nie beleidigt oder lächerlich macht.

* * *

»In dieser Ehe konnte ich es einfach nicht länger aushalten. Mein Mann hat alles kritisiert, was ich gesagt oder getan habe. In meiner jetzigen Beziehung hört mir mein Partner wirklich zu und unterbricht mich nicht dauernd oder macht sich über mich lustig. Ich kann richtig fühlen, wie mein Stolz zurückkommt.«

* * *

»Manchmal frage ich mich, ob es auf der ganzen Welt überhaupt jemanden gibt, dem ich etwas bedeute. Zwar spielen viele Menschen in meinem Leben eine Rolle, aber sie wollen alle immer nur etwas von mir. Wenn ich mal etwas habe, wo ich Hilfe brauche, oder wenn ich mal über meine eigenen Gefühle sprechen will, dann sind sie alle verschwunden. Ich habe manchmal das Gefühl, daß ich eher eine Dienerin als eine Freundin bin.«

* * *

Es geschieht immer nur, wenn sie zu Besuch oder zu den Feiertagen nach Hause kommt. Schon wenn sie die Tür öffnet, wird sie innerlich ganz klein. Sie fühlt sich schwach und bekommt Magendrücken. Zwar ist sie schon 35 Jahre alt, aber sie kann einfach nicht verhindern, daß die alten Schamgefühle wieder auftauchen. »Ach, da bist du ja«, sagt die Mutter. »Sieht ganz so aus, als hättest du ein paar Pfund zugelegt, meine Liebe.«

* * *

Scham beginnt im Kleinkindalter, entwickelt sich dann in der Herkunftsfamilie weiter und wird, wie wir im achten Kapitel noch sehen werden, in übermäßig auf Scham fixierten Gesellschaften noch weiter gefördert. Doch eine wichtige Quelle der Scham sind immer auch die gegenwärtigen Beziehungen zu den Mitmenschen.

Nur die wenigsten Menschen sind stark genug, auf Dauer den Beschämungen und Erniedrigungen von Leuten standzuhalten, die in ihrem Leben eine wichtige Rolle spielen. Welcher Mann kann sich schon wirklich wohl fühlen, wenn man ihm ständig zu verstehen gibt, er sei häßlich, unfähig, wertlos oder dumm? Welche Frau kann schon gesunden Stolz empfinden, wenn sie dauernd zu hören bekommt, sie werde es nie schaffen, ihre Familie, ihre Freunde oder ihren Arbeitgeber zufriedenzustellen? Die Formel ist ganz einfach: Je mehr man von anderen beschämt wird, desto mehr Scham wird man empfinden.

Wer mit Scham und Schande aufgewachsen ist, glaubt oft, daß alle menschlichen Beziehungen nur mit Scham und Beschämung zu tun hätten. Entweder müssen sich solche Menschen dauernd sagen lassen, daß etwas mit ihnen nicht in Ordnung sei, oder sie müssen selbst andere auf deren Fehler hinweisen. Sie haben große Schwierigkeiten bei der Vorstellung, daß Beziehungen auch auf gegenseitigem Respekt, auf Würde und Stolz basieren können. Je stärker jemand unter Scham gelitten hat, desto mehr rechnet er mit der Scham.

Wir sind der festen Überzeugung, daß jeder Mensch das Recht hat, frei von übermäßiger Scham zu leben. Damit dies möglich ist, müssen die zwischenmenschlichen Beziehungen auf Respekt aufbauen. Und das ist durchaus möglich.

Wenn man über schamvolle Beziehungen nachdenkt, dann kommen leicht starke Gefühle hoch. Besonders wenn Sie gerade in solche Beziehungen verwickelt sind, können Ihre Reaktionen auf die Lektüre dieses Kapitels sehr heftig sein. Denken Sie deshalb immer an folgendes:

1) Wenn jemand Sie regelmäßig beschämt, ist dies ihm oder ihr möglicherweise gar nicht bewußt (nicht jede Beschämung erfolgt absichtlich).
2) Sie können selbst sowohl Opfer als auch Täter sein. Das heißt, daß Menschen, die oft beschämt werden, selbst auch bei anderen immer wieder extreme Schamgefühle hervorrufen. Achten Sie bei der Lektüre dieses Kapitels darauf, ob und inwieweit Sie möglicherweise diese Doppelrolle spielen.
3) Auf Beschämung gründende Strukturen lassen sich ändern. Wenn beiden Seiten in einer Beziehung bewußt wird, daß zuviel Scham im Spiel ist, dann sind sie vielleicht auch in der Lage, ihr Verhalten zu ändern.

Schamvolle Beziehungen können in respektvolle umgewandelt werden, wenn alle Beteiligten das Problem erkannt haben und sich bemühen, in der Praxis etwas zu ändern.

Wie man herausbekommt, ob man in einer von Scham geprägten Beziehung gefangen ist

Von Scham geprägte Beziehungen sind solche, in denen sich die Beteiligten routinemäßig gegenseitig beschämen. Beschämung ist in solchen Beziehungen ein so grundlegendes Phänomen, daß sie ganz normal erscheint. Ein Tag ganz ohne Scham und Erniedrigung wäre etwas sehr Ungewöhnliches.

Wie sehen solche Beziehungen aus? Es gibt zwei verschiedene Arten:

– In einer *einseitigen Beschämungsstruktur* beschämt meistens allein der stärkere Partner den schwächeren.
– In einer *zweiseitigen Beschämungsstruktur* beschämen sich beide Partner gegenseitig.

Generelle Merkmale schamgeprägter Beziehungen

Wer andere beschämt, hat an ihnen immer etwas auszusetzen; er ist überkritisch. Er hält ständig Ausschau nach Fehlern und zögert nicht, sofort darauf hinzuweisen, wobei er jeden – tatsächlichen oder nur vermeintlichen –

Fehler der anderen dazu nutzt, seine »Überlegenheit« herauszustreichen. Solche Menschen wissen genau, wo die anderen am verwundbarsten sind, und im Konfliktfall zögern sie nicht, dieses Wissen zu einem Angriff zu nutzen (»Wer sich so benimmt wie du, ist eine Schlampe. Also halt jetzt gefälligst deinen Mund und mach mir keine Vorschriften!«). Ihre Spezialität sind Verachtung und Geringschätzung derjenigen, die sie doch angeblich lieben. Sie attackieren die Unabhängigkeit ihrer Partner, indem sie deren Intelligenz, Vernunft und Gesundheit in Zweifel ziehen. Sie sind ständig darauf bedacht, ihre Partner herunterzumachen, indem sie nur deren Unzulänglichkeiten hervorheben. Kurz und gut, wer andere beschämt, macht die Menschen um sich herum kleiner, damit er selbst sich größer und besser fühlen kann.

Zu einer Beziehung gehören immer mindestens zwei Personen: Das gilt auch für jene Beziehungen, die von Scham geprägt sind; wenigstens eine Person muß die Rolle des oder der Beschämten übernehmen. Dabei können diese Menschen Kritik und Schande passiv, ohne sich dagegen zu wehren, hinnehmen. Oder aber sie kämpfen wild dagegen an und beschämen den Peiniger in einer Art totalem Krieg. Beiden Reaktionen ist gemeinsam, daß die Opfer sich aus der destruktiven Beziehung nicht lösen können, aber auch nicht in der Lage sind, zu einer neuen Beziehungsqualität auf der Basis von Stolz, Würde und gegenseitiger Anerkennung zu finden. Denn schamerfüllte Beziehungen basieren auf dem ungeschriebenen Gesetz, daß Beschämungsaktivitäten notwendiger Bestandteil der wechselseitigen Kommunikation sind.

Gesunde Beziehungen

Gesunde Beziehungen hingegen basieren auf gegenseitigem Respekt. Jeder weiß den anderen Partner zu schätzen. Noch deutlicher sollte man eigentlich sagen: In einer solchen Beziehung *ehrt* jeder Partner den anderen. Beide anerkennen die innere Würde des anderen. Sie registrieren auch das Gute im anderen und bemühen sich, die positiven Seiten zu unterstützen. Menschen, die in gesunden Beziehungen leben, sind im allgemeinen stolz auf sich selbst, aber auch auf den Partner.

Wie kann man erkennen, daß man in einer Beziehung lebt, die auf Beschämung aufgebaut ist? Ein klares Anzeichen liegt dann vor, wenn man allgemein das Gefühl hat, ein kompetenter und wertvoller Mensch zu sein, außer in Gegenwart eines bestimmten Menschen. Eine Sekretärin etwa, die für verschiedene Chefs arbeitet, kann mit allen außer einem gut auskommen. Vor diesem einen aber hat sie Angst, weil der sie nur kritisiert und ständig Unmögliches verlangt. Ihre Arbeit ist ihm nie gut genug; hier liegt der Ansatzpunkt für Scham und Beschämung.

Wohlgemerkt, es geht um *wiederholte* Beschämung und damit um Strukturen. Gelegentlich beschämen nämlich so gut wie alle Menschen einmal irgendeinen anderen. Problematisch wird die Sache erst, wenn Scham zum strukturbildenden Element wird, wenn beschämende Kritik sich zur ständigen Gewohnheit entwickelt hat und niemals aufhört.

Die Symptome der Scham

Werden wir von einem anderen ständig beschämt, dann entwickeln wir wahrscheinlich auch viele der folgenden Schamsymptome. Beispielsweise:

- können wir dem Peiniger nicht in die Augen sehen;
- fühlen wir uns in Gegenwart dieses Menschen sehr klein, schwach, bloßgestellt und verwundbar;
- sinkt unser Selbstwertgefühl immer stärker, je länger die Beziehung andauert;
- haben wir das Gefühl, schon zu sehr beschädigt und zu wenig liebenswert zu sein, um Respekt zu verdienen. Selbstvorwürfe vergrößern unsere Scham, bis wir uns völlig wertlos und wie Untermenschen fühlen.

Die Opfer in solchen Beziehungen fühlen sich oft wie kleine Kinder, genauso klein und schwach; wahrscheinlich, weil sie genauso viele beschämende Erfahrungen machen mußten wie in der Kindheit: »Mein Mann behandelt mich genauso wie früher meine Eltern – selbst die gemeinen Schimpfworte sind gleich.« Die Botschaft, man sei unzulänglich, nimmt dann viele verschiedene Formen an:

- Feststellungen wie »Du bist nicht liebenswert« oder »Du gehörst nicht dazu«;
- Drohungen, den Partner zu verlassen, und Zurückweisungen;
- Geheimniskrämerei;
- körperliche und sexuelle Mißhandlungen;

– Perfektionismus;
– übergroße Besorgtheit um den Ruf in der Öffentlichkeit;
– verächtliche Blicke, Stöhnen oder Nichtbeachtung.

All diese Strategien tragen dazu bei, eine gesunde Beziehung zwischen zwei würdigen Erwachsenen in eine von Scham geprägte zu verwandeln, in der wenigstens einem der Partner der Status eines Kindes zugewiesen wird.

Wenn man einmal in einer derartigen Beziehung gelebt hat, ist es gar nicht schwer, immer wieder in ähnlich strukturierte Beziehungen zu verfallen. Das bedeutet, daß wir, in einer von Scham bestimmten Familie aufgewachsen, uns auch später möglicherweise immer wieder zu Menschen »hingezogen« fühlen, die die Beschämungsmanöver der Familie in ähnlicher Weise wiederholen. Und das bedeutet leider auch, daß selbst Menschen, die das Glück hatten, als Kinder nicht in ständiger Beschämung aufzuwachsen, zu tief Beschämten werden können, wenn sie sich immer wieder auf längere erniedrigende Beziehungen einlassen. Anfangs empfinden solche Leute vielleicht nur in Gegenwart einer bestimmten Person Scham. Wenn sie aber erst einmal begonnen haben, vor sich selbst Scham zu empfinden, dann geht allmählich auch ihre Fähigkeit verloren, von anderen Respekt zu verlangen. Am Ende entdecken viele Menschen dann, daß fast alle ihrer wichtigen Beziehungen auf Scham gründen. Kein Wunder, daß sie ihre Lage dann als hoffnungslos empfinden.

Machtgewinn durch Beschämung

Oft entwickeln sich Beziehungen so, daß ein Partner seine Fähigkeit, den anderen zu beschämen, dazu benutzt, seine Macht zu sichern oder zu vergrößern. Wenn ein Mann zum Beispiel seiner Frau wiederholt bescheinigt, sie sei im Bett so schlecht, daß kein Mann Lust hätte, mit ihr zu schlafen, dann setzt er ihrem Glauben an die eigene Anziehungskraft stark zu. Und wenn sie ihm erst einmal Glauben schenkt, dann wird die Wahrscheinlichkeit immer geringer, daß sie eine Trennung ernsthaft in Erwägung zieht oder auch nur auf ihrer Gleichwertigkeit beharrt. Je mehr Erfolg dieser Mann mit seiner Beschämungsstrategie hat, desto stärker wird seine Machtposition in der Beziehung.

Solche Beschämungsstrategien können absichtlich oder unbewußt angewandt werden. Ganz sicher sind nicht alle beschämenden Botschaften darauf ausgerichtet, das Selbstbewußtsein eines anderen zu unterminieren. Gleichwohl besteht die Wirkung regelmäßiger Beschämung darin, daß der oder die Beschämte sich allmählich immer ohnmächtiger fühlt. Einseitige Beschämungsstrukturen führen immer dazu, daß ein Partner über den anderen Kontrolle gewinnt und auch behält.

Wie Gewalt kann auch Beschämung in einer Familie vom stärksten Mitglied immer weiter nach unten bis zum schwächsten weitergegeben werden; der Stärkste (oft der Vater) beschämt den Zweitstärksten (oft die Mutter), dieser den Drittstärksten (das älteste Kind) und so weiter.

Macht und die Fähigkeit, andere zu beschämen, gehören eng zusammen. Je mächtiger jemand ist, desto eher wird er andere unbehelligt erniedrigen können. Was können die Betroffenen schon sagen oder tun, wenn ihr Chef ihnen bescheinigt, sie seien Ignoranten? Leider leiten manche Arbeitgeber aus ihrer Funktion auch das Recht ab, ihre Angestellten zu demütigen. Und Menschen mit starken Schamgefühlen fühlen sich selten stark genug, die Mächtigen herauszufordern, weil sie ihr Selbstwertgefühl verloren haben.

Im Lauf der Zeit vergrößert sich das Machtgefälle immer mehr. Zwei Menschen, deren Beziehung auf der Grundlage von Gleichberechtigung und Gleichwertigkeit begann, können dieses Gleichgewicht nicht halten, wenn einer den anderen ständig beschämen darf. Wer aktiv beschämt, wird allmählich, aber unweigerlich zum alles beherrschenden Partner werden.

Menschen, die mit Beschämungsstrategien arbeiten, scheuen manchmal auch vor öffentlichen Demütigungen nicht zurück, um ihre Machtposition zu festigen. Dann lenken sie in Gegenwart anderer die Aufmerksamkeit auf Unvollkommenheiten der zu beschämenden Person. Wenn eine Frau beispielsweise die Ungeschicklichkeit oder das geringe Einkommen ihres Mannes öffentlich betont, dann geschieht dies vielleicht auch aus Gedankenlosigkeit oder Frustration. Häufige derartige Angriffe signalisieren aber weit mehr. Man gewinnt dann den Eindruck, daß der aktiv beschämende Ehepartner auch derjenige ist, der die Hosen anhat. Im konkreten Beispiel teilt also diese Frau ihren Zuhörern auch mit, daß sie besser ist als ihr Mann, weil sie dessen Schwächen ungestraft kritisieren darf. Kann sich der Mann gegen diese Beschwerden nicht direkt zur Wehr setzen, dann verstärken sich unweigerlich die Machtposition und der Einfluß seiner Frau.

Einseitige Beschämungsstrukturen verzerren die menschlichen Beziehungen und fügen den Beschämten schweren Schaden zu. Die aktiv Beschämenden nehmen dabei normalerweise weniger Schaden, weil sie ja die Beziehung unter Kontrolle haben. Aber auch sie haben einen Preis für ihr Verhalten zu zahlen: Sie verlieren den intimen Umgang mit anderen und bleiben durch ihr überhebliches Verhalten im Abseits. Die wunderbare Harmonie von Beziehungen, die auf gegenseitigem Respekt und Würde gründen, bleibt ihnen verschlossen. Macht durch Beschämung ist kein ungeteiltes Vergnügen.

Beziehungen, die auf gegenseitiger Beschämung beruhen

In solchen Beziehungen dient die Scham als Waffe: Jeder greift den anderen bei jeder sich bietenden Gelegenheit an. Das artet gelegentlich sogar in regelrechte Wettkämpfe aus, wer den anderen wohl am besten in Verlegenheit bringen oder erniedrigen kann.

Als Zeuge solcher Schlachten, bei denen sich die Partner zu vernichten suchen, empfindet man Schrecken und Ekel. Je länger der Kampf andauert, desto gemeiner wird er. Takt und Diskretion gelten schließlich für beide Partner nicht mehr. Sie waschen in aller Öffentlichkeit ihre schmutzige Wäsche. Damit kann man vielleicht einen Sieg über den anderen erringen, aber das Vertrauen ist dahin.

Bei der gegenseitigen Beschämung nehmen alle Teilnehmer schweren Schaden. Unter Dauerbeschuß kommen die schlimmsten Seiten der Persönlichkeit ans Licht. Jegliche Würde geht in einem Meer gegenseitiger Vorwürfe unter.

Manchmal gibt es bei Ehepaaren feste Rollenverteilungen, die die Scham sogar noch vergrößern. Deutlich wird das etwa im Spiel »Saufen und Keifen«: Je mehr der Trinker trinkt, desto lauter meckert der Keifende; und je lauter der Keifende keift, desto mehr schüttet der Trinker in sich hinein. So kann jeder am Ende den anderen verachten. Und beide können sich schließlich mit dem Glauben trösten, der andere sei der Übeltäter, man selbst nur das unschuldige Opfer. Und keiner der beiden weiß einen Ausweg aus dieser schrecklich destruktiven Rollenverteilung.

In solchen Beziehungen geht es vor allem um Verachtung. Je länger sie andauern, desto geringer wird der Respekt der Partner voreinander. Vielleicht verachten sie sich allmählich sogar selbst wegen ihrer Teilnahme an diesen täglichen Beschämungsschlachten: »Wie konnte ich nur so tief sinken? Ich hasse es, mich selbst bei solchen Beschimpfungen zu ertappen, und ich weiß, daß ich ihm mit meinen Attacken genauso weh tue wie er mir, wenn er mich angreift.« Wenn die beiden nur mit ihren ständigen Angriffen aufhören könnten! Unglücklicherweise hört wahrscheinlich keiner von beiden als erster auf, weil beide denken, sie müßten sich weiterhin gegen alle Beschämungen des anderen verteidigen. Auf diese Weise führt Scham zu immer mehr Scham.

So können zwei Personen in einem Dauerkonflikt gefangen sein. Und keiner von beiden bricht die Beziehung ab, denn das wäre ja gleichbedeutend mit einer endgültigen Niederlage. Deshalb enden ihre Schamgefechte in Erschöpfung, ohne daß eine der beiden Parteien den Sieg errungen hätte. Auch ein Waffenstillstand läßt sich immer schwerer arrangieren, weil beide Seiten sich ohne ihre Beschämungsstrategien für zu verwundbar halten. Vielleicht wären solche Menschen sogar völlig beziehungslos, wenn sie sich nicht gegenseitig beschimpfen könnten. Und so wird Scham zum Kitt dieser Beziehung.

Scham in nicht-intimen Beziehungen

Die meisten Beispiele in den letzten Abschnitten bezogen sich auf Menschen, die auch intimen Umgang miteinander haben. Beschämungsstrategien können aber auch in Beziehungen ohne intime Dimension eine wichtige Rolle spielen. Einseitige Beschämungsstrategien etwa sind häufig an der Tagesordnung, wenn jemand Macht über einen anderen Menschen hat. Typische Beispiele sind die Verhältnisse zwischen:

- Arbeitgebern und Angestellten,
- Eltern und Kindern,
- älteren und jüngeren Geschwistern,
- Lehrern und Schülern,
- altgedienten Mitgliedern einer Organisation und Neulingen

– sowie Freundschaften, in denen ein Partner eindeutig dominiert.

Wechselseitige Beschämung kommt am häufigsten in Beziehungen zwischen ungefähr gleich starken Partnern vor, zum Beispiel:

– Arbeitskollegen,
– Freunden, die sich zerstritten haben, und
– rivalisierenden Geschwistern.

Beschämungen bringen, was immer ihre Ursache sein mag, gewöhnlich Verletzungen mit sich. Wir haben schon mit vielen Menschen gesprochen, die sich davon zu überzeugen versuchten, daß sie sich in solchen Situationen nichts anmerken lassen sollten. »Schließlich passiert es nur am Arbeitsplatz«, sagen sie sich vielleicht. »Mein Arbeitskollege beleidigt mich zwar dauernd und macht sich über mich lustig, aber ich sollte mir das nicht so zu Herzen nehmen.« Wir sind hingegen der Ansicht, daß diese Beschämung ernst genommen werden muß, wo immer sie vorkommt. Man muß sich seine Verletzungen eingestehen, wenn man von jemandem absichtlich beschämt wurde. Nur die wenigsten Menschen sind so selbstsicher, daß sie gegen Beschämungen immun sind. Auch in nicht-intimen Beziehungen kann man regelmäßig und wiederholt vorkommende Beschämungsstrategien nicht ignorieren, denn sie können dort genausoviel Schaden anrichten wie in intimen Beziehungen.

Zusammenfassung

Scham wirkt ähnlich wie Rost: Ganz allmählich zerstört sie Würde, Stolz und Selbstachtung. Leider sind viele Menschen in schamerfüllten Beziehungen gefangen, zu denen tägliche Demütigungen gehören. Einseitig ausgerichtete Beziehungen – nur ein Partner beschämt den anderen — kommen häufiger vor, wenn eine Seite an der stärkeren Machtposition Gefallen findet. Wechselseitige Beschämungsstrukturen treten dann auf, wenn sich beide Seiten energisch und regelmäßig angreifen. Solche Menschen sind dann in regelrechte Kämpfe verwickelt, deren Ziel es ist, den Partner noch mehr zu erniedrigen, als dieser einem selbst zusetzen kann.

Alle auf Beschämung ausgerichteten Beziehungen wirken entmenschlichend. *Wir alle verdienen es, mit Respekt behandelt zu werden, ganz gleich, welcher Art unsere Verbindung mit anderen Menschen ist. Und die anderen verdienen gleichermaßen unseren Respekt.* Jede auf Scham und Beschämung basierende Beziehung greift die Würde der Beteiligten an.

ÜBUNGEN

Erste Übung: Eine auf Beschämung angelegte Beziehung beruht auf wiederholten, routinemäßigen Verhaltensweisen, die dem anderen zu verstehen geben, daß mit ihm oder ihr etwas grundlegend nicht stimmt. Bewerten Sie jetzt – unter Zuhilfenahme der folgenden Aufstellung – Ihre Beziehung zu einem Menschen, der in Ihrem Leben eine wichtige Rolle spielt, und unterstreichen Sie dabei jede zutreffende Aussage. Diese Person
– sagt (direkt oder durch Andeutungen), daß ich dick, häßlich, dumm, schlecht, unfähig, unzulänglich, nicht liebenswert oder wertlos sei,
– beschimpft mich,
– verflucht mich,
– ignoriert mich, als wäre alles, was ich tue oder sage, unwichtig,
– kritisiert regelmäßig meinen Geschmack und meine Vorlieben,
– kritisiert ziemlich oft, was ich tue und wie ich es tue,
– kritisiert mich vor anderen und macht sich dabei über mich lustig,
– sagt mir, ich sei nicht so gut wie andere,
– qualifiziert meine Gefühle als dumm, unerheblich oder unwichtig ab,
– sagt mir, daß er oder sie mir überlegen ist,
– prügelt, stößt, schlägt, tritt oder mißhandelt mich auf andere Weise körperlich,
– läßt mich oft spüren, daß er oder sie von mir enttäuscht, über mich ärgerlich oder von mir angewidert ist,

- sagt mir, daß ich sonderbar oder verrückt sei,
- verweigert den Körperkontakt mit mir, außer wenn es um Sex oder Bestrafung geht,
- sagt mir, ich solle sterben, verschwinden, mit mir selbst Schluß machen oder nicht zurückkehren.

Jetzt untersuchen Sie Ihr eigenes Verhalten dieser Person gegenüber. Auf Beschämung ausgerichtete Beziehungen beruhen nämlich nur allzuoft auf Gegenseitigkeit, wobei jeder Beteiligte nur das registriert, was der andere ihm antut. Analysieren Sie diese Beziehung deshalb jetzt unter umgekehrtem Vorzeichen, und gehen Sie die folgende Liste durch, wobei Sie wiederum jede zutreffende Aussage unterstreichen. Seien Sie dabei offen und ehrlich gegen sich selbst.

- Ich sage (direkt oder durch Andeutungen), daß diese Person dick, häßlich, dumm oder schlecht ist.
- Ich beschimpfe diese Person.
- Ich verfluche diese Person.
- Ich ignoriere diese Person, als wäre alles, was sie tut oder sagt, unwichtig.
- Ich kritisiere Geschmack und Vorlieben dieser Person regelmäßig.
- Ich kritisiere ziemlich oft, was diese Person tut.
- Ich mache diese Person vor anderen lächerlich.
- Ich lasse diese Person wissen, daß sie nicht so gut wie andere ist.
- Ich qualifiziere die Gefühle dieser Person als dumm, unerheblich oder unwichtig ab.

– Ich sage dieser Person, daß ich ihr überlegen bin.
– Ich prügle, stoße, schlage, trete oder mißhandle diese Person auf andere Weise körperlich.
– Ich lasse diese Person oft spüren, daß ich von ihr enttäuscht, über sie ärgerlich oder von ihr angewidert bin.
– Ich sage dieser Person, daß sie sonderbar oder verrückt ist.
– Ich verweigere dieser Person den Körperkontakt, außer wenn es um Sex oder Bestrafung geht.
– Ich sage dieser Person, sie solle sterben, verschwinden, mit sich Schluß machen oder nicht zurückkehren.

Zweite Übung: Benutzen Sie zur Erledigung der folgenden Aufgaben ein getrenntes Blatt Papier.

1) Charlotte und Christian sind seit zwei Jahren verheiratet. Charlotte kommt aus einer Familie mit Perfektionswahn, in der sie gelernt hat, wie man die Menschen mit Hilfe von Schamgefühlen kontrolliert. Charlotte bittet Christian, ihr beim Geschirrspülen zu helfen. Als er dann aber abwäscht, hat sie ständig etwas an ihm auszusetzen: Er reinigt die Gläser nicht zuerst, spült die Teller nicht gründlich genug und kratzt die Pfanne nicht »richtig« sauber. Jedes Mal, wenn Christian abwäscht, hat Charlotte etwas zu kritisieren. Ebenso läuft es, wenn er das Wohnzimmer putzt, die Wäsche erledigt oder Auto fährt.

Wie fühlt sich Christian Ihrer Meinung nach? Was denkt er über Charlotte? Wie fühlt sich Charlotte? Und was denkt sie über Christian?

2) Stellen Sie alle einseitig auf Beschämung ausgerichteten Beziehungen zusammen, in denen Sie die Rolle des Opfers innehatten oder -haben.
   - Stellen Sie alle einseitig auf Beschämung ausgerichteten Beziehungen zusammen, in denen Sie der aktive Teil waren oder sind.
   - Stellen Sie alle wechselseitig auf Beschämung ausgerichteten Beziehungen zusammen, an denen Sie beteiligt waren oder sind.
   - Können Sie in diesen Beziehungen ein Muster erkennen? Schreiben Sie auf, was Ihnen auffällt.

Und jetzt stellen Sie alle *nicht* auf Beschämung ausgerichteten Beziehungen zusammen, an denen Sie beteiligt sind oder waren.

- Worin unterscheiden sich letztere von ersteren?
- Stellen Sie Ihre wichtigsten Beschämungsstrategien zusammen.

8. Kapitel

Scham in unserer Kultur

Daß er anders aussah, war am Anfang gar nicht so schlimm. Aber daß ihn die anderen Kinder anstarrten, beschimpften, verspotteten und aus ihrem Kreis ausschlossen, machte ihm schwer zu schaffen. Je älter er wurde, desto häufiger gab man ihm zu verstehen, daß er – und seinesgleichen – nichts taugte und auf jeden Fall unerwünscht war. So wuchsen seine Ressentiments und sein Ärger; er stieß andere Menschen von sich und haßte sich innerlich selbst. Um sich zu beweisen, daß auch er ein vollwertiger Mensch und zu etwas gut sei, suchte er riskante Abenteuer und stachelte sich immer wieder zu Mutproben an.

* * *

»Als ich noch ein Kind war, sagten mir meine Eltern sinngemäß: ›Du kannst alles erreichen, was du dir vornimmst, also sieh zu, daß du zielstrebig deinen Weg ganz nach oben machst.‹ Dann erzählte mir mein Trainer, daß schon der zweite Platz gleichbedeutend sei mit einer totalen Niederlage. Und jetzt sind meine Arbeitskollegen zwar äußerlich sehr freundlich – aber wenn's um die Verkaufsabschlüsse geht, dann wird der Wettbewerb mörderisch, und das Wettrennen um den Aufstieg ist sogar noch schlimmer. Der ständige Druck, immer die Nase vorn haben zu müssen, ist unglaublich.«

»Ich habe mal geglaubt, die Kirche sei dazu da, den Menschen zu helfen. Aber manchmal kann ich mich nur an die endlosen Predigten erinnern, daß ich schlecht sei und in die Hölle käme. Die Strafen und Demütigungen, denen ich auf der von mir besuchten Konfessionsschule ausgesetzt war, haben mich nur in der Überzeugung bestärkt, daß wohl etwas daran sein müsse, wenn so viele andere mich für schlecht hielten; dann war ich wohl wirklich ein schlechter Mensch. Unter diesem Gefühl leide ich noch immer. An manchen Tagen fühle ich mich mehr als schuldig – so, als wäre auf dieser Erde wirklich kein Platz für mich. Tief im Innersten fühle ich mich unrein.«

* * *

Als sie sich das Geld für ihr Studium als Kellnerin in einer Bar verdiente, war ihr klar, daß sie sich von den Gästen jede Menge Bemerkungen über ihren Körper und ihr Sexualleben würde gefallen lassen müssen. Aber dann machte sie an einer der besten wirtschaftswissenschaftlichen Fakultäten des Landes ihr Diplom mit Auszeichnung und begann ihre Karriere mit dem festen Vorsatz, für ihre Arbeit und ihre Entscheidungen Respekt zu fordern.

Nun, da sie eine leitende Stellung bekleidet, bringt man ihr manchmal echten Respekt entgegen. Wenn es aber hart auf hart geht und eine unpopuläre Entscheidung zu treffen ist, dann weiß sie ganz genau, daß ihre Untergebenen böse Witze über sie machen und sie »Zicke« oder gar »Hure« nennen. Ihr sehnlichster Wunsch wäre es, daß man sie in solchen Situationen nur als Chefin ansähe, nicht immer gleich als *weiblichen* Chef.

* * *

Manchmal fördert unsere Gesellschaft Schamgefühle, ohne es zu wollen. Leistung steht so hoch im Kurs, daß viele Menschen sich bereits als Versager fühlen, wenn sie nur einigermaßen erfolgreich sind. Auch neigen wir – trotz unseres hehren Grundsatzes, daß alle Menschen gleich seien und sich niemand seiner Herkunft schämen müsse – eher dazu, Andersartigkeit als negatives Merkmal aufzufassen, das die Menschen trennt, anstatt in der Verschiedenheit der Menschen eine für alle lebensbereichernde Qualität zu sehen. Entsprechend werden Menschen und Bevölkerungsgruppen, die »anders« sind, manchmal so behandelt, als seien sie »schlecht« oder »nicht gut genug«. Dabei könnte man sie ebensogut auch als Bereicherung eines vielfältigen, abwechslungsreichen Gemeinschaftslebens betrachten.

Unsere Medien konzentrieren sich auf Images und Äußerlichkeiten. Zwar preisen wir Individualismus als eine Tugend, aber gleichzeitig übt die Gesellschaft auf jeden einzelnen Druck aus, sich in Aussehen und Verhalten immer konformistischer zu verhalten. Wer sich diesen Maßstäben nicht willig und vollständig unterwirft, sinkt im Wert. Wir können uns dann selbst genauso wie anderen Vorwürfe machen, wenn wir nicht den eng abgesteckten Maßstäben entsprechen, die die Gesellschaft als angemessen erachtet.

Ein klares Verständnis der Art und Weise, wie Scham in unserer heutigen Gesellschaft betont und genährt wird, kann uns dabei helfen, die eigenen wie auch die gesellschaftlichen Ursachen der Scham zu erkennen. Denn dabei wird uns auch klarer, wie wir als Mitglieder unserer sozialen Gemeinschaft funktionieren können und wollen. In diesem Bewußtsein können wir dann freiere Entscheidungen treffen.

Leistungsorientierung und Scham

Unsere ganze Gesellschaft trägt zur Beschämung des einzelnen bei, wenn wir ständig Perfektion erwarten und dabei die Maßstäbe des einzelnen, der sein Bestes gibt, mit dem absoluten Standard von Spitzenleistungen verwechseln. In den modernen Industrieländern, vor allem in den USA, dominiert der Typus des »wettbewerbsorientierten Individualisten«, denn wir haben gelernt, daß persönlicher Erfolg in erster Linie durch individuelle Anstrengung erreicht wird, weniger durch Gemeinschaftsanstrengungen. Das vorhersehbare Ergebnis dieser Grundhaltung ist dann der gnadenlose Druck, den einige von uns spüren, ständig unter Beweis stellen zu müssen, daß sie besser als die anderen sind, nur damit sie selbst das Gefühl haben können, »gut genug« zu sein.

Diese Einstellung ist dann besonders schädlich, wenn wir auch als Familien, Nachbarn, Freunde, Liebhaber und Mannschaftskameraden ständig nur an den Wettbewerb denken können, wenn wir einfach nicht mehr zur Entspannung kommen und uns auch nicht mehr von Herzen über die Erfolge anderer freuen können. Wenn wir alle Erfolg haben, dann fühlen wir uns auch als Teil einer erfolgreichen, von wachsendem Stolz gestärkten Gemeinschaft. Sehen wir den Erfolg der anderen hingegen nur mit den Augen des Konkurrenten, dann können wir auch diesen gemeinschaftlichen Stolz nicht empfinden – dann sind wir neidisch, fühlen uns vielleicht angespornt, den Wettbewerb noch zu verschärfen, oder machen uns direkte Selbstvorwürfe, daß wir nicht so gut wie andere sind. Auf diese Weise aber blockieren wir auch unsere eigenen sinnvollen Anstrengungen.

Die folgenden Erscheinungsformen fehlgeleiteter Leistungsmotivation in unserer Wettbewerbsgesellschaft führen immer in den Bereich von Scham und Beschämung, zum

– Kampf um eine bestimmte Position, obwohl man dafür völlig ungeeignet ist;
– ständigen Vergleich des eigenen materiellen Besitzes mit dem der Freunde;
– ständigen Streitgespräch mit dem Partner, weil man ja einen Sieg erringen muß.

Verhaltensweisen, die zu einem erfreulichen Miteinander mit uns nahestehenden Menschen führen, entwickeln sich dagegen aus der inneren Entspannung, der Natürlichkeit (»man selbst sein«) und aus einem fürsorglichen Interesse am anderen. So können wir auf der Seite der anderen stehen und doch wir selbst bleiben.

Das Streben nach hervorragenden Leistungen und umfassender Kompetenz kann lohnende Ziele und Werte für ein Leben setzen, das leer und bedeutungslos erschien. Dieses Streben kann sogar Spaß machen, wenn wir im Auge behalten, daß unsere Zielsetzung darin besteht, kompetent zu sein, nicht aber darin, ein Star zu werden, dessen Ruhm und Reichtum den aller anderen weit übersteigt. Und dieses Streben kann sogar höchst ehrenwert sein, solange wir daran denken, daß der Wettbewerb nicht unbedingt jedes Mittel rechtfertigt, um ans Ziel zu gelangen. Gesunde Konkurrenz basiert auch auf Selbstachtung und Respekt vor den Rechten und Fähigkeiten der anderen.

Konformität und die Betonung von Image und äußerer Erscheinung

Die meisten von uns wollen in den Augen ihrer Freunde, Familien und Bekannten gut dastehen. Wenn wir uns »korrekt« kleiden und verhalten, können wir Anerkennung gewinnen, aber auch, wenn wir uns dem Lebensstil unserer Umgebung anpassen. Möglicherweise schämen wir uns, wenn wir uns von der Masse deutlich abheben, weil wir anders aussehen oder handeln – oder gar wenn ein enger Freund oder ein Mitglied unserer Familie sich so verhält, daß wir dieses Verhalten als unschicklich oder als Verstoß gegen die Konventionen ansehen. Übermäßige Schamgefühle gedeihen besonders in einem Klima, in dem alles auf die äußere Erscheinung ankommt. Die Drohung, sofort geächtet zu werden, treibt hier die Individuen rigoros zur (echten oder vorgeblichen) Konformität mit den öffentlichen Erwartungen. Wir haben einmal erlebt, wie eine Frau, deren Tochter 40 Grad Fieber hatte, ihrem Kind erst noch das beste Ausgehkleid anziehen mußte, ehe sie mit ihm zum Arzt gehen konnte, nur damit ihr Image als perfekte Mutter keinen Kratzer erhielt.

Manche Leute haben panische Angst davor, daß andere ihre Wohnung in unaufgeräumtem Zustand sehen könnten. Wieder andere servieren ihren Gästen alkoholische Getränke, weil man das eben tut, obwohl sie selbst überhaupt keinen Geschmack daran finden. Einige, die anscheinend »ihre fünf Sinne beisammen haben«, sind in Wahrheit verwirrt oder leiden unter Schmerzen, verweigern aber allen Menschen einen Blick hinter ihre »perfekte« Maske. Vielleicht haben sie Angst vor der Scham, wenn andere herausfinden, daß sie gar nicht so perfekt sind, wie die Umwelt es von ihnen erwartet. Und wieder andere sind glücklich und mit sich im reinen, würden aber am liebsten andere Familienmitglieder, mit denen kein Staat zu machen ist, vor der Öffentlichkeit verstecken.

Übermäßige Schamgefühle gedeihen ebenfalls gut in einer Welt, in der das Gespür für eine angemessene Privatsphäre abhanden gekommen ist. In den Fernsehnachrichten kommen regelmäßig Beiträge über Menschen, die Schlimmes erlitten haben; ihre schmerzlichen Gefühle werden dabei öffentlich zur Schau gestellt. Es besteht also durchaus die Gefahr, daß jederzeit unser Privatestes ans Licht gezerrt wird, und die natürliche Reaktion ist eine Steigerung des eigenen Schamempfindens.

Viele von uns übertreiben es mit der Konformität, weil sie den Wunsch haben, allgemein akzeptiert zu werden. Wir lernen zu lächeln, wenn man von uns ein Lächeln erwartet; wir sagen den anderen, daß es uns gutgeht, wenn wir in Wahrheit um Hilfe rufen möchten; wir achten genau darauf, daß wir dasselbe tun wie alle anderen, und manchmal denken wir sogar wie alle anderen. Wir konzentrieren uns darauf, unser Image aufrechtzuerhalten, nur damit wir nicht Demütigungen ausgesetzt sind. Wir bestehen vielleicht sogar darauf, daß auch unsere Freunde und Familienangehörigen genau wie alle anderen aussehen und handeln, anstatt ihre Eigenwilligkeiten zu dulden oder ihnen zu gestatten, daß sie als Heranwachsende die Welt der kleinen, natürlichen Unterschiede erkunden. Wir bekommen soviel Angst davor, daß ihr Verhalten auf uns zurückgeführt werden könnte, daß wir ihnen einfach die Freiheit nicht einräumen, die zur Entdeckung und Entwicklung einer eigenen Identität erforderlich ist.

Das alles soll freilich nicht heißen, daß Konformität von vornherein schlecht wäre. Aber diejenigen unter uns, die sich zu sehr darauf konzentrieren, jede mögliche Schande wegen einer abweichenden Verhaltensweise sofort zu vermeiden, sind in Gefahr, die Beziehung zu sich selbst zu verlieren. Wenn wir eine Maske zu lange tragen, vergessen wir manchmal, daß man sie auch abnehmen kann. Wir sind in Gefahr zu vergessen, daß Menschen, weil sie nun einmal Menschen sind, auch einzigartige Qualitäten haben und daß sie notgedrungen auch manchmal »unordentlich« sind. Wir vergessen dann vielleicht, daß nur die wenigsten Familien ohne Probleme sind und daß wir beim Lösen unserer Probleme auch etwas lernen. Dann können wir hinterher glücklicher leben, denn wir haben anderen vertraut und sie an unserem Leben teilhaben lassen. Ein Weg, unsere Schamgefühle zu reduzieren, besteht darin, daß wir unsere Probleme in friedlicher Atmosphäre mit anderen teilen. Wenn man sich ständig nur Sorgen um sein Image macht, wird die Scham indes immer größer.

Wie Vorurteile und Diskriminierungen die Scham verstärken

Scham tritt immer dann auf, wenn Menschen glauben, daß sie von Natur aus nicht so gut seien wie andere. Von *gesellschaftlich geprägter Scham* kann man dann sprechen, wenn eine ganze Gruppe von Menschen einzelne oder Minderheiten so behandelt, als seien sie weniger wert als die Mehrheit. Manche Mitglieder diskrimierter Gruppen kämpfen vielleicht gegen damit verbundene Schamgefühle an, aber viele werden zu dem Schluß kommen, daß sie niemals völlig dazugehören werden.

Vorurteile und Diskriminierungen beruhen oft auf gesellschaftlichen Annahmen, die nach Meinung vieler »richtig« oder »logisch« sind, selbst wenn sie in Wahrheit nicht stimmen. So lassen manchmal die ärmlichen wirtschaftlichen Verhältnisse der Diskriminierten jene negativen Meinungen, die man über sie hat, wahrer erscheinen, als sie es tatsächlich sind. Wenn ein Arbeitgeber jemanden aus einer solchen Bevölkerungsgruppe nicht einstellt, weil »diese Leute einfach faul sind«, dann geht er wahrscheinlich nur von dem äußeren Eindruck aus, daß der Betreffende träge wirkt. Wenn die unter Diskriminierung Leidenden alle Hoffnung verlieren, dann stürzen sie in Verzweiflung und Depression und verlieren die Motivation, die unbedingt erforderlich wäre, um die Integrität der Persönlichkeit und die Respektabilität in den Augen der anderen zu wahren. Dann kommen sie womöglich sogar zu dem Glauben, mit ihnen stimme etwas grundlegend nicht, und beginnen, sich Selbstvorwürfe zu machen.

Viele von uns gehören auf die eine oder andere Weise zu diskriminierten Gruppen. Besonders anfällig für mehr oder minder direkte Botschaften der anderen, daß man unzulänglich und minderwertig sei, sind bei uns folgende Bevölkerungsgruppen:
– Frauen
– alte Menschen
– übergewichtige Menschen
– Alkoholiker
– Körperbehinderte
– Schwarze
– Gastarbeiter, besonders Türken
– Polen oder andere Osteuropäer
– Araber
– Arme
– Arbeitslose
– Juden
– Asylanten, besonders aus nichteuropäischen Ländern
– Aussiedler
– Leute vom Land
– Halbstarke
– Bisexuelle und Homosexuelle.

Gewiß ist die Diskriminierung, die einzelne dieser Gruppen zu ertragen haben, weit größer als die anderer. Trotzdem gehört wahrscheinlich ein extremes Schamempfinden zur Lebenserfahrung von fast allen Personen, die den genannten Gruppen angehören.

Gesellschaftliche Erniedrigung kann recht drastische Formen annehmen: Verhöhnung, Verspottung, Einschüchterung. Aber sie kann auch subtiler verlaufen –

man macht Witze hinter dem Rücken der Opfer, weist laufend auf angeblich unzureichende Leistungen hin oder geht von der stillschweigenden Annahme aus, daß Mitglieder der stigmatisierten Gruppen sowieso nicht so leistungsstark seien wie andere Menschen. Diese ständigen beschämenden Erfahrungen machen die Betroffenen wütend, zumal wenn ihnen ständig etwas vorgeworfen wird, wofür sie nichts können und das sie auch nicht ändern können.

Ein Gegenmittel gegen die gesellschaftliche Herabwürdigung von Minderheiten besteht darin, daß wir selbst uns weigern, bei diesen Aktionen mitzumachen und dabei auch Risiken in Kauf nehmen, wenn wir die Opfer in Schutz nehmen und unterstützen. Dabei lernen wir unter anderem, Unterschiede zu schätzen, und lassen die anderen wissen, daß wir uns die Mühe machen, herauszufinden, wer und wie sie sind, anstatt uns in unserem Urteil von Äußerlichkeiten, Legenden und Vorurteilen leiten zu lassen. Wir können unsere Stimme gegen die Erniedrigung erheben, deren Zeugen wir sind. Außerdem verstehen wir dann vielleicht besser, ob und inwieweit wir selbst zu diskriminierten Bevölkerungsgruppen gehören, dann können wir auch besser mit den Wirkungen fertig werden, die die gesellschaftliche Zurücksetzung auf uns selbst hat. Wir können den eigenen Blick und den unserer Kinder dafür schärfen, daß wir gesellschaftliche Beschämungsstrategien erkennen, und uns nicht unreflektiert an ihnen beteiligen.

Institutionalisierte Beschämung

Institutionen wie Arbeitsstätten, Kirchen und Schulen sind dazu da, dem Leben eine Ordnung zu geben. Institutionen können so beschaffen sein, daß sie die Menschenwürde sichern. Sie können aber auch zur Beschämung eines Menschen beitragen, wenn sie, anstatt wichtige Ziele und angemessene Grenzen zu setzen, so organisiert sind, daß nur Menschenverachtung dabei herauskommen kann.

Der Arbeitsplatz
Die Arbeit des Menschen kann Quelle tiefer Befriedigung, der Würde und des Stolzes sein. Aber an manchen Arbeitsplätzen werden Angestellte behandelt wie Wegwerfobjekte. Andere haben dieselbe Wirkung wie tyrannische, auf Beschämung ausgerichtete Familien oder geben sich als gesichtslose Bürokratien zu erkennen. Einen Manager kann man rechtzeitig hinauswerfen, damit die Firma nicht für seine Altersversorgung aufkommen muß. Einen Arbeiter am Fließband kann man ersetzen und ihm dann das Angebot machen, er könne für den halben Lohn wiederkommen, aber nur, wenn er nicht Mitglied der Gewerkschaft sei. Vorgesetzte können ihre Untergebenen manchmal einschüchtern und anbrüllen, überhaupt mit Entlassung drohen, wenn diese zu widersprechen wagen. Eine stark verfilzte Gewerkschaft kann von ihren Mitgliedern verlangen, daß sie schlechter als möglich arbeiten, damit die Anforderungen an die Arbeiter insgesamt gesenkt werden können.

Menschen, die man nur als Objekte behandelt, werden oft tief verbittert reagieren; dann haben sie vielleicht das Gefühl, daß ihr ganzes Leben umsonst war. Manche Menschen nehmen dann ihre Scham und Wut mit nach Hause und lassen sie an der Familie aus; andere resignieren. Mit beschämenden Situationen am Arbeitsplatz muß man sich aber genauso auseinandersetzen wie mit von Scham geprägten Beziehungen im Privatleben. Manchmal wird es sich nicht vermeiden lassen, daß Menschen, die am Arbeitsplatz laufend beschämt werden, die Stellung wechseln, damit ihre geistige und emotionale Gesundheit nicht auf Dauer Schaden nimmt.

Die Kirchen
Zur Scham gehört ein Gefühl spiritueller Verzweiflung. Tief beschämte Menschen fühlen sich oft völlig allein gelassen, von Gott und allen anderen isoliert. Das organisierte Glaubensleben kann dabei helfen, diese Wunden zu heilen, indem die Kirchen diesen Menschen Trost spenden und sie in die geistige Gemeinschaft zurückführen. Leider vergrößern die Kirchen jedoch oft noch die Scham der Betroffenen.

Die organisierte Religion zum Beispiel hat zeitweilig zur sexuellen Beschämung vieler Männer und Frauen beigetragen. Wenn man Kindern erzählt, daß sie unrein seien und daß jeder Gedanke an die Sexualität eine Sünde darstelle, dann verabscheuen diese später als Erwachsene vielleicht ihren Körper. Sie können dann möglicherweise nicht zwischen gesunder und ungesunder Sexualität unterscheiden, weil sie bei jedem Erwachen sexueller Begierde sofort mit ihrer Scham konfrontiert sind. Wenn man nicht auf sich als ganze Person stolz sein kann, dann nimmt die Sexualität oft Schaden.

Viele Arbeitsstätten, Schulen und Kirchen sind nicht auf Beschämung aus. Doch weil derartige Institutionen in unserem Leben soviel Macht haben, indem sie uns Maßstäbe setzen und über einen großen Teil unserer Zeit verfügen, müssen wir immer auf der Hut sein gegenüber der Gefahr, daß sie möglicherweise doch beschämende Strukturen aufweisen. Den gesündesten Unternehmen, Schulen und Kirchen geht es immer darum, daß die Untergebenen und Mitglieder mit Respekt behandelt werden. Denn sie wissen, daß es sich mehr als auszahlt, wenn man die Würde eines Menschen respektiert, weil dieser dann motivierter an den Aktivitäten teilnimmt, sich loyaler verhält und besser arbeitet. Vielleicht lassen sich aber noch andere Wege finden, um die gegenseitige Achtung und würdevolles Verhalten in diesen Institutionen zu sichern.

Zusammenfassung

In diesem Kapitel ging es um vier Aspekte unserer Gesellschaft, die zur Beschämung eines Menschen führen können: 1) der gnadenlose Erfolgsdruck, 2) eine übermäßige Betonung von Images und Äußerlichkeiten, 3) Vorurteile und Diskriminierungen und 4) Beschämung durch Institutionen.

Wir sind der festen Überzeugung, daß jeder die Gesellschaft durch seine Entscheidungen mit beeinflussen kann.

Insbesondere können wir alle ganz wesentlich dazu beitragen, daß die Verbreitung von Beschämungsstrategien nicht weiter zunimmt, vielleicht sogar nachläßt: indem wir regelmäßig und konsequent alle Mitmenschen mit Respekt behandeln. Außerdem können wir klarer verstehen lernen, daß Menschen und Dinge, die anders sind, nicht notwendigerweise auch schlecht sind. Wir können das Risiko auf uns nehmen, zu uns selbst zu stehen und uns nicht zu verleugnen.

ÜBUNGEN

Erste Übung: Ein berühmter Fußballtrainer hat einmal gesagt: »Gewinnen ist nicht das wichtigste. Gewinnen ist das einzige.« Aus dieser Einstellung folgt, daß alle, die nicht unter den Gewinnern sind, automatisch zu den Verlierern und Versagern gehören. Diese ausschließliche Konzentration auf Wettbewerb und Leistung schließt auch ein, daß wir überall und immer die Besten sein müssen – der beste Arbeiter, Gelehrte, Vater, Gatte, Sohn und Liebhaber, der Bestaussehende, Trinkfesteste, Athletischste, und so weiter. Wenn man nur ein ganz normaler Mensch mit seinen Stärken und Schwächen ist, gilt man nach diesen Maßstäben schon als Versager. Hat die Maxime dieses Fußballtrainers auch in Ihrem Leben Gültigkeit?

Zweite Übung: Wenn es am meisten auf das Image und die äußere Erscheinung ankommt, dann lernen wir, uns zu maskieren und unser wahres Ich, unsere wirklichen Gefühle zu verstecken. Manche von uns tragen nur noch eine Standardmaske, andere wechseln ihre Masken ziemlich oft. Nehmen Sie jetzt Papier und Buntstifte oder Filzschreiber zur Hand. Legen Sie auf Ihrem Schreibtisch oder einem anderen Tisch zwei Blatt Papier übereinander. Zeichnen Sie jetzt auf dem oberen Blatt eine Maske, und zwar eine, die Sie gerade jetzt tragen oder kürzlich einem anderen gegenüber getragen haben. Wenn Sie mit dem Zeichnen dieser Maske fertig sind, nehmen Sie das zweite Blatt und zeichnen darauf, wie Sie sich unter Ihrer Maske fühlen. Ob Sie gut zeichnen können, ist völlig nebensächlich – diese Übung dient nur dazu, Ihnen eine Selbsterfahrung aus anderer Perspektive zu ermöglichen.

Dritte Übung: Hier ist eine Aufstellung einiger Bevölkerungsgruppen, denen man ein Etikett verpaßt hat und die diskriminiert und lächerlich gemacht werden. Fügen Sie dieser Liste weitere Gruppen hinzu, die Ihnen einfallen. Markieren Sie alle Gruppen, zu denen Sie selbst gehören, mit einem Kreuz. Und kreisen Sie alle Gruppen ein, gegen die Sie vielleicht Vorurteile haben. Seien Sie bitte ehrlich.

Frauen	Sozialhilfeempfänger
Schwarze	Halbstarke
Türken	geistig Behinderte
Polen	Nervenkranke
Juden	Epileptiker
Homosexuelle	Menschen, die Ihnen nicht attraktiv erscheinen

Behinderte	alleinerziehende Mütter
Übergewichtige	Opfer von Mißhandlungen
Geschiedene	Männer mit langen Haaren
Liliputaner	Menschen, die Sie für exzentrisch halten
strenggläubige Christen	entstellte Menschen
Atheisten/Agnostiker	Menschen, die einen Akzent haben
Intellektuelle	Katholiken

Wenn Sie zu irgendeiner dieser Gruppen gehören: Welche Wirkung hat das auf Sie gehabt? Haben Sie das Gefühl, daß Sie mit Verachtung oder diskriminierend behandelt wurden? Wie geschah das? Wie fühlten Sie sich dabei?

Wählen Sie eine Gruppe aus, gegen die Sie Vorurteile hegen. Nehmen Sie sich vor, Angehörige dieser Gruppe mit Respekt, Geduld und nach dem Gleichheitsgebot zu behandeln, bis Sie sie besser verstehen können. Wählen Sie dabei bitte eine Gruppe, zu der Sie schon Kontakte haben, damit Sie dieses neue Verhalten auch wirklich in der Praxis erproben können.

Vierte Übung: Listen Sie auf einem getrennten Blatt Papier alle Ihre Erfahrungen mit institutionellen Beschämungsstrategien auf.

A. Erziehungswesen

Wie würden Sie Ihre eigene Erziehung ändern, so daß Scham und Beschämung eine weniger wichtige Rolle spielen?

B. Arbeitswelt
 Wie würden Sie Ihren Arbeitsprozeß ändern, damit er weniger beschämend abläuft?
C. Die Welt des Glaubens
 Wie würden Sie Ihren Glauben ändern, damit er weniger Scham hervorruft?

9. KAPITEL

Wie wir uns selbst beschämen

Sie hatte schon immer das Gefühl, anders zu sein. Dabei ist ihr Sprachfehler so geringfügig, daß er kaum jemandem auffällt; aber sie kann einfach an nichts anderes denken. Bei allem, was sie sagt, ist sie übervorsichtig; sie spricht nur, wenn es sich nicht vermeiden läßt und dann langsam und überdeutlich; oft jedoch sagt sie lieber gar nichts. Denn sie weiß, daß sie zum Gespött der Leute würde, wenn sie sich einmal versprechen würde. Aber dieses Problem hält sie selbst vor ihren besten Freunden geheim.

* * *

»Meine Selbstvorwürfe sind schrecklich. Manchmal beschimpfe ich mich, weil ich einen Fehler gemacht und etwas Dummes gesagt habe. Und manchmal habe ich überhaupt nichts Schlimmes getan, an das ich mich erinnern könnte. Aber ich höre laufend diese innere Stimme, die mich anschreit, ich sei das jammerlichste menschliche Wesen, das je auf dieser Erde gewandelt ist. Was mir die Stimme sonst noch sagt, ist nicht druckreif. Ich spüre, wie mich mein Selbsthaß immer weiter in die Tiefe zieht.«

* * *

Sie sitzt in einer Falle: Je schlechter sie sich fühlt, desto häufiger bleibt sie zu Hause. Aber je mehr Zeit sie zu Hause verbringt, desto schlechter fühlt sie sich. Sie weiß, was da vorgeht, denn es ist in der Vergangenheit schon oft so gewesen. Trotzdem kann sie sich nicht dazu aufraffen, ihre Freunde anzurufen. Sie ist so voller Scham, daß sie Angst hat, ihre Freunde würden sie zurückstoßen.

* * *

»Ich fühle mich total leer, nutz- und wertlos. Mein Leben hat überhaupt keine Bedeutung mehr. Ich setze mir selbst Ziele, die niemand erreichen könnte, und bin dann voller Verzweiflung, wenn ich scheitere. Ganz gleich, was ich tue, ich kann niemals gut genug sein, um mir selbst zu gefallen. Das Komische ist, daß ich selber diesen ganzen Druck auf mich ausübe. Alle anderen sind mit mir zufrieden. Warum nur kann ich selbst mit mir nicht in Frieden leben, wenn es doch alle anderen können?«

* * *

Alle Menschen machen sich gelegentlich Selbstvorwürfe. Schließlich ist Scham ein Bestandteil des normalen Lebens, und in Maßen kann sie einem beim emotionalen Wachstum gute Dienste leisten. Einige Menschen sind jedoch so voller Scham, daß sie sich regelmäßig selbst mit dieser Waffe angreifen. Solche Menschen nennt man zu Recht *schamgeprägt,* weil sie die Welt nur noch durch ihre Schamgefühle wahrnehmen können. Sie leiden unter einem derartigen Übermaß an solchen Gefühlen, daß sie sie anscheinend überallhin mitnehmen.

Tief Beschämte erwarten von ihren Mitmenschen nur die Bestätigung ihrer Minderwertigkeit in Form von Kritik und Verachtung. Gleichwohl ist die Reaktion der anderen für den schamgeprägten Menschen oft unerheblich. Denn der entscheidende Punkt ist, daß sich diese Leute ständig selbst einreden, sie taugten zu nichts. Von den anderen erwarten sie die Bestätigung ihrer Schande nur deshalb, weil sie davon überzeugt sind, auch die Mitmenschen müßten ein so katastrophales Bild von ihnen haben wie sie selber. Selbst wenn man sie lobt und akzeptiert, können tief Beschämte ihre Selbstwahrnehmung nicht so schnell ändern. Dann klammern sie sich hartnäckig an die Vorstellung, daß bei ihnen trotzdem etwas von Grund auf verkehrt sein muß. Denn sie schämen sich ihrer Existenz.

Selbstbeschämung als »automatischer« Reflex

Bei schamgeprägten Menschen sitzt die Scham im Zentrum ihrer Existenz. Ohne über die Gründe auch nur nachzudenken, gehen sie davon aus, daß sie sich schämen müßten. Nicht daß sie sich jeden Tag die Frage stellten, ob sie das überhaupt *wollen*. Denn wenn sie wirklich eine Wahl hätten, würden sie sich wahrscheinlich lieber als kompetente, lobenswerte Menschen sehen. Das Problem liegt aber genau darin, daß diese Menschen keine Wahl haben. Ihre Scham befällt sie sozusagen automatisch, denn es handelt sich um tiefverwurzelte Abläufe im Denken.

Das erste Beispiel am Kapitelanfang, das von einer Frau handelt, die sich dauernd schlimme Selbstvorwürfe macht, kann als Illustration für solche Vorgänge dienen. Ständig wird das selbstzerstörerische Potential dieser Person, werden ihr Selbsthaß und ihr Selbstekel von neuem aktiviert. Am Ende stehen jedes Mal gnadenlose Selbstangriffe. Jeden Tag überzeugt sie sich von neuem, daß ihr

Wesentliches fehlt, indem sie ihre Aufmerksamkeit nur auf das eigene Versagen und die eigenen Unzulänglichkeiten lenkt. Solche Gedankenketten laufen automatisch ab. Es handelt sich dabei um eingefleischte Gewohnheiten, die keiner bewußten Entscheidung mehr bedürfen. Solchen Menschen bereitet die Selbstbeschämung keine größere Mühe als das Schuheschnüren oder Autofahren. Das tut man einfach, ohne groß darüber nachzudenken. So wird die Scham zu einer Art Reflex, wobei allerdings das meiste im Kopf abläuft.

Das Wort »selbstverständlich« bezeichnet einen wesentlichen Aspekt der gedanklichen Selbstbeschämungsroutine.

– »Selbstverständlich bin ich dumm.«
– »Selbstverständlich sind meine Gedanken wertlos.«
– »Selbstverständlich könnte mich niemand je lieb haben.«
– »Selbstverständlich bin ich unrein und ekelerregend.«

Beschämende Gedanken werden einfach nicht mehr hinterfragt, weil derjenige, der diese Gedanken hegt, von ihrer absoluten Wahrheit überzeugt ist. Scham ist zum festen Bestandteil der Identität geworden.

Dies alles trägt zur geistigen Verzweiflung schamgeprägter Menschen bei. Sie können ihre eigenen positiven Qualitäten nicht mehr sehen, weil ihnen ihr Bewußtsein ständig suggeriert, sie seien total schlecht. Solange diese Denkgewohnheiten nicht durchbrochen werden, kann auch der Selbsthaß nicht aufhören.

Gewohnheitsmäßiger Rückzug und Isolation

Wer sich diesen Botschaften der Scham ausliefert, verliert seine Energie. Manche Menschen sind so sehr damit beschäftigt, sich selbst zu beschämen, daß sie für ihre Mitmenschen und für gesunde Aktivitäten keine Zeit und keine Nerven mehr haben. Sie ziehen sich zurück – oder treffen wenigstens Anstalten zum Rückzug –, wann immer sie das Gefühl haben, wieder etwas falsch zu machen.

Ellens Geschichte kann uns illustrieren, wie tief beschämten Menschen die Energie für konstruktive Handlungen abhanden kommen kann. Als langjährige Alkoholikerin begann Ellen im Alter von dreißig Jahren eine ambulante Entziehungskur und machte anfangs gute Fortschritte. Sie blieb trocken und arbeitete gewissenhaft an ihren Übungen im Rahmen des Entziehungsprogramms. Sie empfand gesunden Stolz über ihren Fortschritt und begann immer mehr Hoffnung zu schöpfen, daß sie ihre Enthaltsamkeit auch nach Abschluß des Programms würde durchhalten können. Aber allein schon der Gedanke an einen dauerhaften Erfolg war für Ellen schwierig, denn vor der Kur war sie mit fast allem gescheitert, was sie je in Angriff genommen hatte. So kehrte ohne große Vorwarnung ihre alte Gewohnheit zurück, sich in Gedanken selbst zu beschämen:

»Ellen, du bist doch zu nichts nutze. Was soll's? Warum machst du dir die Mühe, trocken zu bleiben, wenn dich sowieso nie jemand lieben wird? Du hast einfach kein gutes Leben verdient, weil du zum Abschaum gehörst. Warum willst du dir nicht eingestehen, daß du ein hoffnungsloser Fall bist, und das Spielchen einfach abbrechen? Du kannst dich genausogut besaufen – das kümmert doch sowieso niemanden.«

Diese Gedanken waren Ellen so vertraut, daß sie sich nicht die Mühe machte, dagegen anzugehen. Statt dessen gab sie ihnen nach und brach die Behandlung nur wenige Tage vor Abschluß des Programms ab. Schließlich gab sie sich wieder den Drogen hin, um sich selbst zu bestätigen, daß sie ja ein totaler Versager war. Die gewohnheitsmäßigen Schamgefühle kehrten zurück und führten dazu, daß sie sich wieder in die Isolation zurückzog.

Der Unvollkommenheitswahn

Menschen, die unter Schamgefühlen leiden, weisen oft perfektionistische Züge auf, obwohl sie im tiefsten Inneren eigentlich von ihrer Unvollkommenheit überzeugt sind. Das Haus muß makellos sauber sein, ehe Besuch kommen kann; einige Projekte werden niemals fertig, weil sie immer noch kleine Fehler aufweisen; und Leute, die ihre Arbeit unbedingt fehlerlos erledigen wollen, sind noch immer bei der Arbeit oder in der Schule, wenn die anderen schon längst nach Hause gegangen sind. Da würde man annehmen, daß diese Menschen auf ihre Leistungen sehr stolz sind.

Doch leider ist genau das Gegenteil der Fall: Menschen, die unter übermäßiger Scham leiden, erwarten einfach nicht, daß sie zu etwas fähig sind. Sie glauben nicht, daß sie für irgend etwas gut genug sind. Die Angst vor dem Versagen treibt sie zu rastloser Tätigkeit. Ein Mann, der Hunderte von Arbeitsstunden darauf verwandte, ein wunderschönes Schränkchen zu bauen, läßt es dann beispielsweise im Keller verrotten, nur weil er einen einzigen Makel entdeckt hat und sich mit dem Gedanken, daß Menschen nun einmal unvollkommen sind, überhaupt nicht anfreunden kann. Der winzige Fehler signalisiert ihm, daß das ganze Projekt ein Fehlschlag ist und daß, wer fehlerhafte Arbeit produziert, auch selbst fehlerhaft sein muß.

Tief Beschämte leiden an einer Art Unvollkommenheitswahn, denn sie leben im ständigen Bewußtsein ihrer Fehler. Sie glauben, daß selbst geringfügige Versehen ihre vollständige Inkompetenz beweisen. So gehen sie Aktivitäten, bei denen man Fehler machen kann, aus dem Wege, oder sie verbergen ihre Fehler vor den anderen. Und dann haben sie vielleicht noch Angst, daß andere dahinterkommen könnten, denn sie glauben, daß auch diese nichts anderes zu tun hätten, als nach Fehlern zu suchen.

Von Scham geprägte Menschen sind auf ihre Leistungen nicht wirklich stolz. Das höchste der Gefühle ist eine gewisse Erleichterung: »Na, den Test hätten wir zum Glück auch hinter uns gebracht! Sogar mit einer 2+; aber der Lehrer ist ja ganz schön bekloppt. Hat nicht mal den Rechtschreibfehler bemerkt. Schon allein deshalb hätte ich mir eine glatte 6 verpaßt.«

Vor allem geht es diesen Menschen darum, Demütigungen zu vermeiden. Trotzdem können sie leicht ein Register all ihrer Fehler aufzählen, wohingegen sie nur mit Mühe entsprechend viele Erfolgserlebnisse in ihrer Erinnerung zusammenbringen würden. Fehler lassen sich überdies in ihrer Vorstellung nicht wiedergutmachen, egal was man auch unternimmt. Erfolge hingegen sind nicht von Dauer; von einem Augenblick zum nächsten können sie sich in Luft aufgelöst haben. So ist die Scham nie sehr weit weg.

Im Zentrum des Selbsthasses

Scham, die nicht vergeht, verwandelt sich allmählich in Selbsthaß. Es ist, als gäbe es da im Herzen eines Menschen ein »schwarzes Loch«, worin seine guten Eigenschaften für immer verschwinden, nicht ohne einen Rückstand von Ekel und Verachtung zu hinterlassen. Wer ständig nur über seine innere Schlechtigkeit nachdenkt, dem entgeht die schöne Seite seiner eigenen Menschlichkeit. Er kann nur noch Häßlichkeit entdecken, wo Schönheit ist, Scham statt Anmut und Schwäche statt Stärke.

Selbsthaß ist weder subtil noch differenziert. Seine Botschaften sind vielmehr elementar und rüde. Schlimme Schimpfworte und ständige Mißbilligung sind an der Tagesordnung: »Du bist doch bloß ein Stück Scheiße« oder: »Aus dir wird sowieso nie mehr etwas Ordentliches werden«.

Solche Erfahrungen mit Scham und Selbsthaß kann jeder machen, nicht nur Menschen mit extremen Schuldgefühlen. Aber die meisten von uns können doch lernen, zwischen ihrer Scham und konstruktiven inneren Botschaften ein gewisses Gleichgewicht herzustellen. Dann hat auch das Bewußtsein, daß wir gute und wertvolle Menschen sind, eine Chance.

Zusammenfassung

Im zweiten Teil unseres Buches haben wir fünf wichtige Ursachen der Scham untersucht. Wer seine Schamgefühle samt Ursachen und Wirkungen voll verstehen will, der muß 1) seine biologischen Veranlagungen, 2) seine Herkunftsfamilie, 3) seine gegenwärtigen Beziehungen, 4) die Kultur, in der er lebt, und 5) seine eigenen Denk- und Handlungsmuster in die Betrachtung mit einbeziehen.

Und wenn wir darauf achten, wie wir uns selbst beschämen, dann können wir auch die Verantwortung für unser eigenes Verhalten übernehmen, ohne darauf zu warten, daß sich zuerst die anderen ändern.

Unserer Meinung nach müssen Schamgefühle für niemanden ein unabänderlicher Zustand sein. Natürlich müssen manche Menschen überhaupt erst einmal lernen, sich selbst zu schätzen und zu respektieren. Wenn die Scham besonders tief sitzt, ist auch besonders viel Geduld bei dem langsamen Heilungsprozeß der inneren Wunden erforderlich. Die geistige Genesung ist ein schrittweiser Prozeß, der nicht immer völlig glatt verläuft. Am allerwichtigsten aber ist es, daß sich die Beschämten den Luxus der Hoffnung leisten. Für Menschen, die sich selbst beschämen und hassen, ist Hoffnung das probate Gegenmittel gegen Verzweiflung und der Schlüssel zur Genesung.

ÜBUNGEN

Erste Übung: Es folgen einige häufig vorkommende Gedankenäußerungen von Beschämten sich selbst gegenüber. Lesen Sie sie langsam durch, und kreisen Sie jedes Wort ein, das Sie auch zur eigenen Selbstbeschämung schon verwendet haben.
- Mit mir stimmt etwas nicht (mir fehlt etwas; ich habe einen Schaden; ich bin ein Versehen der Natur; ich bin ein Versager; ich bin unvollkommen).
- Ich bin schmutzig (häßlich, unrein, dreckig, befleckt, ekelerregend).
- Ich bin dumm (blöd, albern, verrückt, ein Trottel).
- Ich bin unfähig (nicht gut genug, nutzlos, eine Flasche, ineffizient, ich kann gar nichts).
- Ich bin nicht liebenswert (man mag mich nicht, will mich nicht, kümmert sich nicht um mich; ich bin nur eine Last für die anderen).
- Ich verdiene, verlassen (vergessen, übergangen, nicht geliebt) zu werden.
- Ich bin schlecht (schlimm, fürchterlich, übel, verachtenswert, schrecklich, ein Abschaum).
- Ich bin eine jämmerliche (verächtliche, elende, unbedeutende) Gestalt.
- Ich bin ein Nichts (leer, wertlos, unsichtbar, leicht zu übersehen, irrelevant).
- Ich verdiene Kritik (Verdammung, Mißbilligung, Zerstörung).
- Ich schäme mich (ich empfinde Verlegenheit; ich fühle mich gedemütigt, am Boden zerstört, entehrt).

– Ich bin schwach (klein, ohnmächtig, winzig, gebrechlich).
– Ich verdiene nicht zu leben (mich sollte es nicht geben; ich sollte anderen nicht den Platz wegnehmen).

Schreiben Sie jetzt die drei oder vier Aussagen auf, die Ihnen am meisten zu schaffen machen oder an denen Sie zuerst arbeiten möchten. Schreiben Sie dabei jeweils neben die alte Aussage die neue, die Sie sich jetzt einprägen wollen. Etwa:

Alte Aussage	*Neue Aussage*
Ich bin nicht liebenswert.	Ich bin liebenswert.
Ich bin schwach.	Ich bin stark.

Entscheiden Sie sich für *eine* der neuen Aussagen und prägen Sie sich diese laufend ein. Schreiben Sie sie auf Ihre Hand. Schreiben Sie sie auf ein Stück Papier, das Sie immer in der Tasche tragen. Befestigen Sie sie mit einer Stecknadel an der Sonnenblende im Auto. Kleben Sie sie an Ihren Badezimmerspiegel und auf Ihren Kühlschrank. Jedesmal, wenn Sie auf diese Aussage stoßen, sei es, daß Sie sie sehen, fühlen oder sich an sie erinnern, verleihen Sie ihr den nötigen inneren Nachdruck. Wenn Sie die Botschaft sehen und allein sind, dann sprechen Sie sie laut aus. Lassen Sie nicht nach, und sagen Sie sich diese Worte wenigstens zwei Wochen lang vor, wann immer Sie können. Notieren Sie dann die erzielten Ergebnisse auf einem getrennten Blatt Papier.

Zweite Übung: Wenn Sie das nächste Mal wieder das Bedürfnis verspüren, sich schamvoll zurückzuziehen, dann tun Sie es – aber nur für fünf Minuten. Sehen Sie auf die Uhr und zwingen Sie sich nach fünf Minuten, den Kontakt mit anderen Menschen wieder aufzunehmen, und zwar persönlich oder am Telefon. (Wenn ausnahmsweise beides nicht geht, dann schreiben Sie einen Brief.) Erhalten Sie diesen Kontakt wenigstens zehn Minuten lang aufrecht. Selbst wenn Ihnen der Kontakt mit anderen Schwierigkeiten bereitet, bleiben Sie dabei. Lernen Sie, diese Technik immer dann anzuwenden, wenn Ihre Scham Ihnen den Gedanken an Rückzug nahelegt. Wenn Sie bei solchen Gelegenheiten Kontakt suchen, dann wählen Sie nicht gerade jemanden aus, der Sie regelmäßig beschämt. Lassen Sie bei Ihren Anstrengungen nicht nach, auch wenn Ihnen das Ganze am Anfang sehr unbequeme Gefühle bereitet.

Dritte Übung: Tief Beschämten fällt es sehr schwer, sich selbst zu akzeptieren. Als Kinder finden wir manchmal eine Puppe, ein Stofftier oder ein Haustier, die uns so nehmen, wie wir sind. Wenn wir solche Objekte oder Tiere lieben, fühlen wir uns sicherer, denn wir wissen ja, daß sie uns nicht kritisieren und auf unsere Fehler achten können. Als Erwachsene lassen wir diese unkritischen, liebevollen Teile unseres Ichs oft hinter uns. Gehen Sie also diese Woche einkaufen, und lassen Sie sich von einer Puppe oder einem Stofftier zur Freundschaft »verführen«. Nehmen Sie den neuen Freund mit nach Hause, und gestatten Sie sich, ihn anzusehen, in den Arm zu nehmen und sogar mit ihm zu sprechen. Aber achten Sie darauf, daß dieses Spiel privat bleibt. Seien Sie mit Ihrer Puppe oder mit Ihrem Tierchen ruhig ein bißchen albern; es kann Sie ja nicht kritisieren. Und dann schreiben Sie auf, welche Gemeinsamkeiten Sie zwischen ihr (ihm) und sich entdeckt haben.

DRITTER TEIL

Heilung für die Wunden der Scham

Einführung

Im dritten Teil des Buches geht es um Heilungsprozesse. Dabei muß das Verstehen der Probleme den konstruktiven Aktionen vorausgehen. Wir wollen untersuchen, was man tun kann, um die Wunden der Scham, die in unserer Herkunftsfamilie, in unseren gegenwärtigen Beziehungen und durch uns selbst entstanden sind, zu heilen. Abschließend sollen dann mögliche Hilfen für Menschen untersucht werden, die an Schamdefiziten leiden.

10. Kapitel

Die erste Stufe des Heilungsprozesses: Verstehen, was in uns vorgeht

Ihr ganzes Leben lang hat sie mit Schamgefühlen gerungen. Jetzt will sie nichts anderes mehr, als daß diese Gefühle endlich ganz verschwinden. Die Scham ist ihr Feind geworden – ein genauso häufiger wie ungebetener Gast, den sie einfach nicht dazu überreden kann, daß er sie in Ruhe läßt. So besteht ihr Ziel nur noch darin, ihre Schamgefühle radikal auszurotten, selbst wenn das gleichbedeutend mit emotionaler Abstumpfung wäre.

* * *

»Jetzt bin ich endlich soweit, daß ich auch die guten Seiten meiner Scham sehen kann. Bisher hatte ich immer nur Angst vor ihr. Jetzt kann ich meine Schamgefühle eine Zeitlang ganz gut ertragen. Ich versuche, darauf zu hören, was sie mir über mich selbst sagen wollen, über meine Wünsche im Leben. Das Wichtigste aber: Mir ist klargeworden, daß die Scham ein Teil meiner selbst ist. Wenn ich meine Schamgefühle hasse, dann hasse ich mich selbst.«

* * *

Diesmal konnte er sich gerade noch rechtzeitig in den Griff bekommen, ehe er wieder in destruktive Verhaltensweisen verfiel. Sonst hatte er meistens eine Ausrede gesucht und war davongerannt, sobald er Scham in sich aufsteigen fühlte. Manchmal hatte er sich auch verzogen, ohne genau zu wissen, was ihm gerade zu schaffen machte. Erst später wurde ihm dann der Zusammenhang mit seinen Schamgefühlen klar. Heute aber merkte er sofort, daß er drauf und dran war, wieder aus einer Mücke einen Elefanten zu machen. So konnte er sich selbst sagen, daß Flucht nicht der rechte Ausweg sei. Und er ließ nicht zu, daß in seinem Bewußtsein aus einer unbedeutenden kritischen Bemerkung ein totales Desaster wurde.

* * *

Wenn Ihre Schamgefühle Schmerz verursachen, dann gibt es verschiedene Möglichkeiten, die langfristig Erleichterung bringen. Im Laufe der Zeit können und werden Sie lernen, wie man so leben kann, daß man sich als eine fähige, wertvolle und liebenswerte Person fühlt.

Scham bringt Menschen dazu, Kopf und Augen zu senken. Sie raubt ihnen die Kraft, den Optimismus und die innere Spannung. Gleichwohl ist derselbe Mensch, dem gerade die Schamröte ins Gesicht schießt, auch jemand, der lernen will und muß, sein Haupt mit stiller Würde und realistischem Stolz wieder zu erheben. Diese hoffnungsvolle Botschaft ist in jedem Augenblick des Sich-Schämens verborgen.

Die folgenden Ausführungen gelten für *alle* Menschen, nicht nur für tief beschämte. Indessen sind wir uns bewußt, daß gerade diejenigen, die am meisten unter ihrer Scham zu leiden haben und die am verzweifeltsten nach Heilung ihrer Schmerzen verlangen, diese Seiten mit einem Gefühl der Dringlichkeit und Ungeduld lesen werden. Vielleicht waren sie im Banne ihrer Scham auch so lange gelähmt, daß sie fast alle Hoffnung fahren gelassen haben. Starke Verzweiflung und Pessimismus gehören unausweichlich mit exzessiven Schamgefühlen zusammen; sie sind auch eine typische Reaktion auf eine anscheinend ausweglose Lage. Wir wollen Sie jedoch bitten, zu versuchen, wenigstens eine Zeitlang Ihren Pessimismus und Ihre Verzweiflung beiseite zu lassen. Zwar können wir Ihnen keine Patentrezepte bieten, keine schnellen und einfachen Lösungen zur Beseitigung Ihrer Probleme mit Ihrem Schamempfinden, aber wir sind der festen Überzeugung, daß es Möglichkeiten gibt, durch konsequentes Handeln Schritt für Schritt übermäßiges Schamempfinden durch ein positives Selbstwertgefühl zu ersetzen.

Wir haben diesen Heilungsprozeß in zwei Stufen unterteilt: *Versehen* (darum geht es in diesem Kapitel) und *Handeln* (das Thema des nächsten Kapitels). Beide sind bei der Überwindung der Scham von grundlegender Bedeutung. Ohne ein angemessenes Verständnis dieser inneren Vorgänge ist systematisches und zielgerichtetes Handeln praktisch unmöglich. Ohne entsprechende Taten aber können Einsicht und Verstehen im Leben eines Menschen keine Änderungen bewirken. Wenn Sie wirklich ernsthaft Ihre Probleme mit Schamgefühlen bereinigen wollen, dann nehmen Sie sich bitte genug Zeit für beides: für das Verstehen und für das Handeln.

Einige Leitlinien zur Heilung der Wunden der Scham

Phase des Verstehens *(im vorliegenden Kapitel dargestellt)*
1. Seien Sie geduldig – Schamwunden brauchen zur Heilung viel Zeit.

2. Werden Sie sich Ihrer Scham voll bewußt.
3. Machen Sie sich Ihre Verdrängungs- und Abwehrstrategien klar.
4. Untersuchen Sie die fünf Ursachen Ihrer Scham *(darüber gleich mehr)*.
5. Akzeptieren Sie Ihre Scham als Teil des menschlichen Wesens.

Phase des Handelns *(vgl. das nächste Kapitel)*
1. Lassen Sie sich helfen – Sie müssen den Kampf nicht allein bestehen.
2. Gehen Sie gegen Ihre Schamgefühle an.
3. Setzen Sie sich positive Ziele auf der Grundlage von Menschlichkeit, Demut, Eigenverantwortung und Kompetenz.
4. Werden Sie zur Erreichung dieser Ziele geistig und körperlich aktiv.
5. Ziehen Sie regelmäßig eine Zwischenbilanz.

Die Phase des Verstehens bei der Überwindung von Schamgefühlen

1. Seien Sie geduldig – Schamwunden brauchen zur Heilung viel Zeit

Scham hat mit der persönlichen Identität des Menschen zu tun. Und weil die Wunden der Scham oft so tief sitzen und über so lange Zeit entstanden sind, braucht es auch einige Zeit, bis man sich wieder besser fühlen kann.

Beim Umgang mit Schamgefühlen ist Ungeduld ein großes Problem. Natürlich wollen wir so schnell wie möglich Erleichterung spüren, aber wenn wir über Schamgefühle lesen und intensiv nachdenken, dann kann vorübergehend eher der gegenteilige Effekt eintreten: Die Schamgefühle werden sogar noch intensiver. So sagte uns beispielsweise eine Frau, als sie hörte, daß wir an einem Buch über Schamgefühle arbeiteten: »Hoffentlich wird das nicht noch eines von diesen schrecklichen Büchern, die einem nur noch schlimmere Selbstzweifel bereiten.«

Vor allem wollen wir, daß die ungesunde Scham endlich verschwindet, damit wir uns in dieser Welt wieder wohl fühlen können und unsere Daseinsberechtigung nicht länger bezweifeln. Dieser Wunsch ist völlig normal.

Eine echte Gefahr besteht jedoch darin, daß wir uns bei dem Versuch, alles schnellstens »in Ordnung zu bringen«, nur umso tiefer in unsere Scham verstricken. Denken Sie daran, daß man Liebe und Achtung, auch Selbstliebe und Selbstachtung, nicht erzwingen kann. Der positive Umgang mit sich selbst kann nur schrittweise gelernt werden. Scham kann man durch Würde und Stolz ersetzen, aber nur ganz allmählich. Wer seine Scham im Schnellverfahren kurieren will, der wird am Ende wahrscheinlich nur einen weiteren »Fehlschlag« auf seine Liste setzen können.

Die Heilung der Schamwunden ist ein schrittweiser Prozeß, bei dem es manchmal unvorhergesehene Rückfälle gibt. An einem Tag können wir uns schrecklich fühlen, am nächsten besser, am dritten Tag aber wieder ganz schlimme Schmerzen erleben. Am Anfang gibt es vielleicht mehr schlechte als gute Tage. Aber schon nach wenigen Monaten, vielleicht auch erst nach einem Jahr oder noch später, können Sie spüren, daß Sie sich selbst jetzt viel mehr Liebe und Achtung entgegenbringen als zu Beginn des Heilungsprozesses. Selbstliebe ist der Lohn für den Mut, sich gegen Scham und Selbsthaß zur Wehr zu setzen.

2. Werden Sie sich Ihrer Scham voll bewußt

Sich mit Schamgefühlen auseinanderzusetzen ist nicht leicht. Denn wer will schon genauestens untersuchen, wie er sich selbst verachtet? Viele Menschen haben Angst vor den schrecklichen Gefühlen des Selbsthasses tief in ihrem Inneren, und es ist ihnen peinlich, überhaupt zuzugeben, daß sie solche Gedanken hegen. Der Heilungsprozeß erfordert deshalb Mut. Wir müssen unsere Schamgefühle offenlegen, obwohl unser natürlicher Impuls uns nahelegt, uns vor diesen Gefühlen zu verstecken.

Wie kann man sein Schambewußtsein verbessern? Ein möglicher Weg ist die Lektüre von Büchern wie dem vorliegenden und die Durcharbeitung der Übungen am Ende eines jeden Kapitels. Ein weiterer Weg besteht darin, die Botschaften unseres Körpers genau zu beachten. Zu den untrüglichen Hinweisen, daß Scham im Spiel ist, gehören: Erröten, das Senken des Blicks, ein plötzlicher Energieverlust – ein schnelles Absinken des Selbstwertgefühls. Auch unsere eigenen Gedanken sollten wir sorgfältig beachten, besonders die automatischen Selbstbezichtigungen. Selbst in unseren Taten können wir Scham entdecken. Wenn wir uns von anderen isolieren, uns verbal oder emotional zurückziehen, dann haben wir wahrscheinlich Schamgefühle. Vielleicht fühlen wir uns auch wie gelähmt (so daß wir – wegen überwältigender Befangenheit – in einer bestimmten Situation weder etwas unternehmen noch uns zurückziehen können). Perfektionismus und ständiges Herumkritisieren an den Menschen in unserer Umgebung sind weitere Verhaltensweisen, die auf ein übersteigertes Schamempfinden hinweisen.

Auch durch eine Hinterfragung unserer geistigen Ziele, Verbindungen und »Fehlschaltungen« können wir unser Schambewußtsein verbessern. Wie geben wir unserem Leben einen Sinn? Wann fühlen wir uns hohl und bedeutungslos? Wann haben wir das Gefühl, keine vollwertigen Menschen zu sein?

Episoden, bei denen Schamgefühle eine Rolle spielen, können eine wichtige oder weniger wichtige Rolle spielen. Wenn wir uns unserer Scham wirklich voll bewußt werden wollen, dann müssen wir auch auf die unbedeutenderen Ereignisse in unserem Leben achten, besonders auf solche, die immer wieder eintreten. Scham kann gerade dann zur Gewohnheit werden, wenn man sie im kleinen ungefragt hinnimmt.

Wenn uns schließlich bewußt wird, wie oft wir uns tatsächlich selbst, wie oft uns andere beschämen, sind wir vielleicht überrascht und entmutigt. Aber selbst dann ist es weit besser, über schambedingte Fehlentwicklungen im eigenen Leben Bescheid zu wissen.

3. Machen Sie sich Ihre Verdrängungs- und Abwehrstrategien klar

In einem früheren Kapitel ist uns klargeworden, daß beschämte Menschen oft Überlebensstrategien entwickeln, um ihr Schambewußtsein in Grenzen zu halten. Solche Abwehrhaltungen verringern den unmittelbaren Schmerz so weit wie möglich, allerdings auf Kosten des Realitätsbezuges. Denken Sie über die weitverbreiteten Abwehrhaltungen nach, dann wird Ihnen vielleicht bewußt, welche davon auch in Ihrem Arsenal zu finden sind.

- *Verdrängung:* der Versuch, die Teile unseres Lebens zu ignorieren, die mit Scham zu tun haben; dadurch werden unsere wirklichen Probleme aus dem Bewußtsein gedrängt.
- *Rückzug:* zeitweiliges Sich-Entfernen aus der Gesellschaft anderer Menschen, verbunden mit einem Verlust an Interesse und Energie.
- *Wut:* Abschreckung anderer, damit sie unsere Fehler nicht sehen können. Kommt am häufigsten dann vor, wenn wir glauben, daß andere uns bewußt zu demütigen versuchen.
- *Perfektionismus:* der Versuch, Scham dadurch von sich zu halten, daß man bemüht ist, nie einen Fehler zu machen oder alles perfekt zu erledigen.
- *Arroganz:* Überlegenheitspose allen anderen gegenüber bzw. das Beharren auf der Unzulänglichkeit der anderen. (Arroganz hat zwei Seiten: Überheblichkeit und Verachtung.)
- *Exhibitionismus:* öffentliche Zurschaustellung von Din-

gen, die wir eigentlich lieber verbergen würden. Wenn wir zum Beispiel nicht gut lesen können, gibt es Wege, die Aufmerksamkeit demonstrativ auf diese Tatsache lenken, um uns selbst und anderen den Eindruck zu vermitteln, daß uns dieser Defekt nicht sonderlich beunruhigt.

Um unsere diversen Abwehrstrategien zu identifizieren und zu verstehen, müssen wir uns viel Zeit nehmen. Vielleicht ist uns eine der genannten sechs Strategien sehr geläufig: vielleicht haben wir aber auch andere, hier nicht genannte Mechanismen entwickelt.

An dieser Stelle geht es in erster Linie darum, daß wir verstehen, wie wir uns selbst vor schmerzhaften Schamgefühlen und -gedanken schützen; nicht nur darum, wie wir diese Strategien beseitigen können. Erst am Ende des Prozesses werden wir wirklich in der Lage sein, Entscheidungen zu treffen, wie wir in Zukunft leben wollen. Ziehen wir uns zum Beispiel immer dann von anderen zurück, wenn in uns Schamgefühle aufkommen (oder wenn wir nur Angst haben, sie könnten demnächst aufsteigen), dann sollten wir uns nicht dazu zwingen, nun immer diesem Rückzugswunsch zu widerstreben und unsere Scham in aller Öffentlichkeit zu thematisieren. Wir haben jederzeit das Recht, zu bleiben oder zu gehen; unsere Entscheidung muß davon abhängen, was wir uns zu diesem Zeitpunkt zumuten können. Ehe wir aber solche sinnvollen Entscheidungen überhaupt treffen können, müssen wir wissen, welcher Überlebensstrategien wir uns bedienen.

4. Untersuchen Sie die fünf Ursachen Ihrer Scham

Scham hat viele Ursachen: 1. unsere genetische und biologische Veranlagung, 2. unsere Prägung durch die Herkunftsfamilie, 3. die Erwartungen und Forderungen unserer Gesellschaft, 4. unsere gegenwärtigen Beziehungen und 5. unser Selbst. Der Wert einer eingehenden Erforschung dieser fünf Bereiche liegt darin, daß die verschiedenen Befunde auch verschiedene Heilungsstrategien nahelegen. Natürlich muß man bei jemandem, der unter massiven Schamgefühlen leidet, weil er mit einem arroganten, gemeinen Ehepartner zusammenlebt, ganz anders vorgehen als bei jemandem, der unter schamvollen Erfahrungen aus der Kindheit leidet. Viele Menschen werden aber entdecken, daß ihre Schamgefühle aus mehreren verschiedenen Quellen gespeist werden.

Inwiefern ein Verständnis der verschiedenen Ursachen hilfreich sein kann, zeigt das folgende Beispiel: Wenn eine Frau in Gegenwart ihres Mannes Freunden erzählt, er sei in Finanzdingen sehr leichtsinnig, dann wird sich dieser wahrscheinlich angegriffen fühlen. Bei genauerem Nachdenken wird er jedoch möglicherweise darauf kommen, daß die Bemerkungen seiner Frau ihn nur an alte Schamgefühle erinnert haben, die daher rühren, daß seine Eltern ihm früher wiederholt vorgeworfen hatten, er sei verantwortungslos und würde wegen seines Leichtsinns im Leben Schiffbruch erleiden. Daraus folgt aber, daß dieser Mann sich zuerst mit den in seiner Herkunftsfamilie wurzelnden Schamgefühlen auseinandersetzen sollte und erst danach mit der Beschämung durch seinen Ehepartner.

5. Akzeptieren Sie Ihre Scham als Teil des menschlichen Wesens

Die Phase des Verstehens, der erste Teil unseres Heilungsprozesses, endet, wenn wir in der Lage sind, uns selbst als menschliche Wesen zu akzeptieren, die gelegentlich eben auch Schamgefühle haben. Unsere Scham wird nicht verschwinden, wenn wir nur Angst vor ihr haben, wenn wir sie nur hassen und bekämpfen. Dann kann sie eher sogar noch stärker werden. Wer seine Schamgefühle verachtet, vergißt, daß er oder sie sich dabei auch notwendigerweise selbst verachtet.

Wir müssen unsere Schamgefühle akzeptieren, ehe wir sie verändern können. Das ist die Realität. Man kann sich Scham nicht einfach wegwünschen, weil sie weh tut. Noch kann man sie durch eine große Willensanstrengung und durch Härte beseitigen.

Die Zeitspanne wachsender Selbstbewußtheit und Toleranz kann sich lange hinziehen, sie kann aber auch kürzer sein; manche brauchen Minuten, andere Monate. Die Einsichten können sich auf Ihr ganzes Leben oder auf ein bestimmtes Ereignis beziehen. Wenn uns zum Beispiel die Kritik eines anderen in plötzliche Verlegenheit und Scham gestürzt hat, dann können wir ein paar Augenblicke innehalten, um dieses Gefühl zur Kenntnis zu nehmen und zu analysieren, ehe wir auf die Bemerkung reagieren. Die tiefsten und ältesten Schichten unserer Scham erfordern für ihre Durchdringung natürlich viel mehr Zeit, zumal es wirklich nicht leicht ist, den mit solchen Schamgefühlen verbundenen Selbsthaß zu akzeptieren.

Insgesamt ist es viel besser, wenn wir uns mit unserer Scham anfreunden, als wenn wir ihr gegenüber nur Angst und Haß empfinden. Gelegentlich schämen wir alle uns unserer selbst. Versuchen Sie, mit diesen unvermeidlichen Schamgefühlen, wenn irgend möglich, Frieden zu schließen, denn diese Gefühle sind ein Teil Ihres Wesens. Wir Menschen müssen mit allen Aspekten unserer Person – einschließlich der Schamgefühle – in Einklang sein, um uns selbst aus ganzem Herzen lieben und akzeptieren zu können.

Zusammenfassung

Viele tief Beschämte haben allmählich das Interesse an sich verloren, weil sie sich für schwach und schlecht halten. Wer aber seine Schamwunden heilen lassen will, der muß auch das Interesse an sich selbst neu beleben. Nur so kann die verlorene Würde, können die verlorenen Fähigkeiten wiedergewonnen werden.

Mit diesem wiedererwachten Interesse muß sich Geduld verbinden. Schamwunden heilen selten schnell. Wer zu schnell zum Ziel kommen will, vergrößert nur die Gefahr, daß die Scham wächst statt schwindet. Wir können unsere Beschämungsprozesse besser kennenlernen, wenn wir sorgfältig beobachten, wann und wie unsere Schamgefühle aufsteigen, welche Verteidigungsstrategien wir gegen die Scham zum Einsatz bringen und aus welcher der fünf möglichen Quellen unsere Scham herrührt.

Der Prozeß des Verstehens ist jedoch erst dann abgeschlossen, wenn wir anerkennen können, daß Scham ein wesentlicher Bestandteil unseres Selbst ist und daß Schamgefühle zur Verbesserung unseres Lebens beitragen können. Wir können lernen, Schamgefühle gelassen auszuhalten, statt sie unbedingt niederkämpfen zu wollen. So seltsam das klingen mag, wir müssen unsere Scham mit Respekt behandeln. Nur dann wird ihre Macht über unser Leben nachlassen.

Das Verstehen der Scham ist letztlich aber auch eine wichtige Vorbedingung für gezieltes Handeln. Was man zur Heilung von Schamwunden *tun* kann, wird Gegenstand des nächsten Kapitels sein.

ÜBUNGEN

Erste Übung: Schamwunden heilen langsam. Schlimmer noch, am Anfang des Heilungsprozesses werden die Schamgefühle vorübergehend sogar noch intensiver. Dann hat man das Gefühl, es ginge überhaupt nichts voran. Stellen Sie sich eine Frau vor, die sich in einer solchen Situation Selbstvorwürfe macht. Sie bezeichnet sich als unfähig und sagt dann vielleicht zu sich selbst: »Meine Güte, bin ich doof. Ich versuche, mich nicht zu beschämen, und was mache ich? Ich beschäme mich selbst. Ich werd's nie lernen.« So beschämt sie sich wegen ihrer Scham und macht mit ihrer Ungeduld die Sache nur noch schlimmer. Aber denken Sie einmal nach. Wie lange dauert es, bis man sich die Schuhe selbst zuschnüren kann, wie lange, bis man Klavier spielen kann? Und wie lange dauert ein Hausbau? Genauso braucht es auch Zeit, bis man wieder ein Gefühl für die Ganzheit seiner Person entwickelt hat.

Wenn Sie sich wieder einmal dabei ertappen, wie Sie ungeduldig werden, dann atmen Sie zwei- oder dreimal tief durch. Atmen Sie darauf normal weiter, und sagen Sie sich mehrere Male vor: »Ich bin auch nur ein Mensch.« Erinnern Sie sich daran, daß Sie – genauso wie Sie einst gelernt haben, Ihre Schuhe selbst zu schnüren – auch lernen werden, mit Ihrer Scham zurechtzukommen. Selbstbeschämung ist als Motivation für den Lernprozeß völlig überflüssig. Sie sind auch so »okay«.

Zweite Übung: Um uns unserer Scham völlig bewußt zu werden, müssen wir auch unsere Verteidigungsstrategien analysieren. Sehen Sie sich noch einmal die Strategien an, die Sie bereits in der vierten Übung am Ende des dritten Kapitels (S. 81–82) herausgefunden haben, und denken Sie erneut über Ihr »Verteidigungsarsenal« nach.

Im folgenden finden Sie einige Beispiele, die Menschen zusammengetragen haben, die sich mutig mit ihren Schamproblemen und ihren Verteidigungsstrategien auseinandergesetzt haben. Benutzen Sie diese Beispiele, wenn sie Ihnen relevant erscheinen, als Hilfe, aber machen Sie sich bitte auch hier Ihre eigenen Gedanken. Lesen Sie sich die Beispiele durch, und machen Sie sich auf einem getrennten Blatt Papier Ihre eigene Liste, untergliedert nach den einzelnen Strategien.

Verdrängung
- Ich verdränge, daß meine Mutter Alkoholprobleme hat, weil ich mich schämen würde, eine Alkoholikerin in der Familie zu haben.
- Ich verdränge meine sexuellen Gefühle, weil sie mich verlegen machen.
- Ich verdränge meine eigenen Wünsche, weil ich mich schämen würde, jemals selbstsüchtig zu sein.
- Ich verdränge, daß mein Vater mich mißhandelt hat, weil ich meine, daß ich schon irgend etwas angestellt haben muß, damit er mich so verprügeln konnte.
- Ich verdränge, daß ich meine Frau schlage, weil ich darüber nicht einmal nachdenken möchte.

Rückzug
- Ich ziehe mich aus Konflikten zurück, weil ich Angst habe, beschämt zu werden.
- Ich ziehe mich von anderen zurück, weil ich fürchte, was sie über mich denken.
- Ich ziehe mich zurück, weil ich das Gefühl habe, andersartig und fehl am Platz zu sein.
Ich ziehe mich lieber zurück, als spontan und albern zu sein.
- Ich ziehe mich zurück und verstumme, wenn ich durch die Aufmerksamkeit der anderen verlegen werde.

Wut
- Ich werde wütend, wenn meine Kinder nicht sofort tun, was ich will, weil ich mich dann als Vater unzulänglich fühle.

- Ich werde auf meine Frau wütend, damit sie mir nicht zu nahe kommt und mich mit ihren Gefühlen in Verlegenheit stürzt.
- Ich werde oft über die Dummheit anderer Leute wütend, weil ich Angst davor habe, daß sie mich kritisieren könnten.
- Ich werde über die Männer wütend, weil sie mich in der Vergangenheit schon verschiedentlich gedemütigt haben.
- Ich werde auf meinen Vater wütend, damit ich ihm nie wieder die Chance gebe, mich zu demütigen.

Perfektionismus
- Oft sage ich überhaupt nichts, weil ich Angst habe, ich könnte etwas Falsches sagen.
- Ich vermeide neue Tätigkeiten, weil ich vielleicht nicht alles richtig mache.
- Ich sorge dafür, daß immer überall Ordnung herrscht, und ich schäme mich, wenn irgend jemand sieht, daß mein Auto oder Haus unordentlich aussieht.
- Ich werde ganz verlegen, wenn ich irgendwo bei einer meiner Arbeiten einen kleinen Fehler entdecke.
- Ich habe Angst, daß die Fehler von Leuten in meiner Umgebung auf mich zurückfallen.

Arroganz
- Ich werde wütend auf Leute, die meinen, sie könnten mir Vorschriften machen, weil ich mich schäme, in ihrer Gewalt zu sein.
- Manchmal überdecke ich meine schlechten Gefühle durch falschen Schneid oder Überlegenheitsposen.

- Ich muß immer der Beste sein, damit ich keine Angst haben muß, der Schlechteste zu sein.
- Ich kritisiere andere, um zu demonstrieren, daß ich es besser kann.
- Dann brauche ich über meine Fehler nicht mehr nachzudenken.

Exhibitionismus
- Ich gebe ganz schön an und tue dabei so, als ob mir mein Getue überhaupt nicht peinlich wäre.
- Manchmal ziehe ich mich viel zu verführerisch an oder errege auf andere, unpassende Weise sexuelle Aufmerksamkeit.
- Ich tue so, als wäre ich stolz auf Taten, die mir in Wirklichkeit Kopfschmerzen bereiten.

Entspannen Sie sich jetzt eine Minute, und atmen Sie dabei tief durch. Gehen Sie Ihre Listen durch. Haben Sie herausgefunden, daß Sie nur eine oder zwei bestimmte Strategien anwenden, oder benutzen Sie alle genannten?

Gegen die Anwendung solcher Strategien ist überhaupt nichts einzuwenden – oftmals geht es gar nicht ohne sie. Loben Sie sich deshalb für Ihre Detektivarbeit. Wenn diese Übung Ihnen große Schwierigkeiten bereitet, suchen Sie sich jemanden, der direkt, ehrlich und liebevoll mit Ihnen umgeht – und bitten Sie diese Person um Hilfestellung.

Dritte Übung: Fast jeder hat irgendwann einmal mit Schamgefühlen zu kämpfen, und viele von uns sind tief beschämt. Wenn wir uns unsere Scham vergegenwärtigen, dann wollen wir oft vor ihr davonrennen und sie verdrängen. Wir wollen Sie nun aber statt dessen bitten, ein oder zwei Dinge, die Sie im Zusammenhang mit Ihrer Scham herausgefunden haben, auszuwählen und sich diesen Aspekten in aller Ruhe ein paar Minuten zu widmen. Fangen Sie an, diese Dinge vor allem als einfache, Sie betreffende Tatsachen zu bedenken (mit dem gleichen Stellenwert etwa wie Ihre Adresse, Ihre Körpergröße oder ähnliches). Und dann erinnern Sie sich bitte daran – auch wenn es Ihnen schwerfällt, das zu glauben –, daß es viele andere gute Menschen gibt, die mit Ihnen diese biographischen Fakten teilen.

Es ist in Ordnung, Scham zu empfinden, und es ist in Ordnung, Verteidigungsstrategien zu entwickeln. Mit fortschreitendem Heilungsprozeß werden aber einige dieser Abwehrhaltungen überholt und überflüssig werden. Sie werden in der Lage sein, sie zu verändern. Die Fakten werden sich genau wie bei jedem natürlichen Wachstumsprozeß des Menschen im Lauf der Zeit verändern. Entspannen Sie sich. So, wie Sie sind, wenn Sie jetzt dasitzen, sind Sie in Ordnung. Akzeptieren Sie sich so, wie Sie gerade sind. Nur heute mal.

11. Kapitel

Die zweite Stufe des Heilungsprozesses: Aktiv vorgehen

»Alles, was ich möchte, ist unter Menschen zu sein. Warum ist das nur so schwer? Was kann ich nur tun, um das Gefühl zu bekommen, daß ich dazugehöre? Jedesmal, wenn ich unter Menschen bin, möchte ich davonrennen. Ich habe solche Angst vor Zurückweisung, daß ich den ganzen Tag allein zu Hause bleibe.«

* * *

Ein Mann hat große Probleme mit seiner Spielleidenschaft. Diesmal hat er das ganze Monatseinkommen seiner Familie bei albernen Wettgeschäften in einer einzigen Stunde verspielt. Trotzdem weigert er sich, ein Gruppentreffen der Anonymen Spieler zu besuchen. Schließlich ist er ein erfolgreicher Geschäftsmann und hat auf seinen Ruf zu achten. Außerdem kommt er sich zu gut dafür vor, sich mit gemeinen Spielern auf eine Stufe zu stellen. Nein, auf dieses Niveau würde er sich nie herablassen.

* * *

Sie sehnt sich nach mehr Unabhängigkeit. Aber sie weiß nicht genau, was es heißt, unabhängig zu sein. Müßte sie dann in Zukunft alles alleine machen? Könnte sie je um Hilfe bitten? Sie hat soviel Zeit damit verbracht, anderen zu gefallen, daß sie sich nicht mehr sicher ist, wer sie ist und woran sie glaubt. Sie schämt sich jedesmal, wenn sie von anderen abhängig ist, aber sie fühlt sich auch zu schwach, um auf eigenen Füßen zu stehen.

* * *

»Ich habe die Nase voll vom Scheitern. Ich will nicht mehr ständig damit rechnen müssen, daß alles, was ich anpacke, schief geht. Wie kann man je Stolz empfinden, wenn die Annahme, zu nichts tauglich zu sein, sozusagen einprogrammiert ist? Ich muß einen neuen Anfang machen und mich dafür verantwortlich fühlen, daß die Dinge auch wirklich gelingen.«

* * *

Es reicht nicht aus, wenn wir unsere Scham lediglich verstehen lernen. Denn Schamgefühle vermitteln uns die Botschaft, daß in unserem Leben etwas nicht stimmt und daß Änderungen erforderlich sind. Dieser Nachricht müssen wir unsere Aufmerksamkeit schenken (Verstehensphase), aber dann müssen wir auch die nötigen Schritte einleiten, damit wir wieder sinnvoller leben können.

Wir haben ein Fünf-Schritte-Programm entwickelt, mit Hilfe dessen schmerzhafte Schamgefühle in konstruktives Verhalten umgesetzt werden können. Bei unseren fünf Schritten geht es in erster Linie um positive Zielsetzungen, nicht nur um die Beseitigung der Schamgefühle.

1. Lassen Sie sich helfen – Sie müssen den Kampf nicht allein bestehen.
2. Gehen Sie gegen Ihre Schamgefühle an.
3. Setzen Sie sich positive Ziele – auf der Grundlage von Menschlichkeit, Demut, Eigenverantwortung und Kompetenz.

4. Werden Sie zur Erreichung dieser Ziele geistig und körperlich aktiv.
5. Ziehen Sie regelmäßig eine Zwischenbilanz Ihrer Fortschritte.

Die Phase des Handelns bei der Überwindung von Schamgefühlen

**1. Lassen Sie sich helfen –
Sie müssen den Kampf nicht allein bestehen**

Selbstisolation ist eine häufige Reaktion auf Schamgefühle. Je tiefer ein Mensch beschämt ist, desto stärker wird er dazu tendieren, seine Gedanken, Gefühle und Taten vor der Außenwelt zu verbergen. Er hält große Teile seines Lebens geheim, weil er der Ansicht ist, die anderen würden, hätten sie erst einmal sein wahres Wesen erkannt, nichts als Verachtung für ihn übrig haben. Leider gedeiht Scham jedoch im geheimen besonders gut. Indem sie ihr Innerstes verbergen, überzeugen sich tief beschämte Menschen nur um so leichter davon, daß sie von Grund auf unvollkommen seien.

Einen wichtigen Teil des Heilungsprozesses kann uns freilich niemand abnehmen: Wir müssen lernen, uns selbst zu respektieren. Auch müssen wir uns Zeit nehmen, um die Beziehungen zu Gott, unserer höheren geistigen Instanz, aufzubauen oder wiederherzustellen. Nur so kann unser Leben neuen Sinn gewinnen. Für diese beiden Aspekte der inneren Genesung sind andere Menschen nicht erforderlich; gleichwohl können sie natürlich hilfreich sein.

Insgesamt aber entsteht und wächst ein großer Teil unserer Scham durch die Beziehungen zu anderen Menschen. Solche Gefühle lassen sich am besten kurieren, wenn wir aus unserer Isolation herauskommen und mit anderen kommunizieren. Ganz allgemein gilt, daß *Schamwunden am ehesten zu heilen beginnen, wenn wir anderen unsere Scham in friedlicher Atmosphäre offenbaren.* Wir benötigen Mut, um anderen Einblick in jene Teile unseres Wesens zu gewähren, die wir selbst an uns verdammen. Wenn dann die anderen auf diese Offenbarung mit Verständnis und nicht mit Verachtung reagieren, können wir Schritt für Schritt darauf vertrauen, daß wir wirklich vollwertige Menschen sind.

Nicht allen Menschen können wir indes unsere Schamgefühle anvertrauen. Vertrauenswürdigkeit erweist sich vor allem darin, daß der oder die andere, ins Vertrauen gezogen, unsere Scham oder Erniedrigung nicht noch verstärkt. Ein guter Zuhörer ist daran zu erkennen, daß er unsere Scham niemals ausnutzt. Er oder sie kann an unserem Schmerz und an unserer Verwundbarkeit Anteil nehmen, ohne sogleich zu versuchen, uns die Schamgefühle auszureden. Wer es ohne Furcht oder Ekel in aller Ruhe mit unseren Schamgefühlen aushalten kann, der ist unser idealer Ansprechpartner.

Weil es uns wahrscheinlich schwerfällt, über uns selbst zu sprechen, müssen wir gerade dann den ersten Schritt zu den anderen hin wagen, wenn wir am wenigsten mit uns im reinen sind. Wir müssen selbst dann auf die anderen zugehen, wenn wir schreckliche Angst vor Zurückweisung haben. Gleichzeitig müssen wir uns selbst schätzen und Gesprächspartner suchen, die uns nicht noch mehr beschämen, damit unser Mut nicht mit weiteren Verletzungen vergolten wird. Sicher ist es gut, wenn wir am Anfang nur geringe Risiken eingehen und unsere Schamgefühle nur teilweise offfenbaren.

Noch eine kleine Bemerkung zum Schluß: Niemand kann auf unsere Sorgen immer und jederzeit mit Anteilnahme und Mitgefühl reagieren. Dies sollten wir in Erinnerung behalten und nicht zu hohe Ansprüche stellen. Auch sollten wir niemanden völlig abschreiben, der ein- oder zweimal auf unsere Schamgefühle nicht positiv reagiert hat.

2. Gehen Sie gegen Ihre Schamgefühle an

Jede Quelle der Scham muß etwas anders angegangen werden. Eine Frau etwa, die unter Depressionen leidet, muß sich während ihres Heilungsprozesses von exzessiver Scham zu verschiedenen Zeitpunkten vielleicht alle fünf folgenden Aussagen ins Bewußtsein rufen:

– »Jetzt sagt mir meine Depression wieder, daß ich zu nichts tauge. Ich kann zwar im Augenblick nichts dagegen tun, aber ich weiß, daß es nicht wahr ist.« So geht man gegen die chemisch bedingten Selbstabwertungen an, die Teil einer biochemisch induzierten Depression sind.

- »Frauen gelten bei manchen Leuten zwar immer noch als zweitrangig, aber deshalb muß ich mich noch lange nicht ständig selbst verachten.« Auf diese Weise kann man gegen kulturell bedingte Schamgefühle angehen.
- »Meine Eltern haben mir gesagt, daß ich nichts wert bin, und ich habe ihnen geglaubt. Doch jetzt bin ich erwachsen und kann mich weigern, solche Aussagen noch länger hinzunehmen. Im Gegenteil, ich gebe diese Scham jetzt zurück, denn sie gehört nicht zu mir.« So läßt sich möglicherweise die mit der Herkunftsfamilie verbundene Scham heilen.
- »Mein Partner kritisiert mich jeden Tag mindestens zehnmal. Ich glaube, ich muß ihm doch mal ganz klar sagen, daß ich so nicht weiter leben will. Das habe ich nicht nötig.« Eine solche Aussage ist für eine Frau, die von ihrem Lebenspartner ständig beschämt wird, vielleicht unumgänglich.
- »Ich habe genug vom Selbsthaß. Deshalb will ich mir jetzt vor allem vornehmen, mich nicht mehr länger selbst zu beschimpfen. Ich muß mich selbst mit Respekt behandeln.« So geht man gegen Einstellungen und Verhaltensweisen an, die auf Selbstbeschämung hinauslaufen.

Wenn wir gegen unsere Schamgefühle ankämpfen, ist das nicht gleichbedeutend mit einem Generalangriff auf unsere Scham als solche. Denn unsere Schamgefühle sind bekanntlich ein wichtiger Teil unserer selbst. Sie können nicht einfach aus unserem Inneren herausgerissen und »weggeworfen« werden. Wer seine Schamgefühle mit solcher Zielsetzung angeht, verstärkt sie nur noch weiter.

Wie bereits gesagt, ist es ein wichtiger Teil des Heilungsprozesses, daß wir unsere Schamgefühle ruhig aushalten können. Als weiterer Schritt kommt nun hinzu, daß wir sanft, aber unnachgiebig mit der Scham in unserem Inneren kommunizieren. Das Ziel besteht darin, die Macht der Scham über uns zu brechen, damit Würde und gesunder Stolz an ihre Stelle treten können. Wir müssen der Scham die Kontrolle über alles, was wir tun, fühlen und denken, streitig machen. Die Form, die diese Herausforderung annimmt, ist von Mensch zu Mensch verschieden, aber die Quintessenz lautet etwa so: »Ich respektiere die Scham in meinem Inneren und weiß sie zu schätzen, auch wenn sie mir oft Schmerzen bereitet. Ich weiß, daß Scham ein Teil meiner selbst ist. Aber ich habe als Mensch auch das Recht, mit mir im reinen zu sein und ein gutes Gefühl dabei zu haben. Als menschliches Wesen besitze ich einen Wert. Ich habe Anspruch darauf, daß mich die Menschen in meiner Umgebung respektvoll, ehrenhaft und mit Würde behandeln, aber ich muß auch mit mir selbst so umgehen. Ich will nicht länger ein Leben führen, in dem allein meine Schamgefühle dominieren.«

Jetzt erwarten Sie aber bitte nicht, daß der so herausgeforderte schamhafte Teil Ihrer Persönlichkeit gleichsam aufsteht und Beifall klatscht. Seien Sie vielmehr auf stundenlange hitzige Diskussionen mit ihrem schamhaften Selbst vorbereitet, das garantiert versuchen wird, Sie davon zu überzeugen, daß Sie verdientermaßen beschämt sind. Diejenigen unter uns, die am meisten unter Scham zu leiden haben, müssen ihr Bekenntnis zum eigenen Wert bestimmt sehr oft wiederholen, ehe sie sich bei diesem

Gedanken wohl fühlen können. Und denken Sie immer daran: Das Ziel lautet nicht, die Schamgefühle sozusagen auszurotten, sondern ihnen den gebührenden Platz in Ihrem Leben zuzuweisen – also nicht die Rolle eines absoluten Monarchen, sondern die eines ganz normalen Bürgers.

3. Setzen Sie sich positive Ziele auf der Grundlage von Menschlichkeit, Demut, Eigenverantwortung und Kompetenz

Moderate Schamgefühle können uns eine Hilfe bei der Entdeckung oder Wiederentdeckung wichtiger Lebenswahrheiten sein. Bei diesem Erkenntnisprozeß spielen vier Werte eine besonders wichtige Rolle: Menschlichkeit, Demut, Eigenverantwortung und Kompetenz. Vielleicht haben wir in einem oder mehreren dieser Bereiche bereits ernsthaft und langfristig Schaden genommen. Vielleicht sogar auch in allen.

Das Prinzip der Menschlichkeit
Der Ausgangspunkt ist einfach der, daß wir alle – ohne Ausnahme – der menschlichen Rasse angehören. Um in die Menschheit aufgenommen zu werden, muß man weder Prüfungen bestehen noch Vorleistungen erbringen, und man kann auch unter keinen Umständen ausgeschlossen werden. Wir alle sind Menschen, und daran kann kein Schamgefühl etwas ändern.

Unser Ziel besteht darin, in die menschliche Gemeinschaft zurückzufinden. Unsere Sehnsucht, akzeptiert und geliebt zu werden, muß dabei in konstruktive Aktionen umgemünzt werden. Wir sind selbst dafür verantwortlich, daß wir auf andere zugehen, statt uns vor ihnen zu verkriechen. Wir müssen uns vielleicht viele Male selbst daran erinnern, daß wir das angeborene Recht haben, Menschen zu sein.

Unser Gefühl dazuzugehören wird in dem Maße zunehmen, wie wir in der Lage sind, auf andere zuzugehen, die uns als Menschen Wert beimessen und uns schätzen. Vielleicht sollten wir diesen Prozeß der Wiederannäherung an die Menschen mit kleinen Schritten beginnen. Am Anfang ist es leichter, auf relativ »sichere« Menschen oder Gruppen zuzugehen (zum Beispiel auf Selbsthilfegruppen wie die Anonymen Alkoholiker).

Auch zu uns selbst müssen wir auf dieselbe Weise Zugang finden – geduldig, Schritt für Schritt. Wir müssen damit aufhören, uns selbst zu verdammen, und entdecken, daß wir es wert sind, geliebt zu werden. Erst wenn wir uns selbst als vollwertige Menschen akzeptieren, können wir unser eigener Freund werden. Ebenso verspüren wir vielleicht das Bedürfnis, eine Beziehung zu einer höheren geistigen Macht zu entwickeln oder zu erneuern, damit uns der Sinn unseres Lebens in einem größeren Zusammenhang deutlich wird.

Daß wir dem Prinzip der Menschlichkeit folgen, können wir dann erkennen, wenn wir Menschen, die uns nahestehen, etwa so ansprechen können: »Im Augenblick machen mir gerade wieder quälende Gefühle zu schaffen. Könnten wir vielleicht darüber sprechen?«

Das Prinzip der Demut
Hier lautet die Quintessenz: Alle Menschen sind gleich – niemand ist von vornherein besser oder schlechter als die anderen. Wenn wir in diesem Bereich Probleme haben, fühlen wir uns anderen entweder unterlegen oder überlegen. Wir können das Leben nur in Kategorien von oben und unten sehen; ständig konkurrieren wir mit anderen, wollen besser als sie sein, und fürchten dabei doch, daß wir elend scheitern werden. In beschämtem Zustand halten wir uns für verachtenswert, und vielleicht erliegen wir der Versuchung, dieses Gefühl dadurch abzuwehren, daß wir andere verächtlich behandeln. So gerät das Leben zum „Beschämungswettbewerb".

Wohlgemerkt, wir sagen nicht, daß alle Menschen sich ähneln oder daß jede Tat denselben Wert hat. Zweifellos sind manche Menschen mit größeren körperlichen Talenten gesegnet als andere, mit größerer Intelligenz oder Schönheit. Doch machen diese Unterschiede niemanden wertvoller als die anderen. Und so können wir uns auch dementsprechend verhalten, der Versuchung widerstehen, uns anderen gegenüber unterlegen oder überlegen zu fühlen, und Gelegenheiten wahrnehmen, die das Gefühl der Gleichwertigkeit in unseren zwischenmenschlichen Beziehungen fördern.

Zur Demut gehört auch Bescheidenheit. Bescheidene Menschen haben das kindliche Verlangen überwunden, immer im Mittelpunkt stehen zu wollen, gleichzeitig aber Angst vor zuviel Aufmerksamkeit zu haben. Wir alle haben es verdient, gelegentlich im Rampenlicht zu stehen, aber nicht immer.

Demut ist nicht dasselbe wie Demütigung. Zu letzterer gehören Herabwürdigungen und Angriffe durch andere; dabei werden Menschen in die Rolle von Untermenschen gedrängt. Demut hingegen zeigt sich in unserer Entscheidung, unseren Platz als den von Gleichen unter Gleichen zu sehen, weder besser noch schlechter als andere. Demut ist manchmal auch dadurch erreichbar, daß wir uns auf das Niveau anderer »herablassen«. Wenn wir uns beispielsweise überheblich und überlegen gefühlt haben, müssen wir diese Einstellung wohl aufgeben, um erneut Anschluß zu finden. Demut kann aber auch bedeuten, daß wir uns auf die Stufe der anderen emporschwingen, indem wir uns positive Aufmerksamkeit gefallen lassen. Je nach Ausgangspunkt verläuft der Weg zur vollständigen Menschlichkeit in beide Richtungen; wir müssen dabei nur unsere Pose als Über- oder Untermenschen aufgeben.

Das Prinzip der Eigenverantwortung
Wenn man sich schwach und abhängig fühlt, ist dies ein gängiges Indiz für Schamprobleme. Dann müssen wir uns in eigenverantwortlicher Weise Ziele setzen: Jeder von uns hat das Recht und die Pflicht zu entscheiden, wie er oder sie leben will. Die Fähigkeit zum unabhängigen Handeln zeigt an, daß wir auch eine eigene Identität haben. Das heißt, wir müssen nicht unablässig darauf aus sein, den anderen zu gefallen, weil wir Angst haben, zurückgewiesen oder verlassen zu werden. Wir haben genug Selbstvertrauen, um zu glauben, daß wir notfalls auch alleine zurechtkommen.

Wir machen die Unabhängigkeit jedoch nicht zum Fetisch. Denn wir leben in einer Welt, die ohne Zusammenarbeit undenkbar ist und in der jeder Mensch wichtige Ideen und Beiträge einzubringen hat. Deshalb werden wir nach *wechselseitiger Abhängigkeit* streben und mit anderen Menschen Beziehungen eingehen, die auf gegenseitigem Respekt beruhen.

Solche Autonomie ist für diejenigen unter uns besonders schwer zu erreichen, die sich selbst als »Opfer« in einer grausamen Welt sehen. Als wahrhaft autonome Menschen haben wir auch ganz normale und moderate Schamgefühle.

Das Prinzip der Kompetenz
Jeder Mensch ist gut genug, um irgend etwas Wertvolles zur Welt beizutragen. Wenn wir an unsere Kompetenz glauben, dann werden wir auch verstehen, was zu tun ist, um unsere Fertigkeiten und Fähigkeiten weiterzuentwikkeln. Wenn wir aus unseren Gaben nicht genug gemacht haben, schämen wir uns vielleicht.

Das heißt aber nicht, daß wir bei allem, was wir tun, einem Perfektionszwang unterliegen. Gelegentlicher Mißerfolg gehört unweigerlich zur menschlichen Existenz. Manchmal können wir aus Fehlern lernen und dadurch nur noch kompetenter werden. Bei anderen Gelegenheiten können wir Enttäuschungen lediglich hinnehmen; aber selbst dann können wir noch etwas daraus lernen.

Schamgefühle können uns zu dem Vorsatz anstacheln, all unsere Aufgaben kompetent zu erledigen. Wenn es uns aber darum geht, auch das Gefühl eigener Kompetenz zu bekommen, müssen wir vielleicht mehr als nur unsere Einstellung verändern. Wir müssen unser Verhalten genau unter die Lupe nehmen und erkennen, wann und wie wir uns selbst ein Bein stellen, wie wir unseren eigenen Mißerfolg vorprogrammieren. Die Botschaft an uns selbst wird dann ungefähr so lauten: »Ich fordere mich selbst heraus, kontinuierlich an Kompetenz dazuzugewinnen. Wenn ich immer mein Bestes gebe, kann ich meine Schamgefühle durch berechtigten Stolz ersetzen. Ich weiß aber auch, wo die Grenzen liegen. Ich nehme mir vor, zufrieden zu sein, wenn ich ›gut genug‹ bin. Ich muß nicht perfekt sein.«

4. Werden Sie zur Erreichung dieser Ziele geistig und körperlich aktiv

Der Heilungsprozeß unserer Scham beginnt mit der Entscheidung, daß wir nach den eben genannten Prinzipien leben wollen. Dazu können wir uns eine sehr einfache, gleichwohl gravierende Frage stellen: Wie können wir unser Denken und Verhalten so ändern, daß wir uns am Ende menschlicher, demütiger, selbständiger und kompetenter fühlen?

Folgende Übung kann Ihnen dabei helfen, diesen Veränderungsprozeß einzuleiten. Nehmen Sie sich zuerst mindestens vier Blatt Papier, und schreiben Sie als Überschrift auf jedes Blatt eines der genannten Prinzipien: Menschlichkeit, Demut, Eigenverantwortlichkeit und Kompetenz. Dann notieren Sie jeweils auf der linken Seite des Blattes eine Liste Ihrer Gedanken und Verhaltensweisen, die Sie laufend von der Realisierung des jeweiligen Prinzips abhalten. Ihnen ist zum Beispiel aufgefallen, daß Sie sich in Gedanken oft als Versager sehen (das ist ein Verstoß gegen das Prinzip der Kompetenz), oder daß Sie fast immer andere bitten, Entscheidungen für Ihre Person zu treffen (Verstoß gegen das Prinzip der Eigenverantwortlichkeit).

Erstellen Sie eine möglichst vollständige Liste, aber greifen Sie sich dabei nicht selbst an. Und dann stellen Sie sich die Frage, was zu tun ist, um in jedem Einzelfall eine Veränderung herbeizuführen. Schreiben Sie Ihre Antworten jeweils neben das betreffende Problem. Wer sich zum Beispiel in Gedanken oft als Versager sieht, wird diesen Gedanken wahrscheinlich durch die Vorstellung ersetzen wollen, daß er oder sie gut genug ist, um Erfolg zu haben. Wer andere ständig unnötigerweise um Hilfe bittet, kann sich vornehmen, in Zukunft erst dann um Hilfe zu bitten, wenn er oder sie sich wirklich ernsthaft bemüht hat, das Problem allein zu lösen.

Als nächstes wählen Sie sich aus Ihren Problemlisten ein oder höchstens zwei Dinge aus, die Sie als erstes ändern wollen. Suchen Sie sich für den Anfang recht einfache klare Fälle aus. Und dann nehmen Sie sich vor, in diesen Bereichen auf jeden Fall Veränderungen in ihrem Alltag zu erreichen; denken Sie aber immer daran, daß Schamwunden langsam heilen und daß niemand Perfektion von Ihnen erwartet.

In vieler Hinsicht bleibt Scham trotz allem ein Geheimnis. Keine einfache Übung und kein einfacher Plan können je alle ihre Aspekte kurieren. Trotzdem können Sie Ihre Probleme mit Schamgefühlen effektiv angehen, wenn Sie sich langfristig vornehmen, so zu denken und zu fühlen, daß Sie beständig immer mehr Selbstachtung empfinden.

5. Ziehen Sie regelmäßig eine Zwischenbilanz Ihrer Fortschritte

Haben Sie Geduld mit Ihrer Scham, aber werden Sie nicht nachlässig und vergeßlich. Tief verwurzelte Schamgefühle sind nur schwer aufzulösen und können sich heimlich wieder in Ihr Leben einschleichen. Deshalb sind regelmäßige Zwischenbilanzen hilfreich. Vielleicht finden Sie ja jemand anderen, der ebenfalls daran interessiert ist, gegen seine/ihre Scham anzugehen. Vielleicht können Sie sich gelegentlich treffen, um sich gegenseitig über Ihre Fortschritte zu unterrichten. Denken Sie daran, daß Scham oft in der Gesellschaft anderer Menschen am besten heilt. Wenn Sie jedoch anhand Ihrer Notizen allein Zwischenbilanz ziehen müssen, achten Sie darauf, daß dies wenigstens einmal im Monat geschieht. Dabei werden Sie vielleicht feststellen, daß sich Ihre Denkgewohnheiten und Ihr Verhalten anderen gegenüber allmählich ändern. Sicher fällt Ihnen von Zeit zu Zeit auch auf, daß Sie in einem oder mehreren Lebensbereichen, die mit Scham zu tun haben, wieder Rückschritte machen. Das sollte dann Ihr Stichwort sein, sich intensiver mit der Frage zu beschäftigen, was zu tun ist und mit wem Sie reden könnten, um Ihre Schamprobleme in diesen Bereichen zu verringern.

Ihre Zwischenbilanz sollte so konkret wie möglich ausfallen. Stellen Sie sich dabei folgende Fragen:
- Was habe ich in den letzten Tagen getan, um mich wie ein ganzer Mensch zu fühlen? Mit wem habe ich meine Scham und meine Freude geteilt?
- Habe ich mich kürzlich so verhalten, daß ich mich weder besser noch schlechter einstufe als andere? Habe ich vielleicht wieder angefangen, mich selbst als überlegen oder unterlegen zu sehen?
- Behandele ich mich selbst als ein Opfer? Wenn ja, was kann ich tun, um wieder stärker das Gefühl zu bekommen, daß ich Herr meiner Gedanken und Taten bin?
- Inwiefern handle ich kompetent bzw. inkompetent? Kann ich inzwischen damit leben, daß ich nur »gut genug« und nicht perfekt sein muß? Muß ich immer noch perfekt sein?

Solche und ähnliche Fragen erinnern uns ständig daran, daß die Scham geringer wird, wenn sie durch Selbstachtung und Respekt vor anderen ersetzt wird.

Zusammenfassung

Schamprobleme verlangen danach, daß wir uns von ihnen befreien. Glücklicherweise weisen uns die eigenen Schamgefühle aber auch in bestimmte Richtungen. Wenn wir genügend Zeit und Energie investieren, um unsere

Scham zu verstehen, dann stehen uns Handlungsmöglichkeiten offen, die an ihre Stelle allmählich Ehre und Selbstachtung treten lassen.

Der Heilungsprozeß der Schamwunden verläuft in zwei Phasen, die jeweils in fünf Schritte untergliedert werden können. Zuerst kommt die Verstehensphase, die darin kulminiert, daß wir zu der Einsicht gelangen: Schamgefühle sind unvermeidlich und legitim. Darauf folgt die Aktionsphase, die darin kulminiert, daß wir geistig und körperlich aktiv werden, um unsere Ziele zu erreichen. Diese allgemeinen Leitlinien gelten immer, egal welche besonderen Ursachen die Scham jeweils hat.

In den folgenden drei Kapiteln unseres Buches geht es nun um die speziellen Probleme der Schamüberwindung in drei verschiedenen Ursprungsbereichen: Herkunftsfamilie, gegenwärtige Beziehungen, Selbstbeschämung. Hier wollen wir Hilfestellung bei der Entwicklung detaillierter Konzepte leisten, wie Sie Ihr Selbstwertgefühl nachhaltig verbessern können.

Übungen

Erste Übung: Die durch Scham verursachten Wunden beginnen zu heilen, wenn diese Gefühle in einer geschützten Atmosphäre offenbart werden. Das bedeutet, daß wir vielleicht lernen müssen, andere Menschen auf neue Weise an unserem Leben Anteil nehmen zu lassen. Es bedeutet aber nicht, daß wir jenen, die uns weiter beschämen wollen, Einblick gewähren oder daß wir die Dinge, derentwegen wir uns schämen, lauthals in der Nachbarschaft herumposaunen sollten. Gleichwohl müsen wir jemanden finden, mit dem wir offener reden können. Ein möglicher Ansatzpunkt könnte eine kritische Revision unserer Abwehrstrategien sein.

Wenn Sie oft zur Verdrängung neigen, geben Sie zu, daß Sie sich wegen einer Sache schämen. Wenn Rückzug Ihre bevorzugte Strategie ist, halten Sie es in einer schwierigen Situation einmal zehn Minuten länger aus. Wenn Sie oft wütend werden, entspannen Sie in solchen Situationen Ihre Schultern, Arme, Hände und Gesichtsmuskeln – aber bleiben Sie dennoch kontrolliert. Und dann probieren Sie einmal, ob Sie das Gewünschte nicht auch durch *Bitten* erreichen oder erhalten können. Wenn Sie Perfektionist sind, lassen Sie zu, daß Ihr Image auch einmal einen Kratzer abbekommt, und gewähren Sie wenigstens drei anderen Menschen Einblick in Bereiche, in denen Sie bei weitem nicht perfekt sind. Wenn Sie oft zur Arroganz neigen, dann bekämpfen Sie die nervöse Spannung, die sich immer dann einstellt, wenn Sie in der Unterhaltung nur ein Gleicher unter Gleichen sind oder wenn Sie jemanden um Rat fragen. Unternehmen Sie diese Woche wenigstens eines dieser Experimente, und notieren Sie sich die Ergebnisse.

Lesen Sie sich im vorliegenden Kapitel noch einmal durch, wie Sie gegen Ihre Scham angehen können (S. 212–216). Nutzen Sie die dort vorgestellte Technik, und notieren Sie sich die entsprechenden Situationen sowie alles, was Sie möglicherweise aktiv tun können, um diese eingefahrenen Muster aufzubrechen, wie folgt:

Situation:

Gegenmittel:

Situation:

Gegenmittel:

Situation:

Gegenmittel:

Zweite Übung: Wenn man nach dem Prinzip der Menschlichkeit leben will, muß man damit aufhören, im Geiste ständig mit anderen zu konkurrieren und nur das zu sehen, was einen von den anderen trennt. Vielmehr ist es an der Zeit, den Blick auf das zu richten, was wir mit den anderen gemeinsam haben, anstatt uns ständig unterlegen zu fühlen bzw. uns mit Überlegenheitsposen oder Masken zu tarnen. Konzentrieren Sie sich während der nächsten paar Tage auf die Gemeinsamkeiten der Menschen, indem Sie die Sätze in dieser Übung vervollständigen. Ein Beispiel für einen kompletten Satz könnte etwa lauten: »Ich ähnle dir darin, daß mir die Gefühle der anderen nicht gleichgültig sind. Mit dir verbindet mich, daß auch du manchmal nervös wirst.«

Jetzt sind Sie an der Reihe:

Ich ähnele dir (Ihnen) darin, daß ich:
Ich ähnele dir (Ihnen) darin, daß ich:
Ich ähnele dir (Ihnen) darin, daß ich:
Mit dir (Ihnen) verbindet mich, daß auch du (Sie):
Mit dir (Ihnen) verbindet mich, daß auch du (Sie):
Mit dir (Ihnen) verbindet mich, daß auch du (Sie):

Dritte Übung: Um uns tatsächlich in Demut zu üben, benötigen wir andere Menschen. Unsere Scham sagt uns, daß andere Menschen besser oder schlechter sind als wir selbst. Die Demut hingegen lehrt uns, daß wir alle gleich sind. Suchen Sie sich jemanden, mit dem Sie diese Idee ausloten können. Einer der beiden Beteiligten sollte auf einem festen Stuhl stehen, der andere auf dem Boden sitzen. Auf diese Weise erfahren Sie, wie man sich fühlt, wenn man weit über oder unter dem anderen steht. Sprechen Sie in dieser Lage miteinander, und beobachten Sie, wie die Situation Ihr Gespräch beeinflußt. Jetzt wechseln Sie die Rollen und sprechen erneut miteinander. Wie fühlen Sie beide sich jetzt? Und jetzt setzen Sie sich auf gleicher Ebene einander gegenüber und halten Blickkontakt. Sprechen Sie darüber, wie Sie sich fühlen, wenn Sie als gleichwertige Menschen miteinander reden.

Vierte Übung: Damit wir autonom sein können, müssen wir klare und flexible Grenzen haben. Wir müssen beispielsweise in angemessener Weise ja und nein sagen könne. Da wir beschämt sind, kommen wir häufig nicht darüber hinaus, es allen recht machen zu wollen und zuviel Anteil zu nehmen; wir sagen einfach zu oft ja. Oder aber wir kommen aus unserer starren, dumpfen oder kritischen Grundhaltung nicht heraus; dann sagen wir zu oft nein. Fällt Ihnen das Jasagen oder das Neinsagen leichter? Haben Sie mit dem Ja oder Nein gegenüber bestimmten Menschen in Ihrem Leben Probleme? Gegenüber wem? Welches Wort müßten Sie am meisten in der Praxis anwenden? Benutzen Sie es diese Woche wenigstens dreimal, davon mindestens einmal gegenüber jemandem, bei dem es Ihnen schwerfällt, dieses Wort auszusprechen. Sagen Sie hier sanft, aber bestimmt ja oder nein, und besprechen Sie die Ergebnisse mit einem Freund/einer Freundin.

Fünfte Übung: Gesunden Menschen sind die fließenden Übergänge zwischen Perfektion und Unvollkommenheit bewußt. Sie wissen, daß Kompetenz irgendwo zwischen diesen beiden Polen angesiedelt ist:
Unvollkommenheit – Kompetenz – Perfektion.

Ihr Ziel heißt: Kompetenz – also unter Zugrundelegung realistischer persönlicher Maßstäbe das Beste zu geben. Menschen, die unter übermäßiger Scham leiden, tendieren hingegen dazu, Kompetenz und Perfektion gleichzusetzen. Ihre Gleichung würde etwa so aussehen:

Perfektion = Kompetenz; Unvollkommenheit = Unfähigkeit. Auf diese Weise gerät entweder die Kompetenz völlig außer Reichweite, oder aber sie kann nur gleichbedeutend mit Perfektionismus sein. Gilt das auch für Sie?

Gestatten Sie sich heute, drei kleinere Dinge nach gesunden Maßstäben kompetent zu erledigen. Beschreiben Sie Ihre Reaktion auf einem getrennten Blatt Papier.

Sechste Übung: Ziehen Sie regelmäßig eine Zwischenbilanz Ihrer Fortschritte, indem Sie die auf S. 224 aufgelisteten Fragen beantworten.

12. KAPITEL

Heilung der Verletzungen aus der Herkunftsfamilie

Mit siebzehn lebt sie bereits ganz in der Vergangenheit: »Warum hat uns meine Mutter verlassen? Was war mit mir nicht in Ordnung? Kann ich jemals wieder einem Menschen trauen?« Sie kommt einfach über ihren Trennungsschmerz nicht hinweg.

* * *

»Meine Eltern haben mir immer wieder gesagt, ich sei häßlich und unbeholfen. Sie sagten mir, daß ich zu nichts tauge. Aber jetzt bin ich erwachsen und brauche diesen Mist nicht länger zu glauben. Ich habe ihre Worte noch immer im Ohr, aber ich weigere mich, sie mir zu Herzen zu nehmen. Daß meine Eltern mich gründlich mit Schamgefühlen eingedeckt haben, heißt ja nicht, daß ich sie ständig mit mir herumtragen muß.«

* * *

Sein Vater war ein asozialer Trinker. Alle lachten den Sohn aus, als er noch ein Kind war. Seine Ohren waren rot vor Scham. Komisch, daß sein Vater das nie zu merken schien und einfach fortfuhr, die ganze Familie von einer Verlegenheit in die nächste zu stürzen. Noch viele Jahre später empfindet der Sohn diese Familienschande auf Schritt und Tritt. Er leidet unter der Schande, die ein anderer über ihn gebracht hat, und verspürt das Bedürfnis, sich zu revanchieren.

»Davor fürchte ich mich am meisten: Gestern habe ich mich dabei ertappt, daß ich meine eigenen Kinder auf genau dieselbe Weise beschämt habe, wie meine Eltern mich beschämten. Ein paar Minuten lang war ich genau so, wie ich es nie hatte werden wollen (das hatte ich mir geschworen): ein ungeduldiger, respektlos sich benehmender ungnädiger Vater. Ich weiß, meine Eltern hatten ja selbst schwer mit ihrer Scham zu kämpfen. Aber hört das denn niemals auf?«

* * *

Wenn wir als Kinder schwer unter Schamgefühlen zu leiden hatten, dann schleppen wir diese wahrscheinlich auch im Erwachsenenleben mit uns herum. Es ist, als trügen wir in uns ein Elternpaar, das in unseren Köpfen lebt. Diese imaginären Eltern erinnern uns vielleicht wiederholt daran, daß mit uns etwas nicht stimmt. Ja, diese »alten« Elternfiguren behaupten ihren Platz sogar noch, wenn unsere Eltern aus Fleisch und Blut schon gar nicht mehr am Leben sind. Auch wenn sich die realen Eltern geändert haben und uns schon längst nicht mehr beschimpfen, leben die Peiniger in uns fort. Ein emotional gestörter Elternteil hat uns vielleicht gesagt, wir wären dumm oder erbärmlich. Später haben sich Vater oder Mutter vielleicht geändert und behandeln uns jetzt mit Respekt. Dennoch bleibt das nunmehr überholte Elternbild wahrscheinlich für uns bestehen. Die mit dem »alten« Elternbild verbundenen Schamprobleme müssen erst gelöst werden, ehe wir endgültig Frieden mit den Eltern schließen und sie von Herzen umarmen können.

Die häufigsten Verhaltensweisen, die in den Ursprungs-

familien zu Beschämungen führen, kommen zum Ausdruck in
- Botschaften, daß wir nicht gut, nicht gut genug oder nicht liebenswert seien, daß wir nicht dazugehörten oder daß es uns überhaupt nicht geben sollte;
- Drohungen, man werde uns im Stich lassen, verraten, vernachlässigen und übergehen;
- körperlichen Mißhandlungen und sexuellem Mißbrauch;
- Geheimniskrämerei und perfektionistischen Erwartungen seitens der Eltern.

Wir sind fest davon überzeugt, daß Sie die mit Ihrer Herkunftsfamilie verbundenen Schamprobleme lösen können. Doch ist diese Aufgabe sehr schwer, weil die Wurzeln dieser Scham so tief sitzen. Viele Kinder nehmen die abwertenden und beschämenden Botschaften der Eltern tief in ihrem Innern auf. Das ist eigentlich nicht verwunderlich, denn welches Kind könnte, wenn seine Eltern ständig wiederholen, daß mit ihm etwas nicht in Ordnung sei, sich solchen Angriffen widersetzen? Wir können auch diese Schamgefühle genau nach der gleichen Methode erforschen und angehen, wie sie im letzten Kapitel vorgestellt wurde. In diesem Kapitel geht es aber zusätzlich noch um speziellere Ansatzmöglichkeiten und Leitlinien.

Leitlinien zur Überwindung übermäßiger Schamgefühle, die aus der Herkunftsfamilie stammen

1. Beachten Sie den Unterschied zwischen einer Aufarbeitung der Vergangenheit und der Unfähigkeit, sich von ihr zu lösen.
2. Identifizieren Sie die wichtigsten Unzulänglichkeitsbotschaften, die Ihnen Ihre Familie ständig zukommen ließ.
3. Gestatten Sie sich die Trauer über die Verluste in Ihrem Leben, die aus diesen Botschaften resultierten.
4. Gehen Sie gegen die alten Herabwürdigungen an, und setzen Sie neue Botschaften an deren Stelle, die ein positives Selbstwertgefühl zum Ausdruck bringen.
5. Ändern Sie Ihr Verhalten so, daß es mit den neuen, gesünderen Botschaften übereinstimmt.
6. Geben Sie die von anderen »geborgte« Schande zurück.
7. Bemühen Sie sich, den Familienmitgliedern, von denen Sie früher beschämt wurden, zu vergeben, damit Sie sich dauerhaft von Ihrer Scham befreien können.

1. Beachten Sie den Unterschied zwischen einer Aufarbeitung der Vergangenheit und der Unfähigkeit, sich von ihr zu lösen

Wenn wir uns der eigenen Vergangenheit zuwenden, geschieht dies mit dem Ziel herauszufinden, in welcher Weise uns frühere Ereignisse Schaden zugefügt haben, damit wir dann unsere gegenwärtigen negativen Gedanken, Gefühle und Taten ändern können. Bei der »Erforschung« unserer Scham werden wir Schmerzen empfinden. Aber es ist wichtig, daß wir unsere Verletzungen »aufarbeiten«, anstatt in ihnen gefangen zu bleiben. Unser Kopf muß an diesem Prozeß genauso beteiligt werden wie unser Herz, und unsere Gefühle müssen wir wenigstens etwas zurückhalten, damit uns das Leid nicht überwältigt.

Versuchen Sie, die Dinge nicht zu übertreiben, wenn Sie Ihre Vergangenheit erforschen. Wahrscheinlich gibt es auf der ganzen Welt keinen Elternteil, der seine Kinder ständig nur beschämt. Versuchen Sie, sich an Gelegenheiten zu erinnern, bei denen Ihre Eltern oder andere Familienmitglieder Sie gelobt, in den Arm genommen und Ihnen eindeutig Sympathie entgegengebracht haben. Denken Sie daran, daß Sie es mit Menschen, nicht mit Monstern zu tun haben. Wenn Sie Ihre Scham im größeren Rahmen sehen, verringert sich die Gefahr, daß Sie sich von Ihrer Vergangenheit nicht lösen können.

Je tiefer Sie beschämt wurden, desto schwerer wird es sein, sich von früheren Enttäuschungen, Traumata und Verlusterfahrungen freizumachen. Deshalb sollten Sie diesen Prozeß lieber erst in Angriff nehmen, wenn Sie sich der Unterstützung von Leuten versichert haben, die wissen und verstehen, was Sie jetzt genau tun müssen. Das können Freunde sein oder Mitglieder einer Selbsthilfegruppe, Psychotherapeuten oder Familienmitglieder. Sie müssen sich auch fest vornehmen – und diesen Vorsatz von Zeit zu Zeit erneuern –, daß Sie am Ende des Prozesses gesünder und weniger in Scham leben wollen. Es wäre ziemlich sinnlos, eine dunkle, furchteinflößende Höhle ohne Rettungsseil und Taschenlampe zu erforschen. Wenn Sie nun in die Höhle Ihrer Vergangenheit eindringen, lassen Sie Ihre Freunde die Rolle des Rettungsseils übernehmen. Ihr Vorsatz, in der Gegenwart als gesunder Mensch leben zu wollen, soll dann Ihre Taschenlampe sein.

2. Identifizieren Sie die wichtigsten Unzulänglichkeitsbotschaften, die Ihnen Ihre Familie ständig zukommen ließ

Die wichtigsten Unzulänglichkeitsbotschaften sind jene, die uns am nachhaltigsten beeinflußt haben. Diese Aussagen empfinden wir vielleicht sogar als zutreffend, wenn wir sie uns selbst gegenüber wiederholen: »Ja, mein Vater hat mich immer einen Dummkopf genannt. Aber er hatte recht. Ich bin wirklich doof.« Solche Herabwürdigungen schmerzen, und sie stehen anscheinend für immer fest. »Ich glaube, ich werde immer dumm bleiben«, denken wir vielleicht. Ein weiterer Hinweis darauf, daß wir es mit einer Unzulänglichkeitsbotschaft zu tun haben, ist das Gefühl, daß wir uns im Zusammenhang mit solchen Worten ganz klein vorkommen, so als wären wir schwache, wehrlose Kinder. Oder wir fühlen uns unzulänglich, beschämt, gedemütigt, wenn man uns etwas sagt, das den abwertenden Worten nahekommt, die früher jemand aus unserer Familie geäußert hat.

Eine Möglichkeit herauszufinden, welche beschämenden Botschaften bei uns den meisten Schaden angerichtet haben, besteht darin, die erste Hälfte der ersten Übung am Ende des 7. Kapitels (S. 152) zu wiederholen. Stellen Sie dann eine Rangfolge der zutreffenden Aussagen auf, und setzen Sie diejenige, die Ihnen heute am meisten zu schaffen macht, an die Spitze. Wenn Sie gegen diese Aussage angehen und sie durch eine positive in Ihrem Leben ersetzen könnten, würden Sie am meisten gewinnen.

Es wäre in diesem Zusammenhang recht hilfreich, wenn Sie sich an spezifische Vorfälle in Ihrer Kindheit erinnern könnten. Vielleicht hat ein Elternteil Sie ungeschickt oder faul genannt, als Sie bei der Hausarbeit halfen. Vielleicht hat ein Elternteil nach Ihrer Pubertät jeglichen Körperkontakt vermieden. Solche Vorfälle können mächtig oder unbedeutend gewesen, sie können regelmäßig oder nur gelegentlich vorgekommen sein. Sie schließen verbale und nicht-verbale Botschaften ein. Ein Beispiel für eine nicht-verbale Schambotschaft wäre das enttäuschte Achselzucken unserer Mutter oder ihr Augenrollen als Antwort auf unseren Enthusiasmus oder unsere Leistungen. Eine verbale Schambotschaft läge dann vor, wenn unser Vater bei der Begutachtung unseres Schulzeugnisses, das auch Dreien und Vieren enthielt, sagte: »Du könntest mehr leisten.«

3. Gestatten Sie sich die Trauer über die Verluste in Ihrem Leben, die aus diesen Botschaften resultierten

Unzulänglichkeitsbotschaften und andere Beschämungsformen beeinflussen Kinder nachhaltig in ihrer Entwicklung. Bruce Fisher, der das Kapitel »The Process of Healing Shame« (Die Befreiung von übermäßigen Schamgefühlen) in dem Sammelband *The Treatment of Shame and Guilt in Alcoholism Counseling* (Die Behandlung von Scham- und Schuldgefühlen in der Alkoholikertherapie) geschrieben hat, sagt, daß ein Kind, dem ständig nur seine Unzulänglichkeit signalisiert wird, viele unbefriedigte Bedürfnisse mit sich herumträgt. Die Trauer über diese unfreiwilligen Entsagungen ist dann Teil des Heilungsprozesses beim Erwachsenen.

Ein paar Beispiele für die negativen Folgen von Unzulänglichkeitsbotschaften:
- Die Botschaft »Du bist nicht gut« führt zu einem schleichenden Gefühl von Schlechtigkeit, Schwäche und Unzulänglichkeit, das man nur sehr schwer wieder los wird.
- Die Botschaft »Du bist nicht gut genug« suggeriert, daß man andere immer wieder enttäuschen wird.
- Die Botschaft »Du gehörst nicht dazu« fördert den Gedanken, daß man anders als die anderen sei.
- Die Botschaft »Du bist nicht liebenswert« kommt einer Prognose gleich, daß man immer wieder im Stich gelassen wird.
- Die Botschaft »Dich sollte es gar nicht geben« erfüllt die Betroffenen mit einem Gefühl innerer Leere und Verzweiflung.

Dagegen wollen alle Kinder hören, daß sie geliebt werden, daß sie dazugehören, daß sie so, wie sie sind, gut genug sind und daß sie von ihrer Familie vollständig akzeptiert werden. Sie brauchen die Versicherung, daß sie menschlich, normal und kompetent sind. Diese gewiß nicht überzogenen Bedürfnisse kommen aber ständig zu kurz in Familienstrukturen, die auf Beschämung basieren.

Manche Verluste lassen sich nie ausgleichen. Noch soviel Lob und Respekt, die man dem Erwachsenen zollt, können den Mangel an Lob und Respekt in der Kindheit nicht wettmachen. Deshalb gehört die Trauerarbeit unbedingt zur Heilung von Schamgefühlen. Wir müssen um jene Teile unseres Selbst trauern, die angesichts der Zurückweisung allem Anschein nach abgestorben sind – wenn wir zum Beispiel als Kind den Glauben verloren, jemals etwas richtig machen zu können, oder zur Auffassung kamen, wir könnten nur dadurch akzeptiert werden, daß wir uns um andere – würdigere – Menschen kümmerten und ihnen alles recht machten.

Die Trauer hilft uns zu erkennen, daß Schamgefühle uns im Innersten erschüttern. Wenn wir mit den Verlusten aufgrund früherer Beschämung konfrontiert sind, dann geht uns diese Sorge durch und durch, so daß wir voll von Schmerz sind. Doch wenn wir diese Trauer intensiv erleben, spüren wir auch, wie wir von der Scham erlöst werden. Die Trauer hilft uns, die Vergangenheit zu verarbeiten und die enttäuschten Hoffnungen aufzugeben; erst dadurch eröffnet sich uns ein neuer Weg in die Zukunft.

Nach Elisabeth Kübler-Ross (*Was können wir noch tun? Antworten auf Fragen nach Sterben und Tod*) ist die letzte Stufe der Trauer die Hinnahme. Wenn wir uns als Erwachsene mit der Scham aus unserer Herkunftsfamilie auseinandersetzen, sind wir schließlich wohl in der Lage zu akzeptieren, daß unsere Identität Schaden genommen hat und daß manche der Verluste unwiederbringlich sind. Erst wenn wir diese Fakten hinnehmen können, sind wir bereit, unseren Heilungsprozeß erfolgreich fortzusetzen.

4. Gehen Sie gegen die alten Herabwürdigungen an, und setzen Sie neue Botschaften an ihre Stelle, die ein positives Selbstwertgefühl zum Ausdruck bringen

Das Beste, was uns, die wir aus schamerfüllten Familien kommen, passieren konnte, war, daß wir erwachsen geworden sind. Wie schrecklich unsere Lage auch immer sein mag, wir sind selten so hilflos und abhängig, wie wir als Kinder waren. Als Erwachsene können wir gegen die negativen Botschaften angehen, die wir als Kinder empfangen haben. Früher hatten wir vielleicht keine andere Wahl, als diesen Aussagen Glauben zu schenken, aber jetzt können wir sie durch wesentlich gesündere ersetzen.

Denken Sie immer daran, daß diese Botschaften ihren Ursprung außerhalb Ihrer selbst hatten. Sie bestehen vielleicht schon viele Jahre in Ihrem Kopf, wurden aber dort nicht hervorgebracht. Sie können die Botschaften, die Sie in der Kindheit empfangen haben, durchgehen und sich dann bewußt entscheiden, einige von ihnen zu verwerfen.

Stellen Sie sich vor, wie ein Kleinkind Nahrung zu sich nimmt. Es ist von den Eltern völlig abhängig und hat deshalb kaum eine andere Wahl, als das herunterzuschlukken, womit es gefüttert wird. Auch jene genauso mächtigen wie beschämenden Botschaften der Eltern mußten so heruntergeschluckt werden. Wie Erving und Miriam Polster in ihrem Buch *Gestalttherapie. Neue Erkenntnisse aus Therapie und Praxis* darstellen, werden diese von außen kommenden Botschaften verinnerlicht; daraus entsteht dann unser Selbstbild. Sie erwecken den Anschein, als gehörten Sie zu uns selbst. Tatsächlich aber haben wir sie nicht selbst ausgewählt. Jetzt ist es an uns, die Rolle neu zu bewerten, die diese alten Aussagen hinfort in unserem Leben spielen sollen.

Wenn wir gegen die Botschaften aus unserer Herkunftsfamilie angehen wollen, können wir uns an den folgenden fünf Schritten orientieren:

1. Identifizieren und untersuchen Sie jede beschämende Botschaft im einzelnen.
2. Identifizieren Sie die Personen, die Ihnen jeweils diese Botschaften übermittelt haben.
3. Gehen Sie gegen den Gedanken an, daß eine Aussage zutreffen muß, nur weil sie von einem Elternteil gekommen ist.
4. Untersuchen Sie die einzelnen Aussagen, und akzeptieren oder verwerfen Sie sie.
5. Setzen Sie neue, nicht auf Beschämung hinauslaufende Botschaften an die Stelle der alten, beschämenden.

Beispielsweise haben wir als Kinder vielleicht die (von unseren Eltern oder anderen Leuten in Machtpositionen übermittelte) Botschaft geschluckt, daß wir so traurig und schwach seien, daß man sich unserer erbarmen müßte. Jetzt sollten wir uns als erstes klarmachen, wie oft wir das immer noch zu uns selbst sagen und wie diese Einstellung unser Leben beeinflußt. Dann sollten wir versuchen, uns daran zu erinnern, wo und wann wir diese Botschaft empfangen haben, und besonders auch daran, wer sie uns übermittelt hat. Dann könnten wir uns damit befassen, wie es dazu kam, daß wir diese Botschaft glaubten. (»Meine Eltern haben mir gesagt, ich sei schwach, ein Bild des Jammers. Das ging los, als ich in meiner Kindheit häufig krank war. Natürlich habe ich ihnen geglaubt, und so begann ich, mich immer hilfloser zu verhalten.«)

Dann können wir entscheiden, ob und in welchem Maße diese Aussage heute immer noch zutrifft. (»Jetzt wird mir klar, daß ich eigentlich für mich selbst sorgen kann. Ich brauche nicht länger zu glauben, daß ich inkompetent bin.«) Schließlich können Sie den alten, beschämenden Gedanken durch ein neues Selbstbild ersetzen, in dem gesunder Stolz und Würde zum Ausdruck kommen. (»Ich bin ein kompetenter, tüchtiger Mensch, der allein zurechtkommt.«)

Einige der ältesten beschämenden Botschaften haben wir als Kleinkinder in uns aufgenommen, noch ehe wir zu sprechen lernten. Solche Botschaften haben zu körperlich spürbaren, aber anscheinend unbenennbaren Schamgefühlen geführt. Möglicherweise schrecken wir zurück und fühlen uns innerlich jedesmal sehr klein, wenn wir eine Frau sehen, die mit dem Finger auf uns zeigt. Die Ursache dieses Gefühls könnte sehr wohl bei der eigenen Mutter zu suchen sein, die uns mit dieser Geste im Säuglingsalter getadelt hat. Gegen solche Schamgefühle kann man schwerer angehen als gegen verbale Botschaften, weil sie schon in so früher Kindheit eingeprägt wurden. Jedoch auch bei dieser Art von Scham ist der Heilungsprozeß derselbe. Beispielsweise könnte man im vorliegenden Beispiel die eigene Körperreaktion auf eine potentiell beschämende Situation ändern und so gegen das Gefühl im Innern angehen; statt zurückzuweichen, könnte man beim Anblick der Frau, die mit dem Finger auf einen zeigt, den Kopf heben und sie direkt ansprechen.

5. Ändern Sie Ihr Verhalten so, daß es mit den neuen, gesünderen Botschaften übereinstimmt

Die im letzten Abschnitt beschriebene harte Arbeit an einem neuen Selbstbild zahlt sich aus, wenn Sie Ihr Verhalten so ändern, daß Sie ein weniger von Scham geprägtes, gesünderes Leben führen können. Einen neuen Anfang könnten Sie im Umgang mit Ihren Bekannten, Freunden und geliebten Menschen machen; doch letztlich werden Sie nicht umhinkommen, Ihr Verhalten auch gegenüber Ihrer Herkunftsfamilie zu ändern – oder gegenüber anderen, die als »Autoritätspersonen« die Rolle der Familie übernommen haben.

Scham, die in der Herkunftsfamilie wurzelt, heilt am besten, wenn Sie gegenüber dieser Ihre Verhaltensmuster ändern. Eltern haben nicht das Recht, ihre Kinder zu beschämen, nur weil sie Eltern sind. Als Therapeuten hören wir ständig Geschichten von erwachsenen Kindern, die immer noch von ihren Eltern in erheblichem Ausmaß verbal oder sogar körperlich mißhandelt werden. Wir glauben, daß Eltern sich die Anerkennung ihrer Kinder durch ein auf Gegenseitigkeit beruhendes respektvolles Miteinander verdienen müssen. Deshalb sollte es, wenn Sie mit

Ihrer Herkunftsfamilie zu tun haben, Ihre Grundhaltung sein, auf einem respektvollen Umgang zu bestehen. Das heißt, Sie sollten sich gegen offensichtliche direkte Beschämungsattacken zur Wehr setzen. »Papa«, könnten Sie sagen, »schon seit Jahren nennst du mich dauernd einen Windbeutel. Ich bin kein Windbeutel, und ich bin auch nie einer gewesen. Sag das bitte nicht noch einmal.«

Solche Konfrontationen sind nicht leicht zu ertragen. Sie werden dabei wahrscheinlich auf Ärger und Defensivtaktiken stoßen, besonders wenn die Beschämung ganz bewußt erfolgte. Gegen eine Familie, die auf Beschämung aus ist, setzt man sich am besten ruhig und klar zur Wehr. Vielleicht muß man seinen Standpunkt auch regelmäßig wiederholen, weil schamgeprägte Familien dazu neigen, alte Beschämungsmuster gewohnheitsmäßig wiederaufzugreifen.

Die Familienmitglieder können sich ändern, und einige werden sich bestimmt auch ziemlich schnell ändern, wenn sie begriffen haben, daß Sie nunmehr auf einer fairen Behandlung bestehen. Andere ändern sich vielleicht nur zögernd oder überhaupt nicht. Dann müssen Sie entscheiden, wieviel Zeit und Energie Sie aufwenden wollen, um das Beziehungssystem in Ihrer Familie zu verändern. Meistens ist es vernünftig, den Kontakt mit jenen Familienmitgliedern, die nicht aufhören können oder wollen, Sie zu beschämen, auf ein Minimum zu beschränken. Sie sollten die Kommunikation nicht ganz abbrechen, aber sich vielleicht auf kurze Besuche oder Telefonate beschränken; oder Sie kommen nur zu Besuch, wenn das Risiko gering ist, daß man Sie attackiert. (»Jetzt nehme ich meine Frau immer mit. Sie sind nämlich zu höflich, um mich in deren Gegenwart anzugreifen.«) Oder Sie gestalten die Tagesordnung der Gespräche selbst aktiv mit. (»Nein, Mutter, über meine Scheidung wollen wir jetzt nicht schon wieder reden. Die liegt bereits über zehn Jahre zurück.«)

Wenn Sie von Ihrer Familie eine respektvolle Behandlung erwarten, dann sollten Sie daran denken, daß die anderen Sie genau beobachten. Das heißt, Sie müssen mit sich selbst genauso umgehen, wie Sie das von den anderen erwarten. Es nützt nichts, von den Eltern zu verlangen, daß sie aufhören sollen, Sie zu beleidigen, wenn Sie sich in deren Gegenwart regelmäßig selbst beschimpfen. Auch können die anderen nur schwer lernen, Sie zu loben, wenn Sie selbst immer nur über Ihre Fehler sprechen.

6. Geben Sie die von anderen »geborgte« Schande zurück

In schamgeprägten Familien ist die Scham ansteckend. Sie kann leicht von einem Familienmitglied auf ein anderes übergehen, bis schließlich alle betroffen sind. Manchmal »vereinigen« dann eine oder mehrere Personen die eigentlich anderen Familienmitgliedern zukommende Schande auf sich. Solche Scham wird von ihrem »rechtmäßigen Besitzer« auf andere übertragen, die leichter verwundbar sind. Der am Kapitelanfang vorgestellte Mann, der als Kind wegen der Trunksucht seines Vaters vor Scham rote Ohren bekam, ist dafür ein gutes Beispiel.

Diese Art Schande nennen wir »geborgt«, um zu betonen, daß sie dem rechtmäßigen »Eigentümer« zurückgege-

ben werden kann. Der zugrundeliegende Gedanke lautet, daß irgendwann jemand gegen seinen oder ihren Willen Scham »geliehen« bekam. Diese Schande hatte ihren Ursprung im Verhalten oder in den Einstellungen eines anderen – meistens mächtigeren – Familienmitglieds. Jetzt muß diese Schande zurückgegeben werden, ehe der oder die von seiner/ihrer Scham Genesende ein Selbstbild entwickeln kann, das nicht von Beschämung geprägt ist. Es geht letztlich darum, daß die anderen die Verantwortung für ihr eigenes Verhalten und ihre eigenen Gefühle selbst übernehmen müssen.

Scham kann auf ein bestimmtes Familienmitglied absichtlich oder unabsichtlich übertragen werden. Oft geschieht dies, wenn die Familie eine Demütigung nicht ertragen kann, die aus einem sehr realen Problem resultiert. So ist es beispielsweise viel leichter, einem Kind Vorwürfe zu machen und es zu beschämen, als mit dem Alkoholismus des Vaters fertig zu werden. (»Junge, du solltest dich schämen. Wenn du bessere Noten in der Schule hättest, dann würde sich auch dein Vater weniger aufregen und nicht so oft zur Flasche greifen.«)

Wahrscheinlich sind es immer einzelne Kinder in der Familie, die den größten Anteil an der Familienschande zu tragen haben. Aber auch andere Familienmitglieder können sich Scham und Schande »borgen«. So werden zum Beispiel manche Kinder als Vorbild hingestellt; wenn sie dann aber nicht immer alle glücklich machen und alles »perfekt« können, sammeln sich in ihnen Scham- und Schuldgefühle an. Auch die Eltern können, wenn sie sich wegen der Taten ihrer Kinder schämen, Schande borgen.

Entscheidend für die Heilung solcher Schamwunden ist ein Gespür dafür, wann man sich einer Sache schämt, die überhaupt nichts mit dem eigenen Verhalten zu tun hat: also wann man die Schande für das Verhalten eines anderen Familienangehörigen trägt. Wenn Sie die »geborgte Schande« zurückgeben, können Sie sich etwa selbst sagen: »Vor langer Zeit habe ich Schande auf mich geladen, die gar nichts mit mir zu tun hatte. Damals aber dachte ich, ich müßte mich schämen. Genauso erging es dem Rest meiner Familie. Heute aber weiß ich, daß ich damals überhaupt nichts Verkehrtes getan habe. Ich habe keine Schuld – und deshalb auch keinen Grund, mich zu schämen.«

In den folgenden drei Beispielen haben es Menschen geschafft, ihre »geborgte Schande« zurückzugeben:

Elisabeth war Inzest-Opfer ihres Vaters, der inzwischen verstorben ist. Sie sammelte trockenes Gras, Dornenzweige, eine Weinrebe mit eingetrockneten Beeren und kleine Blumen und band daraus ein »Schamgesteck«. Dieses Gebinde brachte sie zum Grab ihres Vaters und gab ihm damit symbolisch ihre Schande zurück – denn vom Vater war sie ja ausgegangen. Dabei sagte sie dem Toten alles, was zur Selbstbefreiung nötig war.

* * *

Rainers Mutter kritisierte ständig an ihm herum und beschämte ihn, weil sie selbst so unglücklich war. Jahrelang hatte Rainer ihre Wertung akzeptiert, daß er schlecht sei. Sein sanftes Aufbegehren beachtete die Mutter nicht, und er hatte Angst vor ihr, weil sie furchtbar zornig werden konnte. Als Rainer alt genug war, ging er in ein Haushaltswarengeschäft und kaufte eine große Schaufel. Er verpackte sie als Geschenk und überreichte sie seiner Mutter. Immer wenn diese ihn dann noch in der alten Weise beschämen wollte, sagte er zu sich selbst: »Die Alte kann jetzt ihre eigene Scheiße schaufeln«.

* * *

Paula war eines von sechs Geschwistern. Ihre Brüder waren Trinker und gerieten ständig in Schwierigkeiten, weshalb sie sich meistens schämte. Aufgrund dieser Scham half sie den Brüdern immer wieder aus der Patsche. Ihre »geborgte Schande« konnte sie zurückgeben, als sie erkannte, daß ihre Brüder alt genug waren, um für ihre Taten selbst die Verantwortung zu übernehmen, und daß sie selbst nicht für ihre Brüder haftbar war. Ihr Selbstbild war nun geprägt von der Vorstellung, ein eigenständiges und besonderes Individuum zu sein. Dann legte sie im Verhältnis zu ihren Brüdern die Grenzen fest und wies sie taktvoll, aber bestimmt auf diese Grenzen hin. Seither schämte sich Paula nicht mehr ihrer selbst.

* * *

Sollte man seinen Entschluß den anderen Familienmitgliedern direkt mitteilen? Ja, wenn wenigstens einige Familienangehörige verstehen können, was man meint. Ja, wenn andere in der Familie immer noch darauf beharren, ihre Schande auf Sie zu übertragen. Die Hauptsache ist jedoch, daß die beschämte Person jene geborgte Schande, die ihr geistigen Schaden zufügt, zurückgibt und dadurch los wird, nicht aber, daß die anderen bestraft werden, indem man nun auf ihrer Demütigung beharrt.

7. Bemühen Sie sich, den Familienmitgliedern, von denen Sie früher beschämt wurden, zu vergeben, damit Sie sich dauerhaft von Ihrer Scham befreien können

Vergebung kann eine ziemlich schmerzliche Angelegenheit sein. Starke Gefühle wie Wut, Haß, Verzweiflung und abgrundtiefe Traurigkeit können als Reaktion auf die unnötigen, durch exzessive Beschämung hervorgerufenen Verletzungen an die Oberfläche gelangen.

Wenn Sie Ihre Jugend unter diesem Gesichtspunkt erforschen, dann ist Ärger als Reaktion nur angemessen. Man wird wütend, wenn einem Unrecht geschehen ist; diese Empfindung kann uns Kraft geben, in unserem Denken und Handeln Veränderungen herbeizuführen. Doch sollten wir achtgeben, daß unser Ärger sich nicht in Ressentiments verwandelt, denn diese Emotionen sind weit weniger konstruktiv. Wer Ressentiments hegt, klammert sich an seinem Ärger fest und will ihn gar nicht mehr loslassen, um im Leben nach vorn zu blicken.

Vergebung ist eine Möglichkeit, sich von Ressentiments zu befreien. Es geht dabei in erster Linie um die eigene Heilung. Vergebung kann dazu führen, daß wir uns mit dem Menschen, der uns Schaden zugefügt hat, aussöhnen – oder wenigstens mit unserer Erinnerung an ihn. Vergebung kann uns aber auch in die Lage versetzen, eine Beziehung zu beenden, die uns nur Leid und Ressentiments gebracht hat, und mit neuer Kraft unser eigenes Leben zu leben.

Denken Sie daran: Vergebung läßt sich nicht erzwingen. Vielleicht haben Sie ja das Gefühl, daß die Wunden zu groß sind, als daß Sie vergeben könnten. Vielleicht wollen Sie auch vergeben, können sich aber innerlich nicht dazu aufraffen. Vergebung hat überhaupt nur eine Bedeutung, wenn wir uns ihres freiwilligen Charakters bewußt sind. Mit anderen Worten: Vergebung funktioniert dann am besten, wenn wir sie als ein Geschenk ansehen, das wir ohne alle Hintergedanken zu geben bereit sind. Wahre Vergebung stellt keine Forderungen. Wenn wir einem andern Menschen vergeben, heißt das nicht, daß wir ihn auch lieben, uns mit ihm versöhnen oder alles Geschehene vergessen müssen.

Vergebung ist sowohl eine Einstellung als auch eine Rahmenbedingung für unser Handeln. Bezeichnenderweise wird uns bewußt werden, daß wir bisher zuviel Zeit damit verbracht haben, voll Bitterkeit über all die schlimmen Dinge nachzudenken, die uns angetan wurden. Gedanken wie die folgenden signalisieren hier den Umschwung: »Ich habe genug von Ressentiments. Sie halten meinen Ärger wach und führen dazu, daß ich von der Vergangenheit nicht loskomme. Dadurch wird meine Scham nur noch größer. Ich bin bereit, den Menschen, die mich beschämt haben, zu vergeben, damit ich in meinem Leben wieder vorankomme.«

Dieser Gesinnungswandel leitet neue Verhaltensweisen ein. Die in den Ressentiments gefesselte Energie steht jetzt für die positive eigene Entwicklung zur Verfügung. Vielleicht merken Sie auch, daß Sie ihren Eltern plötzlich ganz anders gegenübertreten können: »Früher waren Feiertage der reinste Horror. Die ganze Zeit habe ich mich da mit meinen Eltern über Kleinigkeiten gestritten.

Nunmehr bin ich bereit, die früheren Geschehnisse zu akzeptieren; deshalb brauche ich nicht mehr dauernd nach Möglichkeiten zu suchen, wie ich meine Eltern am besten angreifen kann.«

Zusammenfassung

Die in der Herkunftsfamilie wurzelnde Scham ist schmerzlich und zählebig; sie richtet großen Schaden an. Gleichwohl kann sie geheilt werden. Zum Heilungsprozeß gehört, daß wir jene Unzulänglichkeitsbotschaften identifizieren, die in uns den meisten Schaden angerichtet haben, und die Trauer über die damit verbundenen Verluste empfinden. Als nächstes können wir dann gegen diese Botschaften angehen und unser Verhalten so ändern, daß es – anstelle der Scham – Stolz, Ehre und Würde zum Ausdruck bringt. »Geborgte« Schande und übertragene Scham müssen wir zurückgeben und uns um Vergebung bemühen, denn dadurch werden wir von unserer Scham befreit.

Die beschämenden Verletzungen, die uns unsere Herkunftsfamilie zugefügt hat, heilen langsam. In diesen Heilungsprozeß müssen wir uns ganz einbringen: unsere Gefühle, Gedanken, Verhaltensweisen – und unseren Geist. Vergessen Sie nie, daß Veränderungen möglich sind. Wir müssen nicht immer und ewig mit der Scham aus der Vergangenheit leben.

Übungen

Erste Übung: Wer von seiner Scham genesen will, muß zunächst lernen, welche Schambotschaften in ihm den größten Schaden angerichtet haben. Geben Sie den folgenden Aussagen eine Rangfolge, je nachdem, welche heute noch den stärksten Einfluß auf Sie ausübt (1 steht für den stärksten, 5 für den schwächsten Einfluß).

Unzulänglichkeitsbotschaft   *Rangfolge der Bedeutung*

Ich bin nicht gut.
Ich bin nicht gut genug.
Ich gehöre nicht dazu
Ich bin nicht liebenswert.
Mich sollte es nicht geben.

Beginnen Sie nun mit der für Sie wichtigsten Botschaft (1), und notieren Sie auf einem getrennten Blatt Papier, wie man Ihnen diese Botschaft nahegebracht hat. Führen Sie so viele Begebenheiten auf wie möglich. Wenn es in Ihrer Familie fast nur um Beschämungen ging, konzentrieren Sie sich jeweils auf die Botschaften nur eines Familienangehörigen. Sollten Sie bei dieser Übung anfangen, sich im Kreise zu drehen, dann hören Sie an diesem Punkt auf. Die Überschrift auf Ihrem Papier sollte ungefähr so aussehen:

Botschaft: *Begebenheit:*

Gehen Sie behutsam mit sich um. Wenn Ihnen die Sache zu nahe geht, dann lassen Sie die Liste ein paar Tage liegen. Seien Sie geduldig. Die Liste der besonderen Vorfälle läßt sich vielleicht nur im Verlauf mehrerer Tage zusammenstellen, weil Ihnen nicht alles auf einmal einfällt. Wenn Sie an Ihre Kindheit keine Erinnerungen mehr haben und deshalb auch die Liste nicht zusammenstellen können, nehmen Sie Zuflucht zur Regression; nehmen und liebkosen Sie ein Stofftier, das Sie an sich selbst – oder vielleicht auch an Sie als kleines Kind – erinnert. Dann werden Ihnen allmählich auch die Vorfälle wieder einfallen, um die es in dieser Übung geht; dann sind Sie auch bereit, sich mit ihnen auseinanderzusetzen.

Obwohl diese Liste erdrückend wirken mag, haben wir in unserer Praxis die Erfahrung gemacht, daß darauf meistens nur das erscheint, womit Sie sich auch tatsächlich auseinandersetzen können und wollen – nicht mehr und nicht weniger. Verlassen Sie sich auch auf die Unterstützung anderer Menschen, die Sie benötigen; zögern Sie nicht, sich einem Psychotherapeuten anzuvertrauen, wenn Sie selbst (oder jemand aus Ihrem Freundes- und Helferkreis) das für sinnvoll und nötig halten.

Als nächstes notieren Sie die Verluste, die Sie in den aufgelisteten Situationen erlitten haben. Eine Beispielliste könnte etwa so aussehen: Selbstachtung; Respekt vor einem Elternteil; jungfräuliche Unberührtheit; das Recht, nein zu sagen und trotzdem geliebt zu werden; das Gefühl der Geborgenheit; die Fähigkeit, sich sicher zu fühlen; den Kontakt zu einem bestimmten Menschen; die Fähigkeit, die eigenen Leistungsmöglichkeiten zu erkennen. Nehmen Sie in Ihre Liste körperliche und geistige Verletzungen genauso auf wie Gefühlsverletzungen; alle diese Bereiche stellen gesundheitliche Beeinträchtigungen dar. Die dritte Rubrik auf Ihrem Papier sollte dann etwa lauten:

Welche Verluste ich erlitten habe:

Zweite Übung: Konzentrieren Sie sich auf eine Begebenheit, und erinnern Sie sich so genau wie möglich daran. Schließen Sie Ihre Augen, und versetzen Sie sich in die Rolle des beschämten Kindes, das Sie einmal waren. Was haben Sie damals gesehen? Gehört? Gefühlt? Wenn Sie einen jungen Freund haben, dem Ähnliches widerfuhr, auf welche Worte würde er sehnlichst warten? Nehmen Sie jetzt vor Ihrem geistigen Auge (oder auch physisch, in Gestalt eines Stofftiers) das Kind in Ihrem Innern in die Arme, und sagen Sie ihm, was es *damals* vergeblich zu hören gehofft hat. Und dann sagen Sie sich selbst, was Sie *jetzt* unbedingt hören müssen:
– »Ich bin gut«.
– »Ich bin gut genug.«
– »Ich bin liebenswert.«
– »Ich gehöre dazu.«
– »Es ist gut, daß es mich gibt.«

Lassen Sie Ihren Gefühlen bei dieser Übung ruhig freien Lauf, wenn Sie das wollen; erforderlich ist es nicht. Ziel dieser wenigen Minuten ist es, uns selbst gegenüber Mitgefühl, Trost und Liebe zu empfinden und den Trauerprozeß einzuleiten. So können wir unsere Verluste beklagen, ohne vor uns selbst davonlaufen zu müssen. (Beachten Sie: Wenn es Ihnen unmöglich scheint, im Geiste das Kind in Ihnen zu umarmen, dann verkrampfen Sie sich nicht. Eines Tages wird Ihnen auch das gelingen.)

Dritte Übung: Wir müssen unsere Traurigkeit und unseren Schmerz mit anderen teilen und zu diesem Zweck eine oder mehrere der folgenden Aufgaben bewältigen:
– Lassen Sie jemanden aus Ihrem Freundes- und Helferkreis an Ihrer Trauer teilhaben, und bitten Sie ihn oder sie um Trost.
– Führen Sie Tagebuch, und lassen Sie den Schmerz so aus sich heraus.
– Teilen Sie Ihre Trauer mit einer Höheren Macht, und lassen Sie Ihre Wunden allmählich heilen.
– Teilen Sie Ihre Trauer mit dem Wind, und lassen Sie ihn Ihre Schmerzen wegwehen.

Vielleicht fallen Ihnen auch noch weitere Möglichkeiten ein, wie Sie Ihre Schmerzen teilen können. Notieren Sie, was Sie tatsächlich unternommen haben.

Vierte Übung: Stellen Sie wenigstens drei Möglichkeiten zusammen, wie Sie sich selbst positiv beeinflussen können, indem Sie Ihr Verhalten so ändern, daß Ihre Selbstachtung eindeutig zum Ausdruck kommt.

Wenn zu Ihren Vorhaben die Auseinandersetzung mit den gegenwärtigen Beschämungspraktiken Ihrer Herkunftsfamilie gehört, dann wählen Sie sich für den Anfang ein konkretes Problem aus. Fangen Sie nicht mit dem

größten Problem an – arbeiten Sie sich an dieses erst heran. Gehen Sie wie folgt vor:
– Wer beschämt mich?
– Konkretes Beschämungsverhalten:
– Möglichkeiten gegen dieses Verhalten anzugehen:
Markieren Sie dann die Methode, die Sie ausprobieren wollen.
Nach getaner Tat beantworten Sie die folgenden Fragen:
– Bin ich respektvoll aufgetreten?
– Bin ich ruhig geblieben?
– Habe ich mich klar ausgedrückt?
– Hat man auf mich gehört?
– Will ich es noch einmal versuchen oder lieber den Kontakt auf ein Minimum beschränken? Warum?

Fünfte Übung: »Geborgte Schande« läßt sich nicht immer leicht zurückgeben. Das kommt zum Teil durch die irrationalen Schuldgefühle, die oft damit verknüpft sind. So denken wir beispielsweise, daß das betreffende Mitglied unserer Familie sich nicht so schändlich benommen hätte, wenn nicht auch mit uns selbst etwas verkehrt gewesen wäre. Aufgrund dieses Irrglaubens übernehmen wir dann Verantwortung für die Schande dieses Menschen und sein beschämendes Verhalten.

Beantworten Sie die folgenden Fragen auf einem getrennten Blatt Papier:
– Wie und wo habe ich »Schande geborgt«?
– Was muß ich tun, um diese »geborgte Schande« zurückzugeben?

Sechste Übung: Daß wir denen, die uns beschämt haben, vergeben, ist ein wichtiger Teil des Heilungsprozesses. Das heißt, daß wir die anderen so nehmen, wie sie sind; auch wir müssen uns ja so akzeptieren, wie wir sind. Wir sind nicht verpflichtet zu vergeben, und dieser Akt stellt auch keine Billigung des Verhaltens der anderen dar, sondern bestätigt lediglich, daß wir alle nur Menschen sind. Die Vergebung sollte erst als letzter Schritt des Heilungsprozesses erfolgen, nicht als erster oder zweiter. Zunächst einmal müssen sich die meisten Menschen gestatten, wütend zu sein. Das Verzeihen sollte nicht dazu benutzt werden, den gesunden Zorn zu unterbinden, der uns hilft, eine deutlich andere, neue Identität herauszubilden.

Wenn Sie sicher sind, daß Sie bereitwillig verzeihen können, oder wenn sich in Ihnen so starke Ressentiments aufgetürmt haben, daß Sie unbedingt Vergebung leisten müssen, um Ihre seelische Gesundheit zurückzuerlangen, dann kehren Sie zu dieser Übung zurück, und bringen sie zu Ende.

Nun, da Sie zur Vergebung bereit sind, benennen Sie als erstes die Person, der Sie vergeben möchten. Stellen Sie alles zusammen, was Sie in der Beziehung zu ihm oder ihr gewonnen und gelernt haben und wofür Sie dankbar sind. Führen Sie hier nur Dinge auf, die wirklich positiv sind.

Jetzt listen Sie die schönsten Dinge auf, die Sie in Ihrer Vorstellung diesem Menschen wünschen. Darunter sollten auch Dinge sein, die Sie sich selbst wünschen.

Atmen Sie tief durch und entspannen Sie sich. Stellen Sie sich dann vor, wie ein oder mehrere dieser schönen Dinge dem Menschen widerfahren, dem Sie vergeben wollen. Stellen Sie sich das immer wieder vor – so klar, wie Sie nur irgend können. Jeden Tag sollten Sie sich fünf Minuten das Gute vorstellen, das demjenigen passiert, dem Sie verzeihen. Wiederholen Sie diese Übung so oft, bis Sie bei dieser Vorstellung restlos glücklich sein können; so lange, bis Sie nur noch heitere Gefühle spüren, wenn Sie an diesen Menschen denken.

Wenn Sie sich in Gegenwart dieser Person nicht wohl fühlen, dann verbringen Sie jetzt möglichst wenig Zeit mit ihm oder ihr – und achten Sie dabei immer auf Ihre Gefühle. Denn Sie vergeben diesem Menschen in erster Linie, um Ihr eigenes Wohlbefinden zu verbessern. Dabei spielt es keine Rolle, ob der oder die Betreffende von der Änderung Ihrer Einstellung profitiert. Erwarten Sie auch nicht, daß sich dieser Mensch als Antwort auf Ihre Vergebung auch wirklich ändert – Vergebung ist immer ein Geschenk ohne Hintergedanken.

13. Kapitel

Heilung der Verletzungen aus den gegenwärtigen Beziehungen

Sie sind schon ein seltsames Paar. Er erzählt ihr laufend, sie sei eine lausige Mutter, und sie hält ihm dauernd vor, er könne seine Gefühle nicht zeigen. So streiten Sie immer weiter. Aber dann haben sie ein schreckliches Gefühl bei dem, was mit ihnen passiert ist – wie Haß und Scham an die Stelle von Liebe und Ehre getreten sind. Eigentlich wäre es Zeit für einen Waffenstillstand, aber beide haben Angst davor, die Angriffe auf den anderen einzustellen.

* * *

»Jahrelang habe ich ihn auf Schritt und Tritt beobachtet und immer nur nach Anzeichen Ausschau gehalten, daß er mich demütigen wollte. Mir ist überhaupt nicht aufgefallen, wie sehr ich ihn damit beschämt habe. Und wenn es mir doch einmal aufgefallen ist, dann habe ich mein Verhalten vor mir selbst damit gerechtfertigt, daß ich mich ja schließlich nur selbst verteidigt habe. Die Dinge wurden erst anders, als ich mir fest vorgenommen hatte, ihn nicht mehr zu beschämen.«

* * *

»Jetzt reicht's mir aber. Ich habe meinem Partner deutlich gemacht, daß ich seine Beschimpfungen nicht länger hinnehmen werde. Aber er lehnt es ab, sich zu ändern. Weiterhin beleidigt er mich täglich vor unseren Freunden. Er sagt, daß ich diese Behandlung verdiene und daß er jede Verantwortung für sein Verhalten ablehnt. So kann ich mit ihm nicht mehr länger zusammenleben. Wie soll ich denn weniger Scham empfinden, wenn er meine Scham ständig und mit Absicht vergrößert?«

* * *

Es geht um Macht. Sie benutzt ihre Fähigkeit, andere zu beschämen, wie eine Keule. Arbeitskollegen, Freunde und Familienangehörige – sie alle fürchten ihre plötzlichen Angriffe. Sie kann Leute schon allein durch ihren Blick ganz klein machen. Scham – die Art, wie sie die anderen unter Kontrolle hält – ist ihre beste Waffe.

* * *

Von Scham geprägte Beziehungen drehen sich immer um exzessive Schamgefühle. Dabei kann die Beschämung einseitig (meistens von seiten einer mächtigeren Person gegen eine schwächere) oder wechselseitig erfolgen. Dann handelt es sich um destruktive »Beschämungswettkämpfe«. Immer aber sind Beziehungen, die auf Scham basieren, für die Beteiligten schädlich – selbst für jene, die auf diese Weise Macht und Kontrolle gewinnen. Die Würde eines jeden Menschen wird schwer in Mitleidenschaft gezogen, und die Möglichkeiten, sich besser und tiefer kennenzulernen, schrumpfen auf ein Minimum.

Deshalb muß es unser Ziel sein, solche Beziehungen durch gesunde zu ersetzen oder aber so zu verändern, daß Ehre, Respekt und Würde an die Stelle von Scham und Beschämung treten. Die folgenden Leitlinien dienen der Erreichung dieses Zieles.

Leitlinien zur Heilung von Verletzungen aus gegenwärtigen, von Scham geprägten Beziehungen

1. Als erstes müssen Sie sich bewußt machen, auf welche Weise Sie in den Beziehungen, die Ihnen wichtig sind, andere beschämen.
2. Machen Sie sich klar, was Sie dadurch gewinnen, daß Sie andere beschämen.
3. Machen Sie sich klar, welchen Schaden Sie sich selbst und anderen durch Ihr beschämendes Verhalten zufügen.
4. Ziehen Sie eine Verbindung zwischen Ihrem beschämenden Verhalten, Ihren eigenen Schamproblemen und Ihrem Selbsthaß.
5. Nehmen Sie sich vor, mit der Beschämung anderer aufzuhören, ohne Rücksicht darauf, wie diese sich Ihnen gegenüber verhalten.
6. Ersetzen Sie Ihr beschämendes Verhalten gegenüber anderen durch respektvolles Handeln.
7. Machen Sie sich klar, wie Sie von anderen, die Ihnen etwas bedeuten, beschämt werden und welcher Schaden dabei entsteht.
8. Gehen Sie aktiv gegen das beschämende Verhalten vor, das gegen Sie gerichtet ist.
9. Erwägen Sie die Möglichkeit, Beziehungen aufzugeben, die weiterhin von Beschämung geprägt sind.
10. Nehmen Sie sich vor (und bleiben Sie dabei), Beziehungen zu pflegen, die nicht auf Scham und Beschämung basieren.

1. Als erstes müssen Sie sich bewußt machen, auf welche Weise Sie in den Beziehungen, die Ihnen wichtig sind, andere beschämen

Offen gestanden fällt es den meisten Leuten wesentlich leichter festzustellen, wie sie unter der Beschämung durch andere Menschen zu leiden haben, als ihr eigenes beschämendes Verhalten zu durchschauen. Deshalb schlagen wir vor, zuerst einmal diese Neigung, die wichtigen Menschen in unserem Leben zu beschämen, näher zu untersuchen. In besonderem Maße gilt unsere Aufmerksamkeit dabei der wechselseitigen Beschämung, denn hier benutzen beide Seiten die Scham als Waffe, um Macht und Kontrolle zu erlangen.

Ein typisches Beispiel: Ein Ehepaar beschwert sich darüber, daß beide nichts anderes mehr tun, als sich zu zanken und zu bekämpfen. Und dann verbringt jeder Partner Stunden damit, bis in alle Einzelheiten auszuführen, was der andere tut, um einen selbst zur Verzweiflung zu bringen. Beide zeigen nur wenig Interesse, dem anderen zuzuhören; beide sind zu sehr damit beschäftigt anzugreifen. Jeder ist sehr sensibel, wenn es um die eigenen Schamwunden geht, aber beide sind nicht willens, ihr eigenes beschämendes Verhalten zu ändern.

Niemand tut sich leicht damit, die eigene Machtposition aufzugeben. Dieser allgemeine Grundsatz läßt sich auch spezifischer fassen: Niemandem fällt es leicht, seine Macht, andere zu beschämen, aus der Hand zu geben. Deshalb ist es sehr wichtig, daß Sie selbst, ehe Sie andere auffordern, Sie nicht länger zu beschämen, gewissenhaft

Ihre eigenen Gedanken, Worte und Taten überprüfen und bewerten.

Beginnen Sie diese Überprüfung mit den direktesten und mächtigsten Beschämungsattacken. Dazu gehören beispielsweise die absichtlichen Kränkungen, mit denen Sie Ihren Partner (oder andere wichtige Menschen in Ihrem Leben) überhäufen. Einige dieser Beleidigungen werden vielleicht in aller Öffentlichkeit ausgesprochen – dann sollte man sie ohne Umschweife *Demütigungen* nennen. Andere kommen nur in den eigenen vier Wänden vor, sind aber möglicherweise genauso verletzend. Bei langfristigen Beziehungen sind solche Kränkungen oft schon im voraus erkennbar. Sie sind klare Zeichen der Verachtung für den anderen. Wenn sie funktionieren, reduzieren sie die innere Stärke des Partners.

Denken Sie dann einmal über die subtileren Arten nach, andere zu kränken. Verdrehen Sie zum Beispiel gequält die Augen, wenn Ihre Kinder mit Ihnen zu reden versuchen? Unterbrechen Sie Ihren Partner regelmäßig, weil Sie ja soviel mehr wissen als er oder sie? Kichern Sie ein wenig zu oft über ernstgemeinte Bemerkungen des Partners? Langweilen Sie jemandes Bemerkungen so, daß Sie ihm oder ihr überhaupt nicht mehr zuhören? Auf welche andere subtile Art beschämen Sie die Menschen in Ihrer Umgebung?

Was ist, wenn Sie keine Anzeichen entdecken können, daß Sie einen anderen Menschen beschämen? Erste Antwort: Sehen Sie noch einmal genau hin, und denken Sie daran, daß es schwer ist, sich diesem Teil unserer Persönlichkeit zu stellen, und daß es deshalb leichter fällt, das eigene beschämende Verhalten abzustreiten. Als nächstes könnten Sie die anderen direkt befragen, ob und wann diese das Gefühl haben, von Ihnen beschämt zu werden. Und natürlich sollten Sie auch die Reaktionen der anderen auf Ihr Benehmen beachten. Geben Sie zum Beispiel einmal darauf acht, wann Ihre Gesprächspartner peinlich berührt aussehen oder den Anschein erwecken, als würden sie immer kleiner und schwächer. Ebenso sollten Sie daran denken, daß Wut eine Abwehrhaltung gegen Scham ist: Jemand, der plötzlich sehr ärgerlich über Sie wird, reagiert damit möglicherweise beschämt auf etwas, das Sie gesagt haben.

Vielleicht beschämen Sie einen anderen Menschen gar nicht, der aber seinerseits Sie beschämt. Dann wären Sie nur das Opfer in einer einseitig beschämenden Beziehung. Selbst dann aber sollten Sie auf keinen Fall die nächsten Abschnitte überschlagen. Denn es könnte immer noch sein, daß Sie bei der Lektüre der folgenden Leitlinien entdecken, daß Sie sehr wohl andere beschämen, es nur nicht merken. Ansonsten aber sollten Sie dann Ihre Energie auf die letzten Abschnitte dieses Kapitels konzentrieren; dort geht es um die offensive Einstellung gegenüber der Beschämung durch andere.

2. Machen Sie sich klar, was Sie dadurch gewinnen, daß Sie andere beschämen

Gewohnheit ist einer der Gründe, warum wir unsere Mitmenschen beschämen. Manchmal ist die Beschämung so alltäglich geworden, daß sie automatisch abläuft. Aber natürlich gibt es noch viele andere Gründe, warum Menschen Scham als Waffe einsetzen: etwa Macht- und Kontrollbedürfnisse; den Wunsch, sich überlegen zu fühlen; das Bestreben, sich gegen das Offenbarwerden der eigenen Scham zur Wehr zu setzen.

Die manchmal etwas versteckte Botschaft all jener, die mit Hilfe von beschämenden Methoden Macht und Kontrolle über andere gewinnen wollen, lautet: *Ich bin stärker als du.* Der Mann weist seine Frau auf ihre Unzulänglichkeiten hin (sie sei schwach, ineffizient, nutzlos und kränklich), um so zu begründen, daß besser er die Kontrolle über ihr Leben übernehmen sollte. Solche Botschaften können brutal offen (»Du gehst mit Geld so verantwortungslos um, daß ich ständig über unser Konto wachen muß.«) oder subtil sein (»Gib dir nur weiter Mühe, Liebling. Eines Tages wirst du es vielleicht schaffen, daß du mit Geld umgehen kannst. Bis dahin aber ist es besser, wenn ich allein über unser Konto verfüge.«).

Die indirekte Botschaft einer Frau, die sich gegenüber ihrer Kollegin oder ihrem Partner überlegen fühlen möchte und die deshalb die oder den andere(n) beschämt, lautet: *Ich bin besser als du.* Daher konzentriert sie sich auf die persönlichen oder kulturellen Defizite der anderen. Ihren Partner kann sie beispielsweise wissen lassen, er sei zu ungehobelt, ungebildet oder einfältig, um jemals mit ihr auf einer Stufe stehen zu können. Eine solche Frau beschämt die anderen, damit sie sich weiterhin als besonders begabt fühlen kann. Beschämung dient hier also der Aufrechterhaltung des Prestiges.

Lieber du als ich – so könnte die geheime Botschaft all derer lauten, die andere beschämen, um nicht selbst von ihnen beschämt zu werden. In Beziehungen, die durch wechselseitige Beschämung geprägt sind und in denen es oft zu regelrechten »Beschämungswettkämpfen« kommt, sind solche Verteidigungsmanöver an der Tagesordnung. Der Leitgedanke ist, den ersten Treffer zu landen. Wenn zum Beispiel eine Frau ihren Mann wegen seiner Trägheit zuerst angreift, ehe er auf ihre Eßgewohnheiten zu sprechen kommen kann, dann schützt sie sich so gegen die Offenlegung ihrer eigenen Scham.

Wenn aber Beschämung Macht, Prestige und Schutz verleihen kann, warum sollte sich dann jemand freiwillig entschließen, diese hervorragende Waffe aus der Hand zu legen? In der Tat weigern sich ja manche Menschen, die Beschämung anderer zu beenden. Sie ziehen Macht dem vertrauten Umgang vor. In ihren Augen wäre es ein Zeichen von Schwäche, wenn sie die anderen mit Würde und Respekt behandelten.

Unserer Ansicht nach hören die meisten Menschen nur deshalb mit der Beschämung anderer auf, weil sie selbst davon profitieren. Sie erkennen allmählich: Ihre eigene Scham ist nicht dadurch heilbar, daß sie so tun, als wären sie irgendwie stärker, klüger oder besser als alle anderen. Sie finden heraus, daß sie sich nur dadurch den Prinzipien der Menschlichkeit, Demut, Kompetenz und Eigenverantwortlichkeit annähern können, daß sie ihren Anspruch aufgeben, von vornherein über- oder unterlegen zu sein. Sie können ihren Platz in der menschlichen Gemeinschaft einfach nicht finden, wenn sie den Menschen, die sie lieben, nicht zugestehen, Menschen zu sein, die gut genug sind.

Wer zu seinen Mitmenschen Beziehungen aufbauen möchte, die nicht auf Scham und Beschämung basieren, muß sich zuvor genau ansehen, was gewonnen und was verloren wird, wenn man andere beschämt. Mit diesem Bewußtsein ist man dann in der Lage, eine begründete Entscheidung zu treffen, ob das eigene Verhalten geändert werden soll oder nicht.

3. Machen Sie sich klar, welchen Schaden Sie sich selbst und anderen durch Ihr beschämendes Verhalten zufügen

Beschämungsattacken verletzen die Menschen, die uns am Herzen liegen. Jetzt ist der Zeitpunkt gekommen, wo Sie diese Verletzungen einmal genau betrachten sollten. Laufen Ihre Kinder in ihre Zimmer und weigern sich, wieder herauszukommen – nicht einmal zum Spielen –, wenn sie von Ihnen beschämt wurden? Schaut Ihr Partner verlegen drein, wenn Sie zum soundsovielten Mal auf einem Thema herumhacken, das Sie besser gar nicht erst zur Sprache gebracht hätten? Zucken Ihre Arbeitskollegen zusammen, wenn sie von Ihnen persönlich hart angegriffen werden?

Es bedarf keines großen Könnens, um einen anderen Menschen durch Beschämung zu verletzen. Beinahe jeder ist dazu in der Lage. Die meisten Menschen sind deshalb so verletzlich, weil sie von denen, die in ihrem Leben eine wichtige Rolle spielen, Bestätigung brauchen. Unserer Meinung nach ist es viel schwerer, andere *nicht* zu beschämen und statt dessen kontinuierlich Liebe, Anerkennung und Fürsorge zu demonstrieren.

Seien Sie in diesem Punkt ganz konkret. Entwickeln Sie ein Gespür für den feinen Unterschied zwischen den folgenden beiden Aussagen:
– »Ich glaube, ich habe sie beschämt und verletzt. Bestimmt war es so; aber ich weiß nicht, wie.«
– »Als ich ihr sagte, sie sei doof, konnte ich den Schmerz in ihrem Gesicht sehen – allein schon die Art, wie sie blinzelte und den Kopf hängen ließ.«

Beachten Sie, daß in der zweiten Aussage genaue Anhaltspunkte für denjenigen enthalten sind, der die Rolle des Beschämenden innehat. Von nun an kann er sich immer daran erinnern, daß er bestimmte Dinge nicht sagen oder tun darf, wenn er eine entsprechende Reaktion bei einem anderen Menschen vermeiden will. Und wenn er dennoch ähnliche Reaktionen auf sein Verhalten bemerkt, dann ist er in der Lage, selbst zu erkennen, daß er möglicherweise das Schamgefühl des anderen verletzt hat. Er hat dann die Wahl, sein Verhalten zu ändern, ehe noch weiterer Schaden entsteht.

Wer andere beschämt, sollte auch auf den Schaden achten, den er sich selbst zufügt. Fühlt er sich nach einer Beschämungsattacke schlechter statt besser? Hat er das Gefühl, isoliert und allein zu sein? Ermuntert er andere, ihn auch zu beschämen, so daß es zu einer Art Beschämungswettbewerb kommt? Hat er das Gefühl, kein vollwertiger Mensch zu sein, wenn er andere beschämt? Fühlt er sich schuldig? Auch hier sollte man so konkret wie möglich sein. Vage Antworten nützen niemandem, denn sie können nicht zu echten Verhaltensänderungen führen.

Ein warnender Hinweis: Versuchen Sie nicht, alles auf einmal in Ordnung zu bringen. Sonst werden Sie möglicherweise von Scham- und Schuldgefühlen überwältigt. Nehmen Sie sich Zeit. Steigern Sie Ihre Selbstwahrnehmung. Fangen Sie langsam und entspannt an; nur in Ruhe können Sie in Ihrem Leben wirkliche Veränderungen bewirken.

4. Ziehen Sie eine Verbindung zwischen Ihrem beschämenden Verhalten, Ihren eigenen Schamproblemen und Ihrem Selbsthaß

Viele Menschen, die andere gewohnheitsmäßig abwerten, sind selbst tief beschämt und voller Selbsthaß. Außerdem beschämen sie die anderen oft mit Botschaften, die sie eigentlich auf sich selbst beziehen. Jemand, der seine Arbeitskollegen als langweilig und uninteressant abqualifiziert, glaubt vielleicht insgeheim, daß er selbst langweilig und uninteressant sei. Solche Menschen »projizieren« ihre Scham auf andere; sie geben sie gewissermaßen an andere weiter, um sich selbst nicht unzulänglich zu fühlen.

Auch diese Möglichkeit sollten Sie unbedingt in Erwägung ziehen, wenn Sie darüber nachdenken, wie Sie andere Menschen beschämen. Beachten Sie besonders jene Aussagen, die Sie am häufigsten gebrauchen – es sind höchstwahrscheinlich dieselben, die Sie im Grunde auf sich selbst beziehen. Suchen Sie auch nach beschämenden Aussagen, die auf die beschämte Person überhaupt nicht zutreffen; etwa wenn Sie jemanden faul nennen, der es nun wirklich nicht ist. Auch hier sind Sie wahrscheinlich Ihren eigenen Projektionen auf der Spur.

Das heißt natürlich nicht, daß jede böse Bemerkung, die Sie machen, Ihre eigenen Schamgefühle wiedergibt. Auch ist die Annahme unbegründet, daß alle gegen Sie gerichteten Beschämungen eigentlich nur die tiefen Schamgefühle der anderen offenbaren. Es gibt einfach zu viele verschiedene Gründe, warum Menschen einander beschämen.

Wenn wir einen anderen beschämen, verbergen wir damit vielleicht unsere eigene Scham; heilen können wir sie auf diese Weise jedoch nicht. Wir müssen den Mut aufbringen, uns mit dieser Scham auseinanderzusetzen, anstatt unser Heil darin zu suchen, die Schamgefühle an andere weiterzugeben, indem wir ihnen Vorwürfe machen und sie angreifen. Wenn wir diese Zusammenhänge erst einmal erkannt haben, dann müssen wir uns als nächstes fest vornehmen, andere nicht mehr durch unseren Selbsthaß zu beschämen.

5. Nehmen Sie sich vor, mit der Beschämung anderer aufzuhören, ohne Rücksicht darauf, wie diese sich Ihnen gegenüber verhalten

Wir sind der festen Überzeugung, daß Sie Ihre eigene innere Würde verletzen, wenn Sie einen anderen Menschen beschämen. Wer andere angreift, verletzt die Grundprinzipien der eigenen Menschlichkeit, Demut, Eigenverantwortung und Kompetenz. Die Beschämung anderer vergrößert langfristig eher die eigenen Schamprobleme, als daß diese dadurch geringer würden. Wer die Last der eigenen Scham erleichtern will, muß sich als erstes ernsthaft dazu verpflichten, andere nicht mehr zu beschämen.

»Ich bin ja auch der Ansicht, daß ich aufhören sollte, meinen Mann zu beschämen, aber was ist, wenn er nicht aufhört, mich zu beschämen? Ich höre also erst auf, wenn er auch aufhört.« Wer als Ehefrau so denkt und redet, schiebt die eigene Verantwortung und die eigene Entscheidung auf den Partner ab. Sie gibt ihm damit die Macht in die Hand, über die Gestaltung ihres Lebens zu entscheiden. Stimmt ihr Mann dem Waffenstillstand zu und bricht dann sein Wort, dann hätte sie eine gute Entschuldigung, ebenfalls zu ihrem alten beschämenden Verhalten zurückzukehren.

Der entscheidende Punkt ist, daß wir nicht darauf warten können, bis die Welt wirklich so gut ist, wie wir sie gerne hätten. Wir können nicht warten, bis alle anderen aufgehört haben, uns zu beschämen, ehe wir uns selber ernsthaft vornehmen, unser Verhalten zu ändern. Selbstbestimmung heißt, daß wir für unser eigenes Verhalten verantwortlich sind. Der richtige Zeitpunkt, mit der Beschämung der Menschen, die uns wichtig sind, aufzuhören, ist schon dann gekommen, wenn wir erkannt haben, daß wir durch diese Herabwürdigungen uns nur selbst einengen.

Wenn Sie jemandem dauernd sagen, er oder sie sei dick und häßlich, dann geben Sie sich heute einmal Mühe, diese Phrase völlig aus Ihrem Wortschatz zu streichen. Verkneifen Sie es sich, ständig auf kleinen Fehlern eines anderen herumzuhacken. Treffen Sie heute die Entscheidung, daß Sie Ihren Ehepartner nicht mehr in der Öffentlichkeit demütigen werden. Und dann halten Sie diese Vorsätze auch wirklich ein. Sie sollten sich *nicht nur bemühen,* andere nicht mehr zu beschämen – Sie sollten sie *wirklich nicht mehr beschämen.* Wenn Sie Ihren Vorsatz aber einmal gebrochen haben, dürfen Sie sich deshalb nicht selbst angreifen. Das ist keine Lösung. Vielmehr sollten Sie die Situation sofort dadurch bereinigen, daß Sie sich bei der Person, die Sie beschämt haben, entschuldigen und dann Ihren Vorsatz bekräftigen, mit der Beschämung anderer aufzuhören. Denken Sie auch daran, daß Sie Ihr nicht-verbales Verhalten beobachten und unter Kontrolle halten, damit Sie niemanden etwa durch verächtliche Blicke verletzen.

Manchmal reagieren andere auf Ihre Verhaltensänderung positiv. Sie hören vielleicht auch damit auf, Sie zu beschämen – jetzt, da sie keinen Angriffen mehr von Ihrer Seite ausgesetzt sind. Sehen Sie solche Wandlungen als wunderschöne Zugaben an, nicht aber als Lohn Ihrer Entscheidung. Denn die wahre Belohnung für den Verzicht auf die Beschämung anderer ist der größere Respekt, den

Sie vor sich selbst gewinnen. Wer sich weigert, andere zu beschämen, ist auch weniger anfällig für Selbstbeschämung.

6. Ersetzen Sie Ihr beschämendes Verhalten gegenüber anderen durch respektvolles Handeln

Wenn Menschen eine ihrer früheren Verhaltensweisen aufgeben, sie aber durch keine neue ersetzen, entstehen Leerräume in der Kommunikation. Ein Beispiel: Als die beiden Ehepartner erkannten, daß ihre Beziehung durch die gegenseitigen Beschämungstaktiken großen Schaden genommen hatte, faßten sie den Entschluß, dieses negative Verhalten zu unterlassen. Dann jedoch fanden sie heraus, daß sie sich nichts mehr zu sagen hatten. Ihre Partnerschaft war so sehr auf Scham und Beschämung gegründet gewesen, daß sie nun – ohne die ständige gegenseitige Kritik – völlig inhaltslos war.

Lob, Respekt und Anerkennung sind positive Einstellungen, die an die Stelle der beschämenden Worte und Taten treten können. Diese neuen Einstellungen zum Ausdruck zu bringen, wird Menschen, die andere gewohnheitsmäßig beschämt haben, zunächst schwerfallen. Viele müssen wahrscheinlich erst einmal bewußt erlernen, wie man sich ausdrücken kann, ohne die anderen zu beschämen. Als erstes müssen sie das Gute an anderen Menschen überhaupt erst einmal wahrnehmen, eben nicht nur die Fehler. Als zweites werden sie lernen müssen, wie man anderen Respekt und Anerkennung bekundet. Und schließlich müssen sie der Versuchung widerstehen, mit Lob zu tadeln, denn das führt ja nur wieder zu den alten Einstellungen zurück.

Hier sind ein paar Anregungen, wenn Sie sich vorgenommen haben, in Zukunft auf beschämende Ausdrucks- und Verhaltensweisen zu verzichten:

– Beginnen Sie jeden Tag mit der Erneuerung des Vorsatzes, die Würde der anderen zu respektieren.
– Achten Sie bewußt auf die positiven Worte und Taten derer, die Ihnen wichtig sind.
– Achten Sie auf den inneren Wert eines jeden Menschen in Ihrem Leben. Respekt basiert darauf, daß Sie die anderen als menschliche Wesen anerkennen, egal wie sie sich im einzelnen verhalten.
– Sagen Sie den anderen, daß sie gut, gut genug, liebenswert und wichtig für Sie sind. Solche Worte dürfen Ihnen nicht im Hals steckenbleiben.
– Benutzen Sie niemals ein Lob, um den Boden für Kritik zu bereiten (»Wie du heute gekocht hast, das hat mir schon gefallen, aber...«).
– Sie können Menschen respektieren, auch wenn Sie mit ihnen nicht einer Meinung sind. In jeder Beziehung sind Konflikte unausweichlich, aber das darf kein Vorwand für beschämende Verhaltensweisen sein.
– Wenn Sie Ihre Anerkennung zum Ausdruck bringen, dann sollten Sie nicht im Gegenzug Lob erwarten oder gar fordern. Vielleicht warten Sie vergeblich. Gleichwohl sollten Sie das nicht als Rechtfertigung für einen Angriff ansehen.

– Verfolgen Sie aufmerksam den Wandel, der in Ihrem Inneren vorgeht, wenn Sie Respekt an die Stelle von Scham setzen. Denken Sie daran, daß letztlich Sie selbst von Ihrem neuen Verhalten profitieren. Wenn Sie andere achten, wächst auch Ihre Selbstachtung.

7. Machen Sie sich klar, wie Sie von anderen, die Ihnen etwas bedeuten, beschämt werden und welcher Schaden dabei entsteht

Jetzt, da Sie sich ernsthaft vorgenommen haben, die anderen zu respektieren, sind Sie bereit, Ihr Augenmerk darauf zu richten, wie andere Sie beschämen. Das heißt natürlich nicht, daß Sie nun perfekt sein müssen oder daß Sie nie wieder einen anderen Menschen beschämen werden. Das wäre zuviel verlangt. Realistisch betrachtet können Sie einfach nicht erwarten, daß andere aufhören, Sie zu attackieren, ehe Sie Ihr eigenes Verhalten entsprechend geändert haben.

Untersuchen Sie als erstes eine Ihrer gegenwärtigen Beziehungen, bei der Sie den Verdacht haben, oft beschämt zu werden. Nehmen Sie sich ein paar Tage oder eine Woche Zeit, um einfach einmal die Beschämungsmuster zu registrieren, die immer wieder vorkommen. Und unterschlagen Sie dabei nicht, wie Sie selbst den anderen beschämen.

Achten Sie besonders auf wiederkehrende Wendungen, Gesten und Verhaltensweisen – auf eingespielte Beschämungsrituale, etwa wenn jemand einem anderen herablassend über den Kopf streicht oder regelmäßig ignoriert, was der andere sagt. Beachten Sie sowohl subtile als auch massive Angriffe auf Ihre Selbstachtung. Unterscheiden Sie absichtlich verletzende Verhaltensweisen von eher beiläufigen, weniger bewußten Attacken. Manchmal stellen Sie vielleicht sogar fest, daß Sie sich beschämt fühlen, wenn die fraglichen Aussagen eigentlich wohlwollend gemeint waren. Versuchen Sie, immer daran zu denken, daß die Beschämungen oft eher zufällig geschehen und daß nicht immer der Vorsatz dahintersteht, den anderen dauerhaft zu verletzen.

Eine Botschaft oder Handlung ist – unabhängig von der Absicht des Redenden oder Handelnden – immer dann beschämend, wenn der Adressat daraufhin das Gefühl hat, weniger menschlich, weniger demütig (im Sinne von: nicht besser oder schlechter als andere), weniger autonom oder weniger fähig zu sein. Es ist wichtig, daß Sie ein Gespür dafür entwickeln, *wie* die beschämenden Botschaften eines anderen Ihnen Schaden zufügen.

- Fühle ich mich irgendwie schmutzig oder unrein, wenn ich mich mit einem bestimmten Menschen unterhalten habe?
- Fühle ich mich weniger intelligent oder kompetent als vor der Diskussion?
- Habe ich das Gefühl, daß diese Person mich nicht akzeptieren kann, wenn ich meine Unabhängigkeit nicht aufgebe und genau das tue, was er oder sie will?
- Fühle ich mich in Gegenwart dieser Person fast immer wie ein kleines Kind?

– Redet diese Person ziemlich oft über meine Unzulänglichkeiten und Fehler?

Wenn Sie diese Fragen beantworten, können Sie die unmittelbaren Auswirkungen der Beschämung feststellen. Ebenso wichtig aber ist es, sich mit den langfristigen Folgen zu befassen. Stellen Sie sich deshalb noch weitere Fragen, die den Zeitraum von mindestens einigen Monaten in Ihrer jeweiligen Beziehung betreffen:

– Wie hat mir diese Person insgesamt zu dem Gefühl verholfen, daß ich ein Mensch bin, mit dem man gern zusammen ist?
– Wie hat diese Person mein Selbstwertgefühl verringert?
– Nährt diese Beziehung meine innere Stärke, oder fördert sie meine Schwächen?
– Welche Aspekte dieser Verbindung verringern oder vergrößern meine Schamgefühle?
– Bewegt sich diese Beziehung auf eine Haltung gegenseitigen Respekts zu, oder ist eher das Gegenteil der Fall?
– Hat mein Leben jetzt mehr oder weniger Sinn als vorher, und was hat diese Beziehung damit zu tun?

Daß Scham Schäden verursacht, steht außer Zweifel. In diesem Abschnitt besteht die Aufgabe darin, Ihr Gespür für die schädlichen Folgen der gegen Sie gerichteten Beschämungen zu schärfen. Versuchen Sie, hier genauso konkret zu sein wie bei der Untersuchung, welche Schäden Sie selbst durch Ihr beschämendes Verhalten bei anderen verursacht haben. Versuchen Sie weder zu beschönigen noch zu übertreiben – seien Sie einfach so genau wie möglich. Denn bald wird es erforderlich sein, daß Sie der Person, die Sie beschämt, gegenübertreten und die Dinge klar zur Sprache bringen. Dann geht es darum, aktiv gegen Beschämungen vorzugehen.

8. Gehen Sie aktiv gegen das beschämende Verhalten vor, das gegen Sie gerichtet ist

Jetzt ist der entscheidende Punkt gekommen. Sollen wir – mit all den Erkenntnissen, die wir gesammelt haben – nunmehr die Menschen, die uns beschämen, zur Rede stellen? Sollen wir riskieren, daß sie leugnen, wütend werden, sich verteidigen und uns vielleicht um so mehr beschämen – nur um eine respektvolle, anerkennende Handlungsweise einzufordern? Sind wir bereit, uns den eigenen Verlustängsten zu stellen – Ängsten, die unsere Selbstzweifel widerspiegeln?

Es ist ein abenteuerliches Unterfangen, jemanden herauszufordern, der die Macht hat, uns zu beschämen. Je länger jedoch die Beschämung unwidersprochen hingenommen wird, desto größer wird der Schaden für das Opfer. Unangefochtene Schamgefühle nagen im Inneren immer weiter, bis sie sich inmitten des Selbstbildes festgesetzt haben. Früher oder später muß jeder, der gesunden Stolz und Würde empfinden will, sich denen entgegenstellen, die ihn beschämen. Man wird diesen Menschen sagen müssen, daß man nicht länger bereit ist, in Beziehungen zu verbleiben, die nur die eigene Scham vergrößern. Man wird konkrete Änderungen in Wort und Tat fordern müssen, damit – anstelle der Schamgefühle – Achtung und Selbstachtung gefördert werden.

Wenn Sie den Entschluß gefaßt haben, sich gegen beschämende Verhaltensweisen zur Wehr zu setzen, können Ihnen vielleicht die folgenden Vorschläge helfen:

- Treten Sie bestimmt auf, und formulieren Sie Ihre Ziele klar – Sie sollten genau wissen, was Sie von der anderen Person wollen.
- Seien Sie bereit, konkrete Verhaltensbeispiele der anderen Person anzuführen, die bei Ihnen Schamgefühle ausgelöst haben.
- Während der Auseinandersetzung sollten Sie ein Musterbeispiel respektvollen Verhaltens abgeben, sowohl sich selbst als auch anderen gegenüber – vor allem dürfen Sie selbst niemanden beschämen!
- Weichen Sie nicht zurück, wenn die andere Person sofort zur Verteidigung übergeht, verletzt ist oder Ihnen droht.
- Denken Sie daran, daß es nicht Ihr Ziel ist, die andere Person zu bestrafen, sondern Sie zur Änderung ihres gegenwärtigen oder zukünftigen Verhaltens zu ermutigen.
- Erwarten Sie eher einen allmählichen Wandel über einen längeren Zeitraum als einen sofortigen Erfolg.
- Rechnen Sie damit, daß Sie wahrscheinlich mehrmals mit der anderen Person reden müssen, ehe beide Seiten völlig im Bilde sind.
- Seien Sie darauf vorbereitet, daß zur Sprache kommt, wie Sie Ihrerseits die andere Person beschämen.

Vielleicht klingt das alles recht kompliziert. Aber wirklich wichtig ist nur ein einziger Aspekt: *Sie müssen die Personen, von denen Sie regelmäßig beschämt werden, davon in Kenntnis setzen, daß Sie nicht länger gewillt sind, dieses Verhalten hinzunehmen.* Scham macht krank. Es ist daher an der Zeit, darauf zu bestehen, daß die Menschen, die in Ihrem Leben wichtig sind, einen Beitrag zu Ihrer Gesundheit leisten.

9. Erwägen Sie die Möglichkeit, Beziehungen aufzugeben, die weiterhin von Beschämung geprägt sind

Beschämende Gewohnheiten lassen sich nur schwer aufbrechen, selbst wenn beide Seiten sich nicht mehr verletzen wollen. Noch schwerer aber lassen sich die Dinge ändern, wenn eine oder beide Seiten mit der gegenseitigen Beschämung fortfahren. Das heißt dann, daß derjenige, der sich zur Wehr setzen will, notfalls bereit sein muß, diese Beziehung aufzugeben, wenn die Beschämung unvermindert weitergeht.

Beschämte Menschen empfinden wahrscheinlich große Angst bei dem Gedanken, den beschämenden Ehepartner (Arbeitgeber, Freund) zu verlassen. Sie fürchten, daß niemand sonst sie je haben möchte. So traurig es ist: Sie sind in der Scham gefangen, aus der es, ihrer Vorstellung nach, kein Entrinnen gibt. Sie sind wie gelähmt und haben den Glauben verloren, daß sie in dieser Welt auch einmal etwas Gutes verdienen.

Kein anderer sollte Sie dazu drängen, eine von Scham

geprägte Beziehung zu verlassen. Solche Entscheidungen sind zu persönlich und zu existentiell, als daß andere sich aus der Distanz ein Urteil bilden könnten. Wohl aber macht es Sinn, den Partner zu fragen, was er sich von einer Fortsetzung dieser Beziehung verspricht. Wenn die Antwort auf diese Frage nur lauten kann: noch mehr Schande, noch mehr Vorwürfe, noch mehr Unglück – dann ist es wirklich Zeit, sich zu trennen.

Einige von Scham beherrschte Beziehungen sind wirklich nicht zu retten. Scham und Beschämung durchdringen und bestimmen hier so viele Aspekte des Zusammenlebens, daß ein Wandel unmöglich ist. Außerdem sind manche Leute wirklich nicht in der Lage (oder nicht daran interessiert), respektvolle Umgangsformen zu erlernen und zu praktizieren. Solche Beziehungen müssen schließlich wohl abgebrochen werden, wenn man eine gesunde Selbstachtung entwickeln will.

10. Nehmen Sie sich vor (und bleiben Sie dabei), Beziehungen zu pflegen, die nicht auf Scham und Beschämung basieren

Wer sich in seinen gegenwärtigen Beziehungen gegen Beschämungsrituale zur Wehr setzt, wird entdecken, daß beschämende Episoden allmählich seltener werden. Zuerst beschämen Sie selbst die anderen nicht mehr so oft und sind dann auch seltener das Ziel von Beschämungsattakken anderer. Darüber hinaus entdecken Sie wahrscheinlich recht bald, daß Sie sich zu anderen mehr hingezogen fühlen, die sich respektvoll und nicht beschämend verhalten.

Beziehungen, in denen keiner den anderen beschämt, müssen gepflegt werden. In solchen Beziehungen haben sich die Partner bewußt entschieden, würde- und respektvoll miteinander umzugehen. Allen Beteiligten wird hier der Mut abverlangt, sich gegen Beschämungen sofort zur Wehr zu setzen, so daß großer Schaden gar nicht erst entstehen kann. Als oberstes Gebot gilt hier, daß Partner, Freunde und Kollegen einen fairen Umgang miteinander verdient haben.

Beziehungen, die auf gegenseitigem Respekt basieren, tragen zur Heilung von Schamwunden bei. Sie können nur gedeihen, wenn alle Partner sich immer wieder neu an den Vorsatz halten, sich nicht gegenseitig zu beschämen. Sie gedeihen durch Engagement, Kommunikation und manchmal auch durch harte Arbeit.

Halten Sie sich an die Sieger – so lautet ein gängiger Slogan in Selbsthilfegruppen vom Schlage der Anonymen Alkoholiker. Auch in unserem Zusammenhang macht dieser Slogan Sinn: Sieger sind hier all jene, die sich gegenseitig – ebenso wie sich selbst – mit Ehre, Respekt und Würde behandeln. Diese Menschen haben sich dafür entschieden, einander nicht zu beschämen.

Zusammenfassung

Die in Ihren gegenwärtigen Beziehungen wurzelnde Scham ist heilbar. Der Heilungsprozeß beginnt mit einer

Untersuchung, wie wir selbst andere beschämen. Als nächstes steht die Entscheidung an, das eigene Verhalten so zu ändern, daß Beschämung durch Respekt ersetzt wird. Der nächste wichtige Schritt besteht dann darin, sich gegen die Beschämungsattacken anderer zur Wehr zu setzen.

Wer regelmäßig beschämt wird, hat Schwierigkeiten mit dem eigenen Selbstwertgefühl. Deshalb muß er oder sie Beziehungen entwickeln und pflegen, die auf gegenseitiger Achtung basieren. Auch tief beschämende Beziehungen lassen sich ändern – vorausgesetzt, daß beide Beteiligte einen Wandel wollen oder daß wenigstens einer der Partner sich weigert, weiter mit Scham und Beschämung zu leben. Manche Beziehungen sind jedoch hoffnungslos; ein Verhaltensmuster, das auf gegenseitigem Respekt basiert, ist hier einfach nicht möglich. In solchen Fällen mag es richtig sein, sich zu trennen, um die Selbstachtung zu retten.

Übungen

Erste Übung: Notieren Sie auf einem getrennten Blatt Papier die von Ihnen hauptsächlich angewandten Beschämungsstrategien.

Kreisen Sie dann als nächstes auf der folgenden Liste alle Erfolgserlebnisse ein, die Ihnen die Beschämung anderer vermittelt. Ergänzen Sie die Liste, wenn Ihnen weitere »Gewinne« einfallen.

Habe das Gefühl, alles unter Kontrolle zu haben
Vergnügen
Brauche dann selbst nichts zu tun
Kann innere Spannungen verringern
Habe am Ende recht
Bringe Kritik der anderen zum Schweigen
Handle eigennützig

Fühle mich stark
Kann meinen Ärger rauslassen
Muß keine Gefühle zeigen

Bringe innere Selbstkritik zum Schweigen
Mache auch andere elend
Kann mich revanchieren

Habe das letzte Wort

Stehe als Beste(r) da
Halte sichere Distanz

Weiß, daß ich überlegen bin
Physische Macht
Bekomme, was ich will

Kann herumkritisieren

Kreuzen Sie auf der folgenden Liste alle Punkte an, die Ihre Verluste anzeigen, wenn Sie andere beschämen. Und kreisen Sie alle Punkte ein, die Verluste anderer bezeichnen, wenn diese Sie beschämen.

Selbstvertrauen	Liebe	Nähe
Stolz	Seelenfrieden	Respekt
Selbstachtung	Kameradschaft	Vertrauen
Spontaneität	Würde	Spielerische Leichtigkeit

Welche konkreten Verletzungen fügen Sie Ihrer Meinung nach anderen zu, wenn Sie ein beschämendes Verhalten an den Tag legen?

Zweite Übung: Eltern, die sich ihres »jugendlichen Temperaments« in der Liebe schämen, beschuldigen manchmal grundlos ihre Kinder sexueller Handlungen und beschämen sie auf diese Weise. Kinder wiederum, die gerade ein Gebot mißachtet haben, beschuldigen vielleicht ihren kleinen Bruder oder ihre kleine Schwester, etwas Schlimmes getan zu haben, wenn dazu keinerlei Anlaß besteht. Auch Ehepartner »projizieren« auf diese Weise ihre Schuld auf den anderen; sie beschämen sich gegenseitig, um die eigenen Fehler zu verdecken. Stellen Sie jetzt eine Liste aller Dinge zusammen, derer Sie andere bezichtigen, die Sie aber auch als Fehler in sich selbst wahrnehmen. Seien Sie bitte ehrlich!

Dritte Übung: Übertragen Sie das folgende Formular auf ein getrenntes Blatt Papier, und benutzen Sie es, um den Vorsatz zu fassen, bestimmte Beschämungsstrategien aufzugeben. Jeder Verstoß gegen diesen Vorsatz bedeutet, daß Sie sich bei der anderen Person entschuldigen müssen, *ganz gleich wie sich der oder die andere Ihnen gegenüber verhalten hat.* Ziel dieses Vorsatzes ist es, daß Sie allein aufgrund Ihres eigenen Verhaltens Würde und Selbstachtung erlangen.

Name der Person:

Wie beschäme ich ihn oder sie:

Ich verpflichte mich, mit der Beschämung dieser Person aufzuhören.

(Datum) (Unterschrift)

Ergebnis nach einem Tag:
Ergebnis nach einer Woche:
Ergebnis nach zwei Wochen:
Ergebnis nach drei Wochen:
Ergebnis nach einem Monat:
Ergebnis nach sechs Wochen:

Vierte Übung: Jetzt ist der Zeitpunkt gekommen, wo Sie untersuchen sollen, wie andere Sie beschämen. Es spielt keine Rolle, mit wem Sie diese Untersuchung beginnen – Partner, Eltern, Kinder, Geschwister, Arbeitgeber, Kollegen oder Ratgeber. Wählen Sie sich eine Person aus, und notieren Sie auf einem Blatt Papier, welche beschämenden Botschaften der oder die Betreffende an Sie gerichtet hat oder noch richtet. Denken Sie besonders an Botschaften, die sinngemäß signalisieren: »Du bist nicht gut; du bist nicht gut genug; du bist nicht liebenswert; du gehörst nicht dazu; dich sollte es gar nicht geben.« Solche Botschaften können verbal oder nicht-verbal vermittelt werden.

Ihr Blatt Papier sollte etwa so aussehen:

Botschaft:

Wurde wie übermittelt:

Wählen Sie jetzt eine beschämende Verhaltensweise aus, gegen die Sie sich als erstes zur Wehr setzen wollen. Wenn Sie schon Ergebnisse sehen können, wollen Sie vielleicht auch gegen andere Botschaften angehen. Seien Sie bei Ihren Gegenmaßnahmen aber auf jeden Fall klar, konkret und respektvoll. Nehmen Sie die Richtlinien auf S. 279 als Anhaltspunkt und erledigen Sie diese Übung auf einem getrennten Blatt Papier.
– Schambotschaft, die jetzt an mich gerichtet wird:
– Statt dessen würde ich lieber folgende Botschaft erhalten, die mich nicht beschämt:
– Zwei Dinge, die ich tun oder sagen werde, wenn ich die andere Person zur Rede stelle:
– Zwei Dinge, die ich bei diesem Gespräch nicht sagen oder tun werde:
– Wenn die Person, mit der ich mich auseinandersetze, in die Defensive geht, werde ich:
– Wenn sich die Person, mit der ich mich auseinandersetze, entschuldigt, werde ich:
– Auf jeden Fall werde ich:
– Auf keinen Fall werde ich:

14. Kapitel

Heilung der Verletzungen, die man sich selbst zufügt

»Solche Gedanken, daß ich wert- und nutzlos sei, kehren zwar immer noch zurück – und zwar öfter, als mir lieb ist. Aber ich rege mich darüber einfach nicht mehr so auf. Je mehr Selbstachtung ich empfinde, desto weniger Macht hat meine Scham über mich.«

* * *

Früher hatte er sich immer für ein »Abfallprodukt« gehalten. Doch jetzt weiß er, daß er »ohne Verfallsdatum« ist. Er hat begonnen, sich selbst zu schätzen. Außerdem behandelt er sich mit mehr Respekt. Er ist schließlich doch dahintergekommen, daß jemand, der sich im Leben wohl fühlen will, nicht nur aus Ekel und Selbsthaß bestehen darf.

* * *

»Ich war völlig isoliert. Ich hatte das Gefühl, den Kontakt zu meiner Familie, zu Gott, zur ganzen Welt und zu mir selbst verloren zu haben. Ich konnte mir überhaupt nicht vorstellen, warum ich eigentlich noch lebte. Als einziges war mir meine Scham geblieben. Da entschloß ich mich endlich, zu meinen Wurzeln zurückzukehren, um meinem Leben wieder einen Sinn zu geben. Und als ich meine geistige Mitte wiedergefunden hatte, ließ auch meine Scham allmählich nach.«

Sie glaubte, daß es ihr wohl nie gelingen würde, mit der Selbstbeschämung aufzuhören. Selbst nach jahrelanger Therapie fühlte sie Wellen des Selbsthasses und der Verachtung in sich aufsteigen. Dann aber wachte sie eines Tages mit einem einfachen Gedanken auf:»Es ist schön, daß ich diesen Tag erleben darf.« Sie gestattete sich, ihr Leben zu feiern. So konnte sie sich wenigstens kurze Zeit einmal voll akzeptieren und das Wunder ihres Daseins würdigen.

* * *

Falls erforderlich, sehen Sie sich schnell noch einmal die allgemeinen Leitlinien zur Heilung von Schamverletzungen in den Kapiteln 11 und 12 an (S. 210–211 bzw. 234), ehe Sie sich ganz dem folgenden Kapitel widmen. Denn viele der dort aufgeführten Ideen sind auch hier relevant: etwa, daß Sie Geduld mit sich haben müssen, daß Sie Scham als Wesensbestandteil des menschlichen Lebens akzeptieren, daß Sie Hilfe in Anspruch nehmen sollten, sich gegen Beschämungen zur Wehr setzen und dabei geistig und körperlich aktiv werden müssen, um wirkliche Erleichterung zu verspüren. Die folgenden Leitlinien sind deshalb auch nur als Ergänzung der allgemeinen Leitlinien gedacht.

Leitlinien zur Überwindung von selbstbeschämenden Gedanken und Taten

1. Richten Sie Ihr Augenmerk auf die gleichsam automatisch auftauchenden Selbstverdammungsbotschaften.

2. Gehen Sie gegen diese Gedanken an, und ersetzen Sie sie durch Botschaften, die Ihr Selbstwertgefühl bestätigen.
3. Behandeln Sie sich selbst mit Respekt.
4. Feiern Sie Ihre Existenz.
5. Entwickeln Sie positive Bilder und Symbole für Ihr Leben.
6. Erneuern oder entwickeln Sie ein geistiges Leben, das Ihnen helfen kann, einen positiven Sinn für Ihr Leben zu finden.

1. Richten Sie Ihr Augenmerk auf die gleichsam automatisch auftauchenden Selbstverdammungsbotschaften

Wahrscheinlich sagen wir uns häufig selbst, daß wir nicht so gut wie die anderen sind. Und wenn wir uns dauernd entschuldigen oder von der Annahme ausgehen, daß alles, was wir sagen, die anderen sowieso nicht interessiere, dann ist diese Einstellung uns selbst gegenüber wirklich nicht zu übersehen. Doch unsere Selbstbeschämung kann auch im verborgenen stattfinden – indem wir uns heimlich selbst beleidigen oder abwerten. Die meisten Menschen konzentrieren sich dabei auf einige immer wiederkehrende, gleichsam »automatische« Äußerungen. Diese versinnbildlichen ihre extremen Schamgefühle. Etwa:
– »Nie mache ich irgend etwas richtig.«
– »Niemand kann mich wirklich liebhaben.«
– »Mit mir stimmt etwas nicht.«
– »Ich bin bloß ein Nichts.«

Zunächst brauchen Sie jetzt etwas Geduld. Um die Selbstbeschämung unter Kontrolle zu bringen, besteht Ihre erste Aufgabe nämlich darin, sich vollständig bewußt zu machen, *wie* Sie sich selbst verdammen. Deshalb müssen Sie auf jene Gedanken achten, die ungeprüft und automatisch in Ihnen aufsteigen. Das heißt natürlich nicht, daß Sie jetzt schnellstens daran gehen sollten, all diese Gedanken auf einmal zu ändern; denn dann unterschätzen Sie mit Sicherheit deren Macht und Hartnäckigkeit. Denken Sie daran: Wir müssen lernen, unsere Scham in Ruhe auszuhalten, ehe wir auf ein neues Leben hoffen können.

Wir müssen objektive Beobachter unserer eigenen Lage werden. Wir müssen uns selbst erforschen und dabei Fragen wie die folgenden beantworten:

– »Welche Gedanken oder Aussprüche über mich selbst, die meine Schamgefühle verstärken, gebrauche ich am häufigsten?«
– »Was tue ich, wenn ich diese Selbstverdammungen höre?«
– »Was geschieht mit mir, wenn ich mir wieder solche Gedanken gemacht habe? Wie beeinflussen sie meine Gefühle und mein Verhalten?«
– »Wie sehr bin ich davon überzeugt, daß diese Gedanken zutreffen?«
– »Wann habe ich die Entscheidung getroffen, daß diese Gedanken wahr sind?«

Möglicherweise haben Sie Schwierigkeiten, diese Aufgabe in Angriff zu nehmen oder zu beenden – vielleicht, weil die Schamgefühle Ihr Interesse und Ihre Energie schon beschnitten haben. Es ist ja wirklich nicht ganz leicht, neugierig auf sich selbst zu sein, wenn man sich als entsetzlicher Langweiler vorkommt und sich dann auch entsprechend langweilt. Oder Sie haben das Gefühl, so schlecht zu sein, daß Sie lieber gar nichts mit sich selbst zu tun haben wollen. Oder Sie haben Angst, daß eine Untersuchung Ihrer Schamgefühle die Sache nur noch schlimmer machen würde. All diese Gründe sind ernst zu nehmen, und jeder von uns hat das Recht, selbst zu entscheiden, wo, wie, wann und ob wir überhaupt diese Aufgabe in Angriff nehmen wollen.

Gleichwohl bleibt uns, wenn wir den Schaden durch selbstbeschämende Gedanken und Verhaltensweisen in Grenzen halten wollen, nichts anderes übrig, als uns dazu aufzuraffen, diese Fragen zu beantworten. Auf jeden Fall ist dabei wichtig, daß wir unsere Scham nicht noch dadurch vergrößern, daß wir uns selbst vorwerfen, überhaupt selbstbeschämende Gedanken zu hegen. Wir sollten uns beispielsweise nicht solche Dinge sagen: »Verdammt noch mal, schon wieder ein beschämender Gedanke. Da muß doch was nicht in Ordnung sein mit mir. Ich bin mit Sicherheit krank.«

Denken Sie statt dessen lieber daran, daß Sie nun durch die Analyse Ihrer Gedanken wertvolle Einsichten über sich selbst gewinnen. Sie bemühen sich herauszufinden, wie Sie sich selbst verdammen, damit Sie – schon bald – damit anfangen können, sich gegen diese Gedanken zur Wehr zu setzen und so Ihre Selbstachtung zu vergrößern.

2. Gehen Sie gegen diese Gedanken an, und ersetzen Sie sie durch Botschaften, die Ihr Selbstwertgefühl bestätigen

Sie treten in Dialog mit sich selbst, wenn Sie sich gegen Ihre Selbstbeschämungsbotschaften zur Wehr setzen. Glücklicherweise führt Sie jede dieser Botschaften zu einer Bestätigung Ihres Selbstwertgefühls, die bei der Heilung der Scham hilfreich sein kann. Diese positiven Botschaften sind meistens genauso einfach und offensichtlich wie die negativen. Das Gegengewicht zur beschämenden Botschaft »Nie mache ich irgend etwas richtig« lautet beispielsweise: »Ich bin in der Lage, etwas richtig zu machen.« »Niemand kann mich wirklich liebhaben« wird zu: »Ich bin liebenswert«, und »Mit mir stimmt etwas nicht« entweder zu: »Mit mir ist alles in Ordnung« oder zu: »An mir ist etwas ganz besonders gut«. Und »Ich bin bloß ein Nichts (oder: ein Niemand)« wird schließlich zu: »Ich stelle etwas dar« oder »Ich bin wer.«

Es gibt keine Botschaft, die alle Scham heilen kann; jeder Mensch ist einzigartig, also auch sein Schamgefühl. Daher müssen wir herausfinden, welche besonderen Botschaften unserem Selbstbewußtsein und unserer Selbstachtung guttun. Diese Aussagen sollten klar und einfach sein. Sie müssen sich direkt mit den ein oder zwei Beschämungsbotschaften auseinandersetzen, die uns am meisten zu schaffen machen. Außerdem müssen sie ein Minimum an Glaubwürdigkeit besitzen, damit wir sie uns auch immer wieder selbst vorsagen können.

Stellen Sie sich eine Unterhaltung vor, die in Ihrem Kopf etwa folgendermaßen ablaufen könnte:

Beschämtes Ich: »Ich weiß, daß mit mir etwas nicht in Ordnung ist. Ich weiß das schon seit vielen Jahren.«

Respektvolles Ich: »Ich kann's bald nicht mehr hören, wenn du das ständig wiederholst. Ich bin zu dem Schluß gekommen, daß mit mir fast alles in Ordnung ist.«

Beschämtes Ich: »Unsinn. Ich bin gebrochen, verletzt, nutzlos, wertlos...«

Respektvolles Ich: »Ich bin ein Mensch. Und deshalb kann es an mir nicht nur Fehler geben. Irgend etwas an mir wird schon in Ordnung sein.«

Vielleicht gewinnen Sie dieses Rededuell nicht. Aber das wichtigste ist, daß Sie überhaupt gegen Ihre Schamgefühle angehen, anstatt ihnen die Kontrolle über Ihr Leben zu überlassen. Sie legen sich schließlich jetzt mit Schambotschaften an, die jahrelang unbehindert in Ihrem Innern wirken konnten.

Achten Sie auf die stillschweigenden Annahmen, die Sie in bezug auf den Wert Ihres Lebens machen. »Tatsachen« helfen hier gar nicht so viel, denn Sie müssen ja gar nicht »beweisen«, daß irgend etwas an Ihnen in Ordnung ist, indem Sie gute Taten, reine Gedanken oder sonstige Leistungen anführen. *An Ihnen ist das in Ordnung, was Sie selbst in Ordnung finden.* Die Genesung von übermäßiger Scham ist zu einem guten Teil Willenssache.

Ihr Verstand und Ihre Vernunft spielen dabei zweifellos eine wichtige Rolle. Sie sind zur Vorbereitung jenes Dialoges erforderlich, der Ihre Scham heilen kann. Verstand und Vernunft allein aber können weder die genauso erforderlichen wie grundlegenden Änderungen in Ihrer Einstellung zu sich selbst herbeiführen, noch Ihnen einen neuen Lebenssinn vermitteln. Sie müssen dahin kommen, daß Sie sich selbst sagen können: »Ich lebe, und ich bin gut.« Sie müssen die Entscheidung treffen, daß Sie an sich und Ihre Welt glauben wollen.

3. Behandeln Sie sich selbst mit Respekt

Die Gemeinschaft der Anonymen Alkoholiker hat die Idee des »Als ob«-Denkens und -Handelns entwickelt. Wer dort am Anfang seines Heilungsprozesses steht und deshalb noch unsicher ist, ob er die Abstinenz durchzuhalten gedenkt, erhält den Rat, so zu handeln, »als ob« er wirklich für immer nüchtern bleiben wollte. Dann läßt sein Engagement nichts zu wünschen übrig, und er wird eher zu Gruppentreffen als in die Kneipe gehen. Oft geht bei dem oder der Betreffenden dann die »Als ob«-Phase in eine echte Wertschätzung der neuen Verhaltensweise über. Körper und Geist entwickeln sich so positiv, daß am Ende das Verlangen nach Alkohol ganz nachläßt und die Abstinenz nur noch positiv gesehen wird.

Auch Ihre Heilung von den alten Selbstbeschämungsgewohnheiten sollte vielleicht mit dem »Als ob«-Denken und -Handeln beginnen. Ganz speziell sollten Sie sich immer die Frage stellen: »Was würde ich jetzt tun, wenn ich mich wirklich selbst achten würde?«

Warten Sie nicht mit diesem von Selbstachtung getragenen Handeln, bis Sie das Gefühl haben, von exzessiver Scham frei zu sein, sondern beginnen Sie sofort mit der Einübung neuer, von gesundem Stolz, von Würde und Ehre bestimmter Verhaltensweisen. Konkret heißt das, daß Sie, wann immer möglich, positive Gedanken und Taten an die Stelle der selbstbeschämenden Einstellungen setzen.

Vielleicht brauchen Sie die Hilfe anderer, um überhaupt erst einmal zu erlernen, wie ein von Selbstachtung geprägtes Verhalten aussieht. Sie sollten sich dabei die Handlungsweisen von Menschen zum Vorbild nehmen, die sich selbst mit Respekt behandeln. Vielleicht können Sie auch direkt mit solchen Leuten reden; es könnte nämlich durchaus sein, daß deren Erfahrungen (wie sie gelernt haben, im positiven Sinne an sich zu denken und entsprechend zu agieren) auch Ihnen etwas geben können. Manche dieser Menschen haben möglicherweise auch zuerst mit dem »Als ob«-Verhalten angefangen.

4. Feiern Sie Ihre Existenz

Hier geht es nicht um eine große Feier, sondern um eine ganz private, persönliche Angelegenheit – nämlich darum, daß Sie sich jeden Tag ins Gedächtnis rufen: »Es ist schön, daß es mich.« Sie sollten das Leben genießen. Das Gegenteil wäre, daß Sie sich ständig für Ihre Existenz entschuldigen – und dazu neigen ja in der Tat viele tief beschämte Menschen.

Ihre »Feier« könnte erstmals (oder erneut) damit beginnen, daß Sie sich an diese vier Grundprinzipien erinnern:
1. Menschlichkeit
2. Demut
3. Kompetenz
4. Eigenverantwortlichkeit

Diese Prinzipien legen Ihnen immer wieder die Erkenntnis nahe, daß Sie weder besser noch schlechter als andere und daß Sie kompetent und einzigartig sind.

»Ich bin, wie ich bin« – so spricht jemand, der gelernt hat, sich selbst zu akzeptieren. Darin kommt weder eine Entschuldigung für die eigene Existenz zum Ausdruck noch ein ständiges Kreisen der Gedanken um eigene Schwächen, Defizite, Fehlschläge oder Unzulänglichkeiten; aber auch kein Narzißmus (mit seiner Eitelkeit und seinem übermäßigen Stolz) und keine Überheblichkeit.

Weil uns »Tatsachen« wahrscheinlich nicht genügen, um uns von unserer Daseinsberechtigung auf diesem Planeten zu überzeugen, müssen wir uns um einen tieferen Glauben und feste Überzeugungen bemühen. Niemand kann letztlich seine Existenz dadurch rechtfertigen, daß er oder sie soviel Gutes tut, Schönes schafft oder Geld verdient. Wir müssen uns entscheiden, daß wir eher unser Dasein feiern als unsere Lebensumstände oder unser Tun. Sein statt Tun – das ist die Devise.

Und vergessen Sie nicht: Wenn die Schamgefühle überhaupt nicht aufhören, kann das ein Zeichen für eine biochemisch bedingte Depression sein. Freudlosigkeit hängt mit Depressionen oft eng zusammen. Wenn Sie sich zum Beispiel nicht einmal vorstellen können, die Vorschläge in diesem Abschnitt zu befolgen, dann sollten Sie sich noch einmal die Depressionssymptome ansehen (2. Übung des 5. Kapitels; Seite 113–114.

5. Entwickeln Sie positive Bilder und Symbole für Ihr Leben

Bestimmte Bilder hängen eng mit Schamgefühlen zusammen, etwa ein vornübergebeugter Mann mit geneigtem Kopf oder eine errötende Frau, die ihr Gesicht mit beiden Händen bedeckt. In diesen Bildern kommt eine körperliche und gefühlsmäßige Reaktion auf Scham zum Ausdruck. Darüber hinaus entwickelt wahrscheinlich jeder Mensch noch ganz besondere, nur für ihn oder sie gültige Bilder der Scham. Für den einen ist es vielleicht die lebhafte Kindheitserinnerung an Vater oder Mutter, die mit Fingern auf ihn zeigten; für die andere ist es ein Schwächling, der einfach nichts zuwege bringen kann. Wieder ein anderer erinnert sich vielleicht an eine besonders peinliche Szene – etwa als er einmal »sternhagelvoll« war – als Symbol seiner Scham. Solch lebhafte Vorstellungen reflektieren Schamgefühle nicht nur, sondern verstärken sie auch. Von Scham geprägte Vorstellungen, in denen wir ganz elend erscheinen, verringern unser Selbstwertgefühl noch mehr und vergrößern dadurch unsere Scham. Zwangsläufig tauchen solche Bilder im Zusammenhang mit »automatisch« beschämenden Gedanken auf.

Begriffe wie Stolz, Ehre, Würde und Selbstachtung beschwören hingegen ganz andere geistige Bilder herauf. Sie sollten sich jetzt vorstellen, wie Sie aufrecht stehen, geradeaus schauen und dabei Anmut und Stärke ausstrahlen. Solche positiven Vorstellungen sind von entscheidender Bedeutung. Wenn Sie von exzessiver Scham genesen wollen, dann müssen Sie mehrere positive Selbstbilder entwickeln und sie den gewohnheitsmäßigen negativen Bildern der Selbstbeschämung entgegensetzen.

Die besten Bilder sind jene, die sich ganz natürlich einstellen. Sie entspringen tatsächlichen Erfolgen in Ihrem Leben oder idealisierten Vorstellung in bezug auf die eigene Person. Intuitiv werden Sie empfinden, daß dies die richtigen Bilder für Sie sind. Sie werden spüren, daß Sie sich hier im vorteilhaftesten Licht sehen – als guten Menschen in einer guten Welt.

Manche Bilder Ihres nicht von Scham bestimmten, gesunden Selbst kommen vielleicht aus der Kindheit. Ein Mann könnte sich beispielsweise an eine Szene erinnern, in der er mit seinem Vater während der Jagdsaison gemeinsam auf der Pirsch ist. Sie reden »von Mann zu Mann« miteinander, und eigentlich ist die Jagd Nebensache, denn in erster Linie kommt es beiden auf das Miteinander an, auf das gegenseitige Interesse aneinander und den Respekt füreinander. Diese Szene ist deshalb besonders geeignet und wirkungsvoll, weil sie von Klarheit, Einfachheit und Ausdruckskraft geprägt ist. Auch der inzwischen erwachsene Mann kann ein solches Bild immer noch nutzen, um sich daran zu erinnern, daß er sehr wohl würdevoll leben kann.

Andere Bilder tauchen vielleicht unmittelbar auf. So kann sich etwa eine Frau, die in der Vergangenheit ständig von Männern unterdrückt wurde, vorstellen, wie sie ruhig und redegewandt ihrem Freund oder ihrem Chef etwas erklärt und ihre Gedanken entwickelt. Eine solche Vorstellung kann ihr dann bei tatsächlichen Auseinandersetzungen mit Männern wirklich helfen; denn nun wird sie nicht mehr von der Annahme ausgehen, sie sei ohnehin unfähig.

Nicht alle positiven Selbstbilder müssen so konkret sein wie die eben genannten. Sie können sich zum Beispiel auch mit Dingen identifizieren, die Ihrer Meinung nach Kraft und Würde ausstrahlen; etwa mit einem Adler oder einer Eiche. Und Sie können sich darum bemühen, jeden Tag etwas zu tun, das solche Würde widerspiegelt.

– »Wenn ich wie ein Adler wäre, dann würde ich nicht soviel über andere herziehen und wäre nicht so auf deren Klatsch versessen.«
– »Wenn ich wie eine Eiche wäre, dann würde ich erhobenen Hauptes auch schlechte Zeiten durchstehen können.«

Denken Sie bitte daran, daß Ihre Vorstellungen nicht immer heldenhaft sein müssen. Sie müssen sich nicht in der Rolle eines Eroberers sehen, der alles beiseite räumt, was sich ihm in den Weg stellt, um Erleichterung von Ihrer Scham zu empfinden. Solche heroischen Vorsätze führen wahrscheinlich sogar zu noch größerer Scham, wenn Sie dahinterkommen, daß Sie ihnen nie gerecht werden können. Nur jene Selbstbilder, die Ihnen das Gefühl vermitteln, mit sich selbst im reinen zu sein, tragen zum Abbau Ihrer exzessiven Schamgefühle bei. Denn dann handelt es sich nicht um Phantasiegebilde, die sowieso mit der Realität nicht in Einklang zu bringen sind.

Brauchen Sie Hilfe bei der Entwicklung positiver Selbstbilder? Dann sehen Sie sich die Übungen am Ende dieses Kapitels an.

6. Erneuern oder entwickeln Sie ein geistiges Leben, das Ihnen helfen kann, einen positiven Sinn für Ihr Leben zu finden

Ihr Heilungsprozeß macht weitere Fortschritte, wenn Sie erkennen, daß auch Ihr Geist – und nicht nur Ihre Gefühle, Gedanken und Handlungen – Schaden genommen hat und »reparaturbedürftig« ist. Vielleicht müssen Sie Ihre Spiritualität erneuern oder weiterentwickeln – durch Gebet, Meditation oder Gespräche mit anderen.

Eine solche spirituelle Suche jagt manchem Angst ein. Nicht wenige beschämte Menschen zittern bei dem Gedanken, daß sie den Kontakt mit einer Höheren Macht wiederaufnehmen sollen, die sie – ihrer Meinung nach – bereits vor langer Zeit verdammt hat. Andere wiederum haben das Interesse am Geistigen genauso verloren wie ihre Gefühle und ihre Hoffnung. Wieder andere müssen erst mit ihrer Wut über einen Gott fertig werden, der es ihrer Meinung nach zugelassen hat, daß sie sich so lange so elend gefühlt haben. Und schließlich sind da noch all jene, die am organisierten religiösen Leben überhaupt wenig Anteil nehmen und denen nicht daran liegt, ihre tiefe Beschämung mit geistiger Verzweiflung in Verbindung zu bringen. Sie befürchten vielleicht, man könnte von ihnen verlangen, daß sie eine Religion praktizieren, die ihnen nur Unwohlsein verursacht.

Wir wollen an dieser Stelle Ihre geistige Suche nicht in bestimmte Bahnen lenken, sondern uns mit dem Vorschlag begnügen: Sie sollten Ihre durch Verzweiflung und Scham bedingte Isolation auch dadurch beenden, daß Sie sich zum Universum in Beziehung setzen. Irgendwie müssen wir unseren Geist finden – und jenes Gefühl tief im Innern, daß unser Leben einen Sinn hat.

Die Scham trennt uns von der Welt. Im Verlauf unseres Heilungsprozesses aber entdecken wir, daß wir nicht allein sind. Manche Menschen entdecken, daß ihre Verlustängste sich legen, wenn sie zu der Überzeugung gelangen, daß sie fest in der Hand eines liebenden Gottes sind. Andere erfreuen sich einfach an der intimen, gleichwohl tiefgründigen Erkenntnis, daß in ihrem Innern ein geistiges Licht leuchtet.

Manche Autoren schreiben, daß Scham (die ganz normale, gesunde Scham) dabei hilft, unser geistiges Leben zu bewahren und zu schützen. Denn tiefe geistige Erlebnisse im Leben eines Menschen sind oft sehr persönlicher Natur. Ganz bestimmt wären nur die wenigsten Menschen glücklich, wenn man ihre Gebete und Meditationen veröffentlichen würde. Und damit wären wir wieder bei einer der Grundaussagen dieses Buches: *Es geht nicht darum, Schamgefühle völlig zu beseitigen, sondern darum, wie wir mit ihnen leben und sie sinnvoll nutzen können.* Wer in sich eine geistige Mitte ausmachen kann, der ist nicht ohne Scham, aber frei von übermäßigen Schamgefühlen – und offen für jene ganz normale Scham, die der Erhaltung der inneren Harmonie dient.

Zusammenfassung

Wir Menschen haben die bemerkenswerte Fähigkeit, uns selbst zu verletzen. Wir tun dies etwa dadurch, daß wir uns selbst beschämen. Wenn wir immer nur unsere Schwächen und Unzulänglichkeiten betonen, vergessen wir, daß wir von Natur aus unseren Wert haben und daß es gut ist, am Leben zu sein. Im vorliegenden Kapitel haben wir Leitlinien entwickelt, wie man selbstbeschämende Gedanken und Handlungen in solche umwandeln kann, die positiv sind und zur Selbstachtung führen.

Einige dieser Leitlinien befassen sich mit den Schambotschaften, die wir uns laufend selbst zukommen lassen. Diese hindern uns daran, positivere Ansichten zu entwickeln. Solche Botschaften dürfen wir nicht ignorieren, sondern wir müssen uns gegen sie zur Wehr setzen und sie durch positive Aussagen ersetzen. Auch unser Verhalten müssen wir so ändern, daß wir uns konsequent mit Selbstrespekt begegnen.

Zwei Anzeichen dafür, daß unsere Genesung Fortschritte macht, sind: die Fähigkeit, unser Leben zu feiern, und die Entwicklung positiver Bilder und Symbole.

Auch mit geistiger Leere und Verzweiflung müssen wir

uns auseinandersetzen. Als tief beschämte Menschen haben wir vielleicht den Glauben verloren, daß unser Leben einen Sinn hat. Deshalb müssen wir die spirituelle Suche wieder aufnehmen, um unseren Ort in der Welt zu finden.

ÜBUNGEN

Erste Übung: Sehen Sie sich noch einmal die dritte Übung des ersten Kapitels (S. 36–37) an. Wenn Ihnen einige der dort zusammengestellten Aussagen Probleme bereiten, dann versuchen Sie die folgende Übung. Benutzen Sie dabei ein getrenntes Blatt Papier.

- Selbstbeschämungsbotschaft:
- In welchem Zusammenhang sage ich mir das?
- Wo oder von wem habe ich diese Botschaft zuerst gehört?
- Wie alt war ich, als ich zu dem Schluß kam, diese Aussage sei wahr?
- Welche positive Entscheidung muß ich treffen, um diese Aussage zu verändern oder rückgängig zu machen?

Schreiben Sie solche Aussagen auf, die Ihnen helfen können, die Vergangenheit hinter sich zu lassen: positive Botschaften, in denen sich Ihre Entschlossenheit spiegelt, Ihr Selbst neu zu definieren. Diese positiven Botschaften sollten Sie sich nun oft wiederholen. Fangen Sie an, so zu handeln, »als ob« diese Aussagen wahr wären. Wenn Sie beispielsweise zu dem Schluß gekommen sind, daß Sie schön und nicht häßlich sind, dann gehen Sie entsprechend mit sich selbst um und verhalten sich so, als wären Sie schön. Wenn Sie zu dem Schluß gekommen sind, daß Sie clever und kein Idiot sind, dann sollten Sie sorgfältig auf Ihre entsprechenden Gedanken und Meinungen achten. Bestätigen Sie sich, daß Ihre Ansichten durchaus interessant sind, und treten Sie anderen gegenüber so auf, als seien Sie stolz auf Ihre Gedanken und Worte. Notieren Sie sich die Resultate dieser »Als ob«-Aktionen auf einem getrennten Blatt Papier.

Zweite Übung: Stolz, Ehre, Selbstachtung und Würde sind die Gegenmittel gegen Selbstbeschämung. Stellen Sie (auf einem getrennten Blatt Papier) Beispiele für positives Verhalten sich selbst gegenüber zusammen:
– Ich habe *Stolz* (Zufriedenheit mit dem, was ich getan habe) empfunden, als:
– Ich habe mich *ehrenhaft* gefühlt (ehrlich und integer gehandelt), als:
– Ich habe *Selbstachtung* empfunden (war nett und aufmerksam gegenüber mir selbst), als:
– Ich habe mich *würdig* (beachtenswert) gefühlt (konnte den Kopf hoch tragen), als:

Was müssen Sie tun, damit Sie solche Erlebnisse häufiger haben?

Dritte Übung: Wir feiern unsere Existenz, wenn wir etwas nur für uns selbst tun, anstatt nur für die anderen. Dies ist beispielsweise der Fall, wenn wir

- einen Spaziergang machen und dabei das Gefühl haben, eins mit der Natur zu sein,
- für die Liebe eines anderen Menschen empfänglich sind; wenn wir tanzen oder singen, unsere Gefühle in einem Gedicht zum Ausdruck bringen oder die Entscheidung treffen, uns gehenzulassen und glücklich und frei zu sein.

Wenn wir arrogant waren, können wir unsere Existenz dadurch feiern, daß wir uns auf unsere Demut und Menschlichkeit besinnen. Wer unter einem Mangel an Scham leidet, kann dem Ziel dadurch nahekommen, daß er oder sie das Leben der anderen genauso achtet wie das eigene. Nehmen Sie sich diese Woche vor, Ihr Leben auf wenigstens eine besondere Weise zu feiern. Wenn Sie mit diesem Gedanken überhaupt nichts anfangen können, dann zeigt Ihnen vielleicht ein Freund, wie man Freude am eigenen Leben empfinden kann. Notieren Sie sich verschiedene Möglichkeiten.

Vierte Übung: Nehmen Sie sich wenigstens eine halbe Stunde Zeit, und machen Sie einen Spaziergang. Lassen Sie sich einfach treiben, und nehmen Sie sich kein konkretes Ziel vor. Während Sie langsam dahinschlendern, lassen Sie irgend etwas Positives aus der Natur auf sich einwirken – einen ganz besonderen Busch, einen interessanten Baum, einen Bach, einen Vogel im Nest. Wenn Ihnen eine dieser Naturerscheinungen plötzlich auffällt, betrachten Sie ihre Eigenart und Schönheit. Lassen Sie sich die Botschaft der Natur vermitteln, und denken Sie nach über die Ähnlichkeit, die zwischen Ihnen und diesen natürlichen Dingen besteht. Nutzen Sie Ihre Erkenntnisse, um in dieser Woche ein positives Selbstbild zu bewahren. Notieren Sie auf einem getrennten Blatt Papier, was Sie dabei gelernt haben. (Ein ungeduldiger Mann lernte zum Beispiel von Eichen, daß die Geduld, langsam zu wachsen, gleichbedeutend mit innerer Stärke sein kann.)

Fünfte Übung: Wenn wir sehr unter Schamgefühlen und selbstbeschämenden Verhaltensweisen zu leiden haben, kann unser Leben ganz sinnlos werden. Wir sind dann durcheinander und wissen nicht, warum wir überhaupt leben, wozu es gut ist, daß wir da sind, und ob es für uns irgendeine Zukunft gibt. Deshalb müssen wir erneut mit der Welt in Beziehung treten. Wir können uns beispielsweise auf unseren Atem konzentrieren, tiefer ein- und entspannter ausatmen; der zusätzliche Sauerstoff, den wir dabei aufnehmen, kann uns inspirieren. Oft halten wir, die wir ständig beschämt wurden, unbewußt unseren Atem an – aber dadurch werden wir nur noch ängstlicher, depressiver und isolierter, als wir ohnehin schon sind. Daher ist es in jedem Fall gut, ein paar Minuten tief durchzuatmen, sobald wir merken, daß wir den Atem anhalten und uns deprimiert fühlen. So machen wir einen guten Neuanfang: Wir kommen wieder in Kontakt mit uns selbst.

Beantworten Sie die folgenden Fragen auf einem getrennten Blatt Papier:
- Was haben Sie diese Woche beim Atmen bemerkt?
- Wie verändert ein regelmäßiges tieferes Atmen Ihr Verhältnis zu Welt?

Selbsterkundung und neue geistige Verbundenheit heißt auch, daß Sie regelmäßig irgendeine Form entspannter Meditation praktizieren, daß Sie beten oder geistige Visualisierungsübungen machen (wenn Sie sich etwa Ihre Höhere Macht bildlich vorstellen).

– Die Gesellschaft der Freunde (so lautet der offizielle Name der Quäker) sagt: »In jedem von uns ist Gott.« Beantworten Sie auf einem getrennten Blatt Papier, wie sich dieser Ausspruch auf Sie anwenden läßt.

15. Kapitel

Hilfen für Menschen, die an Schamlosigkeit leiden

Schon immer hatte sie das Gefühl gehabt, besonders begabt zu sein. Reserviert und im Gefühl ihrer Überlegenheit wartete sie in aller Ruhe darauf, daß die Welt ihre offensichtliche Sonderstellung anerkenne. Inzwischen aber hat sie begriffen, daß auch sie nur ein Mensch ist. Und so ist sie schließlich von ihrem Thron herabgestiegen.

* * *

»Ich gehörte zur Generation, die in den sechziger und siebziger Jahren nach dem Motto aufwuchs: ›Keine Hemmungen: Laßt alles frei raushängen!‹ Bei allem, was ich tat, kannte ich keine Grenzen. Damals dachte ich, man müßte die eigene Würde drangeben, um in der Realität zu leben.«

* * *

»In meiner Familie wurde offen und drastisch über alles gesprochen. Doch jetzt muß ich sehr genau aufpassen, daß ich die anderen und mich selbst nicht in Verlegenheit bringe, wenn ich rede. Ich habe lernen müssen, deren Grenzen zu respektieren.«

* * *

In den letzten Kapiteln ging es in erster Linie um die Probleme von Menschen mit übermäßigen oder normalen Schamgefühlen und um die Frage, wie man deren Verletzungen heilen kann. Jetzt soll unser Augenmerk der Frage gelten, was man tun kann, wenn die eigenen Schamgefühle unterentwickelt sind und wenn man daher zu egozentrischem, unbescheidenem und indiskretem Verhalten neigt.

Ein Mangel an Scham muß nicht immer extreme Formen annehmen. Wahrscheinlich hat jeder schon einmal erlebt, wie das eigene Ich sich so sehr brüstete, daß der Kontakt mit der Welt verlorenging. Ein Beispiel: Auf einer Party wird jemand gebeten, über einen seiner kürzlich erzielten Erfolge zu berichten. Er beginnt seinen Bericht, fühlt sich großartig, läßt sich zu einem langen Monolog hinreißen und bemerkt erst nach etwa zehn Minuten, daß niemand mehr zuhört. Menschen mit normal entwickeltem Schamgefühl würden diese Erfahrung wahrscheinlich demütig zur Kenntnis nehmen. Vielleicht würden sie den Stier sogar bei den Hörnern packen, das Komische an dieser Situation erkennen und über sich lachen können. Wer hingegen unter übermäßiger Scham leidet, wird in einer solchen Begebenheit nur einen weiteren Beweis seiner totalen Unzulänglichkeit erblicken und dabei übersehen, daß dergleichen früher oder später fast jedem einmal passiert. Wer aber unter einem Mangel an Schamgefühlen leidet, wird wahrscheinlich nicht einmal bemerken, daß die anderen längst aufgehört haben zuzuhören, und seinen Monolog fortsetzen.

Normale Schamgefühle unterbrechen den Kontakt zwischen Menschen, lassen aber die Hoffnung, daß die Verbindung wiederhergestellt werden kann. Wer dagegen zuwenig Scham hat, bemerkt vielleicht nicht einmal, daß die Verbindung abgebrochen ist. Schamlose Menschen sind so von sich überzeugt, daß sie voraussetzen, die anderen seien ständig an ihren Worten und Taten interessiert. Ebenso können sie sich nicht in andere hineinversetzen. Sie können sich, bildlich gesprochen, die Schuhe ihrer Mitmenschen nicht anziehen, weil sie nie auch nur daran denken würden, ihre eigenen Schuhe auszuziehen.

Wie wir gesehen haben, müssen und können übermäßige Schamgefühle *kuriert* werden. Wenn es aber um einen Mangel an Scham geht, ist das Hauptaugenmerk darauf zu richten, daß das Problem überhaupt erst einmal *erkannt* wird. Wer zur Schamlosigkeit neigt, muß sich bemühen, den Wert normaler Schamgefühle, also von Diskretion, Respekt und persönlicher Würde, zu erkennen. Er oder sie muß sich den selbst zugeordneten Platz im Mittelpunkt der Welt aufgeben und Anschluß finden an die übrige Menschheit.

Die folgenden Leitlinien sind als Erkenntnishilfe für Menschen gedacht, deren Schamgefühle unterentwickelt sind.

Leitlinien zur Behebung von Schamdefiziten

1) Akzeptieren Sie das Prinzip der Demut – Sie sind weder besser noch schlechter als andere.
2) Entwickeln Sie Interesse für andere und deren Probleme.
3) Respektieren Sie die Privatsphäre, und üben Sie sich in Bescheidenheit. Gehen Sie gegen Ihre Unbescheidenheit an.

4) Trainieren Sie Ihr Taktgefühl und den Respekt vor anderen.

1) Akzeptieren Sie das Prinzip der Demut – Sie sind weder besser noch schlechter als andere

Egozentrische, narzißtische Menschen ohne ein normales Maß an Schamgefühlen müssen eine wichtige Entscheidung treffen. Wollen sie an ihrem Selbstbild festhalten, daß sie irgendwie etwas Besonderes seien, auf jeden Fall aber besser als die Menschen ihrer Umgebung? Oder wollen sie dieses Image aufgeben und sich statt dessen zum Prinzip der Demut bekennen? Das ist keine leichte Wahl, und deshalb versuchen auch viele Betroffene, sich mit einem Kompromiß durchzumogeln. Sie praktizieren dann eine »falsche Bescheidenheit«, indem sie nur so tun, als seien sie wie alle anderen. Insgeheim aber glauben sie immer noch an ihre Überlegenheit.

Unsere Grundannahmen über das Leben zu ändern ist sehr schwer. Wer schon immer »einfach wußte«, daß er den anderen überlegen sei, wird vielleicht in furchtbare Verwirrung gestürzt, wenn er entdeckt, daß diese Annahme jeglicher Grundlage entbehrt. Vielleicht beharrt er weiterhin darauf, cleverer, klüger, tüchtiger usw. als die anderen zu sein. Schließlich können wir alle wenigstens ein paar Gründe finden, warum wir die Besten sind. Zur Schamlosigkeit neigende Menschen aber konzentrieren sich dann auf diese Punkte, um ihre naturgegebene Vormachtstellung vor sich selbst zu untermauern. Sie haben den Eindruck, ohne ihre Überlegenheitsgefühle ein reines Nichts zu sein.

Dieses Gefühl der Leere ist das größte Problem. Einige Leute können sich einfach nicht mit dem Gedanken der Demut anfreunden, weil sie Demut mit Leere und Nichtigkeit verwechseln. Sie haben immer im Mittelpunkt ihrer Welt gestanden. Und so ist das Begehren, sie sollten sich ändern, etwa der Bitte an die Sonne vergleichbar, ins zweite Glied zu treten und ein kleiner Planet zu werden. Menschen mit Schamdefiziten haben dann leicht das Gefühl, unter solchen Bedingungen nicht leben zu können.

Für diese Menschen besteht deshalb der erste Schritt zur Besserung in der Erkenntnis, daß Demut möglich ist. Sie müssen sich klar vorstellen können, daß sie mit dieser Idee leben können. Sie müssen bereit und in der Lage sein, sich quasi in der Rolle eines Planeten statt in der Rolle der Sonne zu sehen.

Der zweite Schritt ist dann die Entscheidung, demütig leben zu wollen. Doch warum eigentlich sollte man diese Wahl treffen? Um gefühlsmäßig und geistig wieder eine Brücke zum Rest der Menschheit zu schlagen! Hochmut beraubt einen der Wärme, die von der Gemeinschaft ausgeht, und der Intimität. Auf dem Gipfel der Überlegenheit fühlt man sich einsam; es gilt, diese Einsamkeit zu überwinden und wieder Teil der Menschheit zu werden.

Diese Entscheidung ist sehr schmerzlich. Menschen mit Schamdefiziten entscheiden sich deshalb manchmal lieber für das ihnen vertraute und plausible Überlegenheitsgefühl; vielleicht aber auch, weil sie es dem Gefühl der Leere vorziehen, mit dem sie ihrer Meinung nach sonst konfrontiert wären. Manchmal schauen sich die Betreffenden auch erst ein wenig im Reich der Demut um, damit sie entscheiden können, ob es sich lohnt, die Überlegenheit gegen die Gemeinschaft einzutauschen. Und auf dem Wege zur endgültigen Entscheidung schwanken sie vielleicht mehrfach hin und her.

Demut bedeutet nichts mehr, aber auch nichts weniger als die Anerkennung der Tatsache, daß man weder besser noch schlechter als die Mitmenschen ist. Demut als Philosophie heißt, die innere Würde aller Menschen zu achten. Der Demütige muß dabei aber keineswegs alles vergessen oder aufgeben, was er besser kann als andere; ebenso ist nicht Durchschnittlichkeit oder Mittelmäßigkeit Maßstab all seines Handelns. Er darf ruhig weiterhin nach hervorragenden Leistungen streben.

Ebenfalls ist zu beachten, daß Demut nicht deshalb dasselbe ist wie Demütigung. Man kann demütig sein, ohne von anderen gedemütigt zu werden. *Demut* beinhaltet Respekt vor sich selbst und den anderen; *Demütigung* aber ist gleichbedeutend mit Mißachtung.

Ein dritter Schritt des Entwicklungsprozesses hin zu mehr Demut ist schließlich das ernsthafte, konsequente Bestreben, demütig zu leben. Diese Bemühung geht über den Status einer netten Idee oder eines originellen Einfalls hinaus. Man muß sich täglich nach dem neuen Grundsatz richten. Drei Wege, wie man praktisch mit einem demütigen Leben beginnen kann, finden sich in den Leitlinien zwei, drei und vier.

2) Entwickeln Sie Interesse für andere und deren Probleme

Wenn Sie bei sich einige der wichtigsten Kennzeichen von Schamlosigkeit entdeckt haben, dann müssen Sie bewußte Anstrengungen unternehmen, sich mehr für andere Menschen zu interessieren. Das heißt, Sie sollten anderen sorgfältig zuhören, ohne sogleich ungeduldig zu versuchen, alle Aufmerksamkeit wieder auf sich selbst zu lenken. Das heißt auch, daß Sie die innere Würde aller Menschen, mit denen Sie zusammenkommen, zur Kenntnis nehmen.

Erving Polster beschreibt in *Every Person's Life Is Worth A Novel* (Jedes Leben verdient einen Roman), wie wir über jeden von uns Geschichten verfassen könnten; denn unser aller Leben ist interessant und aufregend. Leider erkennen viele Menschen indes nicht, so Polster, wie reich und schön ihr Erfahrungsschatz ist. Seiner Meinung nach ist Psychotherapie oft nichts anderes als das Bemühen des Therapeuten, dem Klienten die Lebensgeschichte aus der Nase zu ziehen, damit beide sie anschließend um so besser würdigen können. Tief beschämte Menschen profitieren oft von diesem Ansatz. Denn sie brauchen jemanden, der ihnen dabei hilft, ihre eigene Anmut und Schönheit zu erkennen.

Menschen mit Schamdefiziten hingegen müssen lernen, ihren eigenen Lebensroman, aus dem sie anderen ständig vorlesen, auch einmal aus der Hand zu legen und sich für die Geschichten der anderen zu interessieren. Sie müssen lernen, andere aus der Reserve zu locken und ihnen beim

Erzählen *ihrer* Geschichten zu helfen. Beispielsweise muß der Ehemann, der es gewohnt ist, seiner Frau das Fußballspiel seiner Mannschaft in allen Einzelheiten – und mit allen eigenen Heldentaten – nachzuerzählen, lernen, es auch einmal mit einer kurzen Zusammenfassung genug sein zu lassen, damit seine Frau anschließend Gelegenheit hat, ihre eigenen Sorgen darzulegen. Und dann muß er auch wirklich zuhören.

Es reicht nicht aus, nur so zu tun, als höre man dem oder der anderen zu. Der Vater, der mit dem Kopf nickt, wenn sein Kind ihm etwas erzählt, der dabei aber in Wirklichkeit weiter Zeitung liest, ist immer noch mit sich selbst beschäftigt. Wir müssen lernen, unsere Aufmerksamkeit auf jemand anderen zu konzentrieren. Wir müssen bereit sein, uns von anderen genauso faszinieren zu lassen, wie wir zuvor von uns selbst fasziniert waren.

Jeder einzelne besitzt seine ganz eigene Weisheit. Wer unter Schamdefiziten leidet, wird deshalb viel über das Leben hinzulernen, wenn er bereit ist, von der Erfahrung und dem Wissen anderer Menschen zu profitieren. Als erstes aber muß er erkennen, daß er nicht allwissend ist. Er muß demütig anerkennen, daß der Rest der Welt nicht nur dazu da ist, ihm zu Diensten zu sein.

Wer zur Schamlosigkeit neigt, kann lernen, seine Aufmerksamkeit von sich auf andere zu lenken. Anfangs gelingt das vielleicht nur für wenige Augenblicke. Aber mit mehr Übung läßt sich auch diese Fähigkeit Schritt für Schritt verbessern. Vielleicht hilft es, wenn Sie sich das jeden Morgen erneut vornehmen und darüber hinaus – wenigstens am Anfang – jeden Abend notieren, was Sie an diesem Tag über andere erfahren haben. Und denken Sie daran: Es kommt nicht darauf an herauszufinden, was an den anderen schlecht oder unzulänglich ist. Sie sollten sich mit den positiven Qualitäten und der inneren Würde anderer Menschen vertraut machen.

3) Respektieren Sie die Privatsphäre, und üben Sie sich in Bescheidenheit. Gehen Sie gegen Ihre Unbescheidenheit an

Menschen mit Schamdefiziten müssen sich in Bescheidenheit üben und lernen, die Privatsphäre der anderen zu achten. Nur so können sie ihre Neigung in den Griff bekommen, sich ständig in den Vordergrund zu spielen.

Bescheidene Menschen ziehen nicht laufend die Aufmerksamkeit auf sich. Sie können sehr wohl im Hintergrund bleiben und zusehen, wie andere Lob ernten. Eine gewisse Reserviertheit ist ihnen eigen; aber diese dient nur dem Zweck, nicht aufdringlich und prätentiös zu wirken. Solche Leute haben nicht das Bedürfnis, anderen alles über sich zu erzählen. Ihre Bescheidenheit ist Ausdruck innerer Ausgeglichenheit. Sie wissen, wer sie sind, und vertrauen auf ihren Wert als Menschen.

Wer bescheiden ist, erfreut sich einer gewissen Aufmerksamkeit und Wertschätzung. Anders als der tief Beschämte hat der Bescheidene keine Angst davor, gesehen zu werden. Er kann mit Leichtigkeit aus dem Vordergrund in den Hintergrund treten und fühlt sich in beiden Positionen gleich wohl.

Die Privatsphäre eines Menschen ist wichtig, weil er sich nur so von seiner Umwelt abgrenzen kann. Normalerweise helfen uns unsere Schamgefühle, diese Grenzen zu respektieren; sie signalisieren uns, wann wir die Privatsphäre eines anderen Menschen oder unsere eigene verletzt haben. Deshalb muß, wer unter einem Mangel an Schamgefühlen leidet, seine Schamgefühle pflegen, um auf die Unterschiede zwischen sich und anderen stärker aufmerksam zu werden. Vor allem gilt es zu erkennen, daß man weder alles über seine Mitmenschen wissen kann (oder gar sollte), noch es ihnen zumuten sollte, alles über einen selbst zu erfahren.

Menschen, deren Schamgefühl unterentwickelt ist, müssen lernen, auch einmal ein paar »Geheimnisse« für sich zu behalten: natürlich nicht gerade so schwerwiegende Dinge, deren Geheimhaltung zu ungesunden Schamgefühlen beitragen würde. Das Übungsziel besteht vielmehr darin, gelegentlich auch einmal im Hintergrund zu bleiben – in Situationen, in denen man früher gnadenlos die Aufmerksamkeit der anderen beansprucht hätte. Sie könnten beispielsweise etwas Nettes für jemanden tun, ohne Ihre Großzügigkeit sofort herauszustellen. Oder Sie könnten sich, wenn Sie eine schöne Stimme haben, bei einem Sängerfest bescheiden in den Chor einordnen und nicht die Solopartie beanspruchen. Sie könnten auch einmal den Klatsch, den Sie gerade gehört haben, für sich behalten. Wer in dieser Richtung Anstrengungen unternimmt, gewinnt wahrscheinlich neuen Respekt gegenüber Werten wie Bescheidenheit und Privatheit.

4) Trainieren Sie Ihr Taktgefühl und den Respekt vor anderen

Taktgefühl und Diskretion sind wichtige Eigenschaften, die zur Bescheidenheit und Respektierung der Privatsphäre ergänzend hinzukommen. Beide Haltungen erinnern uns daran, daß andere Menschen Scham empfinden können, wenn man deren Grenzen mißachtet. Die folgenden Dinge sollten Sie also *nicht* tun:

- All Ihren Bekannten erzählen, was Sie gerade über einen gemeinsamen Freund gehört haben.
- Öffentlich Einzelheiten aus einer Episode zum besten geben, in der sich Ihr Partner gerade unsterblich blamiert hat.
- Ihren Freunden die Bettgeschichten Ihrer heranwachsenden Kinder erzählen.
- In einer »privaten« Unterhaltung so laut reden, daß andere unweigerlich aufmerksam werden.

Menschen ohne Taktgefühl beschämen die anderen. Solches Verhalten kann absichtlich und geplant sein. Es stellt dann einen halb-bewußten Versuch dar, andere anzugreifen, ohne die Verantwortung für die eigenen Aktionen zu übernehmen. Es kann aber auch absolut zufällig sein oder die Ungeschicklichkeit im gesellschaftlichen Umgang zum Ausdruck bringen. In jedem Fall aber signalisiert dieses indiskrete Verhalten, daß der oder die Betreffende Schamgrenzen verletzt hat.

Menschen mit einem Mangel an Schamgefühlen müssen aus zwei Gründen ihr Tatktgefühl trainieren: Erstens, um Respekt vor den anderen zu gewinnen. Gershen Kaufmann schreibt dazu in seinem Buch *Shame: The Power of Caring* (Scham: Ein mächtiges Gefühl, das Gleichgültigkeit verhindert), daß Schamlose nur so die »interpersonale Brücke« zwischen sich und den Mitmenschen offenhalten können. Und zweitens, weil der Betreffende mehr über sich und seine eigene Scham erfährt, wenn er die Schamgefühle jener Menschen erkennt, an denen ihm etwas liegt. Dabei lernt man sich selbst auf eine neue Art kennen und schätzen – als jemanden, der ganz normale Schamgefühle hat. Damit aber ist dann auch der Weg geöffnet zu gesundem Stolz, zu Würde und Selbstachtung.

Zusammenfassung

Um Schamdefizite auszugleichen, ist es entscheidend, daß man den Grundsatz der Demut anerkennt: Ein jeder von uns ist weder besser noch schlechter als die anderen. Wer diesen Gedanken wirklich ernst nimmt und ihn im Alltag ständig in die Praxis umsetzt, der kann Schamlosigkeit dauerhaft überwinden und bessere Beziehungen zu seinen Mitmenschcn herstellen. Damit einher geht dann das Gefühl, weniger isoliert und stärker in das allgemeine Geschehen eingebunden zu sein.

Wer zu Schamlosigkeit neigt, muß sich entscheiden: zwischen dem Verlangen, etwas ganz Besonderes zu sein (der Mittelpunkt der Welt), und dem Wunsch, intensivere Kontakte zu anderen zu pflegen. Demut und Egozentrik passen nicht zusammen. Wer sich für die Demut entscheidet, der muß ein stärkeres Interesse für seine Mitmenschen entwickeln, die Fähigkeit trainieren, bescheiden zu sein und die Privatsphäre zu respektieren, sowie ein Gespür für Takt und echten Respekt gegenüber anderen entwickeln.

ÜBUNGEN

Erste Übung: Wer von uns unter Schamdefiziten leidet, beschäftigt sich oft zu sehr mit sich selbst – mit *seiner* Meinung, *seinen* Aktivitäten, *seinen* Gefühlen, *seinen* Wünschen. Das führt dazu, daß wir zwar glauben, andere Menschen gut zu kennen, in Wahrheit aber sehr wenig über sie wissen. Manchmal bekommen wir überhaupt nicht mit, daß es zwischen den Menschen faszinierende Unterschiede gibt. Deshalb müssen wir uns mehr für die anderen interessieren. Suchen Sie sich also eine Person aus, die Sie besser kennenlernen wollen. Verbringen Sie viel Zeit mit diesem Menschen, und ermutigen Sie ihn zum Erzählen. Hören Sie genau zu, und beantworten Sie dann die folgenden Fragen:

– Wie alt ist der oder die Betreffende, wo hat er/sie schon überall gelebt?
– Wo und in welchen Berufen hat er/sie schon gearbeitet?
– Welche drei starken Abneigungen hat er oder sie?
– Welche drei Dinge mag er oder sie besonders gern?
– Wen läßt diese Person an ihren Gefühlen Anteil nehmen?

- Was ist an diesem Menschen ungewöhnlich?
- Ist er/sie kontaktfreudig oder introvertiert? Warum?
- Welches Selbstwertgefühl hat diese Person?
- Welche Gefühle hat dieser Mensch mir gegenüber?

Wiederholen Sie diese Übung mit wenigstens zwei weiteren Menschen, auf die Sie sich jeweils möglichst stark konzentrieren sollten.

Zweite Übung: Wenn Sie gewohnt sind, die meiste Aufmerksamkeit zu erhalten, dann übernehmen Sie beim nächsten Projekt, im nächsten Ausschuß oder bei der nächsten Aktion, an der Sie teilnehmen, eine Rolle im Hintergrund. Führen Sie in dieser Position eine Liste der Stärken und Vorzüge, die all jene auszeichnen, die nun statt Ihrer im Rampenlicht stehen. Achten Sie darauf, ob unter den Stärken vielleicht auch solche sind, die Sie gern bei sich selbst fördern würden. Wenn Sie keine Vorzüge entdecken können, dann nehmen Sie sich eine andere Situation vor und versuchen es erneut: so lange, bis Ihnen die Stärken der anderen auffallen.

Dritte Übung: Weigern Sie sich eine ganze Woche lang, Geheimnisse oder Klatsch weiterzugeben, ganz gleich, ob Sie dadurch sonst große Aufmerksamkeit und Prestige erlangen könnten oder wie wichtig Sie sich selbst mit diesem Wissen vorkommen würden. Was haben Sie durch Ihr neues Verhalten gewonnen? Was verloren? Was haben Sie über sich selbst erfahren? Was über andere?

Vierte Übung: Erinnern Sie sich an die Scham- und Verlegenheitssignale: den Blick senken oder abwenden, erröten, sich zurückziehen. Trainieren Sie Ihre Fähigkeit, diese Anzeichen bei anderen zu erkennen. Wenn Sie in Gesprächen auftauchen, an denen Sie beteiligt sind, dann fragen Sie ganz ruhig, ob Sie gerade taktlos gewesen seien. Fragen Sie, wenn das Gespräch in der Öffentlichkeit stattfindet, Ihren Gesprächspartner, ob er oder sie dieses Thema lieber privat erörtern würde. Wenn Sie mit dem Takt wirklich Probleme haben, müssen Sie die erforderliche Diskretion lernen, indem Sie darum bitten, man möge Sie wissen lassen, wo die Grenzen liegen. Achten Sie auch darauf, wie Sie sich selbst fühlen, wenn Sie einen anderen Menschen in Verlegenheit gebracht haben. Besorgt? Überlegen? Im stillen erfreut? Wie sonst? Was verrät diese Ihre Einstellung über Ihre Fähigkeit, menschlich zu empfinden oder demütig zu sein?

Epilog

Vor vielen Jahren haben wir mit unseren Untersuchungen zur Scham begonnen. Zunächst sind wir dabei nur auf äußerst pessimistische Bücher und Artikel gestoßen. Die Autoren dieser Arbeiten schienen sich einig zu sein, ohne es immer direkt zu sagen: Wer unter chronischen Schamgefühlen leidet, ist ein fast hoffnungsloser Fall, denn Scham hat ja mit Defekten im innersten Wesen der Persönlichkeit zu tun. Allmählich entdeckten wir jedoch auch Autoren, die die positiven Aspekte der Schamgefühle herausstellten. Diese Wissenschaftler waren optimistischer, denn sie konnten ja sehen, daß die Heilungsaussichten für tief beschämte Menschen gar nicht so schlecht waren.

Wir sind fest davon überzeugt, daß Verletzungen durch Schamgefühle heilbar sind. Natürlich sind solche Empfindungen sehr schmerzlich, aber sie gehen doch auch vorüber. Beschämte Menschen haben das Gefühl, von den anderen isoliert zu sein, aber sie hoffen auch, in die Wärme der Gemeinschaft zurückkehren zu können. Schamgefühle signalisieren uns, daß etwas nicht in Ordnung ist – daß Verbindungen zu uns selbst, zu den Menschen, die wir lieben, zur Welt und zu einem höheren geistigen Wesen (Gott) abgebrochen sind. Wir dürfen unsere Schamgefühle nicht ignorieren, denn nur durch sie können wir lernen, unseren Kopf wieder zu heben und erneut Teil der menschlichen Gemeinschaft zu werden.

Wir haben in unserem Buch vor allem vier Prinzipien betont: *Menschlichkeit, Demut, Eigenverantwortlichkeit und Kompetenz.* Wenn wir uns auf diese vier Werte konzentrieren, können wir unsere Schmerzen lindern. Denn so werden wir ständig daran erinnert, daß wir nur Menschen (also weder besser noch schlechter als andere), daß wir genauso einzigartig wie unabhängig und »gut genug« sind, unseren Platz in dieser Welt zu finden und zu verdienen.

Die meisten Menschen werden Hilfe in Anspruch nehmen müssen, um ihre Schamverletzungen zu heilen. Die Genesung verläuft am besten, wenn sie im sicheren Umfeld liebevoller, nicht auf Scham gegründeter Beziehungen erfolgt. Wir müssen dazu unser natürliches Bedürfnis bekämpfen, die eigenen Schamgefühle zu verheimlichen, und anderen die Möglichkeit geben, uns zu versichern, daß wir nicht im Stich gelassen werden. Gleichfalls müssen wir gegen unsere Neigung angehen, uns selbst anzugreifen und zu beschämen. Vielleicht müssen wir uns sogar mit anderen Menschen in unserem Leben (unserem jetzigen wie unserem früheren) auseinandersetzen, die zu unserer Beschämung erheblich beigetragen haben. All dies erfordert Zeit, Energie, Mut und Geduld. Schamwunden heilen, aber selten sofort.

Schamgefühle müssen durch positive Einstellungen ersetzt, nicht nur beseitigt werden. Ehre, Würde, Selbstachtung und ein realistischer Stolz müssen an die Stelle der Scham treten. Wir können und müssen uns selbst genauso mit Respekt behandeln wie die anderen. In jedem menschlichen Wesen, auch in uns selbst, können wir Schönheit, Wert und Güte entdecken.

Wir hoffen, daß Sie als Leser durch unsere Informationen zu wichtigen Einsichten gekommen sind. Noch mehr hoffen wir jedoch, daß Sie diese Einsichten nutzen werden, um bei der Schaffung einer Welt mitzuhelfen, in der Schamgefühle akzeptiert werden, weil sie nicht länger mit Angst und Pessimismus in einen Topf geworfen werden. Ganz besonders aber liegt uns der Wunsch am Herzen, daß Sie alle in Zukunft so leben mögen, daß gegenseitige Anerkennung und Achtung im Mittelpunkt Ihres Lebens stehen.

Die Autoren

AUSWAHLBIBLIOGRAPHIE

Bradshaw, John. *Healing the Shame That Binds You.* Deerfield Beech, Florida 1988.

Ekman, Paul. *The Face of Man: Expressions of Universal Emotions in a New Guinea Village.* New York 1980.

Izard, Carroll E. *Face of Emotion.* New York 1971.

Kaufman, Gershen. *Shame: The Power of Caring.* 2. Auflage, Cambridge, Massachusetts 1985.

Kohut, Heinz. *The Search for Self.* New York 1978.

Kübler-Ross, Elisabeth. *On Death and Dying.* New York 1969. Deutsche Ausgabe: *Was können wir noch tun? Antworten auf Fragen nach Sterben und Tod.* Stuttgart 1974.

Kurtz, Ernest. *Shame and Guilt: Characteristics of the Dependency Cycle.* Center City, Minnesota 1981.

Lewis, Helen Block. *Shame and Guilt in Neurosis.* New York 1971.

Morrison, Andrew. »Shame, Ideal Self and Narcissism«, in: *Contemporary Psychoanalysis,* 19 (1983), S. 195–318.

Morrison, Andrew. »Working with Shame in Psychoanalytic Treatment«, in: *Journal of the American Psychoanalytic Association,* 32 (1984), S. 479–505.

Nathanson, Donald L. (Hg.). *The Many Faces of Shame.* New York 1987.

Piers, Gerhart und Milton Singer. *Shame and Guilt.* Springfield, Illinois 1953.

Polster, Erving. *Every Person's Life Is Worth a Novel.* New York 1987.

Polster, Erving und Miriam. *Gestalt Therapy Integrated: Contours of Theory and Practice.* New York 1973. Deutsche Ausgabe: *Gestalttherapie.* Frankfurt/Main 1983.

Potter-Efron, Ronald T. und Patricia S. (Hg.). *The Treatment of Shame and Guilt in Alcoholism Counseling.* New York 1988.

Schneider, Carl. *Shame, Exposure, and Privacy.* Boston 1977.

Smedes, Lewis. *Forgive and Forget: Healing the Hurts We Don't Deserve.* New York 1984.

Inhalt

Das Beste zu Beginn
S. 4

Das ist Rom
S. 6

Rom in Zahlen
S. 8

Was ist wo?
S. 10

Augenblicke
Die Römer
S. 12
Roms neue Patina
S. 14
Trendsetter Rom
S. 16

Ihr Rom-Kompass
15 Wege zum direkten Eintauchen in die Stadt
S. 18

 Im Rom der Römer –
Campo de' Fiori und Piazza Navona
S. 20

 Im Auge Gottes –
das Pantheon
S. 24

 Zwischen Stein und Schein –
römische Palazzi
S. 27

 Topografie der Macht –
Forum Romanum und Palatin
S. 31

 The show goes on –
Kolosseum
S. 36

 Tanz auf dem Scherbenhügel – **Testaccio**
S. 40

 Das Dorf in der Stadt –
Trastevere
S. 44

DUMONT
DIREKT

Rom

Caterina Mesina

Leitlinien für die Heilung von übermäßiger Scham 193–194, 210–211, 234, 241, 261, 290–291

Machtausübung durch Beschämung 124–125, 140–147, 168–170, 260, 262, 265–266
Menschlichkeit, Prinzip der 48, 204, 216–217, 227–228, 298

Narzißmus 85–90, 110–111, 314

Perfektionismus 31, 68–69, 135, 154, 180–182, 198, 206, 229–330
Privatsphäre 91, 163, 319–320

Rückzugsverhalten (Selbstisolation) 30–31, 64–65, 179–180, 186, 190–191, 198, 205, 211

Scham
biochemische und genetische Ursachen 106–108, 113–114, 213, 298–299
Definition und Erscheinungsformen 11–15, 24–33, 43, 55–58, 77, 101–106, 143–144, 151, 195 197, 265 266
frühkindliche Scham 21, 88, 101–111, 125–128, 242–243
Haupursachen 13, 101–187, 200
körperliche Symptome 24–26, 30, 104, 143–144, 268, 325
kulturelle Ursachen 157–174

mentale Komponenten 28–29, 56–60
Scham und Mißhandlungen 75–77, 129, 205
Scham und religiöse Institutionen 169–170
Rückgabe „geborgter" Scham 214, 246–248
Universalität der Schamgefühle 101–106
Schamgefühle und Schuldgefühle (Unterschiede) 11, 15–18, 107
Schamgefühle, konstruktive 39–50, 303–304
Schamlosigkeit (Mangel an Scham) 85–95, 311–325
Schamspiralen 58–60, 83–84
Selbstachtung 215, 240–245, 275, 279–280, 296–297, 306
Selbstbeschämung 175–183, 214, 289–309
automatische Selbstvorwürfe 177–178, 291–293, 299
Selbstbewußtheit 92, 201–202
Selbstbild, positives 240–243, 299–302, 307–308
Selbsthaß 27, 73–74, 126, 175–183, 214, 290
Selbstsabotage 73–74
sexueller Mißbrauch 77, 129, 247
Suchtverhalten 75–76, 95
Sündenbock 117–118, 246–248

Taktgefühl vgl. Diskretion
Trauer als Teil des Heilungsprozesses 238–239, 254–255

übermäßige Schamgefühle 32–33, 53–77, 175–187

Register

Alkoholismus 62–63, 75, 127, 179–180, 205, 231, 246
Anonyme Alkoholiker (AA) 217, 282, 296
Anpassung als Zeichen der Scham 73, 80, 130–131
Arroganz 69–70, 89–90, 198, 207, 298

Beschämung
 durch Arbeitgeber und Vorgesetzte 146, 149–150, 168–169
 durch Eltern und Herkunftsfamilie 117–136, 144–145, 200, 231–258
 durch Lebenspartner 51, 145, 147–149, 200, 260, 262, 271–272
 Beschämungsstrukturen 140–150, 260, 265–266, 281
Bescheidenheit 96, 218–219, 319–320
Beziehungen, von Scham geprägte 46–47, 137–155, 260–288
Blickkontakt 25, 64–65, 105–106, 113

Demut, Prinzip der 48, 97, 298, 314–316
 Demut und Demütigung 219, 316
Depressionen und Schamgefühle 106–108, 113–114
Diskretion, Mangel an 91–92, 98, 312, 321–322
Diskriminierung 159, 165–167, 172–173

Eigenverantwortlichkeit, Prinzip der 48, 109–110, 219–220, 298
Exhibitionismus 71, 110–111, 199, 207

Familienleben
 Schamprägung durch elterliche Erziehung 102, 109–110, 115, 123–125, 232–233, 242
 auf Scham basierende Familienstrukturen 117–136, 144–145, 231–258
 Geheimniskrämerei 130–131
 Image der Familie nach außen 117–118, 130–131
 Mißhandlungen durch die Eltern 129
 Zurückweisung durch die Eltern 109–111, 124–128

Heilung der Schamwunden (Systematik, Prozeß) 191–194, 209–211, 214–215, 223–224, 234, 241–242, 260–261, 290–291, 313–314
Humor 49–50, 312

Kompetenz, Prinzip der 48, 220–221, 298
Konformitätszwänge 130, 162–164
Kritiksucht 23, 31, 74–75

Leistungsdruck 117, 122–123, 159–161, 171

Habemus Franciscus – **Petersplatz und Petersdom**
S. 48

 Superlative der Malerei – **Vatikanische Museen**
S. 53

 In den Fängen der Päpste – **Engelsburg**
S. 57

 Sehnsuchtsorte – **Spanische Treppe und Trevibrunnen**
S. 60

 Per una passeggiata – **Villa Borghese**
S. 64

 Paukenschlag der Postmoderne – **MAXXI**
S. 68

 Gräber an der Fernstraße – **Via Appia Antica**
S. 71

 Ideal zum Weltvergessen – **Tivoli**
S. 75

Roms Museumslandschaft
S. 78

Archäologische Stätten und Museen
S. 81

Pause. Einfach mal abschalten
S. 86

 In fremden Betten
S. 88

 Satt & glücklich
S. 92

 Stöbern & entdecken
S. 100

 Wenn die Nacht beginnt
S. 106

Hin & weg
S. 110

O-Ton Rom
S. 114

Register
S. 115

Abbildungsnachweis/Impressum
S. 119

Kennen Sie die?
S. 120

Das Beste zu Beginn

Egal wie gut Sie Rom schon kennen, nehmen Sie sich einen Tag Zeit zum Ankommen: Genießen Sie einen *caffè* in einer Bar an der Ecke und danach ein gespachteltes Eis von einer *gelateria* auf dem Weg ins Zentrum. Bummeln Sie über den Mercato di Campo de' Fiori, streifen Sie durch die Viertel Testaccio und Trastevere, kehren Sie am Abend in einer *enoteca* ein und entdecken Sie ›Ihr‹ Rom!

360° Ewige Stadt
Nur Fliegen ist schöner! Auf der luftigen Aussichtsterrasse des Vittoriano in 65 m Höhe liegt Ihnen Rom zu Füßen: die Kaiserforen, die unzähligen Kirchenkuppeln, der träge Tiber, der Gasometer, Wahrzeichen von Testaccio, und das quadratische Kolosseum des EUR-Viertels.

Zeitsprung à la romana
An kaum einem anderen Ort in Rom lassen sich die historischen Schichten der Stadt so erleben wie in San Clemente. Bei einem kurzen Gang in den 18 m tiefen Untergrund durchlaufen Sie zwölf Jahrhunderte.

Wenn der Ball rollt
Es passiert zweimal im Jahr – kein lärmender Verkehr, Roms Straßen sind leergefegt. Für dieses übernatürliche Ereignis gibt es nur einen Grund: Im Stadio Olimpico läuft das Fußballderby zwischen dem AS Roma und dem SS Lazio. Die *squadra del cuore* gehört zur DNA eines jeden Römers. Wenn beim Sieg von AS Roma die Vereinshymne »Grazie Roma« ertönt, heulen schon mal gestandene Männer Rotz und Wasser.

Kulinarische Genusstouren
Sie möchten römische Kochkultur jenseits von Pizza & Pasta kennenlernen? Auf einer geführten Foodtour durch Testaccio tauchen Sie in die urrömische Küche ein, hören von alten Rezepten, schlemmen sich durch regionale Spezialitäten und erfahren ein Stück Alltagskultur (Eating Europe, www.eatingeurope.com oder Casa Mia Italy Food & Wine, www.italyfoodandwinetours.com).

Das Beste zu Beginn

Makabre Brüder
An der heute höchst irdischen Via Veneto treffen Rombesucher auf eine der wohl eindrucksvollsten Memento-Mori-Mahnungen: »Wir waren, was ihr seid. Wir sind, was ihr werdet« heißt es in der Inschrift über dem Eingang zur Kapuzinergruft. Um diesem Sinnspruch den gebührenden Nachdruck zu verleihen, schmückten die Kapuzinermönche die Wände der Grabkammer mit den Gebeinen von über 4000 Mitbrüdern. Der Anblick jagt kalte Schauer über den Rücken!

Eine unendliche Geschichte
Über 80 Jahre war das Mausoleum des Kaiser Augustus geschlossen. Im Laufe der Jahrhunderte diente es mal als Garten, mal als Theater, zuletzt nahm man es nur noch als überwucherte Ruine wahr. Nach vierzehn Jahren Restaurierung ist das größte Grabmal der Weltgeschichte nun wieder für Besucher geöffnet. Bis 2023 soll mit der benachbarten Ara Pacis hier ein neuer archäologischer Park entstehen (www.mausoleodiaugusto.it).

Römische Nasen
Sie sind gerade mal 1,20 m hoch, ihre Nasen lang und krumm und sie wiegen rund 100 kg. Die kleinen gusseisernen Trinkbrunnen, die *nasoni*, versorgen Römer und Besucher mit bestem Trinkwasser.

Purpurrote Socken gefällig?
Bis zur Wahl einer Päpstin wird es wohl noch eine Weile dauern. Doch beim Papstschneider Gammarelli hinter dem Pantheon können sich Frauen jetzt schon einmal umschauen.

Eigentlich dürfte mich Rom als Römerin nicht mehr groß erstaunen und doch gelingt es ihr immer wieder. Mit diesem Buch möchte ich Sie auf Ihrer Entdeckungsreise durch diese faszinierende, sich immer wieder neu erfindende Stadt begleiten!

Fragen? Erfahrungen? Ideen?
Ich freue mich auf Post.

Mein Postfach bei DuMont:
c.mesina@dumontreise.de

Das ist Rom

Als ich wie immer während meiner Romaufenthalte über ›meinen‹ Stadtteilmarkt spazierte, hörte ich, wie ein Händler einem auswärtigen Kollegen scherzhaft zurief: »Noi siamo la storia, voi la fotocopia« (Wir sind die Geschichte, ihr nur der Abklatsch). An Selbstbewusstsein mangelt es den Römern nicht. Wer kann es ihnen, den Einwohnern des einstigen ›Hauptes der Welt‹, verdenken? Wo man geht und steht, begegnet man in Roms Zentrum Zeugnissen seiner uralten Geschichte.

Antike im Heute angekommen

Kaum einer kann sich der Faszination der »Ewigen Stadt« entziehen, in der moderner Alltag und jahrtausendealte Geschichte und Kultur auf das Engste miteinander verschränkt sind. Wie mächtige Kulissen ragen die Prunkbauten der Kaiserzeit und päpstlicher Machtentfaltung in den Himmel. Dazwischen öffnen sich die weltberühmten Plätze der Altstadt wie die Piazza di Spagna oder die Piazza di San Pietro. Wirft man einen genaueren Blick auf die Details, beginnt eine Zeitreise: Unter der quirligen Piazza Navona liegt ein antikes Stadion, christliche Kirchen entpuppen sich als antike Tempel und am Schauplatz des Caesarmordes stehen heute die Tische einer Trattoria. Rom hat aber auch eine ganz gewöhnliche private Seite: die plauschenden Nachbarn auf dem Morgenmarkt des Campo de' Fiori, ein Freundeskreis beim Abendessen in einer urrömischen *trattoria* in Trastevere oder Testaccio, der scheinbar chaotische Verkehr rund um das Vittorio-Emanuele-Denkmal, die argentinischen Nonnen, die erwartungsfroh zum Petersplatz eilen, die afrikanischen Straßenhändler, die auf der Engelsbrücke kopierte Guccitaschen anpreisen, der *barista,* der jeden Kaffeewunsch erfüllt, die *signora,* die beim leisesten Anflug von Kälte den Nerz spazieren führt, oder auch die unermüdlich hin- und hereilenden Heerscharen von Touristen aus aller Welt.

Zuwanderungsmetropole oder lebendes Freilichtmuseum?

Zu Beginn des 20. Jh. überschritt die Einwohnerzahl Roms die Millionengrenze. Das höchste Bevölkerungswachstum verzeichnete die Stadt im Zuge des Wirtschaftswunders der 1960er-Jahre mit der Zuwanderung von ca. 100 000 Menschen pro Jahr meist aus Süditalien. Der Zuzug an neuen Einwohnern ist seitdem ungebrochen – die Einwohnerzahl liegt mittlerweile bei rund 2,8 Millionen. Inzwischen kommen die Übersiedler aber nicht mehr nur aus der italienischen Provinz, sondern aus der ganzen Welt, was u. a. in der Altstadt rund um die Piazza Vittorio, der Chinatown Roms, offensichtlich wird. Ein Großteil der Zuwanderer arbeitet als Haushaltshilfe, Kindermädchen, Altenpfleger oder in der Gastronomie. Eine andere Zahl, die in den letzten Jahren allerdings alle Rekorde gesprengt hat, ist die Touristenzahl: Sie verdoppelte sich von 7,5 Millionen Besuchern im Jahr 2007 auf über 19 Millionen 2019. Die Pandemie bescherte Rom dann einen Einbruch von über 70%. Es wird wohl einige Jahre dauern, bis Rom sich davon erholt. In Anbetracht dieser Dimensionen könnte man vermuten, dass Rom ein einziges großes Freilichtmuseum ist, wären da nicht die Römer selbst, die

Das ist Rom

Das Römische Reich ist in Rom allgegenwärtig: Blick in das Trajansforum.

mit dem ihnen eigenen Gleichmut gegenüber der Geschichte immer wieder für moderne Brüche sorgen.

Archäologische und finanzielle Grenzen des Wachstums

Ganz und gar in die Gegenwart versetzen die römischen Verkehrsverhältnisse. Rom ist die am stärksten motorisierte Stadt Italiens: Auf 100 Einwohner kommen 62 Autos, ungezählt sind die knatternden *motorini*. Das öffentliche Verkehrsnetz wurde in den letzten Jahren zwar stark erweitert, doch drei U-Bahn-Linien mit einer Gesamtlänge von 60 km und Expressbusse, die nur die Innenstadt bedienen, reichen bei Weitem nicht aus. Eine Ausweitung der Metrolinien ist seit Langem geplant, allerdings verzögert sich der Bau immer wieder aufgrund der archäologischen ›Bodenschätze‹, die regelmäßig zum Vorschein kommen.

Neuer Hoffnungsträger für ewig gleiche Probleme

Noch 2007 zeigte sich ein Großteil der Römer relativ zufrieden mit der Lebensqualität in ihrer Stadt, 2020 landete Rom im italienischen Städteranking nur noch auf Platz 50 von 107 Städten. Als völlig unzureichend wird weiterhin der öffentliche Nahverkehr angesehen, doch vor allem Müllabfuhr und Straßenreinigung. Auch die Wahl der Hoffnungsträgerin Virginia Raggi von der Protestpartei Movimento Cinque Stelle zur ersten Bürgermeisterin Roms im Juni 2016 konnte daran nichts ändern. Neuer Manager der Ewigen Stadt ist seit 2021 der sozialdemokratische Ex-Finanzminister Roberto Gualtieri. Zu seinen ersten Amtshandlungen gehörte eine Sonderputzaktion, um das römische Müllproblem anzugehen – mit durchaus unkonventionellen Maßnahmen: Wer sich nicht krankmeldete oder blaumachte erhielt bis zu 360 € extra. Ob es ihm gelingen wird, die Probleme in den Griff zu bekommen? Der römische Soziologe Domenico De Masi meinte lakonisch dazu: »Die Probleme der Hauptstadt sind derart groß und komplex, dass selbst ein Triumvirat aus Churchill, Roosevelt und Stalin Mühe hätte, sie zu lösen.«

Rom in Zahlen

0
Frauen wurden bisher Papst.

0,44
Quadratkilometer groß ist die Vatikanstadt, der kleinste Staat der Welt.

6
Päpste wurden nach dem Inkrafttreten des Zölibats im Jahr 1139 Vater.

7
Hügel umfasste das antike Stadtgebiet.

19
Kilometer lang ist die Aurelianische Stadtmauer, bis 1870 die Stadtgrenze Roms.

43,45
Meter beträgt der Innendurchmesser der Pantheonkuppel.

60
Kilometer misst das Metro-Streckennetz (Berlin 155 km).

226
Botschaften sind beim italienischen Staat oder beim Vatikan akkreditiert.

266.
Bischof von Rom und damit Papst wurde am 13. März 2013 Franziskus.

950

Kirchen oder mehr soll es in Rom geben. Ihre genaue Anzahl ist tatsächlich unbekannt.

2159

Einwohner leben in Rom auf einem Quadratkilometer (4108 in Berlin).

34 000

Quadratmeter misst die Fläche der größten Moschee Europas im Viertel Parioli.

113 494

eingeschriebene Studenten machen aus der römischen Universität La Sapienza die größte Europas.

220 000

Euro (etwa umgerechnet) erhielt Michelangelo für die Ausmalung der Sixtinischen Kapelle.

486 713

Straßen führen in Europa nach Rom (s. roadstorome.moovel lab.com/maps/roads-to-rome/#3/55.21/17.58).

2.837.332

Einwohner zählt Rom (Ende 2019).

7 400 000

Besucher besichtigten im Jahr 2019 das Kolosseum, 2020 waren es noch gut eine Million. Dennoch bleibt es die meistbesuchte Sehenswürdigkeit Italiens.

14

Obelisken – 8 ägyptische, 5 römische, 1 mussolinischer – zieren Roms Plätze.

Was ist wo?

Nach London (1572 km²) ist Rom flächenmäßig die zweitgrößte Stadt Europas (1287 km²). Die meisten Sehenswürdigkeiten liegen jedoch innerhalb der historischen Stadtmauern, dicht beieinander in den 12 Stadtteilen des *centro storico*. Vieles lässt sich gut zu Fuß erlaufen, auch der Vatikanstaat und das Stadtviertel Trastevere.

Die sieben Hügel

Das antike Zentrum erstreckt sich rund um die sieben Stadthügel. Beim **Palatin** (📕 F/G 6) und **Kapitol** (📕 F 6) liegen mit dem Forum Romanum und dem Kolosseum die bedeutendsten Ruinen des antiken Rom. Frühchristliche Kirchen an ruhigen Plätzen prägen den grünen und ruhigen **Celio** (📕 G 7). Der **Aventin** (📕 E 8) mit kleinen Ordenskirchen und viel Grün hat sich zu einem Villenviertel gemausert. Auf dem **Esquilin** (📕 G/H 5) hingegen herrscht rund um Santa Maria Maggiore und die Piazza Vittorio Multikultitreiben. Der **Viminal** (📕 G 5) ist Sitz des Innenministeriums und der **Quirinal** (📕 F/G 4) dient heute als Residenz des Staatspräsidenten.

Vatikanstaat

Ein kleiner Staat für sich ist der **Vatikan** (📕 A/B 3/4) mit Petersplatz und Vatikanischen Museen. Das Zentrum der katholischen Kirche ist für Gläubige und Kunstliebhaber gleichermaßen das Paradies auf Erden. Besonders mittwochs (Papstaudienz) und sonntags (Angelusgebet) drängen die Menschen auf den Petersplatz. Einen grandiosen Blick genießt man von der Engelsburg.

Rund um die Spanische Treppe

Das Viertel rund um die **Spanische Treppe** (📕 F 3) lädt zum Flanieren und Shoppen ein. Längs der **Via Condotti** sind alle großen Namen der Alta Moda mit Boutiquen vertreten, in den Nebenstraßen gibt es trendige, aber durchaus erschwingliche Mode. Die **Piazza del Popolo** (📕 E 2) an der Aurelianischen Stadtmauer war das klassische Eingangstor für Besucher aus dem Norden. Ein Fußweg führt hoch auf die Aussichtsterrasse des **Pincio,** Teil der weitläufigen **Villa Borghese** (📕 E–G 1–2), der grünen Lunge der Stadt, in der sich Kultur und Natur, Erholung und Kunstgenuss aufs Beste verbinden lassen. Jenseits der Mauer tuckert die Tramlinie 2 zu den modernen architektonischen Highlights der Stadt, wie das **Auditorium** und das **MAXXI** (📕 Karte 1b). Sie wollen wiederkommen? Werfen Sie eine Münze in den **Trevibrunnen** (📕 F 4).

Herz des centro storico

Das – für römische Verhältnisse – weitgehend autofreie Viertel rund um das **Pantheon** (📕 E 4), die **Piazza Navona** (📕 D 4/5) und der **Campo de'Fiori** (📕 D 5) prunken mit mächtigen Adelspalazzi, repräsentativen Platzanlagen, spektakulären Brunnen und prunkvollen Kirchen. Kleine, ausgefallene Läden, Straßencafés mit Logenplätzen und malerische Gassen laden zum Bummeln und Verweilen ein. Kommen Sie am Abend wieder! Mit seinen unzähligen Lokalen ist es eines der beliebtesten Ausgehviertel von Römern und Touristen.

Trastevere und Testaccio

Das pittoreske Viertel **Trastevere** (📕 C–E 6–7) mit seinen verwinkelten Gassen und uralten Kirchen gehörte bis weit in die Nachkriegszeit zu den volkstümlichsten Gegenden Roms. Zwar wichen die preiswerten Wohnungen des einstigen Künstler- und Studentenviertels längst sanierten Luxuswohnungen, doch konnten Charme und Flair bewahrt werden. Geblieben sind vor allem die zahlreichen Trattorien, in die allabendlich das Nachtvolk strömt. Das Ende des 19. Jh. entstandene Arbeiter- und Handwerkerviertel **Testaccio** (Karte 1a) mit seinen schachbrettartig angelegten Straßenzügen ist tagsüber ein beschauliches Wohnviertel mit Markt und fast dörflicher Atmosphäre. Am Abend verwandelt sich der »Scherbenhügel« in ein Mekka der Nachtschwärmer. Hotspot des Nachtlebens ist die gewundene Via Monte Testaccio.

San Lorenzo und Pigneto
Aus dem einst verrufenen Arbeiterviertel **San Lorenzo** (K–L 4–5), das noch immer von den Bombardierungen des Zweiten Weltkriegs gezeichnet ist, entwickelte sich in der Nachkriegszeit dank der nahen Universität ein quirliges Studentenviertel mit preiswerten Pizzerien und kleinen *enoteche*. Zentrum des Viertels ist der Largo d'Osci mit morgendlichem Markt. **Pigneto** (östlich M 6), das »Kreuzberg Roms«, wo Pasolini einst seinen Film »Accattone« drehte, avancierte in den letzten Jahren zum neuen In-Viertel der Stadt. In das einst heruntergekommene Wohnquartier mit seinen sieben- bis achtstöckigen Wohnblocks und kleinen Arbeiterhäuschen ziehen immer mehr Künstler, Studenten, Einwanderer, aber leider auch mancher Drogendealer. Die Menschen kennen sich, das Flair ist cool und jung. Die Lokale sind bis tief in die Nacht geöffnet.

EUR-Viertel
Der Kontrast zum antiken Rom könnte kaum größer sein und doch waren die Bauten der Kaiserzeit Vorbild für diese gigantomanische Anlage. Für die Weltausstellung 1942 geplant, sollte das **Viertel EUR** (= Esposizione Universale Romana; Karte 5) die Macht des Faschismus demonstrieren. Nach dem Krieg wurde das Ausstellungsgelände zum modernen Stadtviertel mit Metroanbindung ausgebaut. Wahrzeichen des verkehrsumtosten Viertels ist der Palazzo della Civiltà del Lavoro, auch »Colosseo quadrato« genannt.

Augenblicke

Die Römer

»So' romano e me ne vanto«, »Ich bin Römer und bin stolz darauf«, sagte einmal Francesco Totti, der legendäre Kapitän des römischen Fußballclubs AS Roma. An Selbstbewusstsein mangelt es den Römern nicht. Wie auch? Wer fährt schon auf dem Weg zur Arbeit täglich am Kolosseum, den Caracallathermen oder dem Circus Maximus vorbei? In wohl keiner anderen Stadt der Welt ist die imperiale Vergangenheit in der Gegenwart so zum Greifen nah wie in Rom.

Roms neue Patina

Alt und morbide ja, aber wo ist die Ewige Stadt modern? Hie und da wurden in den letzten Jahren immerhin einige repräsentative Bauten von zeitgenössischen Stararchitekten wie Renzo Piano, Zaha Hadid und Massimiliano Fuksas fertiggestellt, aber im Vergleich zu der immensen Dichte an antiken und klassischen Schwergewichten fallen die futuristischen Gebäude eher wie vereinzelte Inseln im Kuppelmeer aus. Die wahre zeitgeistige römische Stadtkultur hat sich in den letzten Jahren abseits des Rampenlichts entwickelt und heißt: Street Art. Immer dann, wenn Sie es nicht erwarten, eröffnet sich nach einer Ecke eine bemalte Hauswand, am häufigsten in den einschlägigen Szenevierteln, aber auch immer mehr in den Randbezirken Roms.

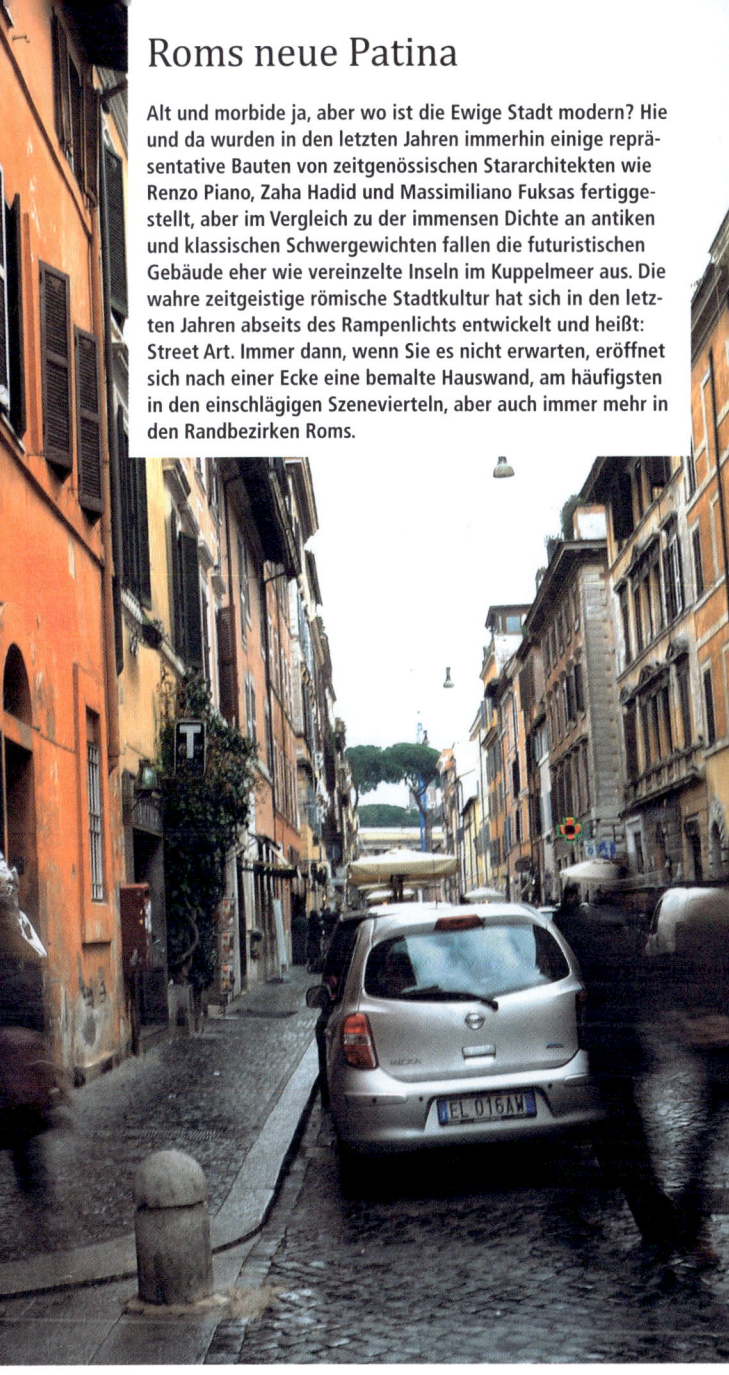

Stadt, Strand, Fluss

Rom ist eine Stadt am Fluss und doch ist der Tiber, verborgen hinter hohen Travertinmauern, kaum wahrzunehmen. Den schönsten Blick auf ihn hat man von seinen Brücken, vom Ponte Sisto, die nach Trastevere führt, von der Engelsbrücke am Vatikan und natürlich von den antiken Brücken, die zur Tiberinsel führen. Für die Römer heute ist er längst wieder eine Lebensader. Auf dem biondo Tevere, dem blonden Tiber, tummeln sich Ruderboote und Kajakfahrer und ein Schiff tuckert Touristen zur antiken Hafenstadt Ostia, und sobald die Temperaturen steigen, verwandelt sich das Ufer in einen Liegestrand mit Cocktailbars. Am Neujahrstag ist es Kult, sich in Badehose in den eiskalten Tiber zu stürzen.

Ihr Rom-Kompass

15 Wege zum direkten Eintauchen in die Stadt

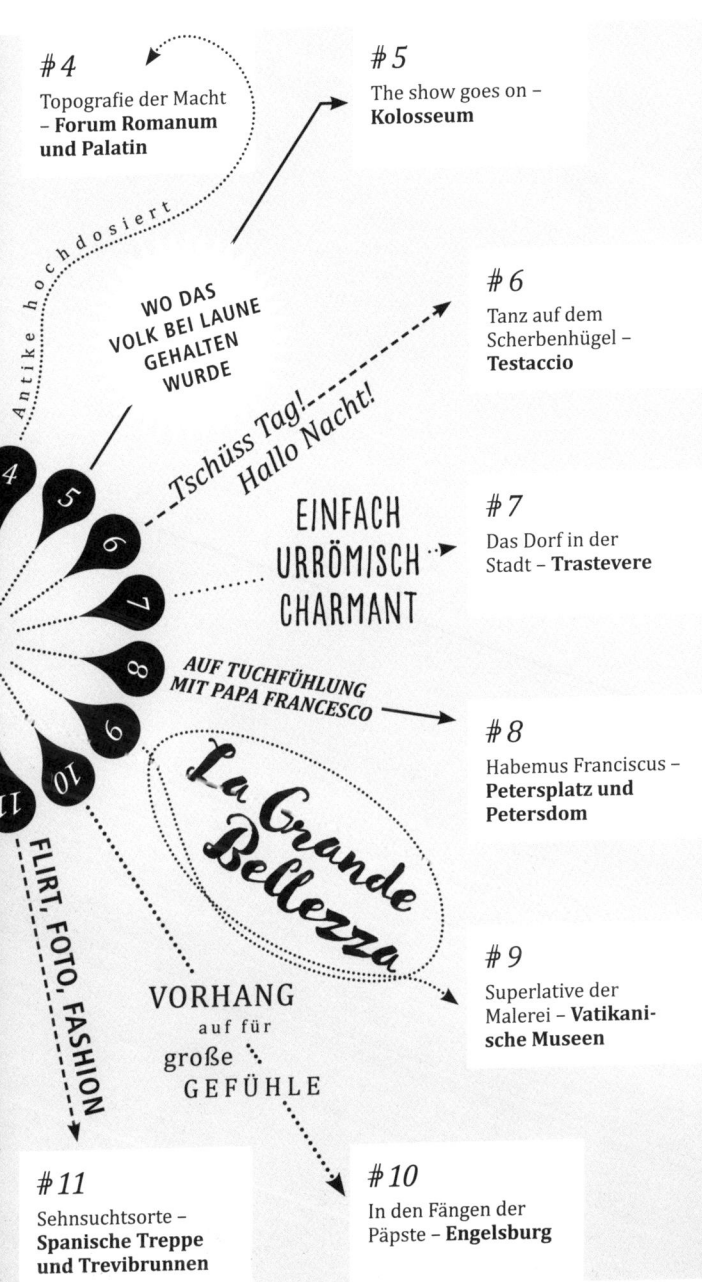

Im Rom der Römer – Campo de' Fiori und Piazza Navona

Den Herzschlag Roms zu fühlen, ist zum Glück einfacher, als alle Museen zu erkunden, jede römische Ruine zu erforschen oder sämtliche Kirchen der Stadt zu besichtigen! Vielleicht müssen Sie dafür früh aufstehen, aber eines ist ganz sicher: Das morgendliche Sich-aus-dem-Bett-Quälen lohnt sich!

Wo einst römische Athleten Wettkämpfe austrugen, eilen heute römische Angestellte dahin: Die Piazza Navona – Roms beeindruckendster Platz des Barock – ist ein pulsierender Stadtmittelpunkt.

Erleben Sie, wie in Rom der Tag erwacht: Gehen Sie in den frühen Morgenstunden auf den **Campo de' Fiori** 1. Bereits um 6 Uhr stellen die Markthändler ihre *bancarelle* auf, putzen das Gemüse für eine *minestrone* und die *puntarelle* (eine Chicoréesorte) für den Salat, um dann lauthals ihre Ware anzupreisen. Zwischen Obst und Gemüse

Campo de' Fiori und Piazza Navona #1

diskutieren sie über die Geheimnisse der römischen Küche, die letzten Fußballergebnisse oder die neuesten Verlautbarungen der italienischen Regierung.

Der Campo de' Fiori gehört zu den lebendigsten Plätzen Roms. Keine Kirche, kein Palazzo beherrscht den Platz. Gegen Mittag, wenn das Markttreiben langsam zu Ende geht, öffnen zunächst die Trattorien und gegen Abend auch die Weinlokale und Pubs ihre Türen. Dann gehört der Campo de' Fiori, das Blumenfeld, den Nachtschwärmern: Hunderte von jungen Leuten stehen mit einem Glas Wein oder Bier auf der Piazza. Das Zusammensein, nicht das Trinken, steht im Vordergrund – auch wenn das bei manchen in Vergessenheit gerät.

Denker gegen den Strom

Schon früher versammelten sich die Leute auf dem Campo de' Fiori, allerdings zu einem anderen, weniger erbaulichen Zweck. Zur Zeit der römischen Inquisition vom 13. bis zum 18. Jh. fanden hier Hinrichtungen statt. Daran erinnert auch die **Statue von Giordano Bruno:** Der Dominikanermönch hatte die Lehre des Kopernikus verfochten, wonach sich die Erde um die Sonne dreht und nicht umgekehrt.

Deswegen wurde er im Heiligen Jahr 1600 von der römischen Inquisition zum Tod auf dem Scheiterhaufen verurteilt. Erst 1898, als dieser Teil Roms nicht mehr zum Kirchenstaat gehörte, konnte man das Denkmal für ihn aufstellen.

Auffallend beliebt

Jenseits des Corso Vittorio Emanuele II. erstreckt sich die **Piazza Navona.** Dicht an dicht schmiegen sich die bunt gestrichenen Palazzi um den Platz, dessen Terrassenlokale Römer und Touristen gleichermaßen locken. Hier wird immer etwas geboten, und das seit Jahrtausenden.

Ihre ungewöhnlich lang gestreckte Form verdankt die Piazza Navona ihrer antiken Bestimmung als Stadion, dessen Reste jenseits der Piazza an der Nordseite zu sehen sind. Unter Kaiser Domitian um 80 n. Chr. errichtet, diente sie athletischen Wettkämpfen. Tausende Römer vergnügten sich hier bei Sportveranstaltungen, aber auch in den umliegenden Wirtshäusern und Bordellen.

Der Campo de' Fiori grenzte in der Antike an das Pompejus-Theater, in dessen Saal sich der römische Senat versammelte. Auch am Morgen des 15. März 44 v. Chr. war eine Senatszusammenkunft anberaumt. **Gaius Julius Caesar,** seit Kurzem Diktator, fühlte sich an diesem Morgen nicht wohl. Seine Frau versuchte ihn zu überreden, den Senatoren abzusagen, doch Caesars Vertrauter Brutus überredete den Herrscher schließlich zur Teilnahme an der Versammlung. Kaum hatte Caesar im Senat Platz genommen, umstellte ihn eine Gruppe von Senatoren und stach mit Dolchen auf ihn ein. Auch Brutus gehörte zu den Attentätern. Noch im Sterben soll Caesar ausgerufen haben: »Auch du, Brutus?!«

#1 Campo de' Fiori und Piazza Navona

Päpstliche Wasserspiele

Ihren entscheidenden architektonischen Akzent erhielt die Piazza Navona um die Mitte des 17. Jh. unter Papst Innozenz X. Im Palazzo Pamphilj aufgewachsen, beauftragte der Papst die barocken Baumeister Borromini mit dem Bau der ausladenden Kirche **S. Agnese in Agone** 2 und Bernini mit der Gestaltung der zentralen **Fontana dei (Quattro) Fiumi** 3, des Vier-Ströme-Brunnens. Die vier Männerfiguren zu Füßen eines ägyptischen Obelisken repräsentieren die vier Flüsse (= *quattro fiumi*) Donau, Nil, Ganges und Río de la Plata, die für die vier damals bekannten Kontinente Europa, Afrika, Asien und Amerika stehen. Der Obelisk – eigentlich ein heidnisches Monument – wurde kurzerhand ›exorziert‹, mit dem Wappen der Pamphilj, einer Taube samt Friedenszweig, versehen und in das Licht Christi umgedeutet, das den Frieden in die Welt hinausträgt. Papst Innozenz X. war es auch, der im heißen Monat August Wasserspiele einführte: Die Piazza wurde geflutet, Prälaten und Adlige fuhren dann mit ihren Karossen um die Wette und das Volk planschte im erfrischenden Nass.

Wenn Flussgötter sprechen könnten

Heute ist der von Cafés gesäumte Platz Bühne für Pantomimen und Schnellzeichner, Musiker, Kartenleser und Feuerschlucker. Immer von Schaulustigen umringt ist der Vier-Ströme-Brunnen von Bernini, für dessen merkwürdig verrenkte Flussgötter die Römer schon früh eine Erklärung fanden: Der Nil verschließe deshalb seine Augen, um den ästhetischen Schandfleck gegenüber – gemeint ist S. Agnese von Berninis Gegenspieler Borromini – nicht länger anschauen zu müssen, während der Río de la Plata seine Hände deshalb nach oben werfe, weil er Angst habe, die Kirche werde gleich einstürzen … Eine schöne Geschichte, wenn nicht ein kleines Detail sie als unwahr entlarven würde: Tatsächlich entstand die Kirche erst einige Jahre nach dem Brunnen!

ÜBRIGENS

Schmäh- und Spottschriften haben in Rom Tradition und sie haben einen Namen: **Pasquino** 4, einst ein vorwitziger und wortgewandter Schneider im päpstlichen Rom des 16. Jh., der mit geschliffenen Epigrammen die damaligen Machthaber aufs Korn nahm. Als er starb, übertrug sich der Brauch auf eine Steinskulptur, die im Stadion des Domitian gefunden wurde und Menelaos mit der Leiche des Patroklos darstellen soll. An sie heftete man erst Steintafeln, dann Zettel. Anfangs dichtete Pasquino noch auf Latein, dann auf Italienisch, inzwischen in breitestem Römisch. Von diesem Torso leitet sich heute das Wort *pasquill* für anonyme Schmähschriften ab.

Abends füllen sich die Außentische der Trattorien auf dem Campo de' Fiori bis auf den letzten Platz.

→ UM DIE ECKE

Wie Rom im Mittelalter ausgesehen hat, erschließt sich jenseits des **Arco degli Acetari** 5 in der Via del Pellegrino, wo ein malerisches Ensemble mittelalterlicher Häuser erhalten blieb.

Campo de' Fiori und Piazza Navona #1

INFOS/ÖFFNUNGSZEITEN

S. Agnese in Agone 2: Piazza Navona, www.santagneseinagone.org, Di–Sa 9–13, 15–19, So/Fei 9–13, 15–20 Uhr, von März bis Juni und von Okt. bis Dez. gibt es meist am Wochenende in der Sakristei von Borromini Barockkonzerte, ab 15 €.

KULINARISCHES FÜR ZWISCHENDURCH

Ein besonderer Tipp für zwischendurch ist der **Forno Campo de' Fiori** 1 (Campo de' Fiori 22, www.fornocampodefiori.com, Mo–Sa 8–14.30, Mo–Fr auch 16.30–19.30 Uhr; Juli/Aug. geschl.), eine kleine, aber feine Bäckerei mit den verschiedensten *pizze* zum Mitnehmen, die je nach Hunger und Gusto geschnitten und gewogen werden, oder das aus der Zeit gefallene **Dar Filettaro** 2 (Largo dei Librari 88, Mo–Sa 17.30–23 Uhr), eine römische Institution, wo das Hauptgericht noch immer aus Anchovis in Öl, frittiertem *baccalà* (Stockfisch) und *puntarelle*-Salat besteht. Ein Himmel voller Schinken erwartet Sie in der **Antica Norcineria Viola** 3 (Piazza Campo de' Fiori 43, Mo–Sa 8–20, So 10–18 Uhr), die seit 1890 in einem nostalgisch filmreifen Ambiente beste Salami, Schinken, Würste und andere Spezialitäten feilbietet.

SECONDHAND UND ANTIQUITÄTEN

Längs der Via del Governo Vecchio haben sich Secondhand- und Vintage-Geschäfte niedergelassen, etwa **Da Cinzia** 1 (Nr. 45, Mo–Sa 10.30–19.30, So 14–20 Uhr) mit Mode, die von den 1950er- bis 1980er-Jahren reicht. Eine Topadresse für Antiquitätenliebhaber ist die **Via dei Coronari** 2. Ihren Namen hat sie von den Verkäufern der *corone*, der Rosenkränze, denn im Mittelalter führte der Hauptpilgerweg durch diese Gasse, von der Piazza Navona bis zum Tiber.

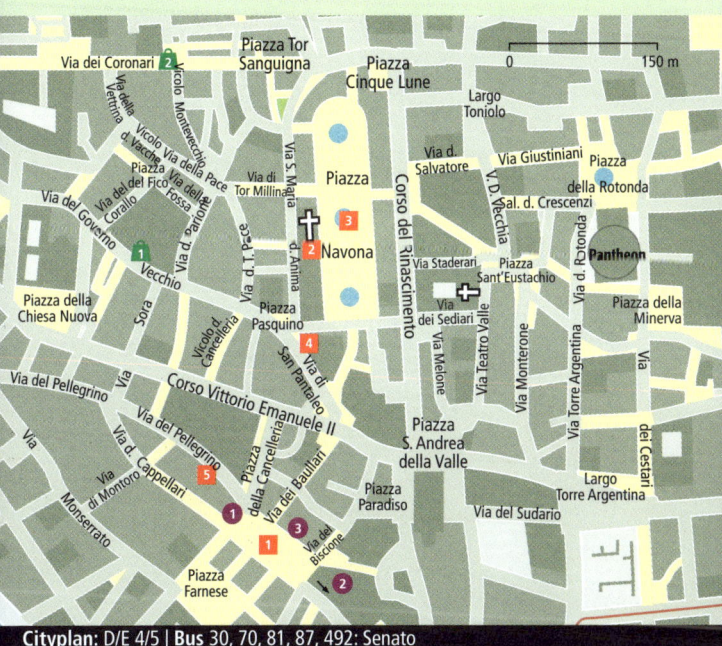

Cityplan: D/E 4/5 | **Bus** 30, 70, 81, 87, 492: Senato

Im Auge Gottes – **das Pantheon**

Im Pantheon summt internationales Stimmengewirr, recken sich Hälse zur Kuppel, schieben blaubemäntelte Monarchisten Wache. Wäre da nicht der Altar, würde man im Pantheon keine Kirche vermuten. Und doch war die Umwandlung in eine Kirche seine Rettung.

Harmonische Proportionen und eine raffinierte Statik machen das **Pantheon** 1 zu einem der herausragendsten Meisterwerke der Architektur der Menschheit. Der Rundbau, die Rotunde, mit dem rechteckigen Portal aus Säulenvorhalle und strengem Giebeldreieck wird von einer kolossalen Kuppel überdacht.

Und es regnet doch hinein
Das neben dem Kolosseum besterhaltene Bauwerk der Antike wurde über die Jahrhunderte häufig kopiert. Noch heute faszinieren der gewaltige Innenraum und die perfekt proportionierte Kuppel.

Der Raumeindruck im Pantheon ist überwältigend – Punkt!

Pantheon #2

INFOS/ÖFFNUNGSZEITEN
Pantheon 1: Piazza della Rotonda, tgl. 9–19 Uhr, Sa/So mind. 24 h vorher oblig. kostenlose Reservierung unter pantheon.cultura.gov.it/it

---

KULINARISCHES FÜR ZWISCHENDURCH
Armando al Pantheon 1: Salita dei Crescenzi 31, T 06 68 80 30 34, www.armandoalpantheon.it, Mo–Sa 12.20–15, 19–23 Uhr, Menü €€. Kleines, urrömisches Familienrestaurant mit unscheinbarem Eingang
Enoteca Corsi 2: (▶ S. 95). Zur Mittagszeit immer gut besetzt
Cremeria Monteforte 3: Via della Rotonda 22, tgl. 10.30–21 Uhr. Köstlich cremiges Eis!

ROMS KAFFEEDUFT
Ganz in der Nähe gibt es Kaffee in Vollendung: **Tazza d'Oro** 4 (Via degli Orfani 84, T 06 678 97 92, www.tazzadorocoffeeshop.com, Mo–Sa 7–20, So 10.30–19 Uhr) mit angeschlossener Bar und das **Caffè Sant'Eustachio** 5 (Piazza Sant'Eustachio 82, T 06 68 80 20 48, www.santeustachioilcaffe.it, tgl. 7.30–1 Uhr) – berühmt für seinen vorgezuckerten Gran Caffè.

Cityplan: E 4–5 | Bus: 30, 70, 81, 87, 492: Senato

Mit einem Durchmesser von 43,30 m und identischer Höhe war das Pantheon der größte Kuppelbau der Antike und ist noch heute das Bauwerk mit der größten Kuppel in Rom. Durch das 9 m große, unverglaste (!) oculus (lat. Auge), die Öffnung im Scheitelpunkt der Kuppel, fällt das Tageslicht als einzige Lichtquelle. Wenn es regnet, tropft das Wasser allerdings ebenso ungehindert bis auf den marmornen Fußboden und fließt über Rinnen und einen marmornen Gulli ab. Die zweischalige Kuppel, die sich im Innern als Halbkugel, außen als Kalotte (Kugelkappe) präsentiert, wurde in *opus caementicium*, unserem heutigen Beton vergleichbar, über einer Holzverschalung gegossen. Die ungeheuren Dimensionen der Kuppel und das damit verbundene enorme Gewicht erforderten eine massive Statik, entsprechend sind die tragenden Wände aus 6,20 m dickem Ziegelmauerwerk. Nach dem Untergang des Römischen Reiches sollte es Jahrhunderte dauern, bis wieder Kuppeln dieser Dimensionen gebaut werden konnten. Das Pantheon wurde Vorbild für viele bedeutende Sa-

ÜBRIGENS

In der Antike erklärten sich die Menschen das Loch in der **Kuppel** so: Um die Kuppel zu bauen, habe man einen großen Erdhügel aufgeworfen und darauf die Kuppel gebaut. Das Loch in der Kuppel ließ man frei, damit die Römer die Münzen, die im Erdhügel vergraben waren, herausholen konnten. Auf diese Weise sei binnen kurzer Zeit der Innenraum von der Erde befreit worden.

#2 Pantheon

In der Cremeria Monteforte in der Via della Rotonda direkt neben dem Pantheon sollten Sie sich nach dem Pantheonbesuch ein köstliches Eis genehmigen.

kral- und Profanbauten, darunter die katholische Hedwigskirche und Schinkels Altes Museum in Berlin sowie das Kapitol in Washington.

Unter kirchlichem Denkmalschutz

Das faszinierende Bauwerk der römischen Antike wurde von Marcus Agrippa, dem Schwiegersohn von Kaiser Augustus, 27 v. Chr. erbaut. Seine klassische Gestalt verdankt es jedoch Kaiser Hadrian, der es in der 1. Hälfte des 2. Jh. n. Chr. nach wiederholten Bränden neu errichten ließ. Von den antiken Marmorverkleidungen und vergoldeten Bronzedachziegeln blieb aber kaum etwas erhalten. Sie fielen den Plünderungen des Mittelalters zum Opfer. Als dann der Barberini-Papst Urban VIII. im 17. Jh. auch noch die bronzene Kassettendecke der Vorhalle abnehmen und einschmelzen ließ, um daraus Kanonen und den Bronzebaldachin von St. Peter gießen zu lassen, reagierte die Bevölkerung empört: »*Quod non fecerunt barbari fecerunt Barberini*« (»Was die Barbaren nicht schafften, gelang den Barberini«). Barberinis ›Plünderung‹ rief auch deshalb Empörung hervor, weil das Pantheon inzwischen eine christliche Kultstätte war: Am 13. Mai 609 hatte Papst Bonifaz IV. das Bauwerk der Himmelskönigin und allen Märtyrern geweiht und es in Santa Maria ai Martiri umbenannt. In der Antike war das Pantheon vermutlich den sieben planetarischen Göttern geweiht, deren Statuen in den Nischen des Innenraums aufgestellt waren. Im Laufe der Jahrhunderte wurden die Götterbilder durch christliche Altäre und Grabdenkmäler ersetzt. Stets umlagert ist das von einer Madonnenfigur bekrönte Grab des Renaissancemalers Raffael. Überzeugte Monarchisten wachen hingegen über die Grablegen der italienischen Könige.

Das Pantheon

Zwischen Stein und Schein – **römische Palazzi**

Nicht gekleckert, richtig geklotzt haben die Päpste, Kardinäle und Adeligen beim Bau ihrer Wohnhäuser in Rom. Treffend lässt sich das italienische Wort Palazzo nicht nur mit Wohnhaus, sondern auch mit Palast übersetzen. Die prunkvollen Fassaden und raffinierte Innenausstattung der römischen Palazzi künden noch heute von der Vetternwirtschaft und den Machtgelüsten früherer Oberhirten und politischer Eliten.

Im Mittelalter verschanzten sich die mächtigen Familien noch in zinnenbekrönten Wehrburgen und hohen Türmen. Mit der Rückkehr der Päpste aus dem Exil von Avignon 1377 brach eine Zeit des kulturellen und architektonischen Neubeginns an. Im **Palazzo Venezia** 1 spiegelt sich noch deutlich der Übergang der mittelalterlichen Wehrarchitektur zur repräsentativen Residenz mit

Dass der Palazzo Venezia (links im Bild) an der Piazza Venezia schon zur Renaissancearchitektur zählt, wird insbesondere in den Laubengängen der Hofloggia deutlich.

Gipskaiser und schiefe Ebenen

Zu den verspieltesten und eigenwilligsten gehört der **Palazzo Spada** 2 unweit vom Campo de'Fiori, in dem sich die barocke Lust am Illusionismus auslebt. Erbaut wurde er im Auftrag des Kardinals Capo di Ferro Anfang des 16. Jh., dann von Kardinal Spada aufgekauft und vom Barockbaumeister Borromini umgestaltet. Von der stuckgeschwängerten Fassade begrüßen die Herrschergestalten des antiken Rom den Besucher: Augustus, Caesar, Pompejus … Im Innenhof setzt sich die verspielt-manieristische Dekoration mit einem Reigen mythologischer Figuren fort.

Besuchermagnet des Innenhofs ist die berühmte scheinperspektivische **Galerie von Borromini**, ein scheinbar endloser Gang. Erst bei genauer Betrachtung offenbart sich der Kunstgriff: Die Wände laufen zusammen, der Boden steigt an, das Gewölbe neigt sich und die Abstände zwischen den Säulen werden geringer. Ist die erste Säule in Borrominis Verbindung zweier Höfe noch 5,68 m hoch, so misst die letzte gerade noch 2,47 m. Schließlich entpuppt sich die scheinbar kolossale Statue am Ende der Flucht als gerade einmal 80 cm hoch und auch die Galleria weist lediglich eine Länge von 9 m auf. Eine Spielerei mit Hintersinn: »Wunder der Kunst: Bild einer trügerischen Welt. Groß bloß der Erscheinung nach, sind die Dinge klein für den, der sie aus der Nähe betrachtet. Auf der Welt ist das Große nichts anderes als Illusion«, sinnierte Kardinal Spada in seinen Versen.

Spada war auch Kunstsammler. Die Sammlung im ersten Geschoss der **Galleria Spada** mit Werken von Rubens, Tizian, Guido Reni und Andrea del Sarto zeugt von seinen guten Beziehungen zu den bedeutendsten Künstlern seiner Zeit. Das *piano nobile* (nur am 1. Sa im Monat nach Voranmeldung zu besichtigen) schmückte er, der eine Zeit lang als apostolischer Nuntius am Hofe Katharina de' Medicis verbrachte, mit Stuckgalerien und perspektivischen Veduten und verwandelte es in ein »kleines italienisches Fontainebleau«. Hauptattraktion ist der Pompejussaal mit einer überlebensgroßen Statue des Feldherrn, von der

Treten Sie ein in die Galerie von Borromini und gehen Sie auf die riesig scheinende Statue am Ende des Gangs zu! Und dann das: Sie schrumpft, je näher Sie ihr kommen. Illusionismus nennt man das …

Römische Palazzi *#3*

Cityplan: Karte 2, D/F 5 | **Tram** 8: Venezia, **Bus** 30, 70, 81, 87, 492: Venezia

INFOS/ÖFFNUNGSZEITEN

Palazzo Venezia : Via del Plebiscito 118, www.museopalazzovenezia. beniculturali.it, Mo–So 9.30–19.30 Uhr, 12/2 € (einschl. Eintritt auf die Terrasse des Vittoriano und Museo del Risorgimento). Bedeutende Waffensammlung, Gemäldesammlung mit Werken vom Mittelalter bis zur Hochrenaissance.
Palazzo Spada : Piazza Capodiferro 13, Eingang zur Galleria im Vicolo del Polverone 15/b, http://galleriaspada. beniculturali.it, Mi–Mo 8.30–19.30 Uhr; 5/2 €. Eine geführte Besichtigung (ital.) des Palazzo ist derzeit nicht möglich.

Palazzo Farnese : Piazza Farnese. Der Palazzo ist derzeit nicht für Besichtigungen geöffnet.

KULINARISCHES FÜR ZWISCHENDURCH

Kulinarisch wie historisch gleichermaßen besuchenswert ist das **Ristorante Da Pancrazio** (Via del Biscione 92, T 06 686 12 46, www.dapancrazio.it, Do–Di 12–15, 18.30–23.30 Uhr, Mi geschl., €€), das sich auf den Überresten des Pompejus-Theaters erhebt. Im Untergeschoss kann man zwischen Säulen und Kapitellen am Ort des Geschehens speisen.

---

man lange Zeit annahm, sie habe in der Vorhalle des Pompejus-Theaters gestanden. Dann wäre zu Füßen dieser Statue an den Iden des März Caesar von den Senatoren erdolcht worden (▶ S. 21). »Unter dieser Statue sollten alle Revolutionäre mit wahren, hellen, gemäßigten Philanthropen zwölf Mitternächte Rat halten, ehe sie einen Schritt wagen«, philosophierte Johann Gottfried Seume. Im Palazzo tagt heute der italienische Staatsrat.

Ein Haus für die Kinder des Papstes

Ein Musterbeispiel der Hochrenaissance ist nur wenige Schritte weiter der monumentale **Palazzo**

#3 Römische Palazzi

Leidenschaftliche Mörderin! In Puccinis Oper ersticht die Sängerin Floria Tosca im Palazzo Farnese den lüsternen Polizeichef, der ihren Liebhaber hinrichten lassen will.

Die beiden **Brunnen vor dem Palazzo Farnese** lohnen einen genaueren Blick. Das Wasser sprudelt aus drei steinernen Lilien, die das Wappen der Familie Farnese symbolisieren. Von dort fällt es in eine Schale in Muschelform, die auf einer bauchigen Vase ruht. Die Badewannen darunter sind aus verkleidetem ägyptischem Granit und stammen aus den Caracallathermen. Sie wurden auf Veranlassung der Familie Farnese im 16. Jh. auf dem Platz aufgestellt und zu Springbrunnen umgestaltet.

Farnese 3, der bis ins 20. Jh. Vorbild zahlreicher Palazzi war. So stattete der Architekt Aldo Rossi einen Block des Quartiers Schützenstraße in Berlin (1994–1997; Nr. 8) mit einer originalgetreuen Kopie der Hoffassade Michelangelos aus. Anfang des 16. Jh. vom ehrgeizigen Kardinal Farnese, dem späteren Paul III., in Auftrag gegeben, sollte der Privatpalast zum Machtzentrum der Familie Farnese werden. Zur Familie gehörten neben einem 300-köpfigen Hofstaat auch seine drei Kinder, die er später päpstlich legitimieren ließ, und seine Konkubine. An dem dreigeschossigen Palastkubus, der mit Steinen des Kolosseums und des Marcellus-Theaters errichtet wurde, arbeiteten die berühmtesten Architekten jener Zeit, etwa Antonio da Sangallo und Michelangelo. Berühmt wurde der Palast, heute Sitz der französischen Botschaft, jedoch als Schauplatz der wohl blutrünstigsten Oper Puccinis: »Tosca«, in der die Titelheldin, bevor sie sich von der Engelsburg stürzt, im Palazzo den lüsternen Polizeichef Scarpia ersticht. Den Platz vor dem Palazzo schmücken zwei Brunnen, die von der Aqua Vergine gespeist werden, einem seit der Antike in Betrieb befindlichen Aquädukt.

Wie gewonnen, so zerronnen

Michelangelo wohnte übrigens zu Beginn seines römischen Aufenthaltes im nahen **Palazzo della Cancelleria** 4, einem Paradebau der Frührenaissance. Kardinal Raffaele Riario finanzierte den Ende des 15. Jh. begonnenen Bau mit rund 14 000 Dukaten, die er beim Glücksspiel gewonnen hatte. Michelangelo stieß schon in jungen Jahren zum Haushalt des Kardinals, der eine Schwäche für antike Skulpturen hatte. Als sich eine erworbene Cupido-Skulptur als Fälschung erwies, wollte er den wahren Künstler kennenlernen – und rief Michelangelo Buonarroti nach Rom. Lange konnte sich Riario seines eleganten Palastes allerdings nicht erfreuen. Schon bald musste er ihn mit dem päpstlichen Kerker tauschen. Man hatte seine Beteiligung an einer Verschwörung gegen den Medici-Papst Leo X. entdeckt. Heute ist der Palast exterritoriales Vatikangebiet und Sitz der Sacra Rota, des päpstlichen Ehegerichts, das kirchlich geschlossene Ehen annullieren kann.

Topografie der Macht – **Forum Romanum und Palatin**

Antikefans sind wie elektrisiert: Hier wetterte Cicero gegen Catilina, dort verliefen die Triumphzüge der siegreichen Legionen … Aber auch unbedarften Laien wird zwischen Säulenfragmenten und Trümmerdurcheinander schnell klar: Von diesen Monumenten aus wurden im Römischen Reich mächtig die Strippen gezogen.

Hoch auf dem Palatin standen um das 9. Jh. v. Chr. schon die ersten Hüttendörfer, der Stadtgründer Romulus soll hier gewohnt haben. Doch schon in republikanischer Zeit avancierte der Hügel zum Wohnviertel von einflussreichen Römern wie Cicero und Augustus, der hier auch geboren wurde. Augustus baute für sich und seine Frau die **Casa di Livia** 1 und die **Casa di Augusto** 2, geschmückt mit spektakulären, farbintensiven Fresken. Mit Tiberius wurde der Palatino zum Sitz des Kaisers und so zum Synonym der kaiserlichen

Morgenstund hat Gold im Mund! Wer sehr früh aufsteht, muss sich das Forum Romanum mit etwas Glück noch nicht mit ganzen Busladungen von Menschen teilen. Das Trümmerdurcheinander unter einem Hauch von Schnee zu erleben, das kommt dann statistisch gesehen schon fast einem Lottogewinn gleich.

#4 Forum Romanum und Palatin

Die Pflastermaler haben in Rom Tradition. Schon im 16. Jh. wurden sie eingesetzt, um die Straßen mit Madonnendarstellungen zu schmücken und dem Volk so die Möglichkeit zu bieten, Madonnen aus der Nähe zu sehen. Noch heute finden sich hervorragende Madonnari, die nach Vorlagen berühmte Bilder duplizieren, wie hier die »Handlesende Zigeunerin« von Caravaggio.

Residenz. Sein heutiges Aussehen prägen v. a. die imposanten Prunkbauten von Kaiser Domitian und die herrliche Gartenanlage von Kardinal Alessandro Farnese aus dem 16. Jh. mit ihren Lorbeersträuchern, Orangenbäumchen und Zypressen.

Schöner Wohnen bei Kaisers

Die **Domus Flavia** 3 beherrscht den zentralen Bereich des Palatins. Sueton berichtet, Kaiser Domitian habe alle Säulen des zentralen Hofs mit spiegelnden Steinen versehen lassen, da er ständig ein Attentat befürchtete. Von noch imposanteren Ausmaßen ist der mehrgeschossige Privatbereich des Kaisers, die **Domus Augustana** 4 mit ihren hohen Mauern, asymmetrischen Wänden und überkuppelten Sälen. Der angrenzende sogenannte **Stadio Palatino** 5 diente vermutlich als privater Garten und Manege. Schöne Ausblicke genießen Sie von den **Arkaden des Septimius Severus** 6 an der Ostflanke des Palatins und von der Südseite des Palatins, wo man auf den **Circus Maximus** 7 blickt. Hier jagten einst Gespanne unter dem Jubel der Massen um die Wette.

Am Nabel der antiken Welt

Zu Füßen des Palatins erstreckt sich das Forum Romanum. Schon früh entwickelte sich die einst sumpfige, dann entwässerte Senke zwischen den Hügeln Palatin, Kapitol, Quirinal und Esquilin zum Treffpunkt der umliegenden Bevölkerung. Vom öffentlichen Zentrum der Stadt, die in dieser Zeit schon 1 Mio. Einwohner zählte, avancierte das Forum alsbald zum Zentrum des Römischen Weltreichs. Im Laufe der Zeit füllte sich der Platz immer mehr mit Gedenkmonumenten, Triumphbögen, Standbildern, Ehrensäulen und -tempeln.

In den Reliefs des **Titusbogens** 8 werden triumphal die Beutestücke aus dem Judäischen Krieg (70 n. Chr.) zur Schau gestellt, darunter auch der siebenarmige Leuchter, eines der wichtigsten religiösen Symbole des Judentums. Monumental wirkt die **Basilika des Maxentius** 9, der größte Hallenbau der Antike. Dem Renaissancearchitekten Bramante waren die gigantischen Pfeiler Vorbild beim Bau der Peterskirche. Wie die Maxentiusbasilika war die **Basilica Iulia** 10 auch ein Ort der Gerichtsbarkeit oder diente wie die **Basilica Aemilia** 11 den Händlern und Geld-

Forum Romanum und Palatin #4

wechslern als Markthalle. Erst im Zuge der Christianisierung übertrug sich der Begriff Basilika auf Kirchenbauten. Seit Kurzem ist auch eine der ältesten Kirchen Roms, **S. Maria Antiqua** 12, wieder zugänglich. Spektakulär sind die einzigartigen und außergewöhnlich gut erhaltenen frühmittelalterlichen Fresken aus dem 8. und 9. Jh., die ihr den Ruf einer »Sixtinischen Kapelle des Mittelalters« eingetragen haben.

Der **Tempel des Castor und des Pollux** 13, von dem nur noch drei malerische Säulen aus parischem Marmor stehen, war den Stadtpatronen geweiht. Der **Rundtempel des Romulus** 14 wurde von Kaiser Maxentius für seinen früh verstorbenen Sohn errichtet. Hier zeigt sich, dass nicht nur Göttern zu Ehren Tempelanlagen gebaut wurden, sondern auch Kaiser nach ihrem Tod vergöttlicht und in Tempeln verehrt wurden. Am **Tempel des Antoninus Pius und seiner Frau Faustina** 15 lässt sich verfolgen, wie leicht man einen Tempel in eine christliche Kirche verwandeln konnte. Die Kerben an den Marmorsäulen zeugen übrigens von dem Materialhunger des Mittelalters, als man – zum Glück vergeblich – versuchte, die Säulen mit Seilen aus dem Boden herauszureißen.

Auf gleicher Höhe liegen zum Palatin hin das **Haus der Vestalinnen** 16 sowie der kleine **Rundtempel der Vesta** 17, in dem die keuschen Priesterinnen das heilige Herdfeuer hüteten. Während der Pontifex Maximus, der oberste Priester, von der **Regia** 18, dem ehemaligen Sitz der etruskischen Könige, über die Einhaltung der kultischen Handlungen wachte, verwalteten und lenkten in der **Curia** 19 ca. 300 patrizische Senatoren und ein plebejischer Volkstribun das Römische Reich. Auch wenn sich die Darstellung hartnäckig hält: Nicht hier wurde Caesar von Brutus erdolcht, sondern im Pompejus-Theater. An dem als **Lapis Niger** 20 bezeichneten Ort vor der Kurie soll Romulus begraben worden sein.

Der Triumphbogen des **Septimius Severus** 21 ehrt den Kaiser und seine beiden Söhne Caracalla und Gaeta, die nach dem Tod des Vaters zunächst gemeinsam herrschten, bis schließlich Caracalla den Bruder töten und dessen Namen aus der Inschrift entfernen ließ. Die **Rostra** 22, die Rednertribüne links daneben, diente der öffentlichen Meinungsbildung. Sie war politische Bühne

Einen grandiosen **Blick auf das Forum** genießen Sie von den Terrassen des Vittoriano an der Piazza Venezia (Aufzug, tgl. 9.30–19.30, letzter Einlass 18.45 Uhr, Sa/So nur nach Voranmeldung bis Fr 12 Uhr unter vi-ve@beniculturali.it, 12/2 €, Kombiticket mit Museo di Palazzo Venezia und Museo del Risorgimento) sowie von der kleinen Aussichtsterrasse hinter dem Senatsgebäude auf dem Kapitol.

Nicht immer waren die Überreste des Forums so gut sichtbar. Mit den **Ausgrabungen,** die bis heute andauern, begann man erst im späten 19. Jh. Nach dem Untergang des Römischen Reiches verfielen auch die marmorverkleideten Prunkbauten. Über Jahrhunderte dienten sie als Steinbrüche für den Bau von Kirchen und Palästen. Staub, Vegetation und Vergessenheit legten sich über das Forum.

#4 Forum Romanum und Palatin

Als **Kapitol,** lat. *capitolium,* bezeichnete in der Antike ein der kapitolinischen Trias, der Dreiheit der römischen Götter Jupiter, Juno und Minerva, geweihtes Heiligtum. Die Trias war die bedeutendste Gottheit der Römer, so war auch das Capitolium auf dem Kapitolshügel der wichtigste Tempel des Reiches, das oberste religiöse Zentrum.

u. a. für die Gracchenbrüder, die hier wortgewaltig für Sozialreformen kämpften, aber auch für Cicero, der in einer flammenden Rede die Catilinarische Verschwörung auffliegen ließ. Eine Säule wurde erst nach dem Ende des Römischen Reiches aufgestellt: die **Phokassäule** 23 zu Ehren des gleichnamigen byzantinischen Kaisers, der im 7. Jh. dem Papst das Pantheon zur Umwandlung in eine Kirche überlassen hatte. Den Nabel Roms, den **Umbilicus urbis** 24, gab es tatsächlich. Von hier wurden die Meilen der römischen Heerstraßen gezählt. Auf dem **Milliarium Aureum** 25, dem goldenen Meilenstein, von dem nur der Sockel erhalten blieb, waren die Entfernungen zu wichtigen römischen Städten angegeben. Die mit Basaltsteinen gepflasterte **Via Sacra** 26 führt nun weiter, vorbei an den Überresten des **Vespasiantempels** 27 (rechts) und des **Saturntempels** 28 (links), zum Kapitol.

Der Segen der Götter

Das Kapitol mit seinen zwei Hügelkuppen war in der Antike das religiöse Machtzentrum. An der Stelle der heutigen Kirche **S. Maria in Aracoeli** 29 befand sich einst der Tempel der Juno Moneta, der mahnenden Juno, an den die Münzprägestätte angeschlossen war. So übertrug sich im Laufe der Zeit der Name ›Moneta‹ auch auf die Münzen. Im Tempelbezirk wurden auch die der Juno heiligen Gänse gehalten, die einer Legende nach im 4. Jh. v. Chr. durch ihr heftiges Schnattern die Erstürmung Roms durch die Gallier verhindert hatten.

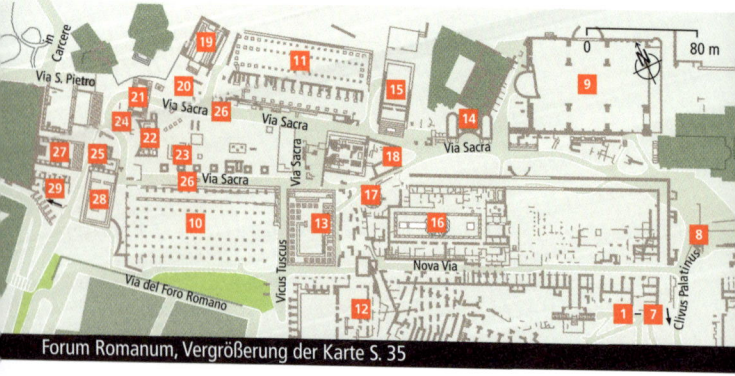

Forum Romanum, Vergrößerung der Karte S. 35

Forum Romanum und Palatin #4

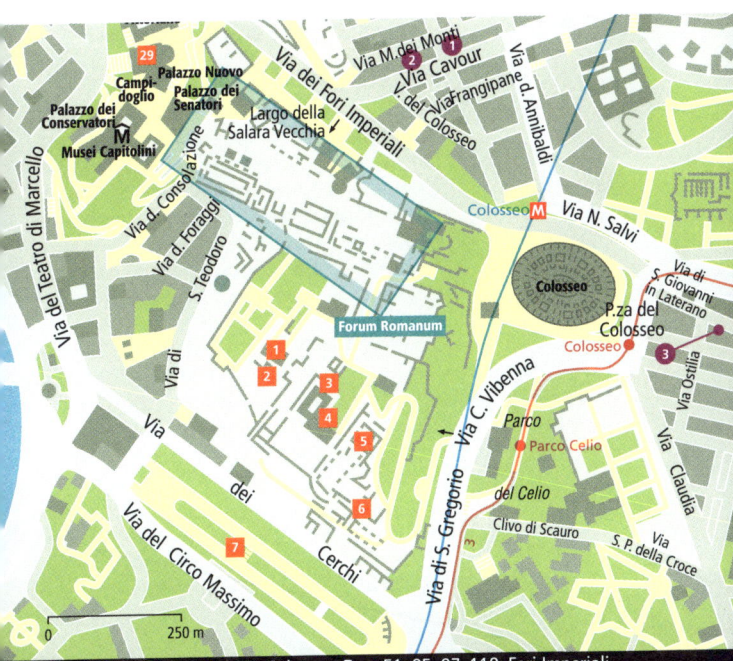

Cityplan: F/G 6/7 | **Metro** B: Colosseo, **Bus:** 51, 85, 87, 118: Fori Imperiali

INFOS/ÖFFNUNGSZEITEN

Palatin, Forum Romanum (und Kolosseum): tgl. Ende März bis August 9.30–19.15, Sept. bis 19, Okt. bis 18.30, sonst bis 16.30 Uhr, Kasse schließt jeweils 1 Std. früher. 25. Dez./1. Jan. geschl. Obligat. **Sammelticket** 16/2 +2 € Vorverkaufsgebühr, 24h gültig, für jeweils einen Einlass (Forum und Palatin nur kombiniert möglich!).
Roma Pass ▶ S. 80
Eine telefonische (T 06 399 677 00, Mo–So 10–15 Uhr) bzw. Online-Reservierung (www.coopculture.it) auch am selben Tag ist obligatorisch.
Eingang und Ausgang für Individualreisende: Varco Vignola in der Via S. Gregorio (Palatin) und am Titusbogen, für Menschen mit **Handicap** am Largo della Salara Vecchia (Kreuzung Via dei Fori Imperiali/Via Cavour).
Mit dem Ticket **Full Experience** (22/2 + 2 € Vorverkaufsgebühr, ab dem ersten Eintritt 2 Tage gültig) können zusätzlich folgende Stätten tgl. 10–17.30 Uhr besucht werden: Museo Palatino (1. Stock), die Casa di Augusto (von außen), der Tempel des Romulus und das Oratorium der 40 Märtyrer. Die Arcate Severiane sind tgl. schon ab 9.30 Uhr zugänglich.

KULINARISCHES FÜR ZWISCHENDURCH

Die familiäre Trattoria **Da Valentino** ❶ (Via Cavour 293, Di–So 12–15.30, 19–23 Uhr, €–€€) hält auch draußen Tische bereit. Eine gute Adresse für leckere Kleinigkeiten ist die **Enoteca Cavour 313** ❷ (Via Cavour 313, T 06 678 54 96, www.cavour313.it, bei Redaktionsschluss Mo–Sa 19–23 Uhr, €). Erstaunlich gutes Essen zu anständigen Preisen und Blick aufs Kolosseum bietet das sardische Lokal **Volare** ❸ (Via S. Giovanni di Laterano 48, T 06 64 76 49 39, www.ristorante volare.it, tgl. 12–23 Uhr, €€).

The show goes on – **Kolosseum**

Das Kolosseum, Roms Wahrzeichen, ist neben dem Pantheon das am besten erhaltene Monument der Antike. Bis zur Pandemie war es mit sieben Millionen Besuchern jährlich der wichtigste touristische Hotspot der Stadt. Zu seiner Berühmtheit trägt sicherlich die aus Monumentalfilmen gespeiste Faszination für Gladiatorenkämpfe bei.

Der Name des Kolosseums geht vermutlich auf eine Kolossalstatue (lat. colossus) des Kaisers Nero zurück, die bis zum 4. Jh. n. Chr. neben dem Amphitheater gestanden hat.

Wo einst der künstliche See der Domus Aurea – Neros Goldenes Haus – lag und Neros Flamingos umherstolzierten, ließ Kaiser Vespasian ab 72 n. Chr. das Flavische Amphitheater erbauen, das erst später den Namen **Kolosseum** 1 erhielt. Panem et circenses – subventionierte Brotverteilung und kostenlose Spiele – hieß das neue Motto, mit dem römische Herrscher und ambitionierte Politiker die Bevölkerung bei Laune hielten und für sich einzunehmen suchten. Innerhalb von nur sieben Jahren erbauten ca. 40 000 Sklaven das Kolosseum. Dabei wurden etwa 100 000 m³ Travertin verbaut und 300 t Eisen als Klammern für die Verankerung der Steinblöcke. Vespasians Sohn Titus weihte das größte Amphitheater der römischen Welt mit 100-tägigen Festspielen ein.

Am Kolosseum abgeguckt

Die Außenfassade hatte einen großen Einfluss auf die Architektur. Die von Halbsäulen gefassten Arkaden folgen einer strengen Ordnung: Im ersten Geschoss tragen sie dorische, im zweiten ionische und im dritten korinthische Kapitelle. Viele Jahrhunderte später nannte man diese viel kopierte Geschossordnung nach dem römischen Vorbild »Kolossalordnung«. Den Abschluss bildet ein viertes Geschoss. Auf den aus der Attikazone herausragenden Mauerblöcken standen Holzmasten, von denen Sonnensegel aus Leinen über die Sitzreihen gespannt waren, um die Zuschauer vor zu starker Sonneneinstrahlung zu schützen. An der nördlichen Langseite ragen aus dem heutigen wie damaligen Straßenniveau noch fünf der steinernen Halterungen für die Seile heraus.

Schon in der Antike wurde Rom mit dem Kolosseum identifiziert. In einer Weissagung im 9. Jh. heißt es: »Solange das Kolosseum steht, solange steht Rom. Wenn das Kolosseum fällt, dann fällt auch Rom.«

Bis zum Sitzplatz durchmarschiert

Anders als heutige Besucher mussten die Römer, die zu den Spielen in ihren weißen Togen zu erscheinen hatten, selten Schlange stehen. Mit kostenlosen Eintrittsmarken versehen, konnten sich die bis zu 50 000 Zuschauer rasch auf die 76 nummerierten Eingänge verteilen. Wenn Sie den Bau umrunden, sehen Sie an zahlreichen der unteren Arkaden noch die römischen Ziffern. Entsprechend ihrem sozialen Rang nahmen die Zuschauer ihre Plätze ein. Dem Kaiser und seiner Familie, den Vestalinnen und Konsuln war die ca. 4 m hohe Haupttribüne um die Arena vorbehalten. Da die Spiele oft den ganzen Tag dauerten, bedurfte es zwischendurch auch eines Imbisses. Die Reste von Hühnern, Obst und Oliven entdeckten Archäologen in der Kanalisation.

Grusel im Untergrund

Der Boden der Arena bestand aus Holzplanken, die mit Sand (lat. *arena*) bestreut waren. Inter-

#5 Kolosseum

Die Tramjazz (S. 87) hält auch am Kolosseum.

Steinbruch, Gedenkstätte, Mahnmal: Das Kolosseum hat im Laufe der Jahrhunderte vielen Funktionen gedient. Die zahlreichen Löcher in den Steinblöcken beispielsweise zeugen von dem Materialhunger des Mittelalters: Ursprünglich hielten Eisenklammern die Blöcke zusammen. In der Renaissance lieferte das Kolosseum die Steine für Kirchen und Palazzi. Erdbeben und Brände hatten den Bau zuvor schon beschädigt. Im 17. Jh. erklärte Papst Benedikt XIV. das Kolosseum schließlich zur christlichen Gedenkstätte. Seit 1999 ist das Monument auch ein Mahnmal gegen die Todesstrafe, etwa am 30. November, wenn es in ein Lichtermeer getaucht wird. Der von Sant'Egidio initiierte internationale Aktionstag erinnert daran, dass das Großherzogtum Toskana im Jahr 1786 weltweit als erstes Folter und Todesstrafe für abgeschafft erklärte. 2007 wurde das Kolosseum zu einem der sieben Neuen Weltwunder der Neuzeit gekürt.

essant ist der Unterbau der Arena, in dem sich Umkleidekabinen der Gladiatoren und Tierkäfige sowie Requisitenlager und Verliese für die Gefangenen befanden. Eine ausgeklügelte Technik, die von heb- und schwenkbaren Bühnen bis zu Lastenaufzügen reichte, bot vielfältige Möglichkeiten für ›special effects‹, denn bei über 100 Vorstellungen im Jahr musste für immer neue Sensationen gesorgt werden.

Ave Caesar, morituri te salutant!

Das Programm war tagesfüllend. Morgens wurden Tierhatzen veranstaltet, bei denen wilde und zahme Tiere – Löwen, Tiger, Krokodile und Bären, aber auch Giraffen und Nashörner – aufeinandergehetzt wurden. Nicht selten stapelten sich abends die toten Tiere zu Hunderten in den unterirdischen Korridoren. Gegen Mittag kämpften zum Tode Verurteilte mit bloßen Händen gegen wilde Tiere. Die Zuschauer sollten jedoch nicht mit schlichten Tötungen gelangweilt werden. So wurden Verurteilte als Orpheus verkleidet. Ihr Gesang besänftigte die wilden Tiere allerdings nur im Mythos.

Die Gladiatorenspiele begannen am Nachmittag. Es waren meist Kriegsgefangene, Sklaven oder Häftlinge, aber auch Freiwillige, die in der Arena Ruhm und Ehre suchten oder die Gunst reicher Damen. Jeder kämpfte mit der ihm eigenen Bewaffnung. Dem unterlegenen Gladiator blieb als letzte Hoffnung nur, das Publikum um Gna-

Kolosseum #5

de zu bitten. Am Ende eines Kampfes entschied das grölende Volk auf den Rängen über Leben und Tod des Unterlegenen per Handzeichen – je nachdem, ob es gut unterhalten worden war oder nicht. Von der durch die Muskel- und Sandalenfilme der 1960er-Jahre so bekannt gewordenen Daumen-Methode ist allerdings nichts überliefert. Das Christentum läutete das Ende der ›Spiele‹ ein, die Anfang des 5. Jh. endgültig verboten wurden.

> UM DIE ECKE

Der **Konstantinsbogen** 2 ist der berühmteste und prächtigste der römischen Triumphbögen. Er erinnert an den Sieg Konstantins, des ersten christlichen Kaisers, über Maxentius. Der Senat griff bei der Ausschmückung auf bereits existierende Bauteile zurück. So stammen die Gefangenen vor der Attikazone aus der Zeit Trajans, die Reliefdarstellungen neben der Weiheinschrift verherrlichen Marc Aurel. Nur bei der Inschrift herrschte seitens der heidnischen Senatoren Zurückhaltung. Der Sieg sei errungen worden »*quod instinctu divinitatis*« (aus göttlicher Eingebung), aus welcher, bleibt offen.

Nachts im Kolosseum! Das Kolosseum an lauen Sommerabenden zu begehen, insbesondere, wenn es schon dunkel ist, ist ein Erlebnis. Im Rahmen einer abendlichen Führung (1 Std.) können neben der Arena auch die beleuchteten Untergeschosse besucht werden: Luna sul Colosseo, derzeit Fr und Sa, stdl. 18–22 Uhr, Reservierung obligatorisch, 25/20 €, www.coopculture.it, T 06 39 96 77 00.

INFOS/ÖFFNUNGSZEITEN

Kolosseum 1: tgl. von 8.30 bis 1 Std. vor Sonnenuntergang, im Winter bis 16.30, April -Sept. bis 19 Uhr, Kasse schließt 1 Std. vorher. Sammelticket für Kolosseum, Forum, Palatin: 16/2 € (1 Tag gültig), 18/2 € (2 Tage gültig); jeden 1. So im Monat freier Eintritt. Kartenreservierung bei www.coopculture.it (+2 €). Reservierungspflichtig ist auch der Zugang zum dritten Rang (grandiose Aussicht!) sowie die Besichtigung des Unterbaus – hier nur mit engl. od. ital. Führung (9 € plus 2 € Reservierungsgebühr); entsprechende Tickets ebenfalls auf www.coopculture.it.

KULINARISCHES FÜR ZWISCHENDURCH

Kleine Gerichte und Salate bietet das Bistro **Cafè Cafè** 1 mit Tischen draußen (Via dei SS. Quattro Coronati 44, tgl. 9–17 Uhr, €). Authentische römische Küche kommt im familiengeführten Restaurant **Da Domenico** 2 auf den Tisch (Via di S. Giovanni in Laterano 134, Di–Sa 12.30–14.30, 19.30–22 Uhr, So auch vorm. geöffnet, €€).

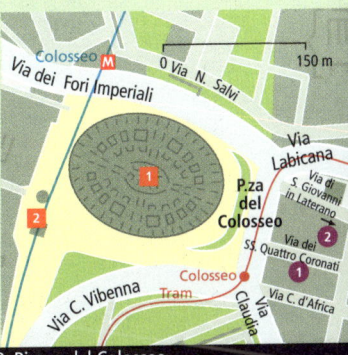

Cityplan: G 6 | Metro B: Colosseo, Tram 3, 8: Piazza del Colosseo

6

Tanz auf dem Scherbenhügel – **Testaccio**

Tagsüber ein beschauliches Wohnviertel, verwandelt sich Testaccio am Abend zum Ausgehviertel der Römer und Römerinnen. Hier trinkt, schwoft und flirtet die Szene in den Kneipen und Cafés bis in die Nacht.

Die Città dell'Altra Economia in Testaccio hat sich ganz dem Recycling von Wertstoffen verschrieben. Wie kreativ das sein kann, zeigen immer wieder eindrücklich ihre Events und Aktionen.

Der Scherbenhügel Monte Testaccio ist keiner der sieben Hügel, und doch misst er über 35 m Höhe und hat einen Umfang von knapp 1500 m. Er entstand in der Antike durch die stete Anhäufung von zerbrochenen Amphoren, die aus dem nahe gelegenen Hafen an dem heutigen Lungotevere Testaccio stammen. Schon damals kämpften die Römer mit Verpackungsmüll. Mit den Amphoren wurde ab augusteischer Zeit Getreide, Öl und

Wein in die Millionenstadt transportiert. Nachdem die Waren umgefüllt worden waren, wurden v. a. die Ölamphoren zerbrochen und auf die Schutthalde gebracht, da sie wegen der Ölrückstände nicht wieder verwendet werden konnten. Die Scherben (lat. *testae,* knapp 25 Mio. Stück) gaben dem Viertel seinen Namen. In manchen Lokalen rund um den Testacciohügel sind Teile des Scherbenhügels sichtbar.

Tradition im Wandel

Das lange Zeit unbewohnte Gebiet wurde erst Ende des 19. Jh. als Arbeiter- und Handwerkerviertel für die vielen Beschäftigten des nahen Gas- und Elektrizitätswerks Montemartini, heute das Antikenmuseum (▶ S. 79), der Seifen- und Glyzerinfabrik Mira Lanza, heute Sitz des Teatro India, des Schlachthofs und der Großmärkte an der Via Ostiense angelegt. Heute leben in den Backsteinpalazzi vor allem jenseits der Via Zabaglia Richtung Tiber alteingesessene Familien neben Studenten. Aber auch in Testaccio ist längst der Wandel zum trendigen Szene- und Vergnügungsviertel mit Künstlerflair im Gange. Unverändert geblieben ist Testaccio allerdings als Heimat der *giallorossi,* der glühenden Anhänger des Fußballclubs AS Roma, der in seinen Anfängen auf dem Campo Testaccio in der Via Zabaglia trainierte. Unübersehbar ist der in Gelb und Rot getauchte Fanclub in der Via Branca oder in der Via Ghiberti.

Der Bauch von Testaccio

Zentrum des schachbrettartig angelegten Quartiers ist neben der Piazza S. M. Liberatrice vor der gleichnamigen Kirche lange Zeit die Piazza Testaccio gewesen, wo früher der vormittägliche Markt stattfand. Nun ist er in die neue **Markthalle** 🅰 an der Ecke Via Galvani/Via Franklin umgezogen. Unter Neonröhren verkaufen die Händler ihre Waren, die natürlich alle aus der Region stammen: Fisch aus Anzio, Artischocken, *puntarelle* (eine Art Chicorée) oder *cicoria* (Zichorie). Berühmt ist der Markt aber für seine Schuhe. Am Samstag strömen auch die *signore* aus anderen Vierteln hierher, um bei Cesare (Box 40) nach preiswerten Markenschuhen Ausschau zu halten, und stärken sich anschließend bei Sergio Esposito (Box 15), dessen gefüllte Panini legendär sind.

Von *bucatini all'amatriciana* (Nudeln mit würziger Specksauce) über *trippa alla romana* (Rindskutteln in Tomatensauce) und *coda alla vaccinara* (Ochsenschwanzragout) bis *coratella* (Herz und Lunge), für zartere Gaumen auch gebratenes Kräuterlamm: Die Lokale des Quartiers servieren noch **echte römische Küche.** Schließlich liegt in Testaccio der Ursprung der *cucina del quinto quarto* (Küche des fünften Viertels), der römischen Arme-Leute-Küche, die sich aus der Verwertung von Resten aus dem Schlachthof entwickelte.

Auch nach seinem Umzug in die neue Markthalle gehört der Markt von Testaccio zu den interessantesten Stadtteilmärkten Roms. Die Streetfood-Stände sind ideal für eine Mittagspause.

#6 Testaccio

INFOS/ÖFFNUNGSZEITEN

Mattatoio 3 : Piazza Orazio Giustiniani 4, www.mattatoioroma.it, Di–So 11–20 Uhr, Eintritt frei

Piramide di Cestio 4 : Piazzale Ostiense, in der Regel nur im Rahmen einer Führung zu besichtigen. Derzeit geschl. Infos unter www.coopculture.it/it/poi/piramide-cestia.

Cimitero Acattolico 5 : Via Caio Cestio 6, www.cemeteryrome.it, Mo–Sa 9–17, So/Fei 9–13 Uhr, Spende erbeten.

KULINARISCHES FÜR ZWISCHENDURCH

Mercato Testaccio 🛈 : Eingänge an der via Beniamino Franklin, via Alessandro Volta, via Aldo Manuzio und via Lorenzo Ghiberti, www.mercatoditestaccio.it, Mo–Sa 7–15.30 Uhr, Panini und mehr. Zu den Institutionen Testaccios gehören das gehobene **Checchino dal 1887** 1 (▶ S. 95) und **Felice a Testaccio** 2 (Via Mastro Giorgio 29, T 06 574 68 00, www.feliceatestaccio.com, tgl. 12–16, 19–24 Uhr, Menü €€–€€€), deren Wochenkarte der römischen Küche huldigt (reservieren!). Großzügige Portionen und familiäre Atmosphäre bei **Bucatino** 3 (Via Luca della Robbia 84, T 06 574 68 86, www.dabucatino.it, Di–So 12–15, 19–23.55 Uhr, abends reservieren, €€), benannt nach den vorzüglichen *bucatini all'amatriciana*. Für einen Gourmetimbiss zwischendurch empfiehlt sich die urige **Taverna Volpetti** 4 (Via Alessandro Volta 8, T 349 71 86 894, www.taverna volpetti.it, Di–Sa 12–15, 19–22.30, So 12–15 Uhr, €€–€€€).

ANGESAGTE NACHTCLUBS

L'Alibi ✱ : Via di Monte Testaccio 40, Do 23–4, Fr/Sa 23.30–5 Uhr. Drei Stockwerke, riesige Dachterrasse, gute House-Musik.

Caruso Cafe ✱ : Via di Monte Testaccio 36, Di–So 23–4 Uhr. Lateinamerik. Musik.

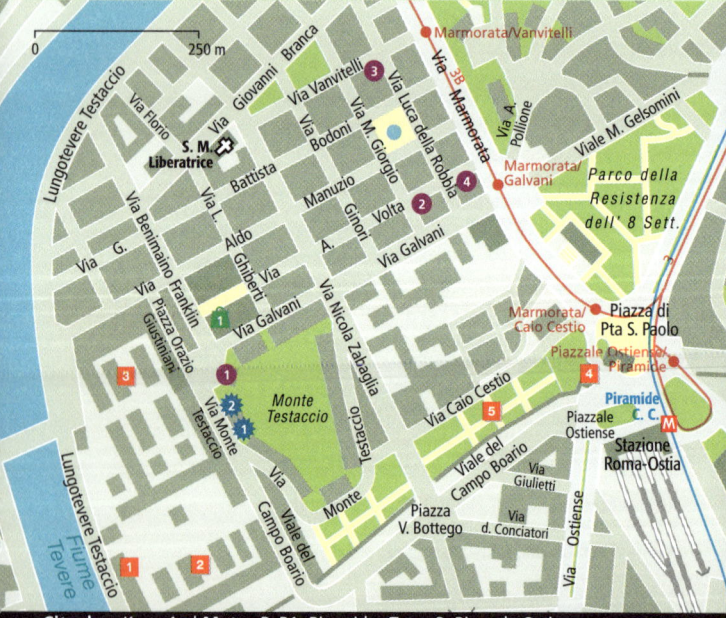

Cityplan: Karte 1a | **Metro** B, B1: Piramide, **Tram** 3: Piazzale Ostiense

Wenn im Herzen von Testaccio langsam die Lichter ausgehen, geht das Leben in den Bars und Clubs erst richtig los. Entlang der Straßen, die sich um den Scherbenhügel schlängeln, spielt sich von Oktober bis Mai Roms Clubszene ab. Am Abend und v. a. an Wochenenden strömt das Nachtvolk in die Diskotheken und Livemusik-Schuppen, z. B. in das Alibi oder die Salsa-Bar Caruso Caffè.

Tagsüber ideal zum Bummeln

Der ehemalige Schlachthof *(mattatoio)* ist heute ein Kulturzentrum. Neben dem **Villaggio Globale** 1, dem selbstverwalteten Kulturzentrum der politisch-linksalternativen Szene, einer Außenstelle der Kunstakademie und eines Kurdenzentrums, erstreckt sich über 3500 m² die **Città dell'Altra Economia** 2 (www.cittadellaltraeconomia.org), ein Vorzeigeprojekt aus der Ära des Ex-Bürgermeisters Veltroni. Auf dem großen Gelände tummeln sich Initiativen und Geschäfte, die sich der Nachhaltigkeit verschrieben haben. Im Frühjahr und Herbst verkaufen sonntags hier Biobauern frisches Gemüse, Olivenöl, Käse und hausgemachte Pasta. Ambitionierte Wechselausstellungen zeitgenössischer Kunst präsentiert das **Mattatoio** 3.

Im Schatten der Aurelianischen Mauer stoßen Sie am Piazzale Ostiense auf die **Piramide di Cestio** 4, Resultat der Ägyptomanie, der viele Römer nach der Eroberung des Landes am Nil verfielen. So auch der Prätor Gaius Cestius, der 12 v. Chr. die Nachbildung eines Pharaonengrabes als Grabmal für sich auserkor. Direkt daneben befindet sich der **Cimitero Acattolico** 5, der Landschaftsfriedhof für Nicht-Katholiken, darunter der Gründer der Kommunistischen Partei Italiens Antonio Gramsci und Goethes Sohn Julius August.

Der Friedhof der Anderen: Auf dem Cimitero Acattolico finden Protestanten, Atheisten, Kommunisten, Künstler und heute auch Muslime ihre letzte Ruhestätte.

7

Das Dorf in der Stadt – **Trastevere**

Auf dem Ponte Sisto über den Tiber – und schon reibt man sich die Augen: Verwinkelte Gassen, kleine Plätze, alte Kirchen und niedrige Wohnhäuser verströmen dörfliches Flair. Das ehemalige Arbeiter- und Handwerkerviertel Trastevere gehört zu den Lieblingsorten nicht nur der Touristen, sondern auch vieler Römer.

Enge Gassen, holpriges Kopfsteinpflaster – trotz des fortschreitenden Wandels vom Arme-Leute-Viertel zum trendigen Wohnquartier wirkt Trastevere vielerorts noch urwüchsig.

Wer sich vom *centro storico* Trastevere nähert, muss über den Tiber oder »trans tiberim« wie die alten Römer sagten, daraus entwickelte sich der heutige Name. In Trastevere, so behaupten zumeist die *trasteverini,* wohnen die wahren Römer, die *romani de' roma.* Doch die *trasteverini* werden immer weniger. Auf den Straßen erklingen mehr und mehr englische Sprachfetzen und in den sanierten teuren Wohnungen leben mittlerweile betuchte, meist ausländische Wahlrömer. Die Gentrifizierung hat Trastevere längst im Griff. Dennoch – oder vielleicht gerade deshalb – konnte sich das Viertel, das bereits zu Zeiten des Augustus bestand, seinen fast dörflichen Charme bewahren.

Maria und andere Heilige

Das Zentrum des fußgängerfreundlichen Viertels ist die älteste Marienkirche Roms, **S. Maria in Trastevere** 1 an der gleichnamigen Piazza. Trotz späterer Eingriffe blieb der Raumeindruck einer frühchristlichen Basilika bewahrt: Zu Füßen der antiken Säulen aus den Caracallathermen breitet sich ein herrlicher Cosmatenteppich aus. Glanzpunkt der Kirche sind die um 1140 entstandenen goldgrundigen Mosaiken der Apsis. Hier sind die Figuren des thronenden Christus und der Maria noch in einer flächigen Weise wiedergegeben. Ganz anders erscheinen die einige Jahrhunderte später entstandenen Mosaiken des Marienlebens von Pietro Cavallini, die durch bewegte Figuren und erzählerische Darstellung beeindrucken.

Das Hochfest der seligen Jungfrau Maria vom Berge Karmel, die Festa de' Noantri, wird in Trastevere vom 15. bis 30. Juli mit Prozessionen begangen. Die Madonna del Carmine aus der Chiesa Sant'Agata (im Bild) wird dabei durch die Straßen des Viertels getragen.

Jenseits des verkehrsumtosten Viale Trastevere, im eher ruhigeren Teil des Viertels, liegt die Kirche **Santa Cecilia** 2 der späteren Patronin der Kirchenmusik, die hier gelebt haben soll. Tatsächlich entdeckte man unter der Kirche eine weitläufige antike Wohnanlage. Die vor dem Altar liegende Statue von Stefano Maderno (1600) hält in drastischem Realismus den Martertod der Heiligen fest. Im Nonnenchor (Zugang im linken Seitenschiff) beeindrucken die farbenfrohen Fragmente des um 1293 entstandenen Freskos »Das Jüngste Gericht« von Pietro Cavallini, eines der bedeutendsten Werke der römischen Malerei im Mittelalter. Mit einem höchst irdischen Ausdruck von Ekstase erstaunt in **San Francesco a Ripa** 3 einige Straßen weiter das Grabmal der »Seligen Lodovica Albertoni in Verzückung« (4. Kapelle im linken Seitenschiff), ein Alterswerk des Barockgenies Bernini.

Römisches Urgestein

Ein Bummel durch die engen Gassen von Trastevere führt vorbei an kleinen Wohnhäusern, lauschigen Plätzen und vor allem im nördlichen Teil des Quartiers an (noch) alteingesessenen Handwerksbetrieben und Läden, wie etwa dem nostal-

#7 Trastevere

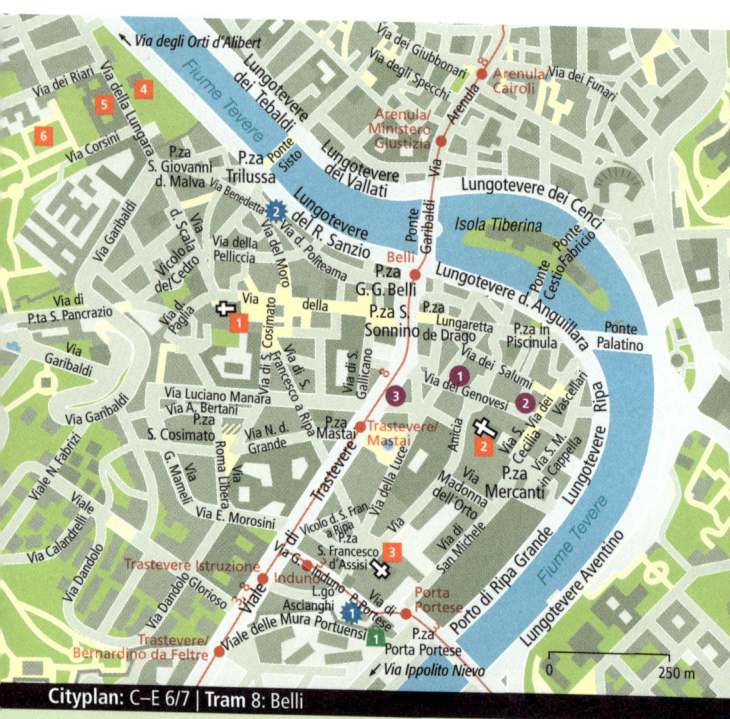

Cityplan: C–E 6/7 | **Tram** 8: Belli

INFOS/ÖFFNUNGSZEITEN

S. Maria in Trastevere 1: gleichnamige Piazza, tgl. 7.30–20.30, Fr ab 9 Uhr
S. Cecilia 2: Piazza di Santa Cecilia 22, Basilika und Ausgrabungen: Mo–Sa 10–12.30, 16–18, So 11.30–12.30, 16–18 Uhr; Nonnenchor nachmittags geschl., Eintritt jeweils 2,50 €
San Francesco d'Assisi a Ripa 3: Piazza S. Francesco d'Assisi 88, www.sanfrancescoaripa.it, tgl. 7.15–12.45, 15.45–19.45 Uhr
Villa Farnesina 4: Via della Lungara 230, www.villafarnesina.it, Mo–Sa 9–14 und an jedem 2. So im Monat 9–17 Uhr, 10/9/7 €
Orto Botanico 5: Largo Cristina di Svezia 24, Mo–So April–Okt. 9–18.30, sonst bis 17.30 Uhr, Fei geschl., 13/10 €
Flohmarkt 1: An der Via Portuense, Via Ippolito Nievo und Porta Portese findet sonntagvormittags Roms größter Flohmarkt statt.

KULINARISCHES FÜR ZWISCHENDURCH

Urrömisches Flair und gute Küche gibt es bei **Enzo al 29** 2 (Via dei Vascellari 29, T 06 581 22 60, www.daenzoal29.com, Mo–Sa 12.30–15, 19.30–22 Uhr, €€–€€€). Immer gut besucht ist auch die schnörkellose Pizzeria **Ai Marmi** 3 (Viale di Trastevere 53–59, T 06 580 09 19, Do–Di 18.30–2.30 Uhr, €–€€), wegen ihrer Marmortische und des Neonlichtes *obitorio*, Leichenhalle, genannt.

CHILLEN UND MEHR

Die angesagteste Aperitifbar ist **Freni e Frizioni** 2 (Via del Politeama 4–6, www.freniefrizioni.com, tgl. 18.30–2 Uhr).

gischen **Biscottificio Artigiano Innocenti** ❶ in der Via della Luce (Nr. 21) mit leckerem Mandelgebäck und ofenfrischen Pizze. An warmen Tagen treffen sich die Bewohner immer noch zum Plausch vor der Haustür und in der Vicolo del Cedro und Via della Scala hängt nach wie vor die meistfotografierte Wäsche Roms. Dazwischen haben sich kleine Mode- und Kunsthandwerksläden eingenistet, aber auch kulturelle Institutionen wie das Autorenkino **Cinema Nuovo Sacher** ✱ (Largo Ascianghi 1) des römischen Regisseurs Nanni Moretti, der über Jahrzehnte als mitleidsloser Chronist linker Befindlichkeiten galt (www.sacherfilm.eu).

Alle wollen zu Raffael

Längs der Via Lungara, der Verbindung zwischen Trastevere und Vatikan, liegt das wohl anmutigste Lusthaus der römischen Renaissance: Agostino Chigi ließ sich Anfang des 16. Jh. die **Villa Farnesina** ❹ erbauen. Der Bankier aus Siena und Finanzier von Päpsten und Kardinälen liebte Prunk und Luxus, gleichzeitig war er ein Freund der Künstler und Humanisten. Hier empfing er Kardinäle, Fürsten, Päpste, Künstler – und schöne Frauen. Eine reizende Kulisse für Liebeleien bot die von Raffael und seinen Schülern ausgemalte Gartenloggia, die sich einst zu einem verwunschenen Garten öffnete und deren Fresken den Mythos von Amor und Psyche illustrieren. Zu den Meisterwerken von Raffael zählt das Fresko »Der Triumph der Galatea« (1511/1512), die auf einer Muschel stehend von zwei Delfinen gezogen wird. Die weitläufigen Grünanlagen sind verschwunden. Zum Flanieren lädt heute der gegenüberliegende **Orto Botanico** ❺, einer der größten und ältesten Gärten Italiens, mit seltenen, uralten Pflanzen.

Feuer frei!

Vom **Gianicolohügel** ❻, der über einen Fußweg von Trastevere zu erreichen ist, genießt man besonders bei Sonnenuntergang einen grandiosen Blick auf die Stadt Richtung Tivoli, die Sommerfrische von Kaisern und Kardinälen. Falls Sie gegen Mittag kommen, nicht erschrecken: Einer Tradition folgend, feuern um Punkt 12 Uhr drei Soldaten unterhalb der Terrasse am Piazzale Garibaldi einen Kanonenschuss ab, um den Römern die Mittagszeit anzuzeigen.

Mehr als 2000 Händler bieten Tand und Teures, Kleidung, Schuhe und Accessoires, antike Möbel, Bücher oder Schallplatten auf dem Flohmarkt von Porta Portese an. Achtung vor Hütchenspielern und Taschendieben!

Kirchliche Gleichschaltung: Nach dem Willen von Papst Pius IX. wird seit 1847 Punkt 12 Uhr die Kanone auf dem Gianicolohügel blind abgefeuert. Damit wollte Pius IX. erreichen, dass alle Glocken von Rom gleichzeitig zu läuten beginnen.

8

Habemus Franciscus – **Petersplatz und Petersdom**

Im kleinsten Staat der Welt regieren nur Männer. Sein Oberhaupt ist der letzte absolute Regent Europas. Und dennoch gehört er mit seiner weltweit agierenden Kirche zu den Global Playern mit großem politischen Einfluss. Herz und Mittelpunkt dieses mächtigen Zwergstaates sind der Petersdom und der Petersplatz.

284 Säulen, geordnet zu vier Kolonnadenreihen mit einer Höhe von 15 m, darüber auf der Brüstung 140 Heiligenstatuen, die je 3,20 m messen. Der Petersplatz lässt jeden Besucher ehrfürchtig in die Runde schauen.

Die schönste Annäherung an den Vatikan führt über die **Via della Conciliazione** 1 (Straße der Versöhnung), die Mussolini nach der Unterzeichnung der Lateranverträge (1929) als Sinnbild des Ausgleichs zwischen Staat und Kirche anlegen ließ. Seit den Lateranverträgen ist der Vatikan – weltliches und geistliches Zentrum der katholischen Kirche und Residenz des Papstes – ein souveräner Staat. Der Stato Città del Vaticano besitzt ein eigenes Postamt, hochbegehrte Münzen, eine Radiostation, Supermärkte, eine Apotheke, eine eigene Tageszeitung und mit den Schweizergardisten auch eigene Ordnungskräfte. Sie bewachen die Eingänge zu dem Staatsgebiet, das eine Fläche von lediglich 0,44 km² umfasst. Mit der Piazza San Pietro, San Pietro in Vaticano und den Musei Vaticani liegen hier drei der Hauptattraktionen Roms.

Den Übergang von der Via della Conciliazione zum Petersplatz markiert ein simpler weißer Strich. Er ist der einzige nicht bewachte ›Grenzübergang‹ – zwischen Italien und dem Vatikan.

Der Platz der Christenheit

Auf dem **Petersplatz** 2 erwarten die Gläubigen an Ostern und Weihnachten von der Benediktionsloggia den »Urbi et Orbi«, den Papstsegen für die »Stadt Rom und den gesamten Erdkreis«, feiern sie die neuen Seligen und Heiligen oder fiebern dem erlösenden »habemus papam« entgegen, wenn in der Sixtinischen Kapelle ein neuer Papst gewählt wird. Als Gian Lorenzo Bernini im 17. Jh. von Papst Alexander VII. den Auftrag zur Gestaltung des Platzes erhielt, schuf er einen eindrucksvollen Platz, der aus einem von Kolonnaden umsäumten Oval besteht, der zur Kirchenfassade hin leicht ansteigt. In dessen Mitte erhebt sich bereits seit 1586 ein Obelisk, der einst im Circus des Nero stand, wo Petrus vermutlich 64 n. Chr. mit dem Kopf nach unten gekreuzigt wurde. Die weit ausgreifenden Kolonnaden sollen die ausgestreckten Arme der Kirche symbolisieren, welche die Gläubigen umfangen und ins Zentrum der Christenheit führen. Zwei kreisrunde marmorne Bodenplatten jeweils zwischen Obelisk und Brunnen markieren die Flipsenbrennpunkte, an denen die vier Säulenreihen optisch zu einer einzigen verschmelzen.

Petrus im Kirchenfundament

Das Wahrzeichen des Vatikans und die berühmteste Kirche der Christenheit ist **San Pietro in Vaticano** 3. Das Gotteshaus wurde von 1506 bis 1626 über einem Vorgängerbau Kaiser Konstantins errichtet, der sich über dem angeblichen Grab Petri erhebt. Es ist eine der vier Papstbasiliken und eine der sieben Pilgerkirchen Roms. Bischofssitz der Stadt ist jedoch nicht die Peterskirche, sondern S. Giovanni in Laterano. An der Gestaltung wirkten die besten Baumeister der Renaissance mit. Bramante plante zunächst eine Märtyrerkirche über griechischem Kreuz, Raffael

Ob das Weihwasser, das von fliegenden Händlern am Straßenrand angeboten wird, wohl vom Papst selbst gesegnet wurde? Kritische Geister gehen da lieber auf Nummer sicher und kommen sonntags um 12 Uhr auf den Petersplatz, um nach dem Angelusgebet direkt den Segen des Papstes zu erhalten. Damit ist dann auch noch ein vollkommener Ablass der zeitlichen Sündenstrafen verbunden! Keine Anmeldung erforderlich, als Take-away gibt es Apostolische Segensurkunden vom Ufficio Elimosineria bei der Porta Sant'Anna (Mo–Sa 9–13.30 Uhr, Urkunde je nach Größe 18–24 €).

#8 Petersplatz und Petersdom

Früher kursierte unter Katholiken folgender Witz: Wie begrüßen sich zwei Päpste? Gar nicht, es gibt nur einen! Seit dem Rücktritt von Papst Benedikt XVI. und der folgenden Wahl von Papst Franziskus wissen wir: Es gibt doch zwei Päpste im Vatikan! Der emeritierte Pontifex wohnt in den Vatikanischen Gärten im Kloster Mater ecclesiae, während Papst Franziskus weiter im Gästehaus Santa Marta lebt.

Für viele Ordensschwestern ist die Romreise ein großer Herzenswunsch.

optierte für ein lateinisches Kreuz und fügte ein Langhaus an, Michelangelo griff wieder Bramante auf und begann mit der grandiosen Kuppel, die erst nach seinem Tod unter Giacomo della Porta und Carlo Fontana vollendet wurde. Unter Carlo Maderno, der auch die breite Barockfassade schuf, erhielt der Bau mit Langhaus und Vorhalle endgültig den Grundriss eines lateinischen Kreuzes. Fünf Portale führen von der Vorhalle in die Kirche. Das ganz rechte Portal ist jedoch (fast) immer geschlossen, denn die Heilige Pforte wird nur anlässlich eines Heiligen Jahres geöffnet, zuletzt am 8. Dezember 2015, als Papst Franziskus das Heilige Jahr der Barmherzigkeit ausrief.

Must-Sees im Innenraum

Blickfang in der Kirche ist der von vier gedrehten Säulen getragene riesige **Bronzebaldachin** über dem päpstlichen Altar, den Bernini aus den Bronzeplatten des Pantheons geschaffen haben soll. Die allgegenwärtigen Bienen verweisen auf das Wappen des Auftraggebers Papst Urban VIII. Haben Sie schon den Rosenkranz entdeckt, den ein Geistlicher an der linken hinteren Säulenbasis

Petersplatz und Petersdom *#8*

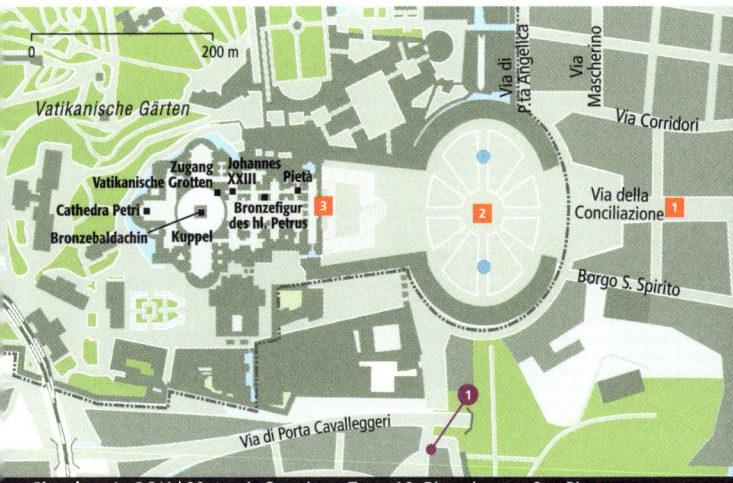

Cityplan: A–C 3/4 | **Metro** A: Ottaviano, **Tram** 19: Risorgimento-San Pietro

INFOS/ÖFFNUNGSZEITEN

Ufficio Pellegrini e Turisti: am Petersplatz auf der linken Seite, T 06 69 88 20 19, Mo–Sa 8.30–18.15 Uhr
San Pietro 3: 7–19, im Winter bis 18.30, Mi erst ab 13 Uhr. Zugang zu den Papstgrotten bis 1 Std. vor Schließung der Kirche
Cupola di San Pietro: 7.30–17 Uhr, 10 € mit dem Fahrstuhl (dann noch 320 Stufen), 8 € zu Fuß (551 Stufen). Bei Papstaudienzen am Mi sowie bei anderen Sonderterminen ist der Zugang eingeschränkt.
Vatikanische Gärten: tgl. außer So (während der Audienzen auf dem Petersplatz auch Mi) nur im Rahmen einer Führung zu besichtigen. Gruppenführung zu Fuß (2 Std.) 30/21 € oder Fahrt mit Minibus und Audioguide (ca. 45 Min.) 37/23 € inkl. Eintritt in die Vatikan. Museen. Voranmeldung und Kartenverkauf unter www.museivaticani.va
Papstaudienz: Mi 9.30 Uhr auf dem Petersplatz, im Winter um 9.15 Uhr in der Audienzhalle Paolo VI. Kostenlose Karten nach schriftl. Voranmeldung (bis 10 Tage vorher) beim Deutschen Pilgerzentrum, Via del Banco di Santo Spirito 56, T 06 689 71 97 98, www.pilgerzentrum.de, Abholung der Karten ab Montag der betreffenden Woche.
Petrusgrab: Mo–Sa 9–15.30 Uhr, Führung in einem Teil der antiken Gräberstadt ca. 1,5 Std. Schriftl. Anmeldung mind. 2 Monate vorher beim Ufficio Scavi, Fabbrica di San Pietro, 00120 Città del Vaticano, scavi@fsp.va; Büro-Öffnungszeiten: Mo–Sa 9–17 Uhr, 13 €, Mindestalter 15 J., Info unter www.vatican.va/various/basiliche/san_pietro/it/necropoli/informazioni.htm.

SICHERHEITSKONTROLLEN

Am Eingang zur Peterskirche werden strenge Sicherheitskontrollen durchgeführt. Führen Sie keine spitzen (Metall-)Gegenstände (z. B. Taschenmesser, Nagelscheren etc.) oder Flaschen mit sich!

KULINARISCHES FÜR ZWISCHENDURCH

Bei Geistlichen und Vatikanangestellten beliebt ist die **Trattoria La Vittoria** 1 (Via delle Fornaci 15–17, T 06 63 18 58, www.ristorantelavittoria.com, tgl. 11.30–15, 18–23 Uhr, €€), wo Claudio mit römischen Spezialitäten verwöhnt.

#8 Petersplatz und Petersdom

Kardinäle erkennt man an ihrem Birett, der scharlachroten Kopfbedeckung. Sie – genauer: nur die nicht über 80 Jahre alten Würdenträger – wählen den Papst.

liegen gelassen zu haben scheint? Vor dem Altar blickt man in eine darunterliegende Kapelle, die sich über dem **Grab Petri** erhebt. Von Bernini stammt auch die **Cathedra Petri** im Chor (1655): Vier Kirchenväter tragen einen bronzeverkleideten Holzstuhl, auf dem bereits Petrus gesessen haben soll.

Ein architektonisches Meisterwerk ist die von vier gewaltigen Stützpfeilern getragene majestätische **Kuppel** von Michelangelo, mit einem Durchmesser von 42,56 m nur wenig kleiner als jene des Pantheons. Nicht versäumen sollte man einen Aufstieg auf die zweischalige Kuppel, von der sich ein grandioser Blick in das Innere der Kirche, auf den Vatikan und Rom bietet. Eine enge Treppe im vorderen rechten Pfeiler der Vierung führt in die sogenannten **Vatikanischen Grotten** hinab, in denen sich zahlreiche Papstgräber befinden, darunter das Grab von Johannes Paul II.

Mit seinen unglaublichen Dimensionen zählt der Innenraum des Petersdoms zu den größten der Welt: 186 m Länge im Mittelschiff, 123 m Breite im Querhaus und 136 m Höhe. Im Mittelschiff markiert ein Bronzestreifen die Längen anderer berühmter Kathedralen.

Besuchermagnet der kostbaren Ausstattung ist die **Pietà** in der ersten rechten Seitenkapelle, das einzige signierte Meisterwerk von Michelangelo und hinter Panzerglas geschützt. Vor dem letzten rechten Mittelschiffpfeiler thront die **Bronzefigur des hl. Petrus,** die Arnolfo da Cambio anlässlich des ersten Heiligen Jahres 1300 schuf. Der rechte Fuß ist durch die unzähligen Berührungen von Pilgern bereits abgeflacht. Besondere Beachtung erfährt der im Jahr 2000 seliggesprochene **Johannes XXIII.,** dessen Gebeine und Kleidung dank eines Stickstoffgemisches auch nach über 50 Jahren noch unversehrt erscheinen.

Superlative der Malerei – **Vatikanische Museen**

Kurz vor dem Ausgang der Vatikanischen Museen führt ein unscheinbares Treppenhaus abwärts zu einer unscheinbaren Tür. Über fünf Millionen Rombesucher stehen jährlich Millionen Stunden Schlange, um genau das zu sehen, was sich hinter dieser Tür verbirgt: die Sixtinische Kapelle. Gleich an zweiter Stelle rangieren als Besuchermagnet die Stanzen des Raffael.

Genug! Keine Nacht und keinen Tag würde er länger in den Privatgemächern seines verhassten Vorgängers und Rivalen Alexander VI. verbringen. Und so beauftragte Julius II. den gerade erst 25-jährigen Raffael mit der Ausmalung der Stanzen (= Zimmer) im darüberliegenden Geschoss. Die Fresken zeigen Szenen aus der Bibel, der

Immer nach oben schauen! Die Fresken des Renaissancekünstlers Raffael erzählen in vier miteinander verbundenen Räumen großartige Geschichten.

#9 Vatikanische Museen

Warum nicht mal mit Muße studieren, was die Museumsschildchen besagen. Nun ja, die päpstlichen Kunstsammlungen zählen zu den größten der Welt: Da gibt es Werke des Alten Ägypten und Assyriens, der klassischen Antike, etruskisch-italische Altertümer, frühchristliche und mittelalterliche Kunst (3.–14. Jh.) und die Kunst von der Renaissance bis ins 19. Jh., dazu zeitgenössische Werke und völkerkundliche Objekte ...

▶ **INFOS & LESESTOFF**

Mit ihrem Buch **Der Vatikan: Die Gemälde. Die Kunstschätze** hat Antje Grebe einen opulenten Bildband zu kleinem Preis (58 €) zu den Kunstwerken in den Vatikanischen Museen vorgelegt. Die hervorragend reproduzierten, meist großformatigen Abbildungen regen zur Vor- oder Nachbereitung an (Köln 2014).

Kirchen- und Apostelgeschichte sowie der römischen Geschichte, in denen die Kirche und das Papsttum verherrlicht werden.

Die Stanzen des Raffael

In der unter den Päpsten als Audienzhalle genutzten **Sala di Costantino** 1 finden sich vier szenische Darstellungen aus dem Leben Konstantins, darunter die Kreuzesvision vor der Schlacht an der Milvischen Brücke, sein Sieg über Maxentius und seine angebliche Taufe durch Papst Silvester. Von zentraler Bedeutung ist das Fresko der – wie sich im 15. Jh. herausstellte – gefälschten Konstantinischen Schenkung, mit der die Päpste jahrhundertelang ihren Machtanspruch unterstrichen.

Das wunderbare Eingreifen Gottes zum Schutz der Kirche und des Glaubens ist das Thema der Fresken in der **Stanza di Eliodoro** 2. Die kontrastierenden Lichteffekte in der »Befreiung des Apostels Petrus«, der ersten Nachtszene der Hochrenaissance, die lichte Farbgebung und ausgewogene Komposition verraten deutlich die Handschrift Raffaels.

In der **Stanza della Segnatura** 3 erzählt Raffael in meisterlicher Freskotechnik von den vier Wissensbereichen damaliger Bibliotheken: Jurisprudenz, Theologie, Poesie und Philosophie. Publikumsmagnet ist die »Schule von Athen«, in der das antike Denken ganz im Sinne der Renaissance als Wiege der europäischen Kultur und Wissenschaften gefeiert wird. Das Fresko versammelt die bedeutendsten Vertreter des antiken philosophischen Denkens. Im Mittelpunkt stehen unter einem Tonnengewölbe, das an die in Planung befindliche Peterskirche erinnert, der rot gewandete Platon, der als Vertreter der spekulativen Philosophie mit der Hand nach oben zeigt und damit auf das Reich der Ideen verweist, und Aristoteles, der sich mit seiner ausgestreckten Hand auf die Empirie als Grundlage des Wissens bezieht. Um sie herum gruppiert sich eine Vielzahl von Philosophen, Mathematikern und Künstlern. Erst nachträglich fügte Raffael die Figur des auf einen Steinblock schreibenden Heraklit ein, dem er die Züge Michelangelos verlieh – eine Hommage an den großen Künstler, der sich keine 50 m entfernt in

Vatikanische Museen #9

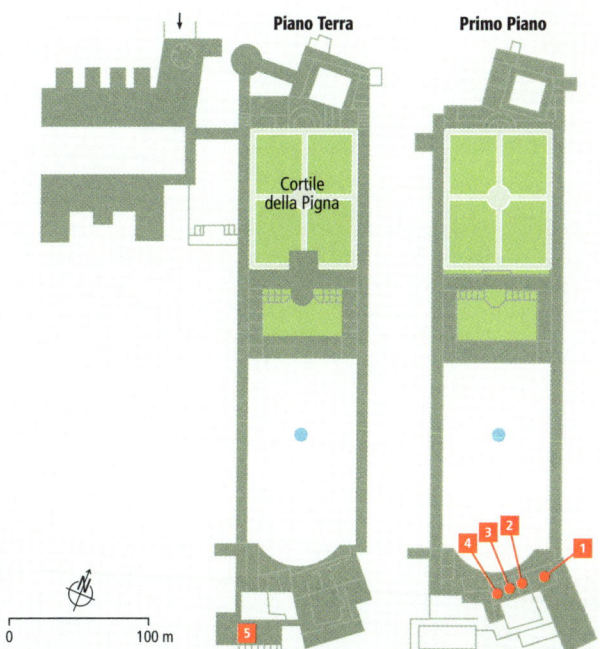

Cityplan: B 3/4 | **Metro** A: Ottaviano, **Tram** 19: Risorgimento-San Pietro

INFOS/ÖFFNUNGSZEITEN
Musei Vaticani: Viale Vaticano 100, www.museivaticani.va; Mo–Sa 8.30–18.30 (letzter Einlass 16.30 Uhr), aktuell keine Sonntagsöffnungen. Weitere Sonderschließungen entnehmen Sie am besten der Homepage. Der Museumsbesuch ist nur nach obligatorischer Online-Anmeldung möglich.

Eintritt: 17/8 €, mit Audioguide 24/15 €, mit Führung (2 Std.) 30/21 €.
Achtung: Sicherheitskontrollen wie bei der Peterskirche (▸ S. 48). Montags herrscht in der Regel großer Andrang, weil die anderen Museen geschlossen sind.
Pause: Bar unterhalb der Sixtinischen Kapelle, Self-Service-Restaurant nahe der Pinakothek.

der Sixtinischen Kapelle mit der Neugestaltung der Decke mühte. Ganz rechts hat Raffael mit einer schwarzen Mütze sich selbst dargestellt.

Die neue Körperlichkeit der Figuren in den Fresken der **Stanza dell'Incendio** 4 (Borgobrand) – insbesondere der »Brand im Borgo« – spiegelt Raffaels Auseinandersetzung mit Michelangelo wider.

55

#9 Vatikanische Museen

Schwarzer oder weißer Rauch? Erst wenn die über 100 Kardinäle in der Sixtina vor der Kulisse von Himmel und Hölle zur Papstwahl zusammenkommen, wird der Kanonenofen, in dem die Stimmzettel verbrannt werden, installiert und der Schornstein in Form eines Kupferrohres auf dem Dach angebracht, aus dem je nach Ausgang der Wahl schwarzer oder weißer Rauch entsteigt.

Als Michelangelos Fresken mit den nackten Gestalten enthüllt wurden, brach ein Sturm der Entrüstung los. Papst Paul IV. befahl Daniele da Volterra, einem Schüler Michelangelos, die anstößigen Körperstellen unter Feigenblättern und Lendentüchern zu verbergen, weshalb der begabte Künstler nur noch als il Braghettone (›der Hosenmaler‹) in die Kunstgeschichte einging. Die Übermalungen wurden bei der letzten Restaurierung – aus historischen Gründen – nur teilweise entfernt.

Sixtinische Kapelle

»Schlecht ist mein Platz, zum Malen taug ich nicht«, klagte Michelangelo in einem Brief an einen Freund. Doch in nur knapp vier Jahren überzog er die Decke der nach dem Auftraggeber Sixtus IV. benannten **Sixtinischen Kapelle** 5 mit einem grandiosen Freskenzyklus zur Schöpfungsgeschichte, der zu einem Meilenstein der Kunstgeschichte wurde. Die Farbgebung sowie die kraftvollen Figuren und das von Scheinarchitektur überzogene Gewölbe hatten starken Einfluss auf die nachfolgenden Künstler, vor allem jene des Manierismus. Von 1508 bis 1512 mühte er sich im Liegen und ohne Gehilfen mit der Neugestaltung der 40 m langen und 13 m breiten Decke ab. Mit einer ungeheuren Plastizität und in kühnen Farben erzählt Michelangelo das biblische Epos von der Erschaffung der Welt und der Menschen, des Sündenfalls, der Sintflut und der Trunkenheit Noahs. Orakel verkündende Sybillen und Propheten rahmen die Szenen ein, in den Lünetten und Zwickeln sind Vorfahren Christi dargestellt und in den Ecken Szenen aus dem Alten Testament. Besonders eindrucksvoll ist die dynamische Figur Gottes in der »Erschaffung Adams« – hier meint man fast den überspringenden Lebensfunken zu spüren.

Mehr als 20 Jahre später, 1534, wurde Michelangelo – inzwischen fast 60-jährig – von Papst Paul III. mit dem Altarfresko »Das Jüngste Gericht« beauftragt, in dem ein richtender Christus mit herrischer, fast unversöhnlicher Geste die Menschen zur Rechenschaft zieht. Um Christus scharen sich Engel und Märtyrer, die Gerechten steigen aus den Gräbern zum Himmel auf, die Verdammten werden in die Hölle gestürzt. Der pessimistische Grundton des Freskos erklärt sich aus der von vielen als göttliches Strafgericht empfundenen Plünderung Roms im Sacco di Roma 1527, bei dem Landsknechte von Kaiser Karl V. als Reaktion auf das undiplomatische Verhalten des Papstes Rom in einer seit der Antike nie dagewesenen Weise verwüsteten und damit der Zeit der Renaissancepäpste ein Ende setzten. Die Seitenwände stammen von den berühmtesten Renaissancemalern der damaligen Zeit, darunter Botticelli, Pinturicchio, Perugino, Signorelli und Ghirlandaio, und zeigen Szenen aus dem Leben Moses und Christi.

In den Fängen der Päpste – **Engelsburg**

Fotogen erhebt sich die Engelsburg am Ufer des Tibers. Zunächst Grabmal Kaiser Hadrians, dann Fluchtburg und Kerker des Papstes, wurde sie durch den Opernkomponisten Puccini zum Schauplatz des dramatischen Schlussaktes der »Tosca«. Vom Umgang oberhalb der Papstgemächer bietet sich ein großartiger Ausblick.

Die **Engelsburg** 1 betritt man über eine schraubenförmige Rampe, die in der Antike zur Grabkammer führte und heute zum Engelshof mit Wurfmaschinen und steinernen Munitionen. Rechts liegen die ersten Papstgemächer, die im frühen 16. Jh. von Perin del Vaga, einem Schüler Raffaels, mit mythologischen Szenen ausgemalt wurden. Interessant ist auch das mit Fresken und echten Muscheln kunstvoll dekorierte Bad für Papst Julius II., der im Übrigen mit den Schweizergardisten eine neue päpstliche Leibwache lancierte.

Tiber, Ponte Sant'Angelo, Castel Sant'Angelo – Rom hat einfach unendlich viele faszinierende Stadtansichten.

#10 Engelsburg

INFOS/ÖFFNUNGSZEITEN

Castel Sant'Angelo 1: Lungotevere di Castello 50, www.castelsantangelo.beniculturali.it, Di–So 9–19.30 (letzter Eintritt 18.30 Uhr), 12/2 €, Sa/So Reservierung obligat. online oder unter T 06 328 10 (Mo–Fr 9.30–18 Uhr). Der Besuch ist auf 90 Min. limitiert.

KULINARISCHES FÜR ZWISCHENDURCH

Obwohl weithin bekannt ist, dass Joseph Ratzinger in den Zeiten, als er noch Kardinal war, regelmäßig im Restaurant der aus Graz stammenden Familie Macher zu Gast war (Tisch Nr. 6!), sind die guten Preise und der aufmerksame Service in der **Cantina Tirolese** 1 unverändert geblieben (Via Giovanni Vitelleschi 23, T 06 68 13 68 04, www.cantinatiroleseroma.com, tgl. 12–15 Uhr, Mittagsbuffet 8,50 €, 19–23 Uhr, €€). Sehr gute Antipasti können Sie im Fischrestaurant **Benito e Gilberto al Falco** 2 (Via del Falco 19, T 06 686 77 69, www.benitoegilberto.it, Di–Sa 12–15, 19–23.30 Uhr, €€€) genießen.

Cityplan: B/C 3/4 | **Bus:** 81, 280, 492: Crescenzio-Orazio

Die Engelsburg

Von dem davorliegenden Hof führt eine Treppe hinunter zu den berüchtigten Gefängnissen. In den zwei höhlenartigen Speicherräumen wurden für den Fall einer Belagerung 22 000 l Öl und 3700 Doppelzentner Getreide gelagert. Das (kochende) Öl diente der Verteidigung. Del Vaga und seine Gehilfen gestalteten auch die prachtvollen Wohnräume von Papst Paul III. im Obergeschoss, die Szenen aus dem Leben Alexanders des Großen und des Apostels Paulus zeigen. Ein großartiger Ausblick bietet sich vom Umgang unterhalb der Engelsfigur mit Terrasse und einladendem Café.

Wandelbare Gebäudefunktion

In der Engelsburg spiegelt sich wie in keinem anderen Monument Roms die Geschichte der Stadt wider. Das im 2. Jh. für Kaiser Hadrian errichtete Mausoleum diente zunächst als Grabmal für ihn und seine Nachfolger. Als Kaiser Aurelian seine nach ihm benannte Mauer baute, wurde das Mausoleum in eine Verteidigungsanlage umfunktioniert und mit Zinnen versehen. Während der Belagerung Roms durch die Goten dienten die Statuen, die das Mausoleum krönten, als Wurfgeschosse.

Nach der Rückkehr der Päpste aus dem Exil von Avignon avancierte die Engelsburg zur päpstlichen Fluchtburg mit Zugbrücken, Kaser-

▶ **LESESTOFF**

In dem auch verfilmten Thriller **Illuminati** (Köln 2000) von Dan Brown ist die Engelsburg ein wichtiger Schauplatz. Brown machte sie zum Versammlungsort des Geheimbundes der Illuminaten, und auch durch den Geheimgang zur Engelsburg, den *passetto*, eilen die Protagonisten.

Engelsburg #10

nen, Waffenarsenal und Kanonengießerei. Über einen 700 m langen überirdischen Gang, den *passetto,* war sie direkt mit dem Vatikan verbunden. Im Sacco di Roma (Plünderung Roms) am 6. Mai 1527 rettete sich der Papst, während Schweizergardisten ihn deckten, über den *passetto* in die Engelsburg. Noch heute werden die neuen Rekruten der Schweizergarde an diesem Tag vereidigt.

Darüber hinaus war die Engelsburg auch als Kerker berüchtigt: Die mächtige Dame Marozia ließ Papst Johannes X. hier einkerkern und erdrosseln, der Borgia-Papst Alexander VI. entledigte sich in den Verliesen seiner Feinde, auch der Haudegen Benvenuto Cellini, den letztlich sein Ruhm als größter Goldschmied der Renaissance rettete, sowie der Alchimist und Freimaurer Graf Cagliostro waren hier Gefangene. Nur einer, den viele hier wähnen, war nie ›zu Gast‹: der Maler Mario Caravadossi aus Puccinis Oper »Tosca«. Die Erschießung auf der Engelsburg im letzten Akt der Oper sowie der Freitod seiner Geliebten Tosca entsprangen der Fantasie des Librettisten.

Aus den römischen Nasoni, den sogenannten Riesennasen, sprudelt sauberes Trinkwasser.

Weltliche Festung: der Wehrgang der Engelsburg

Ihren heutigen Namen verdankt die **Engelsburg** der Legende nach einer Pestepidemie im Jahr 590. Während einer Bußprozession sah Papst Gregor der Große, wie der Erzengel Michael, auf dem Hadriansmausoleum stehend, sein Schwert in die Scheide steckte zum Zeichen dafür, dass die Pest vorbei war. Daraufhin wurde die Burg statt mit der Statue des heidnischen Kaisers Hadrian mit einer Engelsfigur bekrönt und zum militärischen Machtsymbol der Kirche.

Sehnsuchtsorte –
Spanische Treppe und Trevibrunnen

Flaniermeile, Flirtplatz, Fotomotiv: Der Trevibrunnen und die Spanische Treppe sind bei Römern wie bei Rombesuchern gleichermaßen beliebt. Zu den drei »F« gesellt sich noch ein viertes – das Gebiet rund um die Spanische Treppe ist der römische Fashion District schlechthin.

An der **Piazza di Spagna** mit der **Spanischen Treppe** 1 (Scalinata di Trinità dei Monti) kommt man nicht vorbei. Sie lädt ein zum Hinauf- und Hinunterschreiten, zum Schauen und Verweilen. Ursprünglich sollte die berühmteste Freitreppe der Welt eine Demonstration von Frankreichs Größe werden, gekrönt von einem Denkmal zu Ehren Ludwigs XIV. – ein Vorhaben, das beim Papst großen Unmut hervorrief. Schließlich wurde der

Geld ist dazu da, ausgeben zu werden, oder? Fashion Victims tun das in der Via Condotti und ihren Nebenstraßen, wo nahezu alle großen Marken ihren Flagship-Store haben.

Spanische Treppe und Trevibrunnen *#11*

Treppenaufgang zur französischen Klosterkirche SS. Trinità dei Monti von päpstlichen Architekten in Angriff genommen und statt des Denkmals für Ludwig XIV. ließ Papst Pius VI. kurzerhand einen kreuzgekrönten Obelisken aufstellen. Heute führt die Treppe in zwei weiten Bögen hinab statt hinauf und endet vor dem Barcaccia-Brunnen, der Pietro Bernini, Vater des berühmten Gian Lorenzo, zugeschrieben wird. Ihren Namen verdankt die Treppe – Ironie der Geschichte – der nahe gelegenen spanischen Botschaft beim Heiligen Stuhl.

Die Spanische Treppe ist eine der schönsten Freitreppen der Welt und zieht jährlich Millionen Touristen an. Damit sie auch in Zukunft ein römischer Glanzpunkt bleibt, wurden vor wenigen Jahren ihre Stufen restauriert. Zu diesem Zweck spendete Luxusjuwelier Bulgari 1,5 Mio. €. Seit 2019 ist es verboten, sich auf die Stufen zu setzen.

Tummelplatz von Künstlern und Wahlrömern

Rund um die Spanische Treppe atmet man internationales Flair. Und das hat Tradition. Seit dem 18. Jh. war Rom fester Bestandteil der Bildungsreise europäischer Adliger. Künstler und Bildungsbürger strömten zum Studium in die Ewige Stadt. Luther, Seume und Goethe, der in der nahen Via del Corso 18 wohnte – heute ein **Goethe-Museum** 2 –, ließen sich hier nieder. Unweit der Treppe hatte auch Giorgio de Chirico sein Atelier. Von dem Begründer der Metaphysischen Malerei, dessen rätselhafte Bilder mit ihren extremen Perspektivkonstruktionen, bedrückenden Schatten und seelenlosen Gliederpuppen eine inhumane Moderne anprangern, sind in der **Casa Museo Giorgio De Chirico** 3 über 70 Bilder zu sehen.

Treffpunkt von Künstlern, Musikern und Schriftstellern war das **Antico Caffè Greco** 1, im 19. Jh. Stammlokal der römisch-deutschen Kolonie. Hier philosophierte Goethe, schrieb Nikolai Gogol »Toten Seelen« und hinterließen zahlreiche Maler jener Zeit ihre Bilder. Das elegante Interieur mit Gemälden, Spiegeln und alten Möbeln hat sich erhalten, nicht so der Cappuccino-Preis.

Bermudadreieck für Fashion Victims

Bekannt ist die Spanische Treppe auch als Laufsteg der Alta Moda. Hinter der Spanischen Treppe befinden sich die großen Ateliers von Valentino, in der Nobelmeile **Via Condotti** und den angrenzenden Straßen sind alle weiteren großen Namen der Alta Moda vertreten (▶ auch S. 102). Allerdings empfiehlt es sich mit dem Kauf der sündhaft teuren Designerstücke bis

#11 **Spanische Treppe und Trevibrunnen**

Das ist der Beckenboden des Trevibrunnens. Und jede Menge Geld. Hunderte von Münzen aus aller Herren Länder landen täglich im lichtblauen Wasser, aus dem Stadtbedienstete bis zur Pandemie jedes Jahr rund 1,4 Mio. Euro fischten. Sie fließen aber nicht in staatliche Kassen. Die Caritas darf die Münzen für wohltätige Zwecke verwenden.

zu den *saldi* (Schlussverkauf) zu warten. Erschwinglichere Mode findet man im oberen Teil der **Via del Corso** oder in den Parallelstraßen **Via Frattina, Via della Croce** oder **Via della Vittoria**. Ein Fixpunkt für ausgefallene Mode bleibt das **Galassia** 🛈 (Via Frattina 20/21, www.galassia roma.com), die passenden Schuhe findet man bei **Giuseppe Zanotti** 🛈 (Piazza di Spagna 33), die auch von Samantha in der Fernsehserie »Sex & the City« getragen werden. Und auch die Kleinen und Kleinsten wollen eingekleidet werden, etwa bei **Pure** 🛈 (Via Bocca di Leone 8) oder für besondere Feste bei **I Vippini** 🛈 (Via della Fontanella di Borghese 65).

Die Rückkehr klarmachen

Die **Fontana di Trevi** 4, den größten Brunnen Roms und auch – dank des Films »La Dolce Vita«, in dem Anita Ekberg einer Venus gleich den Fluten entsteigt – die wohl berühmteste Wasserschauwand der Welt, schuf Nicola Salvi im 18. Jh. Vor der Kulisse eines stilisierten Triumphbogens herrscht der Meeresgott Poseidon, flankiert von Figuren, die Reinheit und Überfluss verkörpern. Erst seit 2015 speist sich der Brunnen wie in der

Richtig berühmt wurde der Trevibrunnen durch Federico Fellinis Meisterwerk **»La dolce vita«** (1960). In dem Film nimmt Anita Ekberg ihr berühmtes Bad im Brunnen, Marcello Mastroianni steigt ihr zögernd hinterher, nicht ohne vorher die Schuhe auszuziehen.

→ UM DIE ECKE

Die **Piazza del Popolo** 5, einst Eingangstor für alle Besucher aus dem Norden, ist heute Bühne für Popkonzerte und politische Veranstaltungen. Blickfang des Platzes ist der ägyptische Obelisk, den Papst Sixtus V. vom Circus Maximus hierherbringen ließ. Um den Besuchern die Herrlichkeit der Stadt vor Augen zu führen, ließ Alexander VII. am Anfangspunkt des Dreistrahls die beiden barocken Zwillingskirchen Santa Maria dei Miracoli und Santa Maria in Montesanto errichten. Die Kirche **S. Maria del Popolo** 6 (Mo–Sa 7.30–12, 16–19, Fei 7.30–13.30, 16.30–19 Uhr geöffnet) war schon lange, bevor sie mit Dan Browns »Illuminati« zu einem literarischen Schauplatz wurde, ein Besuchermagnet: In der Cerasikapelle links vom Hauptaltar hängen die wohl dramatischsten Gemälde des Malers Caravaggio: die »Bekehrung des Paulus« und die »Kreuzigung Petri« (1600/01), die wegen der ungeschönten Darstellung seine Zeitgenossen schockierte.

Spanische Treppe und Trevibrunnen #11

Antike wieder aus einem Aquädukt des Agrippa. Nur die Wasserspiele werden durch eine Umwälzpumpe betrieben. Geblieben ist der Brauch, mit der rechten Hand über die linke Schulter eine Münze in den Brunnen zu werfen und sich so die Wiederkehr nach Rom zu sichern. Selbst die Staats- und Regierungschefs des G20-Gipfels 2021 in Rom ließen es sich nicht nehmen, eine Euro-Münze mit dem Bild von Leonardo da Vincis Meisterwerk, dem Vitruvianischen Menschen, ins Becken zu werfen. Nach einer grundlegenden Restaurierung erstrahlen Bauwerk und Wasser der Fontana in der Nacht in hellstem LED-Licht.

Z ZAUN?

Weil sich die Besucher trotz eines Verbots immer wieder auf den Brunnenrand setzen, erwägt die Stadt, einen Zaun um den Brunnen zu errichten.

INFOS/ÖFFNUNGSZEITEN

Casa di Goethe 2: Via del Corso 18, www.casadigoethe.it, Di–So 10–18 Uhr, 6/5 €

Casa Museo Giorgio De Chirico 3: Piazza di Spagna 31, www.fondazionedechirico.org, Voranmeldung obligatorisch, Mo, Do–Sa und am letzten So im Monat geführte Besichtigungen auf ital. oder engl. 10.30–15 Uhr, T 06 679 65 46, 7/5 €

KULINARISCHES FÜR ZWISCHENDURCH

Antico Caffè Greco 1: Via Condotti 86, T 06 679 17 00, tgl. 9–18 Uhr. Nicht nur *caffè*, auch heiße Schokolade und Tee zu einer stilechten Pause lockt das Museumscafé **Caffè Canova-Tadolini** 2 (Via del Babuino 150a, tgl. 8–24 Uhr). Sie haben Ihr letztes Geld in einem Designerladen gelassen? Im **Pastificio Guerra** 3 (Via della Croce 8, 13–21.30 Uhr) bekommen Sie für 4,50 € auf Plastiktellern Pasta. Nicht stilvoll, aber lecker, reichlich und preiswert.

NICHT NUR MODE, AUCH ANTIKES

In der **Casa d'Aste** 5 (Via dei Greci 2a, www.astebabuino.it) können Sie Kunst ersteigern oder einfach bei Auktionen zuschauen. In der **Via del Babuino** und insbesondere der **Via Margutta** mit ihren lauschigen Innenhöfen und Künstlerateliers stoßen Sie auf Galerien und Antiquitätengeschäfte. Das erlesene Angebot reicht von Statuen und Vasen über Stiche und Gemälde bis zu Möbeln.

Cityplan D–F 2–4 | **Metro** A: Spagna, **Bus** 117: Due Macelli-Mignanelli

12

Per una passeggiata – **Villa Borghese**

Einfach mal durchatmen – am besten in der Villa Borghese, dem Central Park Roms! Und damit keine Langeweile aufkommt, befinden sich in dem herrlichen Parkidyll gleich mehrere hochkarätige Museen, Film- und Theaterstätten. Übrigens bezeichnet Villa im Italienischen nicht ein großes Wohnhaus, sondern einen Park.

Die einstige Gartenanlage der Familie Borghese gehört zu den beliebtesten und zentralsten Parks in Rom. Jogger und Inlineskater kreuzen den Weg ebenso wie Fahrrad- und Segwayfahrer, Kunstliebhaber treffen sich in einem der vielen Museen, Romantiker paddeln über den kleinen See und Kinder vergnügen sich im zum ursprünglich von Carl Hagenbeck angelegten und nun zum **Bioparco** 1 umgewandelten Zoo oder beim Marionettentheater. Unvergleichlich ist der Ausblick von der Aussichtsterrasse des **Pincio** 2 vor allem in den Morgenstunden.

Aufwendig gestaltete Brunnen markieren die Kreuzungen der Parkpromenaden in der Villa Borghese. Die Pferde der Fontana dei Cavalli Marini, des Brunnens der Meerespferde, scheinen aus dem Wasser emporzusteigen.

Villa Borghese #12

Romantisch im englischen Stil

Der 80 ha große Park wurde Anfang des 17. Jh. von Kardinal Scipione Caffarelli Borghese angelegt. Unmittelbar nach seiner Ernennung zum Kardinal war er in bester päpstlicher Nepotismustradition von seinem Onkel Papst Paul V. großzügig bedacht worden. Ende des 18. Jh. wurde der Park erweitert und zum Englischen Garten mit Schirmpinien und Eichenwäldchen umgestaltet. Neben einem kleinen See entstanden auch zahlreiche Brunnen mit mythologischen Figurengruppen, künstlichen Grotten und einem Tempel. Anfang des 20. Jh. wurde der Park öffentlich zugänglich.

Königin der Privatsammlungen

Kultureller Glanzpunkt ist die zu Beginn des 17. Jh. angelegte **Galleria Borghese** 3 im einstigen Casino des Kardinals Scipione Borghese. Das Museum begeistert mit einer überbordenden Sammlung von antiken und barocken Skulpturen, Mosaiken und Gemälden. Besuchermagnete sind die Skulpturen des jungen Bernini, der virtuos den Moment, die flüchtige Bewegung festzuhalten wusste. Caravaggio hingegen bedient sich starker Hell-Dunkel-Effekte (chiaroscuro), um die Eindringlichkeit seiner Bildfindungen zu steigern. Für einen Skandal sorgte die vom klassizistischen Bildhauer Canova als nackte Venus dargestellte »Paolina Borghese«, Napoleons schöne Schwester. Unter den weiteren Meisterwerken aus Renaissance, Manierismus und Barock ragen vor allem Raffaels »Grablegung Christi« von 1507, Correggios »Danae« von 1531 und Tizians »Himmlische und irdische Liebe« (um 1536) heraus.

Von dramatischer Intensität ist Berninis Skulpturengruppe »Apoll und Daphne« (1624), in der sich Daphne aus Verzweiflung über den zudringlichen Apoll allmählich in einen Lorbeerbaum verwandelt. Hier zeigt sich Berninis Genialität besonders in kleinen Details wie der allmählichen Verwandlung von Daphne in eine Pflanze oder der lebensechten Darstellung von Falten und Muskeln.

Kunst im Timelapse

Die 1911 anlässlich der 50-Jahr-Feier der italienischen Einheit errichtete **Galleria Nazionale d'Arte Moderna e Contemporanea** 4 beherbergt die bedeutendste und größte Sammlung italienischer Malerei und Skulpturen des 19. und 20. Jh. Im Mittelpunkt stehen die großen italienischen Kunstströmungen zu Beginn des 20. Jh. wie Futurismus und Pittura Metafisica mit Werken von Carlo Carrà, Giacomo Balla, Gino Severini, Umberto Boccioni und Giorgio de Chirico. Daneben finden Sie auch einige wenige Werke von

#12 Villa Borghese

van Gogh, Monet, Picasso, Degas, Cézanne und Klimt. Interessant ist die Hängung der Bilder und die Aufstellung der Skulpturen, die nicht chronologisch geordnet sind, sondern assoziativ. Neben Gemälden aus dem 19. Jh. hängen Fotografien, damit kontrastieren Installationen aus der Gegenwart und Skulpturen der Antike. Ganz den Werken von De Chirico gewidmet ist das **Museo Carlo Bilotti** 5 in der ehemaligen Orangerie.

INFOS/ÖFFNUNGSZEITEN

Hin & weg: Den Park erreicht man am besten über die Porta Pinciana/Via Veneto (Metro A: Spagna) oder über die Piazza del Popolo (Metro A: Flaminio). Fahrräder leihen Sie bei **Bici Pincio** 1, Viale di Villa Medici und Via Goethe, oder **Ronconi** 2, Via delle Belle Arti 54/56, www.ronconibiciclette.it.
Bioparco 1: Nov.–März 9.30–17, sonst bis 18, April–Sept. Sa/So/Fei bis 19 Uhr, T 06 360 82 11, www.bioparco.it; 16 €; Kinder bis 10 Jahre 13 €
Galleria Borghese 3: Piazzale del Museo Borghese 5, www.galleriaborghese.beniculturali.it, Di–So 9–19 (letzter Einlass 17.45 Uhr), Kartenvorbestellung oblig., sonst 30 Min. nach Beginn des zweistündigen Turnus, auf der Homepage oder unter T 06 328 10, 13/2 +2 € Reservierungsgebühr.
Galleria Nazionale d'Arte Moderna e Contemporanea 4 **(GNAM):** Via delle Belle Arti 131, lagallerianazionale.com, Di–So 9–19 Uhr, 10/5 €, mit dem schönen Museumscafé Caffè delle Arti
Museo Carlo Bilotti 5: Viale Fiorello La Guardia, www.museocarlobilotti.it, Okt.–Mai Di–Fr 10–16, Juni–Sept. Di–Fr 13–19, Sa/So ganzjährig 10–19 Uhr, Eintritt frei
Museo Nazionale Etrusco di Villa Giulia 6: Piazzale di Villa Giulia 9, www.villagiulia.beniculturali.it, Di–So 8.30–19.30 (letzter Einlass 18.30 Uhr); 10/2 €

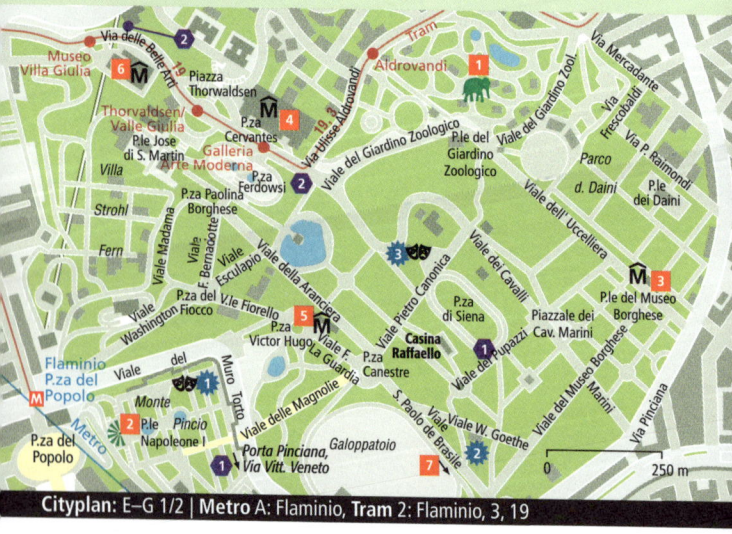

Cityplan: E–G 1/2 | **Metro** A: Flaminio, **Tram** 2: Flaminio, 3, 19

Villa Borghese #12

Eine frisch geerntete Paprika gefällig? Oder eine Aubergine? Bei dem Wochenmarkt zwischen den altehrwürdigen Palazzi rund um die Villa Borghese geht es recht rustikal zu. Rom ist eine Metropole, doch jedes Quartier hat seinen Stadtteilmarkt.

Selig lächeln die Etrusker

Ein weiteres Highlight des Parks ist das **Museo Nazionale Etrusco** 6, eines der bedeutendsten Museen für etruskische Kultur, das sich in der Villa Giulia befindet, der Sommerresidenz Papst Julius III. Die umfangreiche Sammlung zeigt in über 30 Sälen Funde aus der südlichen Toskana, dem Latium und Umbrien. Die Objekte wurden unter topografischen Gesichtspunkten zusammengestellt.

Aus der Vielzahl der Exponate – schwarz- und rotfigurige attische Keramiken, detailreicher Goldschmuck und der erste Zahnersatz – ragt der »Apoll von Veji« (6. Jh. v. Chr.) heraus, der vermutlich in der Werkstatt des berühmten Vulca entstand. Der Ehegattensarkophag aus Cerveteri (ca. 530 v. Chr.) ist wegen der beiden archaisch lächelnden, äußerst realistisch dargestellten Eheleute berühmt. Interessant sind auch die Grablege aus Cerveteri und die Rekonstruktion eines etruskischen Tempels im Garten.

> **→ UM DIE ECKE**
>
> Welch ein Kontrast! An der Via Veneto, die zur Villa Borghese hinführt, Laufsteg der Eitelkeiten und des Luxus, befindet sich gleich zu Beginn einer der eigentümlichsten Orte der Stadt: eine mit den Gebeinen von über 400 Mönchen geschmückte **Kapuzinergruft** 7. In sechs durch einen gemeinsamen Gang verbundenen Räumen wurden Schädel, Beckenknochen, Wirbel und Schulterblätter zu Wanddekorationen, Blüten und biblischen Darstellungen arrangiert. Besonders bemerkenswert ist ein komplett aus Knochen gefertigter Leuchter, der von der Decke des Raumes hängt (G 3, Via V. Veneto 27, www.cappucciniviaveneto.it, tgl. 9–19 Uhr, 8,50/5 €).

ÜBRIGENS

Die Villa Borghese ist ein wichtiger Bestandteil der römischen Kulturlandschaft. Am Wochenende finden auf dem Pincio nahe der mechanischen Wasseruhr wunderbare **Marionettenaufführungen** des neapolitanischen Kindertheaters San Carlino statt, die nicht nur Kinderherzen erfreuen (www.sancarlino.it). Die **Casa del Cinema** veranstaltet in dem modernsten Kinosaal Italiens zahlreiche Filmfestivals und das **Globe Theatre**, ein Nachbau des britischen Theatertempels der Shakespeare-Zeit, zeigt natürlich Stücke des britischen Meisters (www.globetheatreroma.com).

#13

Paukenschlag der Postmoderne – **MAXXI**

Zeitgenössische Architektur tut sich naturgemäß schwer in der Ewigen Stadt, doch in den letzten Jahrzehnten hat sich einiges bewegt. Den ersten postmodernen Akzent im Centro Storico setzte Richard Meier 2006 mit der schneeweißen Ummantelung des Friedensaltars. Ein ganz besonderer Hingucker ist das Nationalmuseum der Künste des 21. Jh., das MAXXI, von Zaha Hadid.

Die Architektur von Zaha Hadid scheint die Materialien bis an ihre Grenzen zu dehnen: Metall, Glas, Kunststoffe und Beton werden kunstvoll gestreckt und gewölbt und entgegen jeder üblichen Symmetrie miteinander verbunden. Ein Paradebeispiel für diese Bauweise ist das frei schwebende Treppenhaus des MAXXI.

Im Quartiere Flaminio und Parioli im Norden der Stadt entlang der Straßenbahnlinie 2 gibt es gleich mehrere Bauten renommierter Stararchitekten zu entdecken, darunter das **Auditorium** 1 (2002) von Renzo Piano, der für den Bau typische römische Baumaterialien wie Travertin, Terrakottaziegel und Bleiabdeckungen verwendete. Mit drei Musiksälen und einer Freilichtbühne hat sich der größte Musikkomplex Europas zu einem Fixpunkt des römischen Kulturlebens entwickelt. Seine Baustoffe brachten ihm den Namen »zweites Kolosseum« ein.

Die Nierentische lassen grüßen

Direkt nebenan ziehen Bauten aus den 1960er-Jahren wie die beiden von Pier Luigi Nervi entworfenen Gebäude, das **Stadio Flaminio** 2 (1959) und der **Palazzetto dello Sport** 3 (1960), die Blicke auf sich. Der Palazzetto zeigt die für Nervi charakteristische freitragende Kuppel und die an der Unterseite sichtbaren Rippenkonstruktionen in Sichtbeton. Das Stadium wird seit 2013 nicht mehr genutzt und verfällt leider zusehends.

Wider den rechten Winkel

Bereits ein Kunstwerk an sich ist das **MAXXI** 4 der unlängst verstorbenen Architektin Zaha Hadid, die als eine der Hauptvertreterinnen dekonstruktivistischer Architektur galt. Wie ein gestrandetes UFO liegt der schlauchförmige, in sich gewundene Betonbau mitten im Häusermeer. Dort, wo einst in einer klaren Ordnung Kasernen standen, Drill und Hierarchie den Alltag bestimmten, schlängelt sich der Bau wie zwei gigantische über Kreuz gefallene Maccheroni, wobei der eine Betonschenkel in luftiger Höhe in einer Glaskanzel endet. Hadid sagte der Diktatur des rechten Winkels den Kampf an, ihr setzte sie die Diagonale entgegen: »Meine Gebäude sollen fließen und ihre Umgebung in Schwingung versetzen.« Es gibt kein starres Kerngehäuse, kein Zentrum, immer wieder kippen Perspektiven und verschieben sich die Proportionen.

Funktionalität trifft Schönheit

Dynamik bestimmt auch das Innere, wo man gleich in einer 20 m hohen Halle steht, von der abenteuerlich in sich verschlungene Treppen und Brücken abgehen, die in gekurvte Räume führen mit sich weitenden und verengenden Innenräumen. Harmonische Proportionen sorgen dafür, dass sich die Größe des Baukörpers erst nach und nach offenbart. Hadid wollte keinen Kulturspeicher mit rechtwinkligen Schauräumen schaffen, der ein andächtiges Schauen einfordert, sondern vitale Räume, die einer ständigen Formverwandlung unterworfen zu sein scheinen. Die Meisterin des verflüssigten Bauens hat hier keine Hülle für eine Kunstsammlung geschaffen – das Gebäude selbst ist ein Kunstwerk. Damit kam Hadid auch den Auftraggebern entgegen, die sich flexible

Eine weitere Architektur-Ikone Roms ist das futuristische Kongresszentrum des Starchitektenpaares Doriana und Massimiliano Fuksas »La Nuvola«, die Wolke, im Viertel EUR. In einem gigantischen transparenten Kubus aus Stahl und Glas, in dem sich auch eine Konzerthalle befindet, schwebt eine überdimensionale Wolke aus silikonbeschichtetem Glasgewebe. Der verbaute Stahl entspricht mit 37.000 Tonnen dem »Gewicht von viereinhalb Eiffeltürmen, die Glasflächen besitzen eine Größe von zehn Fußballfeldern«. Und ökologisch nachhaltig ist es auch: Dank der Solarpanele auf dem Dach kann es sich selbst mit Strom versorgen.

#13 MAXXI

Cityplan: Karte 1b | **Tram** 2: Apollodoro, **Bus** 53, 168, 910: De Coubertin-Palazzetto

INFOS/ÖFFNUNGSZEITEN

Auditorium 1: Viale Pietro de Coubertin 30, Informationen unter T 06 80 24 12 81, tgl. 11–18, im Sommer bis 20 Uhr, www.auditorium.com, Führungen (ital./engl.) durch die Anlage sind derzeit ausgesetzt, 9/7 €
MAXXI 4: Via Guido Reni 4, www.maxxi.art, Di–Fr 11–19, Sa/So bis 20 Uhr, 12/9€

KULINARISCHES FÜR ZWISCHENDURCH

Unter dem Namen **Giostra** 1 (Via Guido Reni 7, T 06 57 28 86 66, Di–So 19.30–2 Uhr, www.giostraroma.it, ab 20 €) firmieren ein stylisches Cafè, ein italienisches Restaurant und eine verwunschene Cocktailbar. Beste Slow-Food-Küche bietet die **Trattoria Lo Sgobbone** 2 (Via di Podesti 10, T 06 323 29 94, So geschl., €€).

Räume wünschten. Doch allein der Bau ist schon einen Besuch wert. Anlässlich der Einweihung schrieb ein Journalist: »Das Museum lädt uns ein, in ihm verloren zu gehen, uns zu verlieren an seine Schönheit, seine immer neuen Perspektiven.«

Neben Wechselausstellungen präsentiert das MAXXI in seinen Räumen einen Teil seiner Sammlung, darunter Werke von Alighiero Boetti, Francesco Clemente, Mario Merz und Gerhard Richter sowie Tausende von Architekturdokumenten. Es ist das erste Architekturmuseum Italiens.

→ UM DIE ECKE

Schon fast ein Kuriosum im autoverliebten Rom ist die neueste Fußgängerbrücke der Stadt, die **Ponte della Musica** 5 (2011), die den Stadtteil Flaminio mit dem 1932 erbauten Olympiastadion jenseits des Tibers verbindet. Das Stadion sollte mit dem angrenzenden Foro Italico 1940 Schauplatz der Olympischen Spiele werden. Die Spiele wurden aber dann nach Japan vergeben. Die Olympischen Spiele fanden hier erst 1960 statt.

Gräber an der Fernstraße – **Via Appia Antica**

14

Die erste römische Fernstraße verband die Hauptstadt mit dem wichtigen Fährhafen Brindisi im Osten. Auf der ›Königin der Straßen‹ marschierten die Legionen, transportierten Händler ihre Waren, ließen reiche Römer prunkvolle Grabmäler errichten und Konsul Crassus nach dem Spartakus-Aufstand die Köpfe ›rollen‹.

Einer der Höhepunkte eines Rombesuchs ist sicherlich ein Spaziergang oder eine Radtour auf der Via Appia Antica. Unter dem namensgebenden Konsul Appius Claudius wurde der Bau der durchgehend gepflasterten, schnurgeraden Straße 312 v. Chr. begonnen. Zunächst führte sie bis in die Albaner Berge, später wurde sie bis Capua und schließlich bis zur rund 450 km entfernten Hafenstadt Brindisi verlängert. Gleich hinter der

Ein Ausflug per Mountainbike auf der Via Appia Antica ist unbedingt empfehlenswert. Auf diese Weise können Sie ohne großen Aufwand gleich mehrere Monumente entlang der Straße besichtigen.

Berühmt wurde die **Via Appia** schon in der Antike, als Oberbefehlshaber Marcus Licinius Crassus 71 v. Chr. nach der Niederlage des Spartacus-Aufstandes 6000 Rebellen entlang der Via Appia von Rom nach Capua kreuzigen ließ.

Porta San Sebastiano steht die Kopie des ersten Meilensteins. Eine Meile entsprach 1481,50 m (lat. *milia passum* = 1000 Doppelschritte). Auf der Säule standen immer der Name des Bauherrn, sein Amt, die Bestimmung der Strecke und die Entfernungsangaben. Die originale Pflasterung ist allerdings erst ab dem Grabmal der Cecilia Metella erhalten.

Tod im Untergrund

Berühmt geworden ist die Via Appia vor allem als Gräberstraße. Nach dem Zwölf-Tafel-Gesetz war es verboten, Tote innerhalb der Stadtmauern zu begraben. Unter den aus Rom hinausführenden Konsularstraßen galt die Via Appia Antica als die vornehmste und war der beliebteste Ort für eine Grablege. Neben den teuren überirdischen Anlagen gab es bereits in vorchristlicher Zeit unterirdische Gemeinschaftsgräber auf mehreren Ebenen, die meist aus Platzgründen und Kostenersparnis gewählt wurden. In der Folge dienten sie auch Christen als Bestattungsort. Die Gänge wurden mit Malereien, Grabinschriften und christlichen Symbolen geschmückt. Zu den berühmtesten Anlagen gehören die weitläufigen **Calixtus-Katakomben** 1, die nach dem römischen Bischof Calixtus I. benannt wurden und die erste christliche Gemeindekatakombe der Stadt darstellen, sowie die **Sebastians-Katakomben** 2. Zu den größten Anlagen zählen die **Domitilla-Katakomben** 3. Die **Ardeatinischen Höhlen** 4 sind eine bewegende Gedenkstätte, die an das am 24. März 1944 auf Befehl des SS-Polizeichefs von Rom, Herbert Kappler, angeordnete Massaker erinnert. Nach einem Partisanenattentat erschoss die SS hier als Racheakt 335 Gefangene.

Grabstätten der V. I. P.s

Hinter der Kirche San Sebastiano beginnt der ruhigere Abschnitt der Via Appia. Das einst prunkvolle **Grabmal des Romulus** 5, ein Rundbau im Stil des Pantheons, ließ Kaiser Maxentius für seinen jung verstorbenen Sohn zu Anfang des 4. Jh. errichten. Seinem Andenken diente auch der **Circus des Maxentius** 6, in dem – wie im Circus Maximus – Wagenrennen stattfanden. Der Obelisk, der einst den Mittelstreifen krönte, ziert heute den Vier-Ströme-Brunnen auf der Piazza Navo-

In Rom gibt es Hunderte von Straßentabernakeln, die alle liebevoll als Madonnelle (kleine Madonnen) bezeichnet werden, auch wenn andere Heilige dargestellt sind. Sie dienten nicht nur zum Schutz und Schmuck des Hauses, in Zeiten als es noch keine Straßenbeleuchtung gab, wiesen ihre Andachtslämpchen nächtlichen Passanten den Weg.

Via Appia Antica #14

INFOS/ÖFFNUNGSZEITEN

Infopoint Parco Appia Antica: Via Appia Antica 58–60, T 06 513 53 16, www.parcoappiaantica.it, Mo–Fr 9.30–13, 14–17, Sa/So/Fei durchgehend, März–Okt. Mo–Fr 9.30–13, 14–18.30, Sa/So/Fei 9–19 Uhr
San Callisto 1: Via Appia Antica 110/126, T 06 513 01 51, www.catacombe.roma.it, Do–Di 9–12, 14–17 Uhr, 23. Jan.–19. Febr. geschl., 8/5 €
Santa Domitilla 2: Via delle Sette Chiese 282, T 06 511 03 42, www.domitilla.info, Mi–Mo 9–12, 14–17 Uhr, Mitte Dez.–Mitte Jan. geschl., 8/5 €
San Sebastiano 3: Via Appia Antica 136, T 06 785 03 50, www.catacombe.org, Mo–Sa 10–16.30 Uhr, Dez. geschl., 8/5 €
Fosse Ardeatine 4: Via Ardeatina 174, www.mausoleofosseardeatine.it, tgl. 8.15–15.30, Sa/So bis 16.30 Uhr
Circus des Maxentius 6: Via Appia Antica 153, www.villadimassenzio.it, Di–So 10–16 Uhr, Eintritt frei
Mit dem **Kombiticket Mia Appia Card** (10 €) kann man ein Jahr lang alle archäologischen Sehenswürdigkeiten längs der Via Appia besuchen, wie das **Grabmal der Cecilia Metella** 7: Via Appia Antica 161, Di–So 9 Uhr bis 1 Std. vor Sonnenuntergang, im Winter bis 16.30 Uhr sowie die **Villa dei Quintili** 8: Via Appia Nuova 1092, Öffnungszeiten wie Cecilia Metella.

MOBIL UNTERWEGS

Fahrradverleih 1: Am Infopoint der Parkverwaltung (Infos und Tourenvorschläge unter www.ecobikeroma.it) und am Appia Antica Caffè (s. o.). Die Via Appia Antica ist nur So für Autos gesperrt, gleichwohl wird sie bis zum Grabmal der Cecilia Metella teilweise von Autos befahren. Nach dem Grabmal bleibt sie dann autofrei. Zum Radfahren ist das antike Pflaster etwas holprig, aber man kann seitlich auf die Grasnarbe ausweichen.

Vespaverleih: Baci & Bici verleiht Fahrräder und Motorroller; Stationen: Via del Viminale 5, Via Cavour 302, Vicolo del Bottino 8, www.bicibaci.com.

KULINARISCHES FÜR ZWISCHENDURCH

Römische Küche genießt man in der schnörkellosen **Trattoria Priscilla** 1 (Via Appia Antica 68, T 33 98 58 40 89, Mo–Sa 12.30–15, 20–23, So 12–16 Uhr, Febr. u. Aug. geschl., €€). Für den kleinen Hunger eignet sich das **Appia Antica Caffè** 2 (Nr. 175, www.appiaanticacaffe.it, Di–So 8–19.30, im Sommer bis 21 Uhr). Zauberhaft liegt die **Hostaria Antica Roma** 3 (Via Appia Antica 176, T 06 513 28 88, Di–So 12.20–14.40, Di–Sa 19.30–22.15 Uhr, €€€).

Cityplan: Karte 4 | **Bus** 118, 218: Appia Antica-Domine Quo Vadis

#14 Via Appia Antica

Weitgehend autofrei ist die höher liegende und aussichtsreiche, parallel zur Via Appia verlaufende Straße zur Calixtus-Katakombe, die weiter bis zur Sebastians-Katakombe führt – ideal zum Fahrradfahren oder für eine Tour mit der Vespa.

na. Zu den berühmtesten Denkmälern auf der Via Appia Antica gehört das **Grabmal der Cecilia Metella** 7, vor dem sich Goethe porträtieren ließ. Der mit Travertin verkleidete, reich geschmückte Rundbau erinnert an Cecilia Metella, Schwiegertochter des Crassus, der als General unter Caesar in Gallien kämpfte.

Antikes Pflaster bis zum Horizont

Hinter der nächsten Kreuzung beginnt der landschaftlich schönste Teil der Via Appia. Pinien und Zypressen säumen den Weg, weit reicht der Blick in die römische Campagna, auf der Schafherden weiden, in der Ferne sieht man die malerischen Reste verfallener Aquädukte. Deutlich erkennt man, wie ausgeklügelt der römische Straßenbau war. Nahtlos fügten sich die nach unten konisch zulaufenden Basaltplatten zusammen. Ihre genormte Breite von 14 römischen Fuß (etwa 4,15 m) erlaubte das gleichzeitige Vorbeifahren zweier Wagen. Zwei Fußwege aus gestampfter Erde begleiteten auf beiden Seiten die Fahrbahn. Nicht zu Unrecht galten römische Straßen als ›Schnellstraßen‹.

ÜBRIGENS

→ UM DIE ECKE

Wenn Sie mit dem Fahrrad unterwegs sind, lohnt sich ein Abstecher zu der an der Via Appia Nuova gelegenen **Villa dei Quintili** 8, die wegen ihrer Ausdehnung das ›alte Rom‹ genannt wurde. Der von den Quintilius-Brüdern erbaute Landsitz umfasste ein Nymphäum, ein Hippodrom, Wohn- und Wirtschaftsgebäude, eine Thermenanlage und Zisternen. Allein die Arkaden des nahen Aquädukts geben einen Eindruck von der enormen Größe der Anlage.

Kaiser Commodus soll die Quintilius-Brüder umgebracht haben, um sich ihre Villa anzueignen. Er ließ die Brüder wegen einer angeblichen Verschwörung gegen ihn hinrichten und danach die Villa zu seiner Residenz erweitern.

Ideal zum Weltvergessen – **Tivoli**

Wer von Tivoli auf die römische Campagna zurückblickt, weiß, warum das Städtchen am Aniene-Fluss seit der Antike zum begehrten Rückzugsort der Großstädter avancierte. Cassius, der Kunstförderer Maecenas und Kaiser Hadrian hatten hier ihre Sommervillen. Ein Papst und ein Kardinal legten bezaubernde Gärten an.

Die wohlhabenden Römer schätzten nicht nur die schöne Lage des mittelalterlichen Städtchens Tivoli, sondern auch die heißen Schwefelquellen, die man noch heute auf der Fahrt entlang der Via Tiburtina in Bagni di Tivoli passiert. Die ausgedehnten Travertinbrüche, die rund um Tivoli zu finden sind, lieferten das Baumaterial, übrigens auch für Rom. Im 18. und 19. Jh. waren die grandiosen Ruinen inmitten dieser pittoresken Landschaft das Ziel von Künstlern und Landschaftsmalern: Sie fehlten auf keinem Bild der Romreisenden. Heute gehören die Villen von Tivoli zum Weltkulturerbe der UNESCO.

Der Garten der Villa d'Este mit seinen kunstvollen Wasserspielen diente allen Renaissancegärten als Vorbild.

#15 Tivoli

INFOS/ÖFFNUNGSZEITEN

Tivoli liegt 35 km östl. von Rom und ist mit dem Auto über die Via Tiburtina, mit dem Zug (35 Min.) ab Termini bzw. Tiburtina oder ab Ponte Mammolo (Metro B) mit den Cotral-Bussen zu erreichen. Zwischen Tivoli und der Villa Adriana (ca. 5 km) verkehrt der CAT-Stadtbus Nr. 4.

Villa Gregoriana 1: Piazza Tempio di Vesta, www.fondoambiente.it/luoghi/parco-villa-gregoriana, März, Nov. und Dez. Di–So 10–16, April–Okt. bis 18.30 Uhr, 8/5 €

Villa d'Este 2: Piazza Trento 5, www.coopculture.it/it/poi/villa-deste, Mo 14–19.45, Di–So 8.30–19.45 Uhr, 10/2 €

Villa Adriana 3: Largo Marguerite Yourcenar 1, www.villaadriana.beniculturali.it, tgl. 9 Uhr bis 1 Std. vor Sonnenuntergang, Winter bis 17 Uhr, 10/2 € (eventuell Zuschlag bei Sonderausstellungen)

KULINARISCHES FÜR ZWISCHENDURCH

Sibilla 1: Via della Sibilla 50, T 07 74 33 52 81, www.ristorantesibilla.com, Di–So 12.30–14.45, 19.30–22.15 Uhr, €€€. Stilecht schlemmen im Schatten des Tempels der Tiburtinischen Sybille, mit Tischen draußen.

Cityplan: Karte 5 | **Zug:** FR2, **Busse** von Cotral

Kaskaden in üppiger Vegetation

Die **Villa Gregoriana** 1 befindet sich jenseits des historischen Stadtkerns, am östlichen Rand von Tivoli. Nachdem der Aniene Anfang des 19. Jh. immer wieder über die Ufer getreten war, ließ Papst Gregor XVI. (1765–1846) den Fluss umleiten und in der Aniene-Schlucht einen Park anlegen. Schattige Wege führen durch eine wildromantische Landschaft und geheimnisvolle Grotten. Die Mühen des Auf- und Abstiegs werden mit einem grandiosen Blick auf die über 100 m hohe Kaskade belohnt. Sehr malerisch präsentieren sich die noch aus römischer Zeit stammenden Überreste des runden sog. Vestatempels und des rechteckigen Tempels der Tiburtinischen Sybille, die unmittelbar oberhalb der Schlucht stehen.

Einen eindrucksvollen Kontrast bietet die nach dem Erbauer Kardinal Ippolito II. d'Este (1509–72) benannte **Villa d'Este** 2. Eigentlich strebte der ehrgeizige Kardinal, Sohn der Lucrezia Borgia

Natürlich war auch **Goethe** in Tivoli: Beeindruckt von den Naturschauspielen, die sich ihm dort darboten, schrieb er: »Es gehören die Wasserfälle dort mit den Ruinen und dem ganzen Komplex der Landschaft zu den Gegenständen, deren Bekanntschaft uns im tiefsten Grunde reicher macht.«

und Enkel von Papst Alexander VI., den Papstthron an. Als sich seine Ambitionen zerschlugen, verewigte er sich mit dem Bau einer der schönsten Gartenanlagen der Renaissance, die zu einem Meilenstein in der Geschichte der Gartenbaukunst wurde.

Die nach Plänen von Pirro Ligorio gestaltete Villa punktet mit einem herrlichen Ausblick über die römische Ebene. Besuchermagnet sind aber die Wasserspiele der mehr als 500 Fontänen, Brunnen, Wasserfälle und Kanäle im terrassenartig angelegten Garten. Sie plätschern und gluckern, tröpfeln und spritzen entlang der Wege, ergießen sich in Grotten und Becken und erzeugen mithilfe der Hydraulik die verschiedensten Töne, wie Vogelgeräusche oder Melodien damals bekannter Komponisten. Ein 600 Meter langer Kanal lieferte bereits im 16. Jh. 600 Liter Wasser pro Sekunde aus dem Fluss Aniene, der in Rom in den Tiber mündet.

Rückzugsort des Kaisers Hadrian war in der Villa Adriana das sogenannte Teatro Marittimo, eine kleine künstliche Insel, die über zwei bewegliche Brücken zu erreichen und mit jeglichem Luxus, etwa einer kleinen Therme, ausgestattet war.

Gewaltiger Privatpalast

Zu Füßen des heutigen Tivoli liegt die nach dem kunstsinnigen Kaiser Hadrian (117–138) benannte **Villa Adriana** 3. Die herrschaftliche Residenz, die fast so groß wie Pompeji war, diente ihm als Sommerresidenz und Alterssitz, wobei die mehr als 120 ha große Anlage bis zu 20 000 Menschen Platz bot. Sie war damit die größte und aufwendigste Palastanlage, die sich je ein römischer Kaiser erbauen ließ. Ein Modell am Ende der Teerstraße durch das Ausgrabungsgelände gibt einen Überblick über die Villa. Beeindruckend sind noch heute die Ruinen der vielen Bauten, die jahrhundertelang als Steinbruch dienten. Neben dem kaiserlichen Palast gab es Tempel, Bäder, Bibliotheken und Zweckbauten wie eine Kaserne für die Prätorianer. Viele Gebäude nehmen auf Orte Bezug, die Hadrian während einer seiner vielen Reisen kennenlernte. Das Canopus-Tal z. B. ist mit einem 120 m langen, von Säulen und Statuen umgebenen Wasserbecken, das in ein durch Brunnen und Statuen geschmücktes Nymphäum mündet, dem gleichnamigen Tal in Ägypten nachempfunden. Die Statuen sind Kopien griechischer Meisterwerke, wie die sechs Karyatiden an der Westseite, die Hadrian am Erechteion auf der Akropolis gesehen hatte.

Franz Liszt war seit 1867 des Öfteren Gast von Kardinal Gustav Adolf Hohenlohe in der Villa d'Este. Die Wasserspiele inspirierten ihn zu seinem berühmten Klavierstück »Jeux d'eau à la Villa d'Este«. Hier gab der berühmte Komponist, Pianist und Dirigent auch eines seiner letzten Konzerte.

Roms Museumslandschaft

EINTRITTSKARTEN *in eine andere Zeit, in eine andere Welt...*
Unter den zahlreichen römischen Museen gehören auch diese zu meinen Favoriten.

UND JETZT ENTSCHEIDEN SIE!

Domus Aurea
März–Okt. Sa/So 8.30–16.45, Nov.–Febr. Sa/So 9.15–14.30 Uhr; 14/10 €
+ Reservierungsgebühr
+ evtl. Ausstellungszuschlag

○ JA ○ NEIN

Als Nero nach dem Brand von Rom 63 n. Chr. sein »Goldenes Haus« einweihte, rief er aus: »Endlich kann ich wie ein Mensch leben!« Schauen Sie den Archäologen über die Schulter. Mit spektakulärer Virtual-Reality-Session.
📖 G 6, coopculture.it/events.cfm?id=268

Galleria Nazionale d'Arte Antica/Palazzo Barberini
Di–So 10–18 Uhr
10/2 €

○ JA ○ NEIN

Der Palazzo Barberini ist eine der schönsten barocken Palastanlagen. Besuchermagnet der hochkarätigen Gemäldesammlung sind die »Fornarina« von Raffael sowie »Judith und Holofernes« von Caravaggio.
📖 G 4, http://galleriabarberini.beniculturali.it

Domus romanae unter dem Palazzo Valentini
Sa/So 10–16 Uhr, Voranmeldung obligatorisch
13,50/9,50 €

○ JA ○ NEIN

Unterstützt von einer Multimedia-Rekonstruktion wirft man einen Blick in das kaiserliche Rom, wo Archäologen zwei Jahrhunderte lang verschüttete altrömische Villen hochrangiger römischer Bürger freigelegt haben.
📖 Karte 2, F 5, www.palazzovalentini.it

Galleria Doria Pamphilj
Fr–So 10–20 Uhr (letzter Einlass um 18 Uhr)
14 € + 1 € Reservierungsgebühr

○ JA ○ NEIN

Der Palazzo mit seiner herausragenden Kunstsammlung gehört zu den prächtigsten Roms. Die Hängung der Bilder ist noch original – wie Tapeten bedecken sie die Wände, Erklärungen zu Malern und Gemälden fehlen.
📖 F 5, www.doriapamphilj.it

Roms Museumslandschaft

Centrale Montemartini
Di–So 9–19, 24.–31. Dez bis 14 Uhr
10/9 €

○ JA ○ NEIN

Schwarzglänzende Motoren neben weißen Marmorstatuen – im ehemaligen Elektrizitätskraftwerk sind rund 400 antike Giebelskulpturen, Standbilder und Mosaiken, darunter die »Venus vom Esquilin«, ausgestellt.
📖 südl. F 8, www.centralemontemartini.org

Museo delle Mura
Di–So 9–14 Uhr
Eintritt frei

○ JA ○ NEIN

Im Mauermuseum dreht sich alles um die 19 km lange Aurelianische Stadtmauer, die mit 18 Toren und Hunderten von Wachtürmen die Stadt vor dem Einfall der Germanen schützen sollte. Die Mauer ist begehbar.
📖 Karte 4, www.museodellemuraroma.it

Palazzo Massimo alle Terme
Di–Fr 14–19.45, Sa/So 10.30–19.45 Uhr
8/2, Kombiticket 12/8 + evtl. 3 € für Sonderausstellungen

○ JA ○ NEIN

Wer ganz in die Antike eintauchen, durch die heiter ausgemalten Räume der Sommervilla von Kaisergattin Livia schlendern möchte, kommt an diesem Museum nicht vorbei.
📖 H 4, www.museonazionaleromano.beniculturali.it/it/170/palazzo-massimo

Museo Ebraico
So–Mo 10–18, Fr 10–16 Uhr
11/8 €

○ JA ○ NEIN

Seit über 2000 Jahren leben Juden in Rom. In dem von Papst Paul IV. eingerichteten Ghetto befinden sich heute die 1904 eingeweihte Hauptsynagoge und ein Museum, das ihre lange Geschichte nachzeichnet.
📖 Karte 2, E 6, www.museoebraico.roma.it

Musei Capitolini
tgl. 9.30–19.30 Uhr
11,50/9,50 € + evtl. Ausstellungszuschläge, Kombiticket mit Museo Montemartini mögl.

○ JA ○ NEIN

Das erste öffentliche Museum der Welt birgt noch immer die berühmtesten Statuen Roms, darunter die Kapitolinische Venus, das originale Reiterstandbild Marc Aurels und die Kapitolinische Wölfin.
📖 F 5/6, www.museicapitolini.org

Roms Museumslandschaft

Alle Eintrittskarten erhalten Sie bei den Sehenswürdigkeiten, manche auch online. Kreditkartenzahlung ist nicht überall möglich. Informationen zu allen Sehenswürdigkeiten und Museen unter www.060608.it. Die meisten Museen bleiben montags geschlossen, zu den wenigen Ausnahmen gehören die Kapitolinischen und die Vatikanischen Museen (daher am Mo meist sehr voll). Bei manchen Sehenswürdigkeiten, u. a. der Galleria Borghese, ist eine Voranmeldung erforderlich. Vom Eintritt befreit sind in den staatlichen Museen und Sehenswürdigkeiten alle Besucher unter 18 Jahren, Jugendliche (18–25 Jahre) zahlen 2 €. In den städtischen Museen hingegen gilt jeweils ein ermäßigter Eintritt. Frei ist der Eintritt in Kirchen sowie am ersten Sonntag im Monat in städtischen Museen.
Roma Pass: 48h: 32 €, 72h: 52 €, www.romapass.it. Freier Eintritt zu der ersten (48h) bzw. den ersten beiden (72h) besuchten Sehenswürdigkeiten, für alle weiteren Ermäßigungen. Kostenlose Nutzung des öffentlichen Nahverkehrs.

AN DEN WARTESCHLANGEN VORBEIZIEHEN

Für einige Sehenswürdigkeiten wie u. a. das Kolosseum, die Musei Vaticani oder die Galleria Borghese können Sie gegen Aufpreis im Voraus Tickets buchen, was längere Wartezeiten erspart. Infos: www.rome-museum.com oder www.coopculture.it. Allgemeine Ticketreservierungen für Monumente und Museen können unter T 06 39 96 77 00 oder www.coopculture.it erfolgen. Zum Eintritt kommt oft ein nicht unerheblicher Zuschlag für Sonderausstellungen hinzu (bis zu 5 €).

Die doppelläufige Spiraltreppe in den Vatikanischen Museen

Archäologische Stätten und Museen

Tauchen Sie ein in die Antike! Neben Forum und Palatin, Orte kaiserlicher Prachtentfaltung, dem Kolosseum, Freizeitparadies der Römer, Tempeln wie das Pantheon oder Grabstätten wie die Engelsburg laden eine Vielzahl weiterer Zeugnisse der antiken römischen Kultur zur Besichtigung ein. Ungezählt sind die prachtvollen Kirchen, Palazzi und Monumente der Renaissance und des Barock.

In neuem Gewand
Ara Pacis Augustae E 3
Zu Ehren von Kaiser Augustus, der die römische Welt befriedet hatte, weihte der Senat 9 v. Chr. den Altar des Augusteischen Friedens. Die meisterlichen Flachreliefs zeigen Opferdarbietungen der kaiserlichen Familie, den Stammbaum des römischen Volkes und das Goldene Zeitalter unter dem Friedensbringer Augustus. Die lichte, anfangs heftig kritisierte Museumshülle schuf 2006 der amerikanische Stararchitekt Richard Meier. Direkt daneben befinden sich die Überreste des einst 87 m breiten und 40 m hohen Augustusmausoleums.
Lungotevere in Augusta, www.arapacis.it, Metro A: Flaminio, tgl. 9.30–19.30 Uhr, 11/9 €

Das kleine Kolosseum
Teatro di Marcello E 6
Caesar begann mit dem Bau des 15 000 Menschen fassenden Theaters, das 13 v. Chr. unter Kaiser Augustus vollendet und dessen Schwiegersohn geweiht wurde. Seine Säulenordnung diente beim Bau des Kolosseums als Vorbild.
Viale del Portico d'Ottavia 29, Bus H, 23, 63, 81, 280: Teatro Marcello-Ara Coeli, tgl. 9–19, im Winter bis 18 Uhr

Wo die Kaiser protzten
Fori Imperiali F/G 5/6
Neben dem dicht bebauten Forum Romanum (▶ S. 31) wurden ab 54 v. Chr. die sog. Kaiserforen errichtet, die sich heute beidseitig der Via dei Fori Imperiali entlangziehen. Im Foro di Traiano beeindrucken die Säulenreste der quergelagerten fünfschiffigen Basilika Ulpia und die gigantische Trajanssäule, die auf einem 200 m langen Reliefband die Kriege des Kaisers gegen die Daker verherrlicht. Die angrenzenden Trajansmärkte waren ein Einkaufs- und Verwaltungszentrum, heute beherbergen sie das Museo dei Fori Imperiali.
Via dei Fori Imperiali, Metro B: Colosseo; Museo dei Fori Imperiali, Via IV. Novembre 94, www.mercatiditraiano.it, Tram 8: Venezia, tgl. 9.30–19.30 Uhr, 15/13 €

Antiker Wellnesstempel
Terme di Caracalla G 8
Die unter Kaiser Caracalla (Anfang 3. Jh.) errichtete, 327 x 337 m große Thermenanlage bot rund 1500 Menschen Platz. Warmräume mit Fußbodenheizung, Bibliotheken, Ruhe- und Sporträume – ausgestattet mit kostbaren Skulpturen, Mosaiken und Sitzmöbeln – ermöglichten es auch dem einfachen Römer, zumindest für eine kurze Zeit im Luxus zu schwelgen und der Hygiene nachzugehen. Von Erdbeben beschädigt und von Päpsten geplündert, dienen die imposanten Ruinen heute immer wieder als Kulisse für Opernaufführungen.
Viale delle Terme di Caracalla 52, Metro B: Circo Massimo, Di–So 9–19.15 Uhr, 8/2 €

Museo Nazionale Romano I
Palazzo Altemps D 4
Eine beeindruckende Sammlung antiker Skulpturen, darunter der kolossale Frauenkopf der Juno Ludovisi (1. Jh. v. Chr.),

Archäologische Stätten und Museen

von dem sich Goethe einen Abguss anfertigen und in Weimar aufstellen ließ.
Piazza Sant' Apollinare 46, Bus 30, 70, 81, 87, 492, 628: Senato, Di–Fr 14–19.45, Sa/So 10.30–19.45 Uhr, 8/2 €, Kombiticket möglich

Museo Nazionale Romano II
Palazzo Massimo
s. S. 79

Museo Nazionale Romano III
Terme di Diocleziano 🕮 H 4
Die Thermen des Diokletian gehörten neben den Caracallathermen zu den größten Thermenanlagen der Stadt. Sie boten 3000 Badegästen Platz. Ein kleiner Teil beherbergt heute die weitläufige prähistorische und epigraphische Sammlung des Museo Nazionale, der Großteil wurde von Michelangelo in den Bau der riesigen Kirche Santa Maria degli Angeli e dei Martiri integriert.
Viale Enrico De Nicola 79, Metro A/B: Termini, Di–Fr 14–19.45, Sa/So 10.30–19.45 Uhr, 8/2 €, Kombiticket möglich

Roms Alter Hafen I
Ostia Antica 🕮 Karte 5
Ein empfehlenswerter Ausflug ist neben der Via Appia Antica (▶ S. 71) und Tivoli (▶ S. 75) auch die Anfang des 4. Jh. v. Chr. gegründete Hafenstadt Ostia Antica. Sie diente einst als Militär- und Versorgungsstation der Millionenmetropole. In ihrer Blütezeit lebten bis zu 100 000 Menschen an der Mündung des Tiber (lat. *ostium* = Mündung). Doch während Rom durchgehend besiedelt blieb, wurde Ostia wegen der zunehmenden Verlandung des Hafenbeckens seit dem 2. Jh. n. Chr. allmählich aufgegeben. Im Laufe der Jahrhunderte schob sich die Küstenlinie immer weiter ins Meer hinaus; heute ist sie mehr als 4 km entfernt. Bei den Ausgrabungen konnte eine komplette antike Stadt freigelegt werden. Bis zu vierstöckige Wohnhäuser, riesige Speichergebäude und ganze Geschäftsviertel, Theater, die Platz für bis zu 3000 Menschen boten, Thermen und Tempel, ja sogar eine antike Osteria mit gemalter Speisekarte wurden entdeckt. Viele der Bodenmosaiken sind allerdings aus konservatorischen Gründen zugedeckt.
Viale dei Romagnoli 717, Ostia Antica, parco archeologicostiantica.it, Di–So 8.30–18, im Winter bis 15.30 Uhr, 12/2 € plus evtl. Ausstellungszuschlag, Anfahrt: Metro B von Termini bis Piramide oder EUR Magliana, dort Bahn Roma-Ostia (B.I.T.-Ticket gültig)

Roms Alter Hafen II
Porto di Claudio e Traiano 🕮 Karte 5
Nach der Verlandung des Hafens von Ostia baute Kaiser Claudius mit rund 150 ha das größte künstliche Hafenbecken der Antike mit einem großen Leuchtturm und zwei weit ins Meer reichende Molen. Unter Trajan wurde es nochmal vergrößert und um Docks und Lagerhäuser erweitert.
Fiumicino, Via Portuense 2360, jeden 1. und 3. Do/Sa/So 9.30–18, jeden 2./4. und 5. Do und Fr 9.30–18 Uhr, Eintritt frei

Roms Bischofskirche
San Giovanni in Laterano 🕮 J 7
Unter Kaiser Konstantin 313 gegründet, war die Kirche gemeinsam mit dem angeschlossenen Lateranpalast bis zur Übersiedlung der Päpste in den Vatikan Ende des 14. Jh. die Residenz des Pontifex

Es heißt, nicht einmal der Heilige Geist wüsste, wie viele Kirchen es in Rom gibt. Ein wichtiges Ziel von Pilgern sind die **sieben Pilgerkirchen,** darunter die vier Papstbasiliken, deren Besuch, verbunden mit einem Vaterunser und dem Glaubensbekenntnis, jedem katholischen Gläubigen einen vollkommenen Ablass der Sündenstrafen gewährt. Die Pilgerkirchen sind San Pietro in Vaticano, San Paolo fuori le Mura, San Sebastiano fuori le Mura, San Giovanni in Laterano, Santa Croce in Gerusalemme, San Lorenzo fuori le Mura mit dem Grab des hl. Laurentius und Santa Maria Maggiore.

Archäologische Stätten und Museen

Kaum fallen in Rom die ersten Regentropfen, verkaufen fliegende Händler Schirme, wie hier vor San Giovanni in Laterano

Maximus und das Zentrum der christlichen Welt. Bis zum 19. Jh. wurden die Päpste im Lateran gekrönt. Noch heute ist San Giovanni die Bischofskirche von Rom, Patriarchalbasilika und ranghöchste der sieben Pilgerkirchen. Von der frühchristlichen Basilika ist nur noch die fünfschiffige Anlage mit Querhaus zu erkennen. Das bronzene Zentralportal stammt noch aus der Kurie auf dem Forum Romanum. Den barocken Umbau des Innenraumes führte Borromini auf Geheiß von Innozenz X. anlässlich des Heiligen Jahres 1650 durch. Im Mittelpunkt der Kirche steht der von einem gotischen Baldachin bekrönte Papstaltar, darüber die silbernen Kopfreliquiarien der Apostel Petrus und Paulus. Im Chor leuchtet das goldgrundige Apsismosaik aus dem 13. Jh. mit Christus, darunter das antike Motiv des Gemmenkreuzes sowie bereits (!) die Heiligen Franz von Assisi und Antonius von Padua. In den Ecken verewigten sich übrigens die Künstler mit ihren Werkzeugen. Ein Juwel mittelalterlicher Cosmatenkunst und eine Oase der Ruhe ist der **Kreuzgang** aus dem 13. Jh.

Eine Pilgerattraktion ist die **Scala Santa** auf der anderen Straßenseite. Auf den 28 holzverkleideten Stufen soll Christus zu Pilatus geschritten sein. Sie führt zur der mit Freskén und Mosaiken überzogenen **Cappella Sancta Sanctorum,** der päpstlichen Hauskapelle und einst Aufbewahrungsort wertvollster Reliquien.

Piazza di San Giovanni in Laterano, Metro A: San Giovanni, tgl. 7–18.30 Uhr; Kreuzgang über linkes Seitenschiff 9–18 Uhr, 5/3 €; Scala Santa, www.scala-santa.com, 7–13.30, 15–18.30 Uhr; Cappella Sancta Sanctorum Mo–Sa 9.30–12.40, 15–17.10 Uhr, 3,50/3 €

Jenseits der alten Stadtmauer
San Paolo fuori le Mura südl. E 8
Bis zum Neubau der Peterskirche war die fünfschiffige Basilika die größte Kirche Roms. Die Grabeskirche des Apostels Paulus wurde nach dem Vorbild von Trajans Basilica Ulpia bereits unter Kaiser Konstantin errichtet und nach einem verheerenden Großbrand 1823 originalgetreu wieder aufgebaut. Eindrucksvoll ist die Ahnenreihe der Päpste längs der Schiffe. Alle 266 Stellvertreter Gottes – auch Franziskus – sind in Mosaikmedaillons dargestellt. Aus der alten Basilika erhalten sind die 1070 in Konstantinopel entstandenen Bronzetüren, das gotische Altarziborium von Arnolfo di Cambio aus dem späten 13. Jh. und der 5,60 m hohe Osterleuchter von Vassalletto, ein Meisterwerk romanischer Bildhauerkunst. Das stark restaurierte Apsismosaik aus dem 13. Jh. zeigt den segnenden Jesus Christus mit dem Stifter Papst Honorius III. zu seinen Füßen. Unbedingt sehenswert ist der Kreuzgang aus dem 13. Jh., den die Künstlerfamilie Vassalletto mit funkelnden Mosaikintarsien verziert hat.

Piazzale di San Paolo 1, Metro B: San Paolo, tgl. 7–19, Kreuzgang bis 17.30 Uhr, 4/3 €

Legendenumrankt
Santa Maria Maggiore H 5
Die größte der ca. 80 römischen Marienkirchen – daher *maggiore* genannt – verdankt ihre Existenz einem ungewöhnlichen Schneefall im August. Der Legende nach hatte Maria Papst Liberius angewiesen, an der Stelle, an der er am Morgen des 5. August 358 Schnee fand, eine Kirche zu bauen. Tatsächlich ließ sie Sixtus III. 432 zu Ehren Marias errichten. Während die

Archäologische Stätten und Museen

Römischer Obelisk auf der Piazza Navona

Fassade im 18. Jh. modernisiert wurde, bewahrt der dreischiffige Innenraum seinen frühchristlichen Charakter. Die Mosaiken der Langhauswände erzählen Geschichten aus dem Alten Testament und stammen wie auch die Mosaiken auf dem Triumphbogen mit Szenen aus dem Leben Christus aus dem 5. Jh. (Fernglas mitnehmen!). Das Apsismosaik aus dem späten 13. Jh. zeigt Stationen aus dem Marienleben, das mit der Krönung zur Königin des Himmels ihren Höhepunkt findet. Die hölzerne Kassettendecke ließ Ende des 15. Jh. der skandalumwitterte Borgia-Papst Alexander VI. mit der ersten Goldlieferung aus Amerika überziehen. Die Hauptreliquien der Kirche, Splitter der Krippe von Bethlehem, befinden sich in einem Reliquiar unter dem von einem Baldachin bekrönten Papstaltar. Davor steht die kniende Statue des Marienverehrers Papst Pius IX., der 1854 das Dogma der Unbefleckten Empfängnis Marias verkündete. Die prunkvoll ausgestatteten Kapellen im Querschiff bergen die Grabmäler der Päpste Sixtus V. (rechts) und Paul V. (links). Ganz unscheinbar hingegen die Grabplatte des barocken Stararchitekten Bernini, rechts vom Altar.

Piazza Santa Maria Maggiore, Metro A/B: Termini, tgl. 7–19 Uhr

Reliquienkabinett
Santa Croce in Gerusalemme 📍 L 7
Die im 18. Jh. umgebaute Kirche wurde im 4. Jh. von Kaiser Konstantin gegründet und ist heute Hüterin bedeutender Reliquien wie der Kreuzesreliquie aus Jerusalem samt einem Nagel vom Kreuz, zwei Dornen aus der Krone Jesu, einem Stück vom Schwamm und dem Finger des ungläubigen Thomas. Die barocke Fassade mit ihrem Wechselspiel konkaver und konvexer Linien und die ovale Vorhalle verraten deutlich den Einfluss Borrominis.
Piazza di Santa Croce in Gerusalemme 12, www.santacroceroma.it, Metro A: San Giovanni, Tram 3, 8: Piazza Santa Croce in Gerusalemme, tgl. 7–12.45, 15.30–19.30 Uhr

Abstieg durch die Zeitschichten
San Clemente 📍 H 6
Sie zählt zu den faszinierendsten Sakralbauten der Stadt, erlaubt sie doch eine Zeitreise durch mehrere Jahrhunderte römischer Geschichte. Im 12. Jh. über einer Vorgängerkirche erbaut, blieb trotz einiger Umgestaltungen im 18. Jh. die ursprüngliche Ausstattung erhalten. Blickfang sind die goldgrundigen Mosaiken des Triumphbogens und die Apsis, in deren Zentrum der Triumph des Kreuzes steht. Die erzählfreudigen Renaissancefresken in der Cappella di Santa Caterina stammen vom Florentiner Masolino

OBELISKEN

Die acht ägyptischen Obelisken auf Brunnen und Plätzen kamen nach der Eroberung Ägyptens nach Rom. Unter den römischen Kaisern brach damals eine regelrechte Ägyptomanie aus. Obelisken schmückten Heiligtümer oder die Arena eines Circus. Im Mittelalter in Vergessenheit geraten, ließ sie Papst Sixtus V. Ende des 16. Jh. alle wieder aufstellen.

Archäologische Stätten und Museen

da Panicale (um 1430). Ein Muss ist der Besuch der erst im 19. Jh. ausgegrabenen Unterkirche, eine von den Normannen zerstörte dreischiffige Säulenbasilika aus dem 4. Jh. Einige Meter tiefer huldigten in einem überwölbten Raum römische Legionäre mit Stieropfern dem im 2. Jh. beliebten persischen Lichtgott Mithras. Noch etwas tiefer steht man in römischen Wohnhäusern und über eine Öffnung ist das Rauschen eines Zulaufs der Cloaca Maxima zu hören, mit der die Etrusker vor 2600 Jahren die Senke des Forums trockenlegten.

Via Labicana 95, www.basilicasanclemente.com, Metro B: Colosseo, Mo–Sa 9–12.30, 15–18, So/Fei 12.15–18 Uhr, Ausgrabungen 10/5 €

Caravaggios Tempel
San Luigi dei Francesi E 4

Besuchermagnet der düsteren französischen Nationalkirche ist die Contarellikapelle mit dem großartigen Matthäuszyklus Caravaggios (1599/1602). In den Gemälden »Matthäus und der Engel«, »Berufung des Matthäus« und »Martyrium des Matthäus« wendet sich Caravaggio durch seine dramatischen Lichteffekte und den ›unerhörten‹ Realismus von der idealisierenden Malweise seiner Kollegen ab. Im Kontrast dazu steht in der zweiten Kapelle rechts die pathosgeschwängerte Klassizität von Domenichino mit seinem Freskenzyklus aus dem »Leben der hl. Cäcilie« (1612/14). Auf Caravaggio stoßen Sie auch in der nahen Kirche **Sant'Agostino** (Piazza di Sant'Agostino 80, tgl. 7.30–12, 16–19.30 Uhr). Die barfüßige »Pilgermadonna« rief wegen ihres Realismus einen Skandal hervor.

Piazza San Luigi de' Francesi 5, Bus 30, 70, 81, 87: Senato, Mo–Fr 9.30–12.45, Sa 9.30–12.15, So 11.30–12.45, tgl. nachmittags 14.30–18.30 Uhr

Ein Muss für Michelangelo-Fans
San Pietro in Vincoli G 5

Wer würde wohl hinter dieser unauffälligen Fassade eines der Hauptwerke von Michelangelo vermuten? Die Mosesstatue, ein Meisterwerk abendländischer Bildhauerkunst, zeigt den Propheten, als er – die Zehn Gebote unter dem Arm –

G GOTTESURTEIL

Vor der Kirche **Santa Maria in Cosmedin** bilden sich regelmäßig lange Schlangen – alle wollen ihre Hand in die **Bocca della Verità** (Mund der Wahrheit) legen. Der einstige Schachtdeckel der Cloaca Maxima mit dem Antlitz einer Flussgottheit wurde im Mittelalter als Lügendetektor eingesetzt. Der Wahrheit wurde indes nachgeholfen: Hinter der Maske versteckt vollzog ein Henker mit seinem Schwert das »Gottesurteil«. Den wunderschönen Innenraum hat man in der Regel ganz für sich allein.

F 7, Piazza Bocca della Verità 18, Bus 44, 83, 160, 170, 716, 781: Bocca della Verità tgl. 9.30–13, 14–16.50, im Sommer bis 17.50 Uhr

vom Berg Sinai herabsteigt und verärgert das Volk Israel um das Goldene Kalb tanzen sieht. Seine ›Hörner‹ verdankt er einem Übersetzungsfehler des Bibeltextes, der die Strahlen der göttlichen Erleuchtung zu Hörnern werden ließ. Die Statue ist Teil des Grabmals Julius II.

Piazza San Pietro in Vincoli 4a, Metro B: Cavour oder Colosseo, tgl. 8–12.30, 15–18, im Sommer bis 19 Uhr

Byzantinische Meisterwerke
Santa Prassede H 5

Als Kleinod byzantinischer Mosaikkunst präsentiert sich die dreischiffige Basilika, die Papst Paschalis I. im 9. Jh. errichten ließ. Neben dem farbenprächtigen, aber ohne Tiefenwirkung gestalteten byzantinischen Apsismosaik besticht die mit goldgrundigen Mosaiken überzogene Cappella di San Zenone, ein Höhepunkt »römischer« Mosaikkunst. Der Papst ließ sie als Grablege für seine Mutter erbauen. Sie ist mit einem rechteckigen Heiligenschein dargestellt.

Via di Santa Prassede 9a, Metro A/B: Termini, Bus 16, 714: Santa Maria Maggiore, Mo–Sa 10–12, 16–18, So 10–11, 16–18 Uhr

Pause. Einfach mal abschalten

Natur erleben, in einer Millionenstadt wie Rom hört sich das zunächst wie ein Widerspruch an, dabei hat Rom weitläufige Parkanlagen. Die »Ville«, wie die Parks im Italienischen heißen, sind teilweise so groß, dass man sich bei einem Spaziergang leicht verlaufen kann.

Größter Park Roms
Villa Doria Pamphilj westl. C 7
Südlich des Vatikans, im Westen der Stadt, befindet sich die Villa Pamphilj (Zugang: Via di San Pancrazio/Bus 44 oder Via S. Leone/Tram 8, Bus H), mit rund 2 km² der größte Park der Stadt. Von Mitte Juni bis Mitte September können Sie Di–So 19–20 Uhr an kostenlosen Yogakursen teilnehmen (s. Abb. unten), die vom schön gelegenen biologischen Lokal Vivi Bistrot organisiert werden.

Vivi Bristot, Via Vitellia 102, www.vivibistrot.com, Bus 870, 982, März–Mai, Okt. 8–18, Sept. bis 20, Juni–Aug. bis 24 Uhr, sonst Di–So 9–16 Uhr, Jan. nur Sa/So, auf Anfrage werden Picknickkörbe gerichtet

Wildromantisch
Parco Appia Antica Karte 4
Der außergewöhnlichste Park der Stadt ist sicherlich der geschichtsträchtige von Schirmpinien bestandene Park der Via Appia Antica, der »Königin« der römischen Konsularstraßen, mit seinen Grabmälern und Katakomben. Er eignet sich ideal für eine entspannte Fahrradtour im Grünen. Neben zahlreichen Ruinen bekommen Sie hier auch Schafherden zu Gesicht!

Infopoint, Via Appia Antica 58/60, www.parcoappiaantica.it, Bus 118, 218, tgl. 9.30–13, 14–17.30, März–Okt. bis 17.30, Sa/So/Fei 9.30–18.30, im Sommer bis 19.30 Uhr

Den Tiber entlangtuckern
Gite sul Tevere südl. D 8
Das ganze Jahr über können Sie ab Ponte Guglielmo Marconi mit dem Boot den Tiber entlangtuckern nach Ostia Antica (2,5 Std.), zur Tibermündung (2 Std.) oder zum Hafen des Trajan (2,5 Std.).

Cooperativa Pesca Natura Turismo, www.gitesultevere.it, T 06 50 93 01 78, Mobil 33 92 99 53 66, ab 20 €, nur nach Voranmeldung

Die Yogakurse in Roms größtem Park, der Villa Pamphilj, sind gratis.

Pause. Einfach mal abschalten

Mittendrin
Villa Celimontana G/H 7/8
Eine grüne Oase im Herzen der Stadt ist die Villa Celimontana zwischen Kolosseum und Caracallathermen. Mit schönem Spielplatz, Ponyreiten und einem Teich mit riesigen Schildkröten – super für Kinder.
Zugang: Piazza della Navicella, Bus 81, tgl. 7 Uhr bis Sonnenuntergang

Zu Füßen des Aventin
Parco Savello und Roseto E 7
Auf dem Aventin lockt der kleine **Parco Savello**, auch als **Giardino degli aranci** (Orangengarten) bekannt, mit sensationellen Ausblicken auf Rom. Nur wenige Schritte weiter stoßen Sie übrigens auf die von Piranesi geplante Platzanlage, **Piazza dei Cavalieri di Malta.** Werfen Sie – mehr sei nicht verraten – an der Hausnummer 4 einen Blick durch das wohl berühmteste Schlüsselloch Roms – wahrscheinlich erkennen Sie es an der Warteschlange. Nur für kurze Zeit, von Ende April bis Ende Juni, ist der **Roseto,** der Rosengarten, östlich des Parco Savello zu besichtigen.
Parco Savello: Via di Santa Sabina, Piazza Pietro D'Illiria, Clivio di Rocca Savella, 7–18 Uhr, im Sommer bis 21 Uhr; Roseto: Via della Valle Murcia, tgl. 8.30–19.30 Uhr, Tram 8: Emporio

Oase der Ruhe
Caffetteria del Chiostro del Bramante Karte 2, D 4
Mitten im quirligen Viertel rund um die Piazza Navona sitzen Sie im stimmungsvollen Kreuzgang des großen Renaissancearchitekten Bramante und genießen vielleicht nach einem Ausstellungsbesuch im einstigen Kloster die Ruhe bei einem Cappuccino.
Via della Pace, www.chiostrodelbramante.it, Bus 30, 70, 81, 87, tgl. 9.30–20.30 Uhr

Auf der Insel
Isola Tiberina E 6
Weniger still und von meist tosenden Wassermassen umspült ist die Tiberinsel, die sich vor allem an heißen Sommertagen für ein erholsames Sonnenbad eignet. Die einst dem Heilgott Äskulap geweihte Insel beherbergt noch heute

Als Bräunungsstudio beliebt: Tiberinsel.

ein Krankenhaus. Über dem Tempel wurde schon in der Spätantike die Kirche **San Bartolomeo** errichtet. An der Ostseite fällt der Blick auf die malerischen Reste des sog. **Ponte Rotto,** der ältesten Steinbrücke Roms. Einige Meter unterhalb der Brücke mündet übrigens die **Cloaca Maxima,** die zur Entwässerung des Forum Romanums geschaffen wurde, in den Tiber.

Sie haben das Gefühl, einen Marathon gelaufen zu sein? Die Füße verweigern ihren Dienst? Erholen Sie sich bei einer Genusstour mit der **Tramjazz.** In einer Oldtimertram der 1940er-Jahre juckeln Sie durchs nächtliche Rom und speisen mit Blick aufs Kolosseum, live begleitet von namhaften Jazzinterpreten oder stimmgewaltigen Opernsängern. Start ist in der Regel Di, Do, Fr und Sa um 21 Uhr an Porta Maggiore, Dauer ca. 3 Std., Preis ab 90 €/Pers. Reservierung obligatorisch, Infos: www.tramjazz.com

In fremden Betten

Wohnen bei Locals oder im Hotel?

Ein Studioapartment in einem ruhigen Hinterhaus im Herzen von Trastevere mit Pool im Garten und römischen Nachbarn für drei Personen zu 120 € die Nacht? Kein Sonderfall! Die Palette der Unterkünfte in Rom ist in den letzten Jahren vielfältiger, individueller und preiswerter geworden.

Seit Jahren erfahren die Bed-&-Breakfast-Unterkünfte einen Aufschwung, dank Airbnb erlebt das alte »affittacamere« nun erneut einen Boom. Die Ausstattung der Zimmer reicht von einfach bis gehoben, und je nach Wohngegend schwanken die Preise, die durchaus auch über Hotelniveau liegen können. In den meisten Fällen landen Sie bei dieser Art zu wohnen aber direkt im Rom der Römer.

Ungeachtet dessen gibt es natürlich viele nette Boutiquehotels und charmante Pensionen, die mit Rundumversorgung, Flair und gutem Service punkten. Vorteil dieser Unterkünfte. Über Reisebüros wie auch bei Direktbuchung im Internet kann sich der Preis deutlich reduzieren. Günstige Wochenendarrangements oder Nebensaisontarife gibt es vor allem von November bis Februar und im Juli/August. Ein Unterkunftsverzeichnis finden Sie unter www.turismoroma.it. Infos zu B & B bei: www.bbitalia.it, www.italyrents.com, www.oh-rome.com. Von privat an privat vermittelte Unterkünfte unter www.airbnb.de, www.homeaway.it, www.9flats.com.

WO WOHNT MAN SCHÖN?

Natürlich ist die Antwort hier auch eine Frage des Preises. Aber unabhängig davon bleibt nun schon seit Jahren das urrömische **Monti-Viertel** mein Lieblingsquartier. Es ist nicht weit von Bus- und Zugbahnhof sowie den beiden Metrolinien entfernt, liegt in Gehweite zum antiken Zentrum und nicht weit von den Plätzen der Altstadt. Im Viertel selbst gibt es viele nette Lokale und ausgefallene Geschäfte, und doch ist es nicht so touristisch, wie man es erwarten würde. Ein weiteres nettes Viertel für ein Romquartier ist natürlich Trastevere.

PREISE

So viel kostet in etwa ein Doppelzimmer:
€ bis 100 Euro
€€ 100–175 Euro
€€€ über 175 Euro

Im Netz können Sie sich mit den fremden Betten schon mal vertraut machen.

In fremden Betten

Guesthouse
Aenea Inn 🏠 H 5 (Monti)
Nette Zimmer im ersten Stock eines frisch renovierten Palazzo in guter Lage mitten in Monti, nahe der beiden (!) Metrostationen. Manche der mit Eisenbetten schön eingerichteten Zimmer blicken auf S. Pudenziana. Zum Frühstück hängt an der Tür ein Korb mit Brötchen und Croissants. Kaffeemaschine, Teekocher auf dem Zimmer, WLAN.
Via Urbana 156, T 06 48 90 77 57, www.aeneainnrome.com, Metro A/B: Termini, €€

In Vatikannähe
Al San Pietrino 🏠 B 2 (Vatikan)
Gut geführte Pension, nur 10 Min. zu Fuß vom Vatikan entfernt, mit einfachen, sehr sauberen Zimmern, z.T. mit Gemeinschaftsbädern im 3. Stock eines Palazzo; auch Internetanschluss. Rund um das Hotel gute Trattorien und Einkaufsmöglichkeiten.
Via Giovanni Bettolo 43, T 06 370 01 32, www.hotelsanpietrino.it, Bus 23, 44, 280, €

Zum Wohlfühlen
Blu Tango Guest House
🏠 G 5 (Monti)
Kleine, süße Boutiquepension mit nur zwei Zimmern in einem verwinkelten Hinterhaus im Herzen des Monti-Viertels. Die Zimmer sind von Inhaber Fausto geschmackvoll eingerichtet worden. Ein schnörkelloses Frühstück gibt es in der Bar gegenüber.
Via del Boschetto 97, Mobil 37 55 07 70 07, Metro B: Cavour, €–€€

Alles in Fußweite
Parlamento 🏠 Karte 2, E 4 (Spanische Treppe)
Charmantes Hotel zwischen Pantheon und Spanischer Treppe, im 4. und 5. Stock eines Palazzo aus dem 17. Jh. Absolutes Highlight sind die Zimmer mit Direktzugang zur Dachterrasse, wo im Sommer auch das Frühstück serviert wird. Großer Pluspunkt: sehr hilfsbereites Personal.
Via delle Convertite 5, T 06 69 92 10 00, www.hotelparlamento.it, Metro A: Spagna, €€€

MITTENDRIN

Das **B&B Campo de'Fiori** (🏠 Karte 2, D5) besitzt Seltenheitswert. Im vorletzten Stock eines Eckhauses am Campo de' Fiori gelegen, blicken Sie vom kleinen Balkon aus auf das morgendliche und abendliche Treiben. Mit voll eingerichteter Küche und piekfeinem Bad.
Via dei Balestrari 45, T 36 63 26 75 86, www.homeaway.it (Campo dei Fiori view), Bus 60, 64, €€

Klösterlich
Casa S. Francesca Romana a Ponte Rotto 🏠 E 7 (Trastevere)
Laizistisch geführtes Haus mitten in Trastevere mit freundlichem Personal. Die Zimmer sind klösterlich schlicht, aber die Lage ist fantastisch. Besonders schön ist der begrünte Innenhof.
Via dei Vascellari 61, T 06 581 21 25, www.sfromana.it, Bus 23, 44, 280, €€

Mit Garten
Casa di Procura dell'Ordine Teutonico 🏠 nördl. J 1 (Nomentana)
Das Haus der Deutschordensschwestern in der Nähe der Kirche S. Agnese im nördlichen Viertel Nomentano punktet mit einem schönen Garten und deutschem Frühstück. Es ist gut angebunden durch die neue Metrolinie, keine Schließzeiten!
Via Nomentana 421, T 06 86 21 80 12, www.gaestehaus-rom.it, Metro B1: Libia, €

Toplage
Ponte Sisto 🏠 Karte 2, D 6 (Campo de'Fiori)
Romantisches, alteingesessenes Hotel in einer kleinen Gasse nahe dem Tiber. Manche der Zimmer verfügen auch über eine Terrasse. Das Frühstück findet bei gutem Wetter im Innenhof unter Palmen statt, den Abend können die Gäste auf der Dachterrasse mit Blick auf die Kuppel des Petersdomes ausklingen lassen.
Via dei Pettinari 64, T 06 68 63 100, Tram 8, €€–€€€

In fremden Betten

Beim Papst
Istituto Maria SS. Bambina
🏠 B 4 (Vatikan)
Moderne, sehr saubere Zimmer direkt neben dem Petersplatz. Frühzeitige Reservierung empfohlen!
Via Paolo VI. 21, T 06 69 89 35 11, imbspietro@mariabambina.va, Bus 64, €€, Schließung um 23 Uhr

Mit Marktblick
Trastevere 🏠 D 7 (Trastevere)
Freundliches Hotel mit aufmerksamem Service im Herzen von Trastevere. Die größtenteils geräumigen Zimmer liegen an der belebten Piazza Cosimato und sind ein guter Standort nicht nur an Markttagen.
Via Luciano Manara 24a/25, T 06 588 10 16, www.hoteltrastevere.net, Tram 8, Bus H, 23 Zi., auch Mehrbettzimmer, €–€€

Ruhig gelegen
Capo d'Africa 🏠 H 7 (Kolosseum)
Designhotel mit schöner Dachterrasse und Fitnessraum in einer stillen Nebenstraße nahe dem Kolosseum – ideal für Antikenfans. Sehr geräumige, angenehme Zimmer, teilweise mit Blick auf das Kolosseum oder die Kirche Santi Quattro Coronati.
Via Capo d'Africa 54, T 06 77 28 01, www.hotelcapodafrica.com, Metro B: Colosseo, €€

Im Schatten des Palatins
Kolbe 🏠 Karte 2, F 6 (Palatin)
Möchten Sie von Vogelgezwitscher und mit Blick auf Palmen wach werden oder eher mit der Aussicht auf den Palatin? Im Designhotel Kolbe geht beides. Das von außen unscheinbare, ungemein ruhige Hotel überrascht mit geräumigen, klar designten Zimmern und einem Garten, in dem man frühstücken kann.
Via San Teodoro 44, T 06 679 88 66, www.kolbehotelrome.com, Bus 170, €€–€€€

Palazzo-Charme
Raffaello 🏠 H 5 (Monti)
Gepflegtes und gut geführtes Hotel in einem historischen Palazzo im trendigen Monti-Viertel in Fußnähe zum Forum. Besonders zu empfehlen sind die beiden Superior-Zimmer im 5. Stock, die über eine Terrasse verfügen sowie das Zimmer 106 mit einem kleinen Balkon.
Via Urbana 3, T 06 48 84 342, www.hotelraffaello.it, Metro A/B: Termini, €€

Segen inklusive
Residenza Paolo VI 🏠 B 4 (Vatikan)
Tür an Tür mit dem Papst übernachten! Das ehemalige Augustinerkloster, dessen 35 Mönchskammern in moderne Hotelzimmer verwandelt wurden, liegt gegenüber dem Arbeitszimmer des Papstes, von dem er am Sonntag das Angelusgebet samt Segen spricht. Von der Dachterrasse genießen Sie einen herrlichen Blick über den Petersplatz.
Via Paolo VI. 29, T 06 68 48 70, www.residenzapaolovi.com, Bus 64, €€–€€€

Idyllisch
Santa Maria
🏠 Karte 2, D 6 (Trastevere)
Die liebevoll eingerichteten Zimmer dieses idyllischen und ruhigen Hotels im Herzen von Trastevere liegen im Erdgeschoss eines ehemaligen Kreuzgangs aus dem 18. Jh. Den Abend kann man in der Bar oder im großen Innenhof ausklingen lassen. Ideal für Familien.
Vicolo del Piede 2, T 06 589 46 26, www.htlsantamaria.com, Tram 8, Bus H, €€–€€€

Romantisch
Scalinata di Spagna
🏠 F 3 (Spanische Treppe)
Kleines Haus in traumhafter Lage oberhalb der Spanischen Treppe. Die Zimmer sind meist lange im Voraus ausgebucht. Das Frühstück wird auf der Panoramaterrasse serviert.
Piazza Trinità dei Monti 17, T 06 45 68 61 50, www.hotelscalinata.com, Metro A: Spagna, €€–€€€

Kommunikativ
The RomeHello 🏠 G 4 (Monti)
Poppiges Hostel in ruhiger, aber zentraler Lage mit sehr freundlichem Personal. Die Zimmer sind geräumig mit Parkettboden und funktionalen, modernen Möbeln ausgestattet. Im Innenhof können

In fremden Betten

Die Ferienwohnung »Terrazza 29« bietet sowohl Ein- als auch Ausblicke

die Gäste Tischtennis oder Tischkicker spielen oder einfach chillen.
Via Torino 45, T 06 96 86 00 70, www.theromehello.com, Metro: Repubblica, €

Im Grünen
Villa San Pio 🏠 E 8 (Aventin)
Im grünen Villenviertel Aventin liegt dieses charmante Hotel, das aus drei kleinen Häusern besteht. Die 74 eleganten, mit Stilmöbeln eingerichteten Zimmer haben Marmorbäder mit Whirlpool, viele Zimmer auch Balkon oder Terrasse. Im Sommer gibt es Frühstück im Garten.
Via Santa Melania 19, T 06 57 00 57, www.aventinohotels.com, Bus 715, €€–€€€

Unter Römern
Terrazza 29 🏠 nördlich L 2 (Nomentana)
Die Adresse dieser geräumigen, liebevoll eingerichteten Ferienwohnung mit zwei Schlafzimmern, zwei Bädern, Wohnzimmer, kleiner Küche und einer fantastischen Dachterrasse mit Blick auf die Dächer Roms und die Albaner Berge möchte man am liebsten als Geheimtipp für sich behalten. Die Wohnung befindet sich an einer stark befahrenen Straße im obersten Stock eines durch und durch von Römern bewohnten Palazzo-Komplexes aus den 30er-Jahren, wo u.a. Ettore Scola den Film »Ein besonderer Tag« mit Marcello Mastroianni und Sofia Loren drehte. Die Metrolinie liegt gerade mal ein paar hundert Meter entfernt und in fünf Stationen ist man schon am Kolosseum. Gute Lokale und herausragende Sehenswürdigkeiten wie die Villa Torlonia oder Sant'Agnese gibt es hier auch, eigentlich braucht man gar nicht ins historische Zentrum zu fahren.
Via XXI. Aprile 29, T 32 09 51 80 82, Metro B: Bologna, €

Religiöse Häuser können eine preiswerte Alternative sein (Adressen über das Deutsche Pilgerzentrum, ▶ S. 110). Außer im Winter ist eine Reservierung ratsam.

Genussmomente

Die Römer lieben es, essen zu gehen, am besten mit Freunden und all'aperto, unter freiem Himmel, und über das Essen zu sprechen, wobei sie die besten Adressen und neuesten Trends austauschen.

Genießen Sie bei Ihrem Romaufenthalt die herzhaft-bäuerliche Cucina Romana, aber auch weitere Regionalküchen Italiens wie die toskanische oder sizilianische. Und eine knusprige *pizza romana* darf natürlich auch nicht fehlen! Das Frühstück allerdings gehört eindeutig nicht zu den Lieblingsmahlzeiten der Römer. Ein Espresso, schlicht *caffè* genannt, oder ein *cappuccino* mit einer Brioche oder einem *cornetto* (süßes Hörnchen) muss genügen. Ausgiebig gegessen wird zum *pranzo* (Mittagessen) von 12.30 bis 14.30 Uhr, spätestens aber zur *cena* (Abendessen) mit der ganzen Familie. Abends nicht vor 20 Uhr, meist erst gegen 21 Uhr, im Sommer auch gerne noch später. Nur noch selten besteht das Mittagessen aus vier Gängen, auch in Rom wächst die Zahl jener Berufstätigen, die vor allem mittags nur eine Kleinigkeit zu sich nehmen – dieser Nachfrage kommen immer mehr Lokale, auch die teuren, mit günstigen Mittagsgerichten entgegen. Unerlässlich ist meistens eine telefonische Tischreservierung, insbesondere abends. Manche Lokale haben am Abend und am Wochenende feste Essenszeiten, sogenannte *turni*, z. B. 20–21.30 Uhr oder 21/21.30–23 Uhr. Ruhetag ist häufig der Sonntag oder Montagabend. Viele Betriebe schließen im August.

ZUM SELBST ENTDECKEN

Auf dem **Markt in Testaccio** (▶ S. 41), Heimat der römischen Küche, haben sich zahlreiche gute Street-Food-Stände angesiedelt. Bei Le Mani in Pasta gibt es hausgemachte, frische Pasta. Eine Institution sind die mit Artischocken und Ricotta oder mit zartem Kalbfleisch gefüllten Panini von Sergio Esposito bei Mordi e Vai (Stand 15, www.mordievai.it). Strikt vegetarische Gerichte gibt es bei Zoë, während die Food Box von Marco Morello auch internationale Spezialitäten präsentiert, wie spanische Croquetas oder venezolanische Arepas (Maisfladen).

PREISE

So viel kostet in etwa ein Hauptgericht oder Menü:
€ bis 20 Euro
€€ 20–30 Euro
€€€ über 30 Euro

In Rom können Pizzen fliegen!

Satt & glücklich

SO BEGINNT EIN GUTER TAG IN ROM

Ruhepol
Angelina a Trevi
🍴 Karte 2, F 4 (Trevibrunnen)
Trendiges Café in elegantem Shabby Chic mit viel Grün, bestem Cappuccino und einer großen Auswahl an Süßem und Säften. Ideal zum Entschleunigen.
Via Poli 27, www.ristoranteangelina.com, Bus 51, 63, 71, 80, 85, tgl. 9–24, Mittagsbuffet 12.30–15.30, Abendessen 19.30–22.30 Uhr

Für Frühstücker
Coromandel
🍴 Karte 2, D 4 (Piazza Navona)
Kleines, scheinbar mit Flohmarktstücken liebevoll eingerichtetes Lokal, wo die Tische mit Spielkarten dekoriert sind und die Speisen auf bunt gemischtem englischem Porzellan serviert werden.
Via di Monte Giordano 60/61, www.coromandel.it, Bus 40, Mo, Do und Fr 9–15, Sa/So 9–16 Uhr

Süße Verführungen
Panella 🍴 H 5
(Santa Maria Maggiore)
Römische Brotkunst vom Feinsten und besten *caffè*, bei schönem Wetter auch an Tischen draußen zu genießen.
Via Merulana 54, www.panellaroma.com, Metro A: Vittorio Emanuele, tgl. 7–21.30 Uhr

Altehrwürdig
Sciascia Caffè 1919 🍴 C 2 (Vatikan)
Kaffeekultur vom Feinsten in einem filmreifen Ambiente der 1940er-Jahre mit einer exzellenten Auswahl an *cornetti*.
Via Fabio Massimo 80/A, www.sciasciacaffe1919.it, Metro A: Ottaviano/S. Pietro, tgl. 7–20.30 Uhr

WO ESSEN AUF NACHHALTIGKEIT TRIFFT

Pizza als Bio-Variante
Emma 🍴 Karte 2, E 5
(Campo de' Fiori)
Das immer gut besuchte Lokal hat sich zu einer der besten Pizzerien im *centro sto-*

Il caffè ist nicht einfach nur ein Kaffee, sondern eine ganze Philosophie: DIE Röstung, DIE Mischung, DAS Wasser, DER Druck – und DIE Bar, in der man ihn trinkt. Zu den besten Bars mit dem besten *caffè* gehören das **Caffè Sant'Eustachio** und die **Tazza d'Oro** (beide ▶ S. 25).

rico gemausert. An den Wänden hängen nicht die üblichen Fotografien, sondern moderne Kunst. Am Eingang können Sie dem *pizzaiolo* bei der Arbeit zusehen. Im großen Saal mit der freigelegten Backsteinwand macht die Theke Appetit auf die Antipasti. Sehr zu empfehlen sind auch die *dolci*, besonders aber die *pizze* aus biologischen Zutaten.
Via Monte della Farina 28/29, T 06 64 76 04 75, www.emmapizzeria.com, Tram 8, Bus 64, 40, tgl. 12.30–15, 19–23.30 Uhr, €–€€

Angesagt
Ginger 🍴 Karte 2, E 3
(Spanische Treppe)
Nein, hier findet kein Schlussverkauf statt, die Menschen in der Schlange warten auf einen freien Platz. Das Bistro, wo die *camerieri* einen Borsalino-Hut tragen, hat sich zu einem beliebten Mittagstisch entwickelt: große Auswahl an biologischen Gerichten, verschiedenste Salate und frisch gepresste Säfte.
Via Borgognona 43/44, T 06 69 94 08 36, www.ginger.roma.it, Metro A: Spagna, tgl. 9–24 Uhr, €–€€

Regionales Schlaraffenland
Il Mercato Centrale Roma
🍴 J 5 (Termini)
Sie reisen ab und haben sich noch nicht durch alle römischen Spezialitäten gekostet? Dann können Sie sich hier sattsehen und satt essen. An den Streetfood-Ständen wird in höchster Qualität gekocht, frittiert, garniert und verführt. Aber Vorsicht, verpassen Sie nicht Ihren Zug!

Satt & glücklich

Im Margutta RistorArte isst das Auge mit.

Via Giovanni Giolitti 36, Metro A/B: Termini, tgl. 8–24 Uhr, €

Evergreen
Margutta RistorArte
🕮 E 2 (Spanische Treppe)
Das erste vegetarische Lokal Roms sorgt auch nach 30 Jahren seines Bestehens noch für raffinierte fleischlose Genüsse. Seinen Tribut an die Künstlerstraße Via Margutta zollt es mit Werkausstellungen junger Maler und Bildhauer. Beliebte Treffs sind der Sonntagsbrunch und die Musikevents.
Via Margutta 118, T 06 32 65 05 77, www.ilmargutta.bio, Metro A: Spagna/Flaminio, tgl. Bar 9.30–23.30, Brunch 12–15.30, Abendessen 19–23.30 Uhr, €–€€

Veganerparadies
Ops! 🕮 H 2 (Termini)
Innovativ ist nicht nur das puristische Design unter Backsteingewölbe, sondern auch die frisch zubereiteten veganen und vegetarischen Speisen, die Sie sich am Buffet zusammenstellen können, z. B. Seitan, Quinoa-Salat oder Kartoffel-Auberginen-Auflauf. Sehr leckeres, gesundes Super-Food, nach Gewicht zu bezahlen.
Via Bergamo 56, T 06 841 17 69, www.opsveg.com, Metro B: Castro Pretorio, tgl. Buffet 12.30–15.30, Di–So auch bis 22.30 Uhr, €

Viva la mozzarella!
Obikà 🕮 Karte 2, E 4 (Parlamento)
Hier dreht sich alles um (Büffel-)-*mozzarella* und *ricotta*, aber auch Schinkenspezialitäten wie *salame di cinta senese* und *culatello di Zibello*. Beliebter Treffpunkt der Nachtschwärmer.
Via dei Prefetti 26a/Ecke Piazza Firenze, T 06 68 32 630, www.obica.com, Bus 85, 117, Mo–Do 11–23.30, Fr–So 11–24 Uhr, €

Fleischlose Genüsse
Orto 🕮 D 3 (Engelsburg)
Leckere Gemüsegerichte und großzügige Portionen machen dieses vegetarische Lokal vor allem mittags zu einem beliebten Essenstreff.
Via Giuseppe Gioacchino Belli 142, T 06 45 67 80 50, ristoranteorto.it, Metro A: Lepanto, Bus 30, 280, 70, Mo–Fr 12.30–15, Sa/So auch 19–24 Uhr, €

───────────────────────────────
INSTITUTIONEN UND SZENETREFFS
───────────────────────────────

Brauereigaststätte
Antica Birreria Peroni dal 1906 🕮 Karte 2, F 4 (Piazza Venezia)
Es muss nicht immer *vino* sein. In nostalgischem Jugendstilambiente stehen neben herzhaften Gerichten die

Satt & glücklich

Biersorten von Peroni, Flaggschiff der römischen Brauerei, zur Auswahl.
Via San Marcello 19, T 06 679 53 10, www.anticabirreriaperoni.net, Bus 51, 62, 85, 160, Mo–Sa 12–24 Uhr, €

Aus dem Holzofen
L'Elementare Karte 2, D 6 (Trastevere)
Kleines Lokal mit Biertheke und Holztischen, in dem ausgezeichnete krosse Holzofenpizze serviert werden, aber auch *supplì* und *calzoni*.
Via Benedetta 23, T 32 70 74 68 95, Bus 23, 280, So–Do 17–1, Fr 16–2, Sa 12–2 Uhr, €–€€

Gut besucht
Da Baffetto
Karte 2, D 5 (Piazza Navona)
Wer nicht anstehen möchte, sollte früh kommen. Touristen wie Römer teilen sich die Osteriatische, um in dieser schnörkellosen Pizzeria exzellente römische, also flache *pizze* zu essen.
Via del Governo Vecchio 114, T 06 686 16 17, www.pizzeriabaffetto.it, Bus 40, 46, 62, 64, tgl. 12–15.30, 18–24 Uhr, Di geschl., €

Bodenständig
Dal Cavalier Gino
Karte 2, E 4 (Pantheon)
In der Mittagspause treffen sich hier die Parlamentarier. Römische Gerichte wie *tonnarelli alla ciociara* (Eiernudeln mit Speck, Pilzen, Erbsen), *gnocchi* (am Do) und dazu *puntarelle* und Artischocken.
Vicolo Rosini 4, T 06 687 34 34, Bus 119: Largo Chigi, Mo–Sa 13–15, 20–23 Uhr, €€

Authentisch
Checchino dal 1887
Karte 1a (Testaccio)
Lassen Sie sich nicht von der altmodischen Atmosphäre abschrecken – hier bekommen Sie authentische römische Küche auf höchstem Niveau. Schließlich wurde hier, gegenüber vom einstigen Schlachthof, die *coda alla vaccinara* erfunden. Dazu kredenzt man erstklassige Weine. Angemessene Kleidung erwünscht.
Via Monte Testaccio 30, T 06 574 38 16, www.checchino-dal-1887.com, Metro B: Piramide, Bus 83, Mi–So 12.30–15, 20–23 Uhr, €€€

Ursprünglich
Enoteca Corsi
Karte 2, E 5 (Pantheon)
In das schnörkellose Lokal strömen sowohl Römer als auch Touristen. Die Küche mit täglich wechselnder Karte ist durchaus deftig und echt römisch: So kommen donnerstags *gnocchi* und freitags *baccalà* auf die papiergedeckten Tische.
Via del Gesù 88, T 06 679 08 21, www.enotecacorsi.com, Bus 30, 40, 46, 62, 64, Mo–Sa 12–15.30, Mo–Fr auch 19–22.30 Uhr, €–€€

Urig
Er Buchetto H 4 (Termini)
Handtuchschmales Lokal mit einer Handvoll Tische, wo Sie zu Vorkriegspreisen nach Herzenslust den römischen Schweinerollbraten *porchetta*, Käse und süffigen Hauswein genießen können.
Via del Viminale 2 F, T 06 488 30 31, Metro A/B: Termini, Mo–Fr 10–15, 17–21, Sa 10–14.30 Uhr, ab 5 €

›Erfinder‹ der carciofi alla giudía
Giggetto al Portico d' Ottavia Karte 2, E 6 (Ghetto)
Trattoria mit Atmosphäre und authentischen Gerichten der römischen und jüdischen Küche wie *fritto misto alla romana*

ÜBRIGENS

Das Preisniveau in den römischen Restaurants entspricht dem europäischen Durchschnitt. Wenn man zu mehreren essen war, verlangt man keine getrennten Rechnungen. *Il conto* wird unter den Anwesenden aufgeteilt, in der Regel *alla romana*, d. h. zu gleichen Teilen. Das Trinkgeld lässt man auf dem Tisch liegen. Manche Lokale berechnen eine extra Gebühr für Gedeck und serviertes Brot, die auf dem Bewirtungsbeleg als »coperto« vermerkt wird. Dieser Betrag hat allerdings nichts mit dem Service zu tun und geht direkt an das Restaurant.

Satt & glücklich

oder *baccalà*. Im Sommer auch draußen mit Blick auf den Portico di Ottavia.
Via Portico d'Ottavia 21a, T 06 686 11 05, www.giggettoalportico.it, Bus 23, 63, 280, Di–So 12.30–15, 19.30–23 Uhr, €€

Bilderbuch-Enoteca
Il Goccetto 🚇 Karte 2, C 5 (Piazza Navona)
In Weinregalen stapeln sich bis zur Decke Brunello, Barolo & Co. Dazu gibt es leckere Antipasti: Wurst und Käse, mit Thunfisch, Sardellen und Kapern gefüllte Peperoncini, Lachs mit Robiola-Käse, …
Via dei Banchi Vecchi 14, T 06 99 44 85 83, Bus 40, 46, 62, 64, Mo 17–24, Di–So 12–24 Uhr, €

Im Pastahimmel
Maccheroni 🚇 Karte 2, E 4 (Pantheon)
Auch nach vielen Jahren hat dieses Lokal, eine einstige Schlachterei, eine schöne Mischung aus Tradition und Moderne bewahrt. Die Stärke der Küche sind klassische römische Nudelgerichte. Besonders zu empfehlen: die hausgemachten *dolci*.
Piazza delle Coppelle 44, T 06 68 30 78 95. Bus 30, 40, 46, 62, 64, www.ristorantemaccheroni.com, tgl. 12.30–15, 19–23.30 Uhr, €€

In-Lokal
Necci dal 1924 🚇 östl. M 6 (Pigneto)
Kultiger Treffpunkt im In-Viertel Pigneto, wo Chefkoch Ben jede Woche ein anderes Lieblingsrezept präsentiert. Schon der Regisseur Pasolini erholte sich hier von den Strapazen der Dreharbeiten zu »Accattone«. Mit Tischen im Freien.
Via Fanfulla da Lodi 68, T 06 97 60 15 52, www.necci1924.com, Metro C: Pigneto, tgl. 8–1, Fr–So bis 2 Uhr, €

Ihres Namens würdig
Osteria La Quercia 🚇 Karte 2, D 5
»Mit Klassikern macht man keinen Fehler. Man muss sie nur mit Respekt behandeln.« Nach diesem Motto kommen in diesem ausgezeichneten, aber unprätentiosen Lokal in einer lauschigen Piazza beste römische Gerichte auf den Tisch, immer mit einer besonderen Note. Auf der Karte sind auch die Produzenten bzw. »Freunde« genannt. Gute Weinauswahl.
Piazza della Quercia, T 06 68 30 09 32, www.osterialaquercia.com, Bus 40, 46, 62, 64, tgl. 12–15.30, 19–23.30 Uhr, €€–€€€

Filmreif
Babette 🚇 E 2 (Spagna)
Das noch junge Lokal präsentiert sich im old-fashioned Osteria-Look mit verblichenen Wänden in warmen Ockertönen. Auf der Karte stehen modern interpretierte Antipasti, *primi* und *secondi* und Salate zur Auswahl. Eine Oase der Ruhe ist der innenliegende Hof. Ideal auch zum Frühstücken.
Via Margutta 1d, T 06 32 11 559, www.babetteristorante.it, Metro: Spagna/Flaminio (A), Di–Sa 9–23, So 11–23, Restaurant 12.30–15, 19–23 Uhr, €€

Populär
Sora Margherita
🚇 Karte 2, E 6 (Ghetto)
Kein Schild weist auf den Eingang dieses kleinen Lokals hin, wo deftige römische

---

CARBONARA

Klassiker der römischen Küche
Ob es Köhler waren *(carbonari)* oder die amerikanischen Alliierten, die mit Eier und Bacon zur Erfindung der Carbonara beigetragen haben sollen, an ihr muss sich jeder Koch der römischen Küche messen lassen. Hier die besten Adressen:
Eggs (🚇 D 7, Via Natale del Grande 52, T 06 58 17 281, Mo–Sa 9.30–20 Uhr, €)
Roscioli (🚇 Karte 2, E 5, Via dei Giubbonari 21/22, T 06 68 75 287, www.salumeriaroscioli.com, tgl. 12.30–16, 19–24 Uhr, €–€€)
Luciano Cucina Italiana (🚇 Karte 2, D 5, Piazza del Teatro di Pompeo 18, T 06 51 53 14 65, tgl. 12–15, 19–23 Uhr, €€–€€€)
Trattoria Da Danilo (🚇 J 6, Via Petrarca 13, T 06 77200111, www.trattoriadadanilo.com, Di–Sa 13–15, 20–23 Uhr, €–€€)

Satt & glücklich

Bei Eataly dreht sich alles um das perfekte Essen, von der Produktion der Zutaten bis zur Zubereitung und Verkostung.

Küche an einfachen, mit Papiertischdecken gedeckten Holztischen serviert wird. Es gibt hausgemachte Pasta, frittierte Artischocken, offene Weine.

Piazza delle Cinque Scole 30, T 06 687 42 16, www.soramargherita.com, Tram 8, tgl. 12.30–15, Mo sowie Mi–Sa 20–21.30 (›1. Schicht‹) und 21.30–23.30 Uhr (›2. Schicht‹); Juli/Aug. So geschl., €€, unbedingt reservieren!

Wohnzimmeratmosphäre
Al Pompiere Karte 2, E 6
Längst kocht nicht mehr Großmutter Maria, deren pikante Gerichte ihr Mann Francesco immer mit Wein ablöschen musste (*pompiere* = Feuerwehrmann), geblieben ist aber die gute traditionelle Küche mit römisch-jüdischen Spezialitäten. Gespeist wird in den geräumigen Sälen im ersten Stock eines Palazzo aus dem 17. Jh.

Via di S. Maria de' Calderari 38, T 06 686 83 77, www.alpompiereroma.com, Bus: 23,63,280, Mi–Mo 12.30–15, Mo/Mi–Sa 19–23 Uhr, €€

VOM MEER AUF DEN TELLER

Familiär
Benito e Gilberto al Falco
B 3/4 (Vatikan)
In diesem familiären Lokal sitzt man wie in einem größeren Wohnzimmer, nicht selten mit Prälaten. Vor allem die Meeresfrüchte sind ausgezeichnet.

Via del Falco, T 06 686 77 69, www.benitoegilberto.it, Bus 23, Di–Sa 12–15, 19–23.30 Uhr, €€–€€€

Für ein junges Publikum
Porto Fish & Chips C 3 (Vatikan)
Im Stil eines alten Marseilleser Fischlokals eingerichtet, wo man Fish & Chips, Fischwraps, aber auch eine ordentlich gegrillte Dorade bekommt.

Via Crescenzio 56, T 06 45 50 57 97, www.portofishandchips.it, Bus 23, 49, 23, tgl. 12–15.30, 18–22 Uhr, €

Mit sizilianischem Flair
Orlando G 3 (Via Veneto)
Das Fischlokal unweit der mondänen Via Veneto lädt zu einem Tauchgang in die sizilianische Küche ein, etwa mit *busiata alla Trapanisa* (mit Thunfisch, Schwertfisch und Mandelpesto) oder *pasta ai tre faraoni* (mit Seeigel, Miesmuscheln und Krebsen). Überaus freundlicher Service.

Via Sicilia 41, T 06 42 01 61 02, www.orlandoristorante.it, Metro A: Barberini, Mo–Fr 12.30–15, Mo–Sa 20–23 Uhr, €€€

Alteingesessen
La Rosetta Karte 2, E 4 (Pantheon)
Die Römer kommen hierher für fangfrischen Fisch und Meeresfrüchte – beides

Satt & glücklich

prächtig präsentiert am Eingang. Im Sommer Tische in der ruhigen Seitengasse.
Via della Rosetta 9, T 06 686 10 02, www.laroset taristorante.it, Bus 30, 70, 81, 87, Di–So 12–22.45 Uhr, mittags €€, abends €€€

EXPERIMENTIERFREUDIG UND UNGEWÖHNLICH

Gastromall
Eataly 🌐 südlich Karte 1a (Ostiense)
Vierstöckiger Megastore für hochwertige Lebensmittel aus allen italienischen Ursprungsregionen. Vor Ort werden nicht nur Nudeln gedreht, sondern auch Bier gebraut, Nuss-Nougat-Creme gerührt, Brot aus Sauerteig gebacken sowie Büffel-Mozzarella gekäst. In den rund zehn Geschmackslaboren können Sie sich durchkosten. Und wer lernen möchte, wie man eine perfekte Pasta macht, kann auch einen Food-Kurs besuchen.
Piazzale XII. Ottobre 1492, www.eataly.net/eu_it/negozi/roma, Metro B: Piramide, dann Bus 715, 716, tgl. 9–23 Uhr

Innovativ
Porto Fluviale 🌐 Karte 1a (Ostiense)
Obwohl etwas abseits der klassischen Touristenziele gelegen, kann sich das Lokal, eine Mischung aus Bar, Trattoria und Pizzeria, über Besuchermangel nicht beschweren. In dem ehemaligen Fabrikgelände mit einer Fläche von 900 m² trifft sich vor allem am Wochenende ein überwiegend U30-Publikum. Man sitzt an Tischen oder an der 13 m langen Marmortheke. Es gibt eine breite Auswahl an frittierten Antipasti und guten Pastagerichten mit Fisch. Typisch römisch: *polpette al sugo*, Fleischbällchen in Tomatensoße. Für den kleinen Hunger gibt es auch halbe Portionen zum halben Preis.
Via del Porto Fluviale 22, T 06 574 31 99, www.portofluviale.com, Metro B: Piramide, tgl. 12–2 Uhr, €

Kochlabor
Mariolina 🌐 G 5 (Monti)
Junges Street-Food-Lokal mit wenigen (nicht immer bequemen) Sitzgelegenheiten, aber einer großen Leidenschaft für Ravioli in originellen Variationen. Wurde als bestes Street-Food im Latium prämiert.
Via Panisperna 222/A, T 06 64 46 38 59, www.mariolina-ravioli.it, Metro B: Cavour, Di–So 12–16, 19–23 Uhr, €

Atmosphärisch
Said dal 1923 🌐 K 4 (San Lorenzo)
Traumhafte Location in behutsam renovierter Schokoladenfabrik, in der

Ob da wohl jeder das richtige Eis bekommt? Ansturm in der Gelateria Giolitti.

Satt & glücklich

GRATTACHECCHE

Unbedingt probieren sollten Sie die *grattacheccha* – eine römische Spezialität und besonders im Sommer ein willkommenes Erfrischungsgetränk. Um sie zuzubereiten, wird von einem großen Eisblock das Eis abgeschabt und dann mit Fruchtsirup übergossen. Typische Geschmacksrichtungen sind Amarena (Sauerkirsche), Tamarindo (Tamarinden) oder Menta (Minze).

Eine Institution ist der **Chiosco di Sora Mirella** (●) Karte 2, E 6) am Lungotevere degli Anguillara/Ponte Cestio gegenüber der Tiberinsel (tgl. 11–3 Uhr). Weitere Eisbuden sind der **Chiosco Testaccio** (●) E 8, Via G. Branca, tgl. 12–1.30 Uhr) und der **Alla Fonte d'Oro dal 1913** (●) Karte 2, E 6, Lungotevere Sanzio/Viale Trastevere, tgl. 15.30–23 Uhr).

---

man tagsüber die Fabrikation von Pralinen, *torroni* und anderen Leckereien verfolgen kann. Abends Aperitifbar mit einer Vorliebe für süßsaure Gerichte, natürlich mit Schokolade.
Via Tiburtina 135, T 06 446 92 04, www.said.it, Metro B: Tiburtina, Geschäft: Di–So 11–20, Café & Bistro Di–Sa 17.30–0.30, So 16–21 Uhr, €–€€

GELATERIE & DOLCI

Eispalast
Fassi (●) J 6 (Esquilin)
Der »*Palazzo del Freddo*« mit dem Charme einer alten Bahnhofshalle ist eine der ältesten Eisdielen der Stadt mit täglich frischen Eissorten und italienischen Eisspezialitäten.
Via Principe Eugenio 67, www.gelateriafassi.com, Metro A: Vittorio Emanuele, tgl. 12–22 Uhr

Zum Dahinschmelzen
Gelateria del Teatro
(●) Karte 2, D 4 (Piazza Navona)
Schon draußen läuft einem regelrecht das Wasser im Mund zusammen, wenn man den *gelatai* bei ihrer Arbeit zusieht. Drinnen hat man die Qual der Wahl. Allein sechs Schokoladensorten stehen zur Auswahl. Neben den klassischen Geschmäckern gibt es auch ausgefallene Sorten, wie zum Beispiel Rosmarin, Honig mit Zitrone oder Kürbis mit Amaretto.
Via dei Coronari 65, www.gelateriadelteatro.it, Bus 280: Lungotevere Tor Di Nona-Rondinella, tgl. 11–22.30 Uhr

Ohne Zusätze
San Crispino (●) Karte 2, F 4 (Trevibrunnen/Pantheon)
Bei diesem Eis kommen Konservierungs- und Farbmittel definitiv nicht in die Tüte. Um eine optimale Temperatur zu gewährleisten, wird das Eis in Stahlbehältern aufbewahrt und nicht offen präsentiert. Aber die fehlende Optik macht der köstliche Genuss allemal wett!
Via della Panetteria 42, www.ilgelatodisancrispino.com, Bus 53, 62, 63, 71, 83, 85, 160, 492: Fontana di Trevi; und Piazza della Maddalena 3, Bus: 30, 70, 81, 87: Senato, tgl. 11–0.30 Uhr

Sortenreich
Giolitti (●) Karte 2, E 4 (Pantheon)
In der bekanntesten Eisdiele der Stadt kühlen die Abgeordneten des nahen Parlaments nach heftigen Debatten gerne die erhitzten Gemüter. Hausgemachte Cassata!
Via Uffici del Vicario 37–41, www.giolitti.it, Bus 628: Largo Chigi, tgl. 7–1.30 Uhr

Aber bitte mit Sahne!
Bar Il Maritozzaro (●) südl. Karte 1a (Trastevere)
Die kleine, spartanische Bar serviert einen Klassiker unter den römischen Dolci, den *maritozzo*, ein süßes Brötchen, das mit einer fast unanständigen Menge an Schlagsahne gefüllt wird, neuerdings auch in süss-salziger Version. Kult!
Via Ettore Rolli 50, T 347 21 75 214, tgl. 6.30–15 Uhr, €

Stöbern & entdecken

Laufsteg der Alta Moda

Alta Moda gehört zu Rom wie das Kolosseum, darum ist ein Schaufensterbummel rund um die Spanische Treppe in jedem Fall ein Highlight für die Sinne. Damit Sie aber nicht gleich Ihr Konto leerräumen müssen, sollten Sie mit dem Kauf der Designerstücke bis zu den saldi (Schlussverkauf) im Januar/Februar und Juli/August warten oder einen Blick in Outlets werfen.

ZUM SELBST ENTDECKEN

Kleine Geschäfte sind das Markenzeichen von Roms Shoppingkultur. Dabei konzentriert sich eine bestimmte Produktpalette oder ein Preisniveau jeweils in einer Straße. Viele Modeboutiquen, Schuhgeschäfte und Kulinaria-Läden säumen die **Via Cola di Rienzo** und die **Via Ottaviano,** beide in der Nähe des Vatikans. Mode zu erschwinglichen Preisen finden Sie in der **Via del Corso** nahe der Spanischen Treppe und in der **Via Nazionale,** wo auch viele Schuh- und Ledergeschäfte angesiedelt sind. Kreative und ausgefallene Geschäfte verstecken sich in den Gassen von **Trastevere.** Beste Adresse für ausgefallene Secondhandläden ist die **Via del Governo Vecchio.** Einen Abstecher wert sind die Einkaufsstraßen **Via Appia Nuova** (Metro A: San Giovanni) sowie die **Viale Libia** und **Viale Somalia,** nordöstlich des Bahnhofs.

In Rom lassen sich aber auch viele andere italienische Traditionsprodukte herrlich shoppen – Kulinaria, Wohndesign, Schuhe oder Antiquitäten. Charakteristisch für die römische Einkaufslandschaft sind die vielen kleinen Geschäfte in der Innenstadt. Einkaufszentren liegen in den Randbezirken außerhalb der ›Stadtmauern‹. Ein besonders authentisches Flair bieten die Lebensmittelmärkte, die in jedem Stadtviertel zu finden sind und auch mal Kleidung oder Haushaltswaren anbieten. Die Geschäfte sind meist Mo–Sa 10–20 Uhr geöffnet, in den heißen Sommermonaten schließen einige 13–16/17 Uhr. Lebensmittelläden schließen im Winter Do nachmittags, im Sommer Sa nachmittags. Alle übrigen Geschäfte haben im Winter Mo vormittags, im Sommer Sa nachmittags geschlossen. Achtung bei den Kleidergrößen: Die deutsche Größe 38 entspricht der italienischen Größe 44. Sie müssen also immer drei Nummern abziehen. Bei den italienischen Schuhgrößen wird von der Fußlänge ausgegangen, dadurch fallen sie ein wenig kleiner aus, oft handelt es sich dabei um eine Schuhgröße.

Einkaufstempel der 1920er: Galleria Alberto Sordi

Stöbern & entdecken

BÜCHER UND MUSIK

Musik querbeet
Discoteca laziale 🛍 J 5 (Termini)
Eines der bestsortierten Musikgeschäfte, große Auswahl an Pop, Klassik, DVDs.
Via Mamiani 62a, www.discotecalaziale.com, Metro A/B: Termini, Mo–Sa 9–19 Uhr

Großes Sortiment
Libreria Feltrinelli
🛍 Karte 2, E 5 (Pantheon)
Eine der größten Buchhandlungen Roms mit einem breiten Sortiment klassischer, moderner und internationaler Literatur.
Largo Argentina 5a/6a, T 199 15 11 73, www.lafeltrinelli.it, Tram 8: Arenula, Bus 40, 64: Torre Argentina, Mo–Fr 9–20.30, So 10–20.30 Uhr

DELIKATESSEN UND LEBENSMITTEL

Für Liebhaber italienischer Produkte
Castroni 🛍 C 3 (Piazza Risorgimento)
Italienische Spezialitäten, von besten Hartweizennudeln über toskanisches Olivenöl und Balsamessig bis hin zu den exzellenten biologischen Castroni-Kaffees (zwölf Filialien in Rom).
Via Cola di Rienzo 196, T 06 687 43 83, www.castronicoladirienzo.com, Metro A: Ottaviano, Tram 19, Mo–Sa 8,30–20, So 9.30–20 Uhr

Jüdische Spezialitäten
Boccione 🛍 Karte 2, E 6
(Teatro Marcello)
Eine Institution ist diese unscheinbare Bäckerei im ehemaligen Ghetto, berühmt für ihre immer etwas angebrannten, mit Ricotta und Schattenmorellen belegten Kuchen. Probieren Sie die »jüdische Pizza« aus Mandeln, Rosinen, Zimt und Pinienkernen!
Via Portico d'Ottavia 1, Tram 8: Arenula-Cairoli, Mo–Do 7.30–19, Fr 7.30–15, So 7.30–18 Uhr

Exquisite Weine
Enoteca al Parlamento
🛍 Karte 2, E 4 (Pantheon)
Eine der ältesten *enoteche* der Stadt mit exzellenter Weinauswahl, daneben auch Honig, *aceto balsamico* und andere regionale Spezialitäten. Hunger bekommen? Im hauseigenen Bistrot oder Restaurant kann man mittags oder abends gleich zu Messer und Gabel greifen.
Via dei Prefetti 15, T 06 687 34 46, https://achilli.restaurant/al-parlamento, Bus 70, 81, 87, tgl. 10–23 Uhr

Schokolade
Confetteria Moriondo e Gariglio 🛍 Karte 2, E 5 (Pantheon)
Konfekt und hausgemachte Bonbons, aber v. a. Schokolade in allen Variationen ist die Spezialität dieser feinen Chocolaterie. Die liebevolle Verpackung steigert die Vorfreude.
Via del Piè del Marmo 21, T 06 699 08 56, Bus 40, 62, 64, Mo–Sa 9–19.30, So 12–19.30 Uhr (Mitte Okt. bis Mitte Mai)

Für Feinschmecker
Volpetti 🛍 Karte 1a (Testaccio)
Im Geschäft der Gebrüder Volpetti gibt es die besten Käse- und Wurstsorten Italiens, Olivenöle, Weine und Grappe. Zur Mittagszeit Imbiss.
Via Marmorata 47, www.volpetti.com, Tram 8, Mo 10–14, Di–Fr 10–14 u. 16–20, Sa 9–20 Uhr

GESCHENKE, DESIGN, KURIOSES

Moderne Wunderkammer
Mia 🛍 E 3 (Piazza del Popolo)
In ihrem Laden versammeln drei ehemalige Architektinnen, leidenschaftliche Liebhaberinnen von unkonventionellem Innendesign, ausgefallene Einzelstücke und zeitgenössische Möbel sowie Vintage-Accessoires.
Via di Ripetta 224, T 06 97 84 18 92, www.galleriamia.it, Metro A: Flaminio, Di–Sa 11–14, 15–19 Uhr

Hochwertige Papiere
Cartoleria Pantheon 🛍 Karte 2, E 4 und E 5 (Pantheon)
Originelle Kalender, Karten, handdekoriertes Papier.
Piazza Navona 42 und Via della Maddalena 41, www.pantheon-roma.com, Bus 46, 62, 64

Stöbern & entdecken

Wer früher spart, ist länger reich – gesehen auf dem Urban Design Market Mercato Monti.

Marmor
Maurizio Grossi
🛍 E 2 (Piazza del Popolo)
Täuschend echte Marmor- und Mosaikimitationen antiker Motive, von mannsgroßen Statuen über Kaiserbüsten bis zu Fruchtschalen.
Via Margutta 109, T 06 36 00 19 35, www.mauriziogrossi.com, Metro A: Spagna, Mo–Fr 10–13, 14–19.30 Uhr oder nach Vereinbarung

Malerbedarf
Ditta P. Poggi
🛍 Karte 2, E 5 (Pantheon)
Traditionsreicher Laden für Malbedarf, in dem sich schon Morandi, de Chirico, Balthus und Dalí Farben, Pinsel, Leinwand und Papier besorgten.
Via del Gesù 74/75, www.poggi1825.it, Bus 30, 40, 46, 62, 64, 70, 81, 87, Mo–Sa 9–14, 15–19.30 Uhr, im Juli/Aug. Sa geschl.; Filialen in der Via di Ripetta 23/24 und in Trastevere: Via Card. Merry del Val 18/19

Fußballtrikots
AS Roma Store 🛍 Karte 2, E 4 (Piazza di Spagna)
Trikots und Gadgets von AS Roma sowie Karten zu den Spielen.
Piazza Colonna 360 u. Via del Corso 26, www.asromastore.com, Metro A: Spagna, tgl. 10–20 Uhr

Lazio Style 1900 🛍 Karte 2, F 4 (Piazza di Spagna)
Die laziali kaufen hier ihre himmelblauen Trikots.
Via di Propaganda 8a–10, www.sslazio.it; Metro A: Spagna, Mo–Fr 10–20 Uhr

Zeitvergessen
Polvere di Tempo
🛍 Karte 2, D 6 (Trastevere)
Der Zeit beim Davonrennen zuschauen und selbst die Zeit vergessen. Der kleine Laden beherbergt wunderbar altmodische Instrumente zur Zeit- und Ortsbestimmung, wie Sand- und Sonnenuhren, Kompasse und Globen, aber auch schöne handgebundene Hefte.
Via del Moro 59, T 06 58 80 704, www.polveriditempo.it, Bus 23, 280, Mo–Sa 10–19.30 Uhr

....
MODE, ACCESSOIRES
....

Luxus-Kaufhaus
La Rinascente
🛍 Karte 2, F 4 (Piazza Venezia)
Ganze acht Stockwerke nimmt dieser Mode- und Luxustempel, Schaufenster

---

ALTA MODA

Rund um die Piazza di Spagna haben sich auf den Nobelmeilen **Via Condotti** und **Via Borgognona**, **Via Belsiana** und **Via del Babuino** all diejenigen niedergelassen, die in der italienischen Modewelt Rang und Namen haben. Auf der Piazza di Spagna Valentino (Nr. 38) und Versace (Nr. 12), in der Via Borgognona (🗺 Karte 2, E–F 3) Roberto Cavalli (Nr. 24/25), in der Via del Babuino liegen die Flagship-Stores von Miu Miu (Nr. 91) und Moschino (Nr. 156), in der Via Condotti Bulgari (Nr. 10), Gucci (Nr. 8), Brioni (Nr. 21 a), Tod's Donna (Nr. 53; Tod's Uomo: Via Fontanella Borghese 56), Armani (Nr. 77), Ferragamo (Uomo 63; Donna 73–74), Prada (Uomo 88, Donna 92–95) und Dolce & Gabbana (Nr. 51/52).

Stöbern & entdecken

italienischer Spitzendesigner, ein. Von der Dachterrasse samt stylischer Lounge-Bar genießt man einen schönen Blick auf die Dächer und Kirchen der Altstadt. Im Untergeschoss sind Überreste des antiken Aquädukts Vergine zu besichtigen, der von Augustus im Jahre 19 v. Chr. eingeweiht wurde und noch heute den Trevibrunnen speist.
Via del Tritone 61/Via dei Due Macelli 23, www.rinascente.it, Metro A: Spagna oder Barberini, tgl. 9.30–23 Uhr

Raffiniert
Alberta Ferretti 🛈 Karte 2, E 3 (Piazza di Spagna)
Elegante Schlichtheit und klare Linien prägen die raffinierten Kreationen von Alberta Ferretti, die sich vor allem an junge Frauen wendet.
Via dei Condotti 34, www.albertaferretti.com, Metro A: Spagna

Hat Couture
Antica Manifattura Cappelli
🛈 B3 (Vatikan)
Eine der letzten Hutwerkstätten Rom ist dank der Kreativität und Leidenschaft der Designerin und Modehistorikerin Patriza Fabri zu neuem Leben erwacht. Man kann sich gar nicht sattsehen an ihren Kreationen. Neben zeitgenössischen Modellen hat sie auch eine große Palette an Zylindern und Panamas.
Via degli Scipioni 46, I 06 39 72 56 79, patriziafabrihats.com, Metro: Ottaviano, Mo–Sa 9–19 Uhr (Filiale: Via dell'Oca 34)

Brillen
Astrologo Ottica 🛈 Karte 2, E 3 (Piazza di Spagna)
Hier gibt's hippe Sonnenbrillen und handverlesene Modelle, gepaart mit gutem Service.
Via di Fontanella Borghese 25–26, www.otticastrologo.com, Bus 70, 81, 87, 492, Mo–Sa 10–19.30 Uhr

Urban Design Market
Mercato Monti 🛈 G 5 (Monti)
Die Garage des Hotels Palatino zieht jedes Wochenende Scharen von

> ### OUTLETS
>
> **Designer-Outlet Castel Romano** (25 km südwestl. von Rom): Mit über 150 Geschäften wird dieses Outlet wegen seiner Anlehnung an die Architektur des antiken Roms auch Tempel des Shoppings genannt. Die günstigen Preise (30–70 % reduziert) von weltbekannten Mode-, Accessoire- und Parfüm-Marken lassen die Herzen aller *fashionistas* höherschlagen. Der Schwerpunkt liegt jedoch deutlich auf italienischen Marken: Missoni, Etro und Cavalli neben La Perla, Paul&Shark, Timberland und Yamamay (Via Ponte di Piscina Cupa 64, www.mcarthurglen.com/en/outlets/it/designer-outlet-castel-romano, tgl. 9.15–21 Uhr. Das Zentrum ist bequem per Shuttlebus ab Bahnhof Termini zu erreichen (15 € hin und zurück). Der **Fashion District Valmontone Outlet Center** (50 km südöstl. von Rom) bietet mehr als 180 Geschäfte und ist während des Sommers auch Partymeile und Eventlocation (Valmontone, Loc. Passcolaro, Via della Pace, www.valmontoneoutlet.com, tgl. 10–21 Uhr).

Besuchern an, die nach ausgefallenen modischem Schmuck, Hüten oder Vintage-Kleidern Ausschau halten.
Via Leonina 46/48, www.mercatomonti.com, Metro B: Cavour, Sa/So 10–20 Uhr, genaue Termine s. www.facebook.com/MercatoMonti

Aus Liebe zum Duft
Campo Marzio 70 🛈 Karte 2, E 4 (Piazza di Spagna, Pantheon)
Kleine, feine Parfümerie mit einer großen Auswahl an Düften. Seit über drei Generationen in Familienhand.
Via di Campo Marzio 70, www.campomarzio70.it, Mo 12–20, Di–Sa 10–20, So 11–19 Uhr, Bus 117, 628; 2. Filiale an der Piazza della Rotonda, 70a

Stöbern & entdecken

FLOHMÄRKTE & ANTIQUITÄTENMÄRKTE

Zum Stöbern bieten in Rom nicht nur der **Flohmarkt an der Porta Portense** (▶ S. 46), sondern auch mehrere Antiquitätenmärkte Gelegenheit. Mit etwas Glück und einem scharfen Blick werden Sie sicher fündig, z. B. auf dem **Anticaglie a Ponte Milvio** (🔒 nördlich D 1), wo über 100 Aussteller ihre Waren am Tiberufer längs der **Via Capoprati** zwischen Ponte Milvio und Ponte Duca d'Aosta feilbieten (Sept.–Juni, So 9–19 Uhr, www.pontemilvioantiquariato.it, von der Stazione Termini mit den Bussen 23/910, von der Piazza del Popolo Tram 2/Bus 301). Die Händler des kleinen **Mercato dell'Antiquariato di Fontanella Borghese** (🔒 Karte 2, E 3/4, Metro A: Spagna, Mo–Sa 9–13 Uhr) auf der Piazza Fontanella Borghese bieten alte Stiche und antiquarische Bücher an. Kunsthandwerk und Vintage-Mode findet man auf dem **Mercatino Corte Coppedè** in der Via Tagliamento 6 (Sa/So, www.mercatinocortecoppede.it, Bus 38, 66, 92).

Der perfekte Anzug
Davide Cenci 🔒 Karte 2, E 4
Geschäftsleute und Parlamentarier ordern hier maßgeschneiderte Anzüge aus feinstem Flanell. Eine Treppe höher gibt es Hüte und Krawatten.
Via di Campo Marzio 1–7, www.davidecenci.com, Metro A: Spagna, Mo 15.30–19.30, Di–Sa 11–19.30 Uhr

Designschmuck
Myriam B 🔒 L 5 (San Lorenzo)
Ausgefallene Schmuckkreationen, die sich an Duchamp und Man Ray inspirieren und in ihren ungewöhnlichen Materialkombinationen bestechen.
Via degli Ausoni 7, www.myriamb.it, Tram 2, 3, 19, Di–Sa 11.30–14.30, 16–19.30, Mo und So nur nachmittags

Strick
De Clercq & De Clercq
🔒 Karte 2, E 4 (Pantheon)
Hochwertige und farbenfrohe Röcke, Mäntel oder Jacken, nicht nur aus Strick.
Via dei Prefetti 10, www.declercqdeclercq.com, Metro A: Flaminio, Mo 15–19, Di–Sa 11–19 Uhr

Für Modebewusste
Gente 🔒 B 3 (Vatikan)
Immer am Puls der Modetrends. Die römische Boutique präsentiert einen unverwechselbaren Mix aus Toplabels und Newcomern.
Via Cola di Rienzo 277, www.genteroma.com, Metro: Ottaviano, Mo–Sa 10.30–19.30, So 11.30–14, 15–19.30 Uhr (Outlet Via Cola di Rienzo 246)

Krawatten
La cravatta su misura 🔒 E 7 (Trastevere)
Für die maßgeschneiderten Krawatten verwendet Melania Flamini nur feinste italienische Seide und englische Wolle.
Via di S. Cecilia 12, www.lacravattasumisura.it, Bus 23, 44, Mo–Sa 10–19 Uhr, Juni–Sept. Sa nachmittags geschl.

Jugendmode
Diesel 🔒 Karte 2, E 3 (Piazza di Spagna)
Uritalienisches Label, bei coolen Jugendlichen beliebt.
Via del Corso 118, Metro A: Spagna/Flaminio, tgl. 11–19 Uhr

Verschmitzt
Tina Sondergaard
🔒 Karte 2, G 5 (Monti)
Fröhliche Mode im Stil der 1950er- und 1960er Jahre – bunt und ein bisschen ironisch.
Via del Boschetto 1D, www.tinasondergaard.com, Metro B: Cavour, Mo–Sa 10.30–19.30, So 11–13.30, 14.30–19 Uhr

Retro-Look
Le Gallinelle 🔒 Karte 2, G 5 (Monti)
Ein wahres Eldorado für Vintage-Liebhaber! Wilma schneidert originelle und farbenfrohe Kleider im Stil der

Stöbern & entdecken

1930er-Jahre. Dazu gibt es ausgefallene Accessoires wie alte Handtaschen von Gucci etc. Wer die Kreationen erst mal auf sich wirken lassen möchte, kann in der hauseigenen Galerie samt Bar eine Pause einlegen.
Via Panisperna 59, tgl. 11.30–24, Fr/Sa bis 2 Uhr

Italienisches Understatement
SBU 🛍 Karte 2, D 5 (Piazza Navona)
Das Label der Brüder Perfetti steht für Strategic Business Unit. Eine Adresse für Liebhaber von Street-Style-Mode, hochwertigen Jeans und lebhaften Farben.
Via San Pantaleo 68, www.sbu.it, Bus 70, 81, 87: Corso Rinascimento, Mo–Sa 11–20, So 12–19 Uhr

Modische Zeitreise
Vinta Chic 🛍 Karte 2, E 4 (Piazza di Spagna)
Vielleicht ist dieses das einzige Geschäft in Rom, das auf Vintage-Hochzeitsmode spezialisiert ist: Brautkleider aus der Zeit zwischen 1880 und 1980, Cocktail- und Abendkleider von 1920 bis 1980. Natürlich gibt es dazu auch die passenden Accessoires.
Via Leccosa 2, www.vintachic.it, Metro A: Flaminio oder Spagna, Mo 15.30–19, Di–Sa 10–18.30 Uhr

Italienische Schuhe stehen für hohe Qualität und exklusives Design.

SCHUHE UND LEDERWAREN

Passend
Alessi&Alessi 🛍 Karte 2, E 4 (Piazza di Spagna)
Farbenfrohe Schuhe (Größe 33–43) in modischem, nicht zu extravagantem

K KATHOLISCHES

In der **Via della Conciliazione** und der **Via Cestari** finden katholische Priester alles für den Gottesdienst. Beim Papstschneider **Gammarelli** (🛍 Karte 2, E 5, Via di S. Chiara 34, Bus 40, Mo–Fr 9.15–19 Uhr) können auch Laien rote und purpurrote Herrensocken erwerben. Rosenkränze, Heiligenfiguren und vatikanische Münzen bekommen Sie in den Geschäften rund um die Via della Conciliazione, die zur Peterskirche führt.

Design machen diesen Laden zu einer Fundgrube. Auf Wunsch werden Schuhe auch nach Maß gefertigt.
Via di Ripetta 149, Metro A: Flaminio oder Spagna, Bus 70, 81, 87, 492, Mo–Sa 10–19.30 Uhr

Trendy shoes
Borini 🛍 Karte 2, D 5/6 (Campo de' Fiori)
Franco Borini entwirft Schuhe zu noch erschwinglichen Preisen. Das Besondere: Jedes Damenmodell ist in einer grandiosen Farbauswahl vorrätig.
Via dei Pettinari 86/87, Tram 8, Mo–Sa 10–19 Uhr

Angesagt
Fausto Santini 🛍 Karte 2, F 3 (Piazza di Spagna)
Models und Schauspielerinnen aus aller Welt kaufen hier ihre *calzature*.
Via Frattina 120, www.faustosantini.it, Metro A: Spagna, Mo–Sa 11–19.30, So 11–19 Uhr; Outlet: Via Cavour 106, Di–Sa 10.30–13.30, 15.30–19.30 Uhr, Mo nur nachmittags

Träume aus Leder
Federico Polidori 🛍 Karte 2, E 5 (Piazza Venezia)
Polidori entwirft hochwertige und schöne Ledertaschen und Accessoires.
Via Piè del Marmo 7–8, federicopolidori.com, Bus 30, 40, 62, 64, Mo–Sa 9–12, 14–19 Uhr

Wenn die Nacht beginnt

ZUM SELBST ENTDECKEN

Bevor Sie in die Nacht starten, hier Roms Partydistrikte im Überblick: Beliebt bei Nachtschwärmern – Touristen inklusive – ist nach wie vor im *centro storico* die Gegend rund um die **Piazza Navona** und den **Campo de' Fiori** sowie **Trastevere**. In Testaccio und da insbesondere auf der **Via Monte di Testaccio** reihen sich in unzähligen Kellergewölben die Nachtcafés und Diskos nahtlos aneinander. Samstagabends tobt hier das Nightlife bis tief in die Nacht, ebenso wie in der **Via Libetta** im nahe gelegenen Ostiense-Viertel. In den letzten Jahren hat die Szene das multikulturelle **Pigneto-Viertel** für sich entdeckt. Unter den *ragazzi* ist weiterhin das Studentenviertel **San Lorenzo** mit seinen vielen Kneipen und Clubs angesagt.

Die ewige Party

Gefeiert wird in Rom immer! Das Nachtleben spielt sich in den lauen Abenden von April bis Oktober im Freien ab. Die Römer lieben es, in der Clique durch die Stadt zu streifen, einen Aperitif in einer Bar zu trinken oder sich auf eine Pizza oder ein Eis zu treffen. In dieser Form aufgewärmt, geht es in einen der unzähligen Musikclubs, wo die Livekonzerte oft nicht vor 22 Uhr beginnen. In den Diskotheken steigt die Stimmung erst ab Mitternacht.

Um im Hochsommer mit der römischen Szene zu feiern, müssen Sie allerdings ans Meer nach Ostia oder Fregene fahren, denn viele angesagte Diskotheken, aber auch Restaurants ziehen im Juli/August in ihre Locations »*al mare*«. In dieser Zeit gehört die Stadt der Estate Romana, dem römischen Kultursommer, der von Mitte Juni bis Mitte September andauert. Tausende Kulturaficionados strömen dann in Parks und an den Tiber, auf die Hügel und zu den Ausgrabungsstätten, in Kirchen und auf Plätze zu Klassik- und Jazz-, Hip-Hop- und World-Music-Konzerten, Opern- und Kabarettaufführungen, Boulevard- und Tanztheater, Lesungen und Freilichtkino.

Über alle Veranstaltungen hält die Donnerstagsbeilage »Trovaroma« der Tageszeitung »La Repubblica« auf dem Laufenden. Einen allgemeinen Veranstaltungskalender findet man auch unter www.turismoroma.it.

In Testaccio dauern die Nächte etwas länger.

Wenn die Nacht beginnt

BARS & KNEIPEN

Legendär
Bar del Fico
☼ Karte 2, D 4 (Piazza Navona)
Ganz wehmütig werden die *grillini*, wenn sie an diese Szenebar denken, denn hier feierte die Fünf-Sterne-Bewegung ihren ersten Wahlsieg. Noch immer Bar mit hippem Publikum.
Via della Pace 34–36, www.bardelfico.com, Bus 40, tgl. 8–2 Uhr

Angesagt
Co.So (Cocktail & Social)
☼ außerhalb M 6 (Pigneto)
Originelle Aperitifbar im aufstrebenden Ausgehviertel Pigneto mit bestens gemixten Cocktails und einer breiten Auswahl an Finger-Food.
Via Braccio da Montone 80, T 06 45 43 54 28, Zug ab Termini Laziali Richtung Giardinetti: S. Elena, tgl. 18–2 Uhr

Stylish
Doppiozeroo ☼ südl. E 8 (Testaccio)
Das schicke Lokal ist zum *aperitivo* (mit Buffet!) immer voll. Ein guter Startpunkt für das Nachtleben in Testaccio.
Via Ostiense 68, T 06 57 30 19 61, www.doppiozeroo.com, Metro B: Garbatella, Mo–Sa 7–2, So 12.30–2 Uhr, Sa/So Brunch 12.30–15.30 Uhr, *aperitivo* 18–21 Uhr

Für Cocktail-Liebhaber
Drink Kong ☼ H 5 (Esquilin)
2021 zu einer der 50 weltbesten Cocktailbars gekürt, gehört die futuristisch japanisch angehauchte Bar zu den coolsten Roms. Drinks ab 10 €.
Piazza di S. Martino ai Monti 8, www.drinkkong.com, Metro: Cavour (B), tgl. 18.30–2 Uhr

Unter ragazzi
Freni e Frizioni
☼ Karte 2, D 6 (Trastevere)
Wo einst Bremsen *(freni)* und Kupplungen *(frizioni)* repariert wurden, läutet heute die *movida* von Trastevere den Abend ein. In dem Lokal im Vintage-Look gibt es beste Mojitos und andere Drinks. Draußen stehen Sie mit

CINEMA ITALIANO

Liebhaber des italienischen Films treffen sich in der **Casa del Cinema** (▶ S. 67) am Rande der Villa Borghese. Internationale Filme auch in Originalversion, im Sommer im Freien, zeigt das **Nuovo Sacher** (▶ S. 47). Ein Highlight für Cineasten ist Ende Juli und im August die **L'Isola del Cinema:** Autorenfilme aus aller Welt flackern dann über die Freilichtleinwand auf der Isola Tiberina (www.isoladelcinema.com).

Blick auf den Tiber, auf die Gassen von Trastevere oder auf das bunte Völkchen auf dem Vorplatz.
Via del Politeama 4, T 06 45 49 74 99, www.freniefrizioni.com, Bus H, abends N11, tgl. 18.30–2 Uhr, *aperitivo* 19–22 Uhr

Cool
Ice Club ☼ Karte 2, G 5 (Monti)
Ziehen Sie sich warm an: Die Einrichtung ist ganz aus Eis. Die Temperatur beträgt minus 5 °C!
Via Madonna dei Monti 18, T 06 697 84 55 81, www.iceclubroma.it, Metro B: Cavour, tgl. 17–1 Uhr, 15 € inkl. Freigetränk und Thermojacke

Im Trend
Salotto 42 ☼ Karte 2, E 4 (Pantheon)
Cocktailbar mit Ohrensesseln aus den 1950ern, Marmorsäulen und grandiosem Blick auf den abends beleuchteten Hadrianstempel. Ideal aber auch tagsüber für einen Kaffee oder Brunch.
Piazza di Pietra 42, www.salotto42.it, Bus 85, tgl. 10.30–2 Uhr

Stilvoller geht's nicht
Stravinskij Bar
☼ E 2 (Piazza del Popolo)
Zu den exklusivsten und wohl besten Cocktailbars der Stadt zählt die funkelnde Bar des Hotels de la Ruisse. Zugang nur über das Hotel.
Via del Babuino 9, Metro A: Flaminio, tgl. 10–1 Uhr

Wenn die Nacht beginnt

Nur mit Passwort
The Jerry Thomas Project
✺ Karte 2, D 5 (Piazza Navona)
Die exklusive Bar mit toller Clubatmosphäre im Retrostil der Goldenen Zwanziger und einer großen Cocktailauswahl gehört zu den besten der Stadt. Reservierung ist obligatorisch (T 370 114 62 87, Mo–Sa 14–18 Uhr). Nur wer das wechselnde Codewort kennt, kommt hinein: Es reicht allerdings, auf die auf der Website publizierte Frage zu antworten.
Vicolo Cellini 30, T 06 96 84 59 37, www.thejerrythomasproject.it, Bus 40, 64, Mo–Sa 22–4, So 21–3 Uhr

Berührungsängste mit Römern gehen beim Diskobesuch über Bord.

SCHWUL-LESBISCHE SZENE

Das vom Circolo Mario Mieli – der römischen Arcigay-Organisation – ins Leben gerufene Event **Muccassassina** (www.muccassassina.com) findet derzeit in der Regel Sa ab 23 Uhr in der Ex Cartiera – Area Ingovernabile, einer ehemaligen zu einem Kulturzentrum umgebauten Papierfabrik in der Via Salaria 971 (Bus 135 ab Piazzale Tiburtino oder Bus 235 ab Metrostation Ionio) statt. Es ist DER Treffpunkt der römischen LGBTIQ-Community. Beliebt ist neben den einschlägigen Clubs und Bars auch die **Via San Giovanni** nahe dem Kolosseum, die mittlerweile in Gay Street (www.comingout.it/gay-street) umbenannt wurde. Weitere Adressen s. auch unter www.patroc.de/rom/gayguide.html.

LIVEMUSIK

High-End-Jazz
Alexanderplatz ✺ B 2/3 (Vatikan)
Legendäre Jazzkneipe mit überwiegend amerikanischen Interpreten. Gute Multikultiküche.
Via Ostia 9, Metro A: Ottaviano, Bus N1, N6, Okt.–Juni ab 20.30–2 Uhr, Konzertbeginn ab 21.45 Uhr, Programm s. Facebook

Mekka für Jazzliebhaber
Casa del Jazz ✺ südl. G 8
Die konfiszierte Villa eines Mafioso mit weitläufigem Park avancierte in wenigen Jahren zum Hotspot der römischen Jazzszene. Mit Barbetrieb.
Viale di Porta Ardeatina 55, www.casadeljazz.com, Metro: Piramide (B)

Von Jazz über Rock bis Pop
Fonclea ✺ C 3 (Vatikan)
Eines der ältesten Musiklokale der Stadt mit breitgefächertem Programm und gutem Restaurant.
Via Crescenzio 82A, www.fonclea.it, Metro A: Ottaviano, jeden Abend ab 21.30 Uhr Livekonzerte, im Sommer auch später; freier Eintritt, außer am Wochenende

Beste Blues-Bar
Big Mama ✺ D 7 (Trastevere)
Kleines, stimmungsvolles Kellerlokal, wo seit 1984 internationale Musiker aus der Blues-, Rock-, und Funk-Szene aufspielen.
Vicolo San Francesco a Ripa 18, www.bigmama.it, Tram 3, 8, Okt.–Juni 21–1.30 Uhr

---

TANZEN

Edeldisko
La Cabala ✺ Karte 2, D4 (Piazza del Popolo)
Disko mit Glamourfaktor, die gern von einem Publikum über 30 besucht wird. Vorwiegend House-Musik und Disko-Hits.
Via dei Soldati 25c, Metro A: Spagna, abends Bus N6, N7: Zanardelli, Okt.–Mai Fr–So 24–4 Uhr

Wenn die Nacht beginnt

THEATER & KONZERTE

Bühnenflaggschiff Roms ist das **Teatro Argentina** (✪ Karte 2, E 5, www.teatrodiroma.net), in dem die bekanntesten Ensembles Italiens auftreten. Das **Teatro dell'Opera** (✪ H 4, www.operaroma.it) kann sich zwar nicht mit der Mailänder Scala messen, doch der Besuch des prunkvollen Belle-Époque-Hauses ist ein Erlebnis. Kurios ist das **Globe Theatre** (✪ F 1, www.globetheatreroma.com), ein Nachbau des britischen Kulturtempels. Sehenswerte Freilichtaufführungen finden im Sommer in den **Caracallathermen** (Opern) und im antiken **Theater von Ostia Antica** (klassische griechische und römische Stücke) statt. Die Musikszene konzentriert sich im neugebauten **Auditorium** (▶ S. 68), wo auch das renommierte Sinfonieorchester der Accademia Nazionale di Santa Cecilia seinen Sitz hat (www.santacecilia.it). Die großen Pop- und Rockkonzerte gehen im PalaLottomatica oder Stadio Olimpico über die Bühne. Viele meist klassische Konzerte finden natürlich auch weiterhin in stimmungsvollen Rahmen von Kirchen oder unter freiem Himmel statt (Info und Termine unter www.turismoroma.it, www.concertiaroma.com).

Kuba lässt grüßen
Caruso/Café de Oriente
✪ Karte 1a (Testaccio)
Latinos und *aficionados* kubanischer Rhythmen strömen jedes Wochenende hierher, um in animierender Stimmung Salsa und Merengue zu tanzen. Freuen Sie sich auf beste Mojitos und tropische Cocktails.
Via di Monte Testaccio 36, Metro B: Piramide, Bus N3, N9, N11, Di–So 23–4 Uhr

Schaulaufen
Art Café Roma ✪ F 2 (Villa Borghese)
Beliebter Treffpunkt der römischen Jeunesse dorée, Eintritt jedoch nur auf Gästeliste. Erwünschter Dresscode: schick, elegant, gepflegt.
Viale del Galappatoio 33, T 340 62 74 32, www.facebook.com/ArtCafeOfficial, Reservierung obligatorisch, Fr–Sa 21–5.30 Uhr, 15 €

Roms In-Disko
Goa ✪ südlich E 8 (Ostiense)
Die Schlange vor der Tür weist den Weg in die In-Disko Roms, die sich innerhalb weniger Jahre zum Treffpunkt der Glamour Society gemausert hat. Das Innere wird immer wieder neu gestylt. Derzeit herrschen afrikanisches Flair und Dschungel-Ambiente vor. Für den Beat sorgen die wechselnden DJs, die zu den besten der Stadt gehören.
Via Libetta 13, goaclub.com, Metro A: Garbatella, Bus N2, Do–Sa 23.30–4.30 Uhr, Programm: de-de.facebook.com/GoaClubRome

Tangherie – so nennt die römische Tangoszene ihre Tanzlokale. Knapp 100 Jahre sind vergangen, seit der erste Tango in Rom erklang. Der laszive Tanz eroberte die feine römische Gesellschaft im Wiegeschritt. Selbst Pius X. ließ sich den neuen Stil vorführen. In Rom haben in den letzten Jahren an die 15 Tangherie ihre Pforten geöffnet. Im Mittelpunkt steht der argentinische Tango. Zu den angesagten Tangherie gehören **TANGofficina** (✪ M 3, Via Cupa 5, San Lorenzo, www.tangofficina.com, Bus 310) und **Il Giardino del Tango** (✪ außerhalb D 1, Via degli Olimpionici 7, Ponte Milvio, Metro A: Flaminio, dann weiter mit Tram 2).
Infos unter www.tanguedia.net

Hin & weg

ANKUNFT

… mit dem Flugzeug
Flughafen Leonardo da Vinci: Fuimicino, wie die Römer den Flughafen nennen, liegt 26 km südwestlich der Stadt. Ins Zentrum gelangen Sie am einfachsten alle 30 Minuten mit dem Leonardo-Express-Zug, durchgehend bis Stazione Termini (14 € pro Fahrt, Fahrtzeit ca. 30 Min.). Von der Stazione Termini fährt der Leonardo-Express ab Gleis 24. Abfahrtszeiten unter www.trenitalia.com. Auch nach Trastevere, Ostiense und Tiburtina fahren Züge (8 €, Fahrzeit 45 Min.).
Flugauskunft: T 06 659 51, www.adr.it
Flughafen Ciampino: Von dem einstigen Militärflughafen, ca. 20 km südöstlich der Stadt, fahren Atral-Busse zur Metrolinie A/Station Anagnina (ca. 20 Min., Ticket 1,50 €) oder zum Bahnhof Ciampino (ca. 5 Min./Ticket 1,50 €), von wo aus Sie weiter in den Süden, in die Albaner Berge oder nach Rom-Zentrum fahren können. In die Innenstadt kommen Sie aber am besten und schnellsten mit einem der zahlreichen Shuttlebusse, s. u.
Shuttlebusse: Von beiden Flughäfen verkehren auf die Flüge abgestimmte Shuttlebusse der Firma Sitbus shuttle (www.sitbusshuttle.com, Fiumicino-Busse halten auch am Vatikan), Terravision (www.terravision.eu) oder Schiaffini (www.schiaffini.it) zum Hauptbahnhof Termini. Die Busse stehen in Fiumicino meist vor dem Terminal 3, in Rom vor der Stazione Termini, Via Giolitti 38. Die Tickets kosten einfach 4–6 €, bei Onlinebuchung bzw. einschließlich einer Rückfahrkarte gibt es bei allen Firmen Ermäßigungen.
Taxi: Für eine Taxifahrt vom Flughafen ins Zentrum (innerhalb der Aurelianischen Stadtmauer) zahlen Sie ab Ciampino 31 €, ab Fiumicino 50 € für max. 4 Personen.

… mit der Bahn
Ankunftsbahnhof ist in der Regel der zentrale Kopfbahnhof Termini, manchmal auch der nordwestliche Durchgangsbahnhof Tiburtina. Von dort mit der Metro Linea B oder dem Taxi zum Hbf. Auskunft und Reservierung vor Ort: FS Trenitalia, www.fsitaliane.it

… mit dem Auto
Einfahrtschneise nach Rom ist der G.R.A. (Grande Raccordo Anulare), der römische Autobahnring, in den von Norden die A 1 (Autostrada del Sole, Florenz–Rom), von Westen die mautfreie Staatsstraße S 1 (Via Aurelia) münden.

CORONA

Die Pandemie wird uns vermutlich noch einige Zeit begleiten. Die aktuellen Ein- und Ausreisebestimmungen bzw. notwendigen Dokumente oder Tests, die vor Ort vorzulegen sind, entnehmen Sie am besten der Seite des Auswärtigen Amtes: www.auswaertiges-amt.de.

INFORMATIONEN

Tourist Infopoint: Infos an den zahlreichen InfoPavillons im Innenstadtgebiet etwa an den Kaiserforen (Friedenstempel) sowie am Bahnhof und an den Flughäfen; tgl. 9.30–19 Uhr, www.turismoroma.it
Telefonische Auskunft über das Callcenter der Stadt Rom: T 06 06 08, tgl. 9–19 Uhr, auch auf Deutsch, www.060608.it
Deutsches Reisebüro (DER): Hier erhalten Sie Fahrkarten, Platzreservierungen und können Umbuchungen vornehmen lassen. ◫ Karte H 5; Piazza Esquilino 29, T 06 482 75 32
Deutsches Pilgerzentrum: Die Infostelle für deutschsprachige Pilger bietet u. a. Auskunft zu Kirchenführungen, über Papstaudienzen und Messen, Pilger- und

Hin & weg

Die öffentlichen römischen Verkehrsmittel sind häufig völlig überlastet.

Titelkirchen deutscher Kardinäle sowie Übernachtungsmöglichkeiten in religiösen Häusern und Pensionen. 📖 Karte C 4; Via del Banco di Spirito Santo 56, T 06 68 97 197, www.pilgerzentrum.net, Mo–Fr 10–13 Uhr, Bus 40, 64
DAS Buchungsportal und Online-Ticket(vor)verkauf: www.coopculture.it, für die wichtigsten vor allem archäologischen Stätten Roms

TELEFON UND INTERNET

Internationale Vorwahlen: D +49, A +43, CH +41 plus Ortsvorwahl ohne Null plus Teilnehmernummer. Aus D, A und der CH nach Italien 00 39, dann die gesamte Nummer (einschließlich der Ortskennungsnull)
Telefonieren: Für öffentliche Telefone brauchen Sie in der Regel eine Telefonkarte (*scheda telefonica*, vor Benutzung perforierte Ecke abreißen!). Sie sind in Tabakläden, an Kiosken und in manchen Bars erhältlich. Mobiltelefone funktionieren in Italien uneingeschränkt. Internetpoints und -cafés sind im *centro storico* weit verbreitet.
Internet: Dank der Initiative Provincia WiFi der Stadt Rom können Sie an bestimmten Hotspots bis zu vier Stunden am Tag kostenlos surfen. Um diesen Service zu nutzen, müssen Sie sich mit der eigenen Mobilnummer unter www.digitromawifi.it registrieren.

UMWELTFREUNDLICH UNTERWEGS

... mit der Metro
Die Metro ist die schnellste Fortbewegungsmöglichkeit. Sie wird von den Römern stark genutzt, doch gibt es wegen der reichen archäologischen ›Bodenschätze‹ bisher nur drei Linien, zwei davon kreuzen sich an der Stazione Termini: Die rote Linea A (Battistini–Anagnina), die blaue Linea B (Rebibbia–EUR-Laurentina) mit der Linea B1 (Jonio–Laurentina) und die grüne Linea C (San Giovanni–Pantano). Die Linien sind eng getaktet: Mo–Sa alle 3–8 Min. zwischen 5.30 und 23.30 Uhr (Fr/Sa bis 1.30 Uhr).

... mit Bus und Tram
Rom verfügt über ein dichtes Busnetz und sechs Tramlinien. Innerstädtische Linien verkehren Mo–Sa 6–22 Uhr alle 10–20 Min., So alle 20–40 Min. Die letzten Busse fahren zwischen 24 und 1 Uhr. Nachts (23.30–5 Uhr) verkehren die nachtblauen Buslinien. Den Vatikan erreicht man mit Bus 64 oder der Expresslinie 40. Linie H verbindet Termini mit Trastevere. Zur Via Appia Antica fährt der Bus 218 von der Piazza di Porta S. Giovanni in Laterano (Metro A: San Giovanni).
Fahrscheine: Für Metro, Bus und Tram gelten dieselben Fahrscheine. Sie sind an Automaten der Metrostationen, an Kiosken und auch in Bars und Tabakläden

Hin & weg

erhältlich und müssen bei Fahrtbeginn entwertet werden. Rund 1000 Busse sind mit Automaten ausgestattet, diese funktionieren aber nicht immer. Einfaches Ticket (BIT) 1,50 € (bis zu 100 Min. gültig), Roma 24h 7 €, Roma 48h 12,50 €, Roma 72h 18 €, CIS (7 Tage) 24 €. Kinder bis 10 Jahre fahren gratis.
www.atac.roma.it: die städtischen Verkehrsbetriebe mit interaktivem Stadtplan und Verbindungssuche, auch dt.
www.cotralspa.it: Busse der Region Lazio

… per Taxi
Die Tarife römischer Taxis entsprechen ungefähr den deutschen Tarifen. Grundgebühr ca. 3 €, So/Fei 4,50 €, nachts (22–6 Uhr) 6,50 €, bei Taxi-Ruf 3,50 €. Ab der fünften Person ist ein Zuschlag von 1 € zu zahlen, ein Gepäckstück ist frei, für jedes weitere jeweils 1 €. Unbedingt abzuraten ist von den vielen illegalen Taxis, die Touristen gern an Bahnhof und Flughafen abfangen. Autorisierte Taxis sind weiß, haben einen Gebührenzähler und einen Namen (z. B. Francia 69). Taxistände in der Innenstadt, z. B. an der Torre Argentina, Colosseo, Piazza Barberini, Piazza San Silvestro (nahe Spagna), Piazza Belli (Trastevere), Piazzale Ostiense. Taxiruf: 06 06 09.

… mit Auto und Mietwagen
In Rom sollte man seinen Wagen in einem Parkhaus abstellen. Bewachte Parkhäuser im Zentrum: ES Park Giolitti, Via Giovanni Giolitti 267 (Stazione Termini), www.interparkingitalia.it; Parcheggio Saba, Viale del Galopatoio 3 (Villa Borghese), www.sabait.it; Parking Ludovisi, Via Ludovisi 60. Gebührenpflichtige Parkplätze sind blau umrandet. Parkscheine gibt es am Automaten oder in Tabacchi-Läden. Weite Teile des historischen Zentrums sind für Nicht-Anwohner tagsüber gesperrt bzw. nur z. B. zum Entladen am gebuchten Hotel befahrbar. Das Verbot wird in der gesamten Innenstadt, aber auch in den Ausgehviertel Trastevere und San Lorenzo videoüberwacht. Anbieter von Mietwagen findet man am Flughafen Fiumicino oder an der Stazione Termini. Die Buchung in

---

SICHERHEIT UND NOTFÄLLE

Rom unterscheidet sich kaum von anderen europäischen Metropolen; es gelten die üblichen Regeln für die eigene Sicherheit. An überfüllten Orten wie z. B. U-Bahnen, Bussen wie der Nr. 40/64, die zum Vatikan fahren, oder dem Flohmarkt von Porta Portese sollte man sich vor Taschendieben in Acht nehmen. Von abendlichen Spaziergängen durch die Villa Borghese und andere Parks ist abzuraten. Diebstähle können Sie bei jeder Polizeistation anzeigen, wo mehrsprachige Formulare ausliegen.

Deutschland vor Reiseantritt empfiehlt sich, z. B. www.billiger-mietwagen.de

… mit Roller und Fahrrad
Wer mit der Vespa durch Rom flitzen möchte, sollte sehr geübt sein. Eine Tour mit dem Fahrrad lohnt sich in der Villa Borghese oder sonntags, wenn Teile der Innenstadt und die Via Appia Antica für den Autoverkehr gesperrt sind. Infos zu Radwegen: www.piste-ciclabili.com und www.biciroma.it. Die Mietgebühr für eine Vespa liegt bei 30–80 €/Tag, ein Leihrad kostet 4–5 €/Std. und 12–15 €/Tag.
Ausleihmöglichkeiten: Bici & Baci, Via Viminale 5, T 06 48 28 443 und Via Cavour 302, T 06 94 53 92 40, **Ronconi,** Via delle Belle Arti 54/56 (Villa Borghese), T 06 881 02 19, www.ronconibiciclette.com, **Onmovo,** Via Cavour 80 und Corso Vittorio Emanuele II 202, T 06 48 15 669, www.onmovo.com

WICHTIGE NOTRUFNUMMERN

Allgemeiner Notruf: 112
Pannenhilfe vor Ort: ACI (Italienischer Automobilclub) 80 31 16 (nur mit ital. Telefon) oder 02 66 16 51 16
Kreditkartensperrung: 0049 116 116, für Österreich und die Schweiz über die auszustellende Bank

Hin & weg

DIPLOMATISCHE VERTRETUNGEN

Deutsche Botschaft: Via San Martino della Battaglia 4, T 06 49 21 31, www.rom.diplo.de
Österreichische Botschaft: Via Pergolesi 3, T 06 844 01 41;
Konsulat: Viale Bruno Buozzi 111, T 06 841 82 12, www.bmeia.gv.at/oeb-rom
Schweizer Botschaft und Konsulat: Via Barnaba Oriani 61, T 06 80 95 71, www.dfae.admin.ch/italia

REISEN MIT HANDICAP

Rom ist im Gegensatz zum Vatikan keine behindertenfreundliche Stadt, hat aber in den letzten Jahren nachgebessert. Genauere Informationen erhalten Sie unter www.romamobilita.it/en/services/people-disabilities. Taxi für Rollstuhlfahrer: T 06 35 70; barrierefreie Hotels: www.disabilinews.com/hotel-per-disabili-roma.

STADTRUNDFAHRTEN UND STADTFÜHRUNGEN

Bustouren
Individuelle Stadtrundfahrten mit nicht zu ausführlichen Kommentaren bieten Rundfahrten mit den offenen Doppeldeckerbussen. Die Busse starten alle an der Piazza dei Cinquecento oder Largo di Villa Peretti bei der Stazione Termini. Karten mit einer Gültigkeit von 24, 48 oder 72 Std. ermöglichen es, nach Belieben ein- und auszusteigen. Es werden die klassischen Sehenswürdigkeiten angefahren (tgl. 9–18.30 Uhr, alle 15 Min., Audioguide in Dt., Ticket je nach Fahrt und Anbieter 16–30 €. Daneben gibt es auch Führungen und Rundfahrten durch das antike Rom, das christliche Rom, durch den Vatikan und *by night* an.

Kirchentour: Einen Schwerpunkt auf die Kirchen der Stadt legt der in den vatikanischen Flaggfarben gehaltene weiß-gelbe Doppeldeckerbus Roma Cristiana tgl. ab Stazione Termini/Viale Einaudi oder Lungotevere Tor di Nona (San Pietro in Vaticano), tgl. 10–16 Uhr, Dauer ca. 1,5 h, Ticket für einmalige Fahrt ohne Zwischenstopp 12 €. Infos: www.operaromanapellegrinaggi.org

Rom erleben mit Locals
Wer tief und unterhaltsam in die Stadtgeschichte und seine Monumente einsteigen möchte, wird bei der Archäologin und Journalistin Tanja Schultz fündig. Sie strickt individuelle halb- und ganztägige Führungen in Rom und Umgebung, zu Fuß oder mit dem Rad (www.tanjaschultz.de).
Wer sich einer deutschsprachigen Gruppe anschließen möchte: Romaculta www.romaculta.it oder Roma Mia www.roma-mia.de.

Sightseeing mit dem Segway
Keine müden Füße verspricht eine Tour mit dem Segway:
Segwayroma: Basispreis 15 € pro Stunde und Person. Geführte englischsprachige Touren tgl. 10, 15 und 17 Uhr ab Piazza del Popolo (50 €/2 Std., 65 €/2,5 Std., 75 €/3 Std.).
Verleihstationen: Villa Borghese/Pincio, Info: 38 03 01 29 13, www.segwayroma.net
Rome Tours Segway: Drei Touren in der Altstadt mit Reiseleitern (auch in dt. Sprache möglich), 50 €/2 Std., 75 €/3 Std. ab Engelsburg, Infos: www.segwayrometours.com
Rome by Segway: Touren in der Altstadt (u. a. mit Schwerpunkt Antike oder Barock), aber auch entlang der Via Appia Antica (nur So) oder *by night* (März–Okt. 19.30 Uhr) mit Audioguide. Treffpunkt: Via Celimontana 30 (Kolosseum), Preise ab 50 €, Infos: www.romebysegway.com

Rom aktiv
Das Team von Sight Jogging bietet ganzjährig gegen 6 Uhr Lauftouren (8,5–10,5 km) durch die Stadt an. 45–60 Min., 1 Pers. 70 €, 4 Pers. 140 € plus MwSt. T 347 335 31 85

O-Ton Rom

Morto un papa se ne fa n'antro.

Stirbt ein Papst, kürt man einen anderen.
Niemand ist unersetzlich.

Tutte le strade portano a Roma.

pagare »alla romana«

Alle Straßen führen nach Rom.

buongiorno

die Rechnung wird zu gleichen Teilen aufgeteilt

guten Morgen, guten Tag

mejo puzza' de vino che d'acquasanta

ANDARE A ROMA E NON VEDERE IL PAPA

Es ist besser nach Wein als nach Weihwasser zu stinken. (röm. Dialekt)

Roma non è stata costruita in un giorno.

nach Rom gehen und den Papst nicht sehen
das Wesentliche nicht erkennen

Rom wurde nicht an einem Tag erbaut.

Quando San Pietro mette er cappello vattene a casa e pija l'ombrello.

per favore

Wenn St. Peter den Hut aufsetzt, dann geh nach Hause und hol den Schirm.
Wenn von St. Peter Wolken aufziehen, dann wird es bald regnen.

bitte

GRAZIE

arrivederci/ciao

danke

auf Wiedersehen, tschüss

Register

A
Aenea Inn 89
Ai Marmi 46
Alberta Ferretti 103
Alessi&Alessi 105
Alexanderplatz 108
Alla Fonte d'Oro dal 1913 99
Al Pompiere 97
Al San Pietrino 89
Angelina a Trevi 93
Angelusgebet 49
Anreise 110
Antica Birreria Peroni dal 1906 94
Anticaglie a Ponte Milvio 104
Antica Manifattura Cappelli 103
Antica Norcineria Viola 23
Antico Caffè Greco 61
Antiquitäten 23, 104
Appia Antica Caffè 73
Ara Pacis Augustae 81
Arco degli Acetari 22
Ardeatinische Höhlen 72
Arkaden des Septimius Severus 32
Armando al Pantheon 25
Art Café Roma 109
AS Roma 4, 102
Astrologo Ottica 103
Auditorium 10, 68, 109
Augustus 103
Aventin 10

B
Babette 96
Barcaccia-Brunnen 61
Bar del Fico 107
Bar Il Maritozzaro 99
Basilica Aemilia 32
Basilica Iulia 32
Basilika des Maxentius 32
B&B Campo de' Fiori 89
Behinderte 113
Benito e Gilberto al Falco 58, 97
Bernini 22, 45, 61, 65
Bernini, Pietro 61
Bici Pincio 66
Bioparco 64
Biscottificio Artigiano Innocenti 47
Blu Tango Guest House 89
Bocca della Verità 85
Boccione 101
Borini 105
Borromini 22, 28
Bramante 49
Brutus 21
Bucatino 42
Bus 111

C
Caesar 21, 29
Cafè Cafè 39
Caffè Canova-Tadolini 63
Caffè Sant'Eustachio 25, 93
Caffetteria del Chiostro del Bramante 87
Calixtus-Katakomben 72
Campo de' Fiori 10, **20**, 28, 106
Campo Marzio 70, 103
Canova 65
Cantina Tirolese 58
Capitolium 34
Capo d'Africa 90
Caracallathermen 81, 109
Caravaggio 62, 65, 85
Cartoleria Pantheon 101
Caruso/Cafe de Oriente 109
Caruso Caffè 42
Casa d'Aste 63
Casa del Cinema 67, 107
Casa del Jazz 108
Casa di Augusto 31
Casa di Livia 31
Casa di Procura dell'Ordine Teutonico 89
Casa Museo Giorgio De Chirico 61
Casa S. Francesca Romana a Ponte Rotto 89
Castel Sant'Angelo 58
Castroni 101
Cavallini, Pietro 45
Celio 10
Centrale Montemartini 79
centro storico 10
Checchino dal 1887 42, 95
Chiosco di Sora Mirella 99
Chiosco Testaccio 99
Chirico, Giorgio De 61
Cimitero Acattolico 43
Cinema Nuovo Sacher 47
Circus des Maxentius 72
Circus Maximus 32
Città dell'Altra Economia 43
Confetteria Moriondo e Gariglio 101
Coromandel 93
Corona 110
Correggio 65
Co.So (Cocktail&Social) 107
Crassus, Marcus Licinius 72
Cremeria Monteforte 25
Curia 33

D
Da Baffetto 95
Da Domenico 39
Dal Cavalier Gino 95
Da Pancrazio 29
Dar Filettaro 23
Da Valentino 35
Davide Cenci 104
De Clercq & De Clercq 104
Designer Outlet Castel Romano 104
Deutsches Pilgerzentrum 110
Diesel 104
Discoteca laziale 101
Ditta P. Poggi 102
Domitilla-Katakomben 72
Domus Augustana 32
Domus Aurea 78
Domus Flavia 32
Domus romanae unter dem Palazzo Valentini 78
Doppiozeroo 107
Drink Kong 107

115

Register

E
Eataly 98
Eggs 96
Emma 93
Engelsburg **57**
Enoteca al Parlamento 101
Enoteca Cavour 35
Enoteca Corsi 25, 95
Enzo al 29 46
Er Buchetto 95
Esquilin 10
EUR-Viertel 11

F
Fashion District Valmontone Outlet Center 103
Fassi 99
Fausto Santini 105
Federico Polidori 105
Fellini, Federico 62
Festa de Noantri 45
Flohmärkte 46, 104
Fonclea 108
Fontana, Carlo 50
Fontana dei (Quattro) Fiumi 22
Fontana di Trevi 62
Fori Imperiali 81
Forno Campo de'Fiori 23
Forum Romanum **31**
Freni e Frizioni 46, 107

G
Gaius Julius Cäsar 21
Galassia 62
Galerie von Borromini 28
Galleria Borghese 65, 80
Galleria Doria Pamphilj 78
Galleria Nazionale d'Arte Antica/Palazzo Barberini 78
Galleria Nazionale d'Arte Moderna 65
Galleria Spada 28
Gammarelli 5, 105
Gelateria del Teatro 99
Gente 104
Gentrifizierung 45
Gianicolo 47
Giggetto al Portico d'Ottavia 95
Ginger 93
Giolitti 99
Gite sul Tevere 86
Giuseppe Zanotti 62
Globe Theatre 67, 109
Goa 109
Goethe, Johann Wolfgang 61, 76
Goethe-Museum 61
Grabmal der Cecilia Metella 74
Grabmal des Romulus 72
Grab Petri 52

H
Hadid, Zaha 68
Haus der Vestalinnen 33

I
Ice Club 107
Il Giardino del Tango 109
Il Goccetto 96
Il Mercato Centrale Roma 93
Internet 111
Isola Tiberina 87
Istituto Maria SS. Bambina 90

K
Kaiser Augustus 31, 120
Kaiser Commodus 74
Kaiser Hadrian 26, 77
Kapitol 10, 34
Kapitolinische Museen 80
Kapuzinergruft 67
Kardinal Farnese 30
Kardinal Gustav Adolf Hohenlohe 77
Kardinal Ippolito II. d'Este 76
Kardinal Raffaele Riario 30
Kardinal Scipione Borghese 65
Kleidergrößen 100
Kolbe 90
Kolosseum 10, 35, **36**
Konstantinsbogen 39
Konsul Appius Claudius 71

L
La Cabala 108
La cravatta su misura 104
L'Alibi 42
Lapis Niger 33
La Rinascente 102
La Rosetta 97
Lazio Point 102
Le Gallinelle 104
L'Elementare 95
Libreria Feltrinelli 101
L'Isola del Cinema 107
Liszt, Franz 77
Luciano Cucina Italiana 96
Luther, Martin 61

M
Maccheroni 96
Macro Testaccio 43
Maderno, Carlo 50
Magnani, Anna 120
Mahnmal gegen die Todesstrafe 38
Marcus Agrippa 26
Margutta RistorArte 94
Mariolina 98
Marionettenaufführungen 67
Markt 41
Maurizio Grossi 102
MAXXI 10, **68**
Meier, Richard 81
Mercato dell'Antiquariato di Fontanella Borghese 104
Mercato di Testaccio 41
Mercato Monti 103
Mercato Porta Portese 46
Metro 111
Mia 101
Michelangelo 30, 50, 52, 85
Milliarium Aureum 34
Montessori, Maria 120
Monti-Viertel 88
Mosaikkunst 45, 85
Muccassassina 108
Musei Capitolini 79
Musei Vaticani 55
Museo Carlo Bilotti 66
Museo delle Mura 79

Register

Museo Ebraico 79
Museo Nazionale Etrusco 67
Museumspässe 80
Museumstickets 80
Myriam B 104

N

Nachtclubs 42
nasoni 5
Necci dal 1924 96
Nervi, Pier Luigi 69
Notrufnummern 112
Nuovo Sacher 107

O

Obelisken 22, 62, 84
Obicà 94
Online-Tickets 111
Ops 94
Orlando 97
Orto Botanico 47
Osteria La Quercia 96
Osteria Priscilla 73
Ostia Antica 82, 109

P

Palatin 10, **31**
Palazzetto dello Sport 69
Palazzo Altemps 81
Palazzo della Cancelleria 30
Palazzo Farnese 29
Palazzo Massimo 82
Palazzo Massimo alle Terme 79
Palazzo Spada 28
Palazzo Venezia 27
Panella 93
Pantheon 10, **24**
Papst Alexander VII 62
Papstaudienz 51
Papstbasiliken 82
Papst Bonifaz IV. 26
Päpste Sixtus V. 84
Papst Gregor XVI. 76
Papst Innozenz X. 22
Papst Johannes X. 59
Papst Johannes XXIII. 52
Papst Julius II. 57
Papst Leo X. 30
Papst Paul III. 30, 58
Papst Paul V. 84

Papst Pius IX. 47, 84
Papst Pius VI. 61
Papstsegen 49
Papst Sixtus V. 62
Papstwahl 52, 56
Parco Appia Antica 86
Parco Savello und Roseto 87
Parlamento 89
Pasquino 22, 120
Pastificio Guerra 63
Petersdom **48**
Petersplatz **48**
Pflastermaler 32
Phokassäule 34
Piano, Renzo 68
Piazza del Popolo 10, 62
Piazza di Spagna **60**
Piazzale Garibaldi 47
Piazza Navona 10, **20**, 106
Piazza San Pietro 49
Piazza Venezia 27, 33
Pigneto 11, 106
Pilgerkirchen 82
Pincio 10, 64
Piramide di Cestio 43
Polimeni, Antonella 120
Polvere di Tempo 102
Pompejus-Theater 21, 29
Ponte della Musica 70
Ponte Sisto 89
Porta, Giacomo della 50
Porta Portese 46
Porto Fish & Chips 97
Porto Fluviale 98
Progetto Domus Aurea 78
Puccini 30
Pure 62

Q

Quirinal 10

R

Raffael 26, 49, 65
Raffaello 90
Regia 33
Residenza Paolo VI 90
Roma Pass 35, 80
Ronconi 66
Roscioli 96
Rossi, Aldo 30

Rostra 33
Rundtempel 33

S

S. Agnese in Agone 22
Said dal 1923 98
Salotto 42 107
San Clemente 4, 84
San Crispino 99
San Francesco a Ripa 45
Sangallo, Antonio da 30
San Giovanni in Laterano 82
San Lorenzo 11, 106
San Luigi dei Francesi 85
San Paolo fuori le Mura 83
San Pietro in Vaticano 49
San Pietro in Vincoli 85
Santa Cecilia 45
Santa Croce in Gerusalemme 84
Sant'Agostino 85
Santa Maria 90
Santa Maria in Cosmedin 85
Santa Maria Maggiore 83
Santa Prassede 85
Saturntempel 34
SBU 105
Scalinata di Spagna 90
Schuhgrößen 100
Sciascia Cafè 1919 93
Sebastians-Katakomben 72
Secondhand und Vintagegeschäfte 23
Septimius Severus 33
Seume 61
Sibilla 76
Sicherheit und Notfälle 112
Sixtinische Kapelle 56
S. Maria Antiqua 33
S. Maria del Popolo 62
S. Maria in Aracoeli 34
S. Maria in Trastevere 45
Sora Margherita 96
Spanische Treppe 10, **60**
Spartacus-Aufstand 72
SS Lazio 4
Stadio Flaminio 69
Stadio Palatino 32

Register

Stadtführungen 113
Stadtpanorama 4
Stadtrundfahrten 113
Stanzen des Raffael 54
Stato Città del Vaticano 48
Stravinskij Bar 107

T
TANGofficina 109
Tazza d'Oro 25, 93
Teatro Argentina 109
Teatro dell'Opera 109
Teatro di Marcello 81
Telefonieren 111
Tempel des Antoninus Pius und seiner Frau Faustina 33
Tempel des Castor und Pollux 33
Terme di Caracalla 81
Terme di Diocleziano 82
Terrazza 29 91
Testaccio 11, **40**, 92
The Jerry Thomas Project 108
The Rome Hotel 90
Ticketreservierungen für Monumente und Museen 80
Tina Sondergaard 104
Titusbogen 32
Tivoli 75
Tosca 30
Totti, Francesco 120
Touristeninformation 110
Tourist Infopoint 110
Tram 111
Tramjazz 38, 87
Trastevere 10, **44**, 90, 100
Trattoria Da Danilo 96
Trattoria Da Felice 42
Trattoria La Vittoria 51
Trattoria Lo Sgobbone 70
Travertin 37
Trevibrunnen 10, **60**
Trinkbrunnen 5

U
Umbilicus urbis 34

V
Vatikan 10
Vatikanische Grotten 52
Vatikanische Museen 80
Vespasiantempels 34
Via Appia Antica **71**
Via Appia Nuova 100
Via Belsiana 102
Via Borgognona 102
Via Capoprati 104
Via Cestari 105
Via Cola di Rienzo 100
Via Condotti 10, 61, 102
Via dei Coronari 23
Via del Babuino 63, 102
Via del Corso 62, 100
Via del Governo Vecchio 100
Via della Conciliazione 48, 105
Via della Croce 62
Via della Vittoria 62
Viale Libia 100
Viale Somalia 100
Via Libetta 106
Via Margutta 63
Via Monte di Testaccio 106
Via Nazionale 100
Via Ottaviano 100
Via Sacra 34
Via San Giovanni 108
Vier-Ströme-Brunnen 22
Villa Adriana 77
Villa Borghese 10, **64**
Villa Celimontana 87
Villa dei Quintili 74
Villa d'Este 76
Villa Farnesina 47
Villaggio Globale 43
Villa Gregoriana 76
Villa Pamphili 86
Villa San Pio 91
Viminal 10
Vinta Chic 105
Vippini 62
Vittoriano 4, 33
Volare 35
Volpetti 101

Z
Zerocalcare 120
Zoo 64
Zuwanderung 6

Das Klima im Blick
Reisen bereichert und verbindet Menschen und Kulturen. Wer reist, erzeugt auch CO_2. Der Flugverkehr trägt mit bis zu 10 % zur globalen Erwärmung bei. Wer das Klima schützen will, sollte sich – wenn möglich – für eine schonendere Reiseform entscheiden oder die Projekte von atmosfair unterstützen. Flugpassagiere spenden einen kilometerabhängigen Beitrag für die von ihnen verursachten Emissionen und finanzieren damit Projekte in Entwicklungsländern, die dort den Ausstoß von Klimagasen verringern helfen (www.atmosfair.de). Auch die Mitarbeiter des DuMont Reiseverlags fliegen mit atmosfair!